本书是河南省高等学校哲学社会科学应用研究重大项目（2019YYZD04）研究成果

中等职业教育人才培养质量问题循证研究

许佳佳 著

中国社会科学出版社

图书在版编目（CIP）数据

中等职业教育人才培养质量问题循证研究／许佳佳著.—北京：中国社会科学出版社，2022.11
 ISBN 978-7-5227-0935-2

Ⅰ.①中… Ⅱ.①许… Ⅲ.①中等专业学校—人才培养—研究—中国　Ⅳ.①G719.21

中国版本图书馆 CIP 数据核字（2022）第 194084 号

出 版 人	赵剑英
责任编辑	高　歌
责任校对	李　琳
责任印制	戴　宽

出　　版	中国社会科学出版社
社　　址	北京鼓楼西大街甲 158 号
邮　　编	100720
网　　址	http://www.csspw.cn
发 行 部	010-84083685
门 市 部	010-84029450
经　　销	新华书店及其他书店
印　　刷	北京明恒达印务有限公司
装　　订	廊坊市广阳区广增装订厂
版　　次	2022 年 11 月第 1 版
印　　次	2022 年 11 月第 1 次印刷
开　　本	710×1000　1/16
印　　张	24.25
插　　页	2
字　　数	375 千字
定　　价	128.00 元

凡购买中国社会科学出版社图书，如有质量问题请与本社营销中心联系调换
电话：010-84083683
版权所有　侵权必究

前　　言

　　加快发展现代职业教育是党中央、国务院作出的重大战略决策。中职教育在现代职业教育体系中具有基础性地位，但其发展却面临危机。尤其中职教育正经历由注重规模扩张向重视质量提升的重大转型期，人才培养质量问题成为制约中职教育发展的关键。如何深入、系统、准确地剖析中职教育的人才培养问题及其根源，并据此探索提升中职教育人才培养质量的可行路径，是当前教育理论与教育实践必须共同面对的焦点和难点问题。

　　本研究基于 76 份职业教育质量年度报告文本编码生成了人才培养质量概念框架，将中职教育人才培养质量分为学生培养准备阶段的生源质量、培养过程阶段的学业质量和培养完成阶段的就业质量三个步骤，并从生源、学业和就业的发展链上对中职教育人才培养质量问题进行循证研究。研究过程采用实用主义范式下的混合研究方法，将量化和质性方法相结合，以问题为导向对中职学生进行持续、动态的追踪调查，以证据为基础深入研究中职教育人才培养在中职学生从入校到毕业、从学业到就业的时间跨度中存在的质量问题、原因和质量提升路径。研究内容包括以下几个主要部分。

　　第一部分绪论，阐述研究问题提出的缘由和意义，说明本研究的重要性、紧迫性和可行性，并对国内外关于中职教育人才培养质量的研究现状进行系统总结和分析。同时，借鉴循证教育的理念，以多元证据观为指导，将循证研究界定为"提出问题——寻找证据——评价证据——结合个人专业经验综合分析证据——试图解决问题"的过程。

　　第二部分研究基础，建构循证中职教育人才培养质量问题的政策依据、理论基础和研究框架。通过对改革开放 40 年来的中职教育相关政策进行梳理，以及对人力资本理论、工作本位学习理论和学生发展理论的核心观点进行分析，为本研究奠定坚实的政策背景和理论基础。进一步，基于中职教育人才培养质量的概念框架，提出从培养准备到培养完成这整个育人过程中对人才培养质量问题开展循证的逻辑体系：培养准备时期聚焦于中职教育选择意愿、中职学校的生源特点和招生情况；培养过程中聚焦于中职学校的教学活动和企业顶岗实习活动，及其培养效果在学生的认知和非认知能力发展情况上的表现；培养完成期聚焦于中职毕业生的就业水平和就业质量。

第三部分循证研究，开展对中职教育人才培养质量问题的循证研究，详述研究的过程方法、数据结果与追因分析。通过对中职学生入学时的基本情况、在校期间的学业表现、毕业后的工作现状和继续学习情况的调查，得出如下结论：（1）人才观念认知偏差、毕业生未能优质就业、中职教育地位不高、招生秩序优普次职、教育质量标准不规范等导致了中职教育入口处的生源非自愿、质量低和供需矛盾。（2）中职学校学生学习主动性较差、教师队伍素质参差不齐、学校制度执行不严格、课程安排较为随意、校企合作育人机制不健全、教育管理部门对专业教学标准执行状况疏于督导等导致中职教育人才培养过程中的中职学生知识和技能获得较少、同辈群体行为习惯较差、顶岗实习质量较低。（3）由于中职学生人力资本积累不足、中职学校优势特色不甚鲜明、家庭资本较为薄弱、就业准入制度执行不力等原因，致使中职毕业生在直接就业方面学用匹配比例较低、起薪差别较大、工作稳定性较差、职业发展空间有限；在升学方面，升学期望与高等教育机会获得存在差距，同时，在高等学校的学习表现方面，与普通高中生源相比，中职生源学生不良行为发生率较高、文化基础薄弱且学习效果不佳、对未来信心不足。

第四部分反思与讨论，本研究基于中职教育人才培养质量问题的循证结果，进一步从办人民满意的教育、人才成长立交桥建设、产业结构转型升级、人力资源强国建设等方面对中职教育人才培养质量问题进行省思，并从改善中职教育生源质量，优化中职教育育人过程，提高中职教育就业质量等方面提出中职教育人才培养质量综合提升路径。

本书是河南省高等学校哲学社会科学应用研究重大项目"从学业到就业：中等职业教育学生发展质量问题研究"（2019YYZD04）的核心成果，也是国家社会科学基金"十三五"规划教育学一般课题"中等职业教育质量监测机制研究"（BJA180103）的成果之一。在此，衷心感谢在研究过程中河南省教育厅、118 所样本学校给予的全方位支持！同时，在书稿撰写阶段，本研究参考了诸多学者的研究成果；在书稿的完善过程中，河南大学的本科生王琰琪整理了全书的注释和参考文献；在书稿的出版过程中，中国社会科学出版社高歌编辑提出了许多宝贵意见，在此一并表示诚挚感谢！

许佳佳

二零二二年春于开封

目　录

绪　论 ·· (1)
 第一节　问题提出 ·· (1)
 第二节　研究意义 ·· (7)
 第三节　文献综述 ·· (10)
 第四节　核心概念 ·· (35)
 第五节　研究方法 ·· (43)
 第六节　研究创新 ·· (46)

上篇　循证的政策依据、理论基础与研究框架

第一章　循证中职教育人才培养质量问题的政策依据 ················ (51)
 第一节　中职教育政策文本的基本概况 ································ (52)
 第二节　中职教育政策重点的演进历程 ································ (57)
 第三节　中职教育政策对人才培养质量的诉求 ····················· (64)

第二章　循证中职教育人才培养质量问题的理论基础 ················ (69)
 第一节　人力资本理论 ·· (69)
 第二节　工作本位学习理论 ··· (79)
 第三节　学生发展理论 ·· (82)

第三章　循证中职教育人才培养质量问题的理论框架 ················ (88)
 第一节　基于现实理解的概念框架 ······································ (88)

第二节　基于概念框架的分析维度 …………………………（96）
　　第三节　基于分析维度的研究理路 …………………………（108）

中篇　循证的过程方法、数据结果与追因分析

第四章　中职教育生源问题及追因 ………………………………（113）
　　第一节　中职教育生源问题调查设计 ………………………（113）
　　第二节　中职教育生源问题调查过程 ………………………（116）
　　第三节　中职教育生源问题调查结果 ………………………（117）
　　第四节　中职教育生源问题的典型表现 ……………………（125）
　　第五节　中职教育生源问题追因分析 ………………………（129）

第五章　中职教育学生学业问题及追因 …………………………（135）
　　第一节　中职教育学生学业问题调查设计 …………………（135）
　　第二节　中职教育学生学业问题调查过程 …………………（143）
　　第三节　中职教育学生学业问题调查结果 …………………（149）
　　第四节　中职教育学生学业问题的突出表现 ………………（167）
　　第五节　中职教育学生学业问题追因分析 …………………（172）

第六章　中职教育学生就业问题及追因 …………………………（184）
　　第一节　中职教育学生就业问题调查工具 …………………（185）
　　第二节　中职教育学生就业问题调查过程 …………………（187）
　　第三节　中职教育学生就业问题调查结果 …………………（192）
　　第四节　中职教育学生的两类就业问题 ……………………（204）
　　第五节　中职教育学生就业问题追因分析 …………………（212）

下篇　基于问题循证的反思讨论与政策建议

第七章　中职教育人才培养质量问题的反思 ……………………（225）

第一节 中等职业教育人才培养质量状况与
　　　　办人民满意的教育 ································· (225)
第二节 中等职业教育人才培养质量状况与人才成长
　　　　立交桥建设 ··· (234)
第三节 中等职业教育人才培养质量状况与产业
　　　　结构转型升级 ······································ (239)
第四节 中等职业教育人才培养质量状况与人力资源
　　　　强国建设 ·· (244)

第八章　中职教育人才培养质量提升策略 ················· (248)
第一节 让新生源看到升学希望，认同就业优势 ·········· (248)
第二节 让在校生提高学业水平，提升技术能力 ············ (252)
第三节 让毕业生拥有就业能力，具备升学基础 ············ (273)

参考文献 ·· (279)

附　录 ·· (306)

绪　　论

第一节　问题提出

一　为什么要以中职教育为研究视域

加快发展现代职业教育是党中央、国务院做出的重大战略决策。[①] 随着新工业革命时代的到来，信息和通信技术（ICT）的进步、新制造工艺的引入、国家间经济一体化程度的提高以及贸易自由化的竞争加剧，呈现出了一个快速变化、更具全球竞争力、更依赖各类专用性人力资本的世界。在这种情况下，为在全球竞争中取得优势，许多发展中国家都把职业教育和培训作为了积累人力资本和促进经济增长的关键途径，中国也不例外。1978年以来，特别是2000年以后，为了提高劳动力的技术构成，推动经济发展方式转型和人口红利向人力资本红利转型，构建现代产业体系，促进经济社会持续、健康发展，国家高度重视职业教育的发展，陆续出台了一系列发展职业教育的政策。尤其是2019年，国务院印发了《国家职业教育改革实施方案》，为新时代职业教育的发展做出了顶层设计和施工蓝图，并把职业教育放在了前所未有的突出位置。

中职教育在现代职业教育体系中具有基础性地位。建立现代职业教育体系，是促进现代职业教育服务转方式、调结构、促改革、保就业、惠民生和工业化、信息化、城镇化、农业现代化同步发展的制度性安排，对打造中国经济升级版，创造更大人才红利，促进就业和改善民生具有重要意义。无论是从理论知识层级看，还是从技术技能层级看，中职教

[①] 教育部、发展改革委、财政部等：《现代职业教育体系建设规划（2014—2020年）》，http://www.gov.cn/gongbao/content/2014/content_2765487.htm，2014年6月16日。

育都是高等职业教育的基础,是现代职业教育的奠基阶段,在现代职业教育体系的建设和完善中居于基础地位。并且,我国正处于工业化发展的中后期,参照国际经验,需要中职教育提供数以亿计的高素质技能型人才,中职教育作为人力资源开发的基础性力量需要进一步加强。

然而,具有基础地位的中职教育正面临着生存与发展危机。从1985年《中共中央关于教育体制改革的决定》到2010年的《国家中长期教育改革和发展规划纲要(2010—2020年)》,再到2019年《国家职业教育改革实施方案》,普通高中与中等职业学校的招生比例(简称普职比)大体相当一直是发展职业教育的政策要求,中职教育的招生规模也曾超过普通高中。但是,2010年以后,中职教育招生和在校生规模却在逐步下降。国家的教育统计数据显示,2010年中职教育招生(870.4万人)占高中阶段教育招生总数的50.9%,在校生(2238.5万人)占高中阶段教育在校生总数的47.8%;2018年中职教育招生(557.1万人)占高中阶段教育招生总数的41.3%,在校生(1555.3万人)占高中阶段教育在校生总数的39.5%(用2019年数据)。[①] 九年间,中职教育招生规模占高中阶段招生比例下降了近10个百分点,这说明在政策的大力支持下中职教育吸引力仍在逐渐下滑。统观改革开放以来的40年发展历程,中职教育规模经历了增长、下降、再增长、再下降四个阶段,当前处于再下降阶段,中职教育面临发展困境。

针对中职教育的发展前景,学术界出现纷争。以欧阳河为代表的学者认为普职比大体相当的设定缺乏科学依据,根据我国历来重普轻职的文化传统,以及未来社会对非常规脑力劳动力需求增加的发展趋势,职业教育发展应重点放在高职。同时,他们提出,在大部分学生都将中职教育作为一种无奈选择的情况下,职普比大体相当的框框是不合理的。并且,将中高职规模相加,接受职教的比例已达到75%左右,可能削弱我国人文科学、基础理论方面的人才培养和科学研究,给国家中长期发展带来不利影响。[②] 以石伟平为代表的学者认为我国产业结构在东、中、

---

① 教育部:《2018年全国教育事业发展统计公报》,http://www.moe.gov.cn/jyb_sjzl/sjzl_fztjgb/201907/t20190724_392041.html,2019年7月24日。

② 欧阳河:《未来职教重心应放在高职》,《中国青年报》2016年第7期。

西部发展是不均衡的,东部地区虽率先迈向工业4.0时代,但是中西部的产业结构仍处于3.0,甚至2.0时代,中职教育对提升整体人才资源水平仍大有可为,尤其中小企业对中职教育的人才培养有迫切需求。① 姜大源也有类似的观点,他认为中职教育的基础地位国家经济发展、脱贫攻坚、社会稳定的需要,中职教育是合理的劳动力结构、人本主义教育公平的追求。②

在这样的背景下,基于石伟平等职教专家的观点,我们希望中职教育有更好的发展,这也是笔者的立场。本书聚焦于中职教育,正是期望为解决中职教育发展难题做出些许学术贡献。

二 为什么要研究人才培养质量问题

职业教育质量是推进现代职业教育发展的关键,提高质量,走内涵发展的道路是政府和社会各界人士的共识、共需。2010年,《国家中长期教育改革和发展规划纲要(2010—2020年)》明确提出,"把提高质量作为教育改革发展的核心任务",以提高质量作为职业教育发展的重点。③ 在纲要引领下,政府出台了一系列提高职业教育质量的相关政策,如《关于实施国家中等职业教育改革发展示范学校建设计划的意见》(2010年)、《中等职业教育督导评估办法》(2011年)、《国务院关于加快发展现代职业教育的决定》(2014年)、《现代职业教育体系建设规划(2014—2020年)》(2014年)、《职业学校学生实习管理规定》(2016年)等。2019年,《国家职业教育改革实施方案》中,22次提及"质量"一词,质量已成职业教育的重中之重,职业教育正在从注重规模扩张进入重视质量提升的新阶段。

人才培养质量是职业教育质量的本质体现。教育本质上是一种培养

---

① 石伟平、郝天聪:《新时代我国中等职业教育发展若干核心问题的再思考》,《教育发展研究》2018年第19期,第16页。
② 姜大源等:《"中等职业教育发展问题"专家笔谈》(一),《中国职业技术教育》2018年第25期,第5页。
③ 国家中长期教育改革和发展规划纲要工作小组办公室:《国家中长期教育改革和发展规划纲要(2010—2020年)》,http://old.moe.gov.cn/publicfiles/business/htmlfiles/moe/moe_838/201008/93704.html,2010年7月29日。

人的社会活动，通过对人的培养而体现其促进人的发展的本体功能，进而通过所培养的人在社会生产生活中实现其促进社会发展的功能。所以，人才培养质量是教育质量的本质表现，也是职业院校的根本命脉所在。我国正处于经济转型升级的过渡期，产业从劳动密集型转向资本、技术密集型，要求劳动者有完善的知识结构、较高的职业素养，中职教育的人才培养质量对于实现职业教育现代化，提高劳动力的技术构成，推动我国人口红利向人力资本红利转型具有重要意义。

基于文献分析发现，中职教育人才培养质量到了攻坚的关键时期。人们对美好生活的向往体现在教育上，即是对高质量教育的需求和期望。随着中职教育由规模扩张向内涵式发展，以及经济转型升级和社会主要矛盾的变化，人民群众对中职教育的人才培养质量有了越来越高的诉求。然而，中职教育尽管在政策倾斜和持续攻坚下实现了"量"的扩张，但因其办学条件差，育人质量低，学生流失率高，吸引力不足等被社会广为诟病，中职学生被烙印为学业能力低下[1]，中职教育被视为末流教育。如何尽快提高中职教育人才培养质量，合理控制2010年以后的规模滑坡问题，已成为教育理论与教育实践共同关注的焦点与难点。

通过田野调查发现，中职教育人才培养质量低是社会公认的"事实"。笔者走访了数十所中职学校，与中职学校校长、教师、学生进行了数次深入交谈。同时，还访谈了大量职业教育体系以外的教师、学生及家长。结果发现，无论是"局内人"还是"局外人"，都不认同中职教育人才培养质量。部分中职学校教师对学生的未来发展持不乐观态度，"这些学生的人生已经定了，一辈子也就这样了，没什么前途"，这些老师认为他们的学生没有足够的能力和足够的勤奋，不值得他们投入过多的时间和精力；对于文化课的学习，中职学校校长表示，"职业教育就是就业教育，学习文化课没有意义，来上中专的都是些考不上普通高中的学生，大部分中考成绩都在200分以下，根本就学不会，也不愿意学"，这些校长看重技能的实用性，未看到文化素养对个人精神品质、终身发展的影响；中职学生自己认为，"我是差生只能选择中职，要是学习成绩好就去

---

[1] Woronov T., "Class work: Vocational Schools and China's Urban Youth", *Stanford University Press*, 2015.

上普高了，谁还来上中职"，有研究发现，部分考不上普通高中的初中毕业生宁愿选择辍学或者复读也不愿意去中职学校[①]；一直接受普通教育的学生认为"现在家里孩子少，父母肯定不会让上中职，感觉学习成绩不好的话，要不初中就辍学出去打工了，要不就直接上普通高中，中职生吊儿郎当，感觉学习好轻松"；还有学者认为"中职教育人才培养质量不低，谁低？"[②] 笔者硕博期间在中职教育领域有多年研究经历，第一次真正走进中职学校，接触中职学生之前，对中职学生的刻板印象是"文化基础不好，学习成绩差"，但术业有专攻，学生在中职学校能习得一门技能，比最高学历是普通高中的学生更好找工作。中职学生在进入中职学校前，与笔者有一样的看法。

"我当初选择中职学校是因为高中失利，然后经父母同意来到了中职学校，当时想的是上完几年学之后直接分配到工作岗位，上高中我觉得还没有上中职学校好，因为上几年学以后，还需要自己去找工作，上中职学校找一个自己喜欢的专业，学习职业技能，将来到一个工作岗位上也应该是自己喜欢的，不会说是自己去找工作，找不到合适的而去稀里糊涂地找一个工作，而是选择自己喜欢的专业，将来到自己的工作岗位上，也应该是自己心仪的。"[③]

进入中职学校后发现事实与想象有很大差距，相当一部分中职学生因为没有学习压力，多是放飞自我。根据笔者对中职学生课堂表现的观察，发现玩手机、聊天、睡觉、吃零食的学生比比皆是，部分学生甚至聚在一起打牌、玩手机游戏。学生进入中职学校后也发现，真实的中职教育跟他们的想象是不同的。

"我已经在中专院校里度过了四个月了，在这四个月里我和同学们同吃同住，让我有了不一样的体验，同时也被颠覆了三观，和我想象中的完全不一样，说句心里话我是有一点后悔的，但是这毕竟是自己选的路，

[①] Song Y, Loyalka P, Wei J. "Determinants of Tracking Intentions, and Actual Education Choices Among Junior High School Students in Rural China" *Chinese Education & Society*, 2013, p. 30.

[②] 访谈编码依次为：20180402VETt01、20161028VETp02、20161027VETs03、20180111ohss02、20180304unit02；本研究访谈编码规则有两种，凡参与过问卷调查的样本，以数字进行编码；只参与访谈的样本，以日期进行编码。

[③] 访谈编码：20171217VETs01。

咬牙也要坚持下去，不管前面是风是雨，我都会勇往直前，不曾畏惧。"①

基于以上分析，让笔者对中职教育的人才培养质量充满疑问，中职人才培养质量究竟存在什么问题？问题的根源又是什么？有研究认为中职学生综合素质不强的根源在于学生基础能力不足，教育质量也不能满足学生的发展需要；校园中"学而不习、知而不识、文而不化的现象与风气"也让学生的生涯发展受限。② 也有学者从内部因素和外部因素两方面分析了中职教育质量的影响因素，指出培养目标、质量评价和软实力建设不到位，以及优良社会文化舆论、各类资源、政策保障缺乏制约了教育质量。③ 虽然不同学者从不同视角对中职教育人才培养质量问题有不同看法，但是中职教育人才培养质量究竟存在什么样的问题尚缺乏深入剖析。基于此，本研究试图系统探循中职教育人才培养质量问题，以期为中职教育健康发展建言献策。

三 为什么要进行循证研究

循证研究倡导证据意识，坚持以证据为核心，积极寻找并运用科学的方法论证证据。由于教育的对象是人，教育的行为、过程和结果复杂且不确定，人才培养质量的测量困难并充满争议，因此，人才培养质量问题适合运用循证研究范式。尤其是，基于中职教育人才培养质量问题的多发性、多面性以及已有研究认识的不充足，甚至不科学，更加需要循证研究。

循证研究要求结合定性和定量的研究方法，在定性、思辨的基础上，引入调查法和准实验法，以事实为根据，开展深入、系列的研究，收集真实、可靠的信息。笔者自 2013 年以来，对中职教育进行了持续的关注与研究，积累了较为丰富的实证资料，这为本研究聚焦人才培养质量，坚持问题导向，围绕中职教育人才培养质量的现实问题进行科学循证，并进一步基于循证研究探索提高中职教育人才培养质量的对策提供了便

---

① 访谈编码：20171217VETs14。
② 刘晓玲、庄西真：《注重基础、选择多元——职业教育人才培养质量评价的探索与实践》，《中国职业技术教育》2017 年第 35 期，第 38 页。
③ 徐鸿洲、何春梅：《中职教育质量提升的制约因素及对策研究》，《中国职业技术教育》2017 年第 27 期，第 69 页。

利与可能性。

综上所述,中职教育是现代职业教育的基础,人才培养质量是职业教育改革的生命线和永恒主题,在中职教育从规模扩张到质量提升的转型期,探讨中职教育人才培养质量问题具有特殊意义。并且,鉴于现有的研究很少进行系统的调查、分析,研究结论的真实性、可靠性有待多角互证。因此,迫切需要对中职教育人才培养质量问题进行循证研究。

第二节 研究意义

一 理论意义

(一) 扩展了中职教育人才培养质量概念的理论内涵

本书突破了以往对人才培养质量的狭隘理解,重新界定了"中职教育人才培养质量"的概念,将生源质量、人才培养过程和结果质量,以及毕业后的发展质量纳入人才培养质量概念范畴,扩展了人才培养质量的理论内涵,较为系统地研究中职教育的人才培养质量问题,具有一定的新意。原有对人才培养质量的理解多聚焦于人才培养的结果即学生在学期间知识和技能获得情况,或者仅聚焦于中职毕业生的就业状况,很少有对人才培养质量的系统研究。

实际上,虽然人才培养过程质量是人才培养质量的核心,但中职教育以促进就业为导向,就业水平和就业质量本应是人才培养质量的一个重要方面。同时,人才成长立交桥的构建满足了中职学生的升学需求,继续深造也逐渐成为中职毕业生的另一个重要选择,因此,升学质量也应纳入人才培养质量的考察范围。就业和生源都是中职教育社会评价的重要方面,生源质量一方面受人才培养结果的影响;另一方面又对中职教育人才培养过程和培养结果产生直接或间接影响。基于此,本书将生源、人才培养过程和结果、学生毕业后的发展视为人才培养质量的组成部分,更加关注中职教育人才培养全过程的深层次互动,丰富了中职教育人才培养质量概念的理论内涵。

(二) 拓宽了中等职业教育人才培养质量的研究框架

随着经济由高速增长阶段向高质量发展阶段转型,国家日益重视职业教育发展和中职教育人才培养质量，中职教育的人才培养质量问题也成为学者们特别关注的课题。长期以来，学者们对中职人才培养质量的研究要么着力于在校期间的人才培养，要么着力于学生毕业以后的就业状况，很少有通过对同一批样本的追踪，将入学质量、在校期间学业质量和毕业后就业质量连贯起来分析人才培养质量问题的研究。从人才培养质量生成视角，将培养准备阶段的生源质量、培养过程阶段的学业质量和培养完成阶段的就业质量作为中职教育人才培养质量的重要组成部分，既符合 ISO 9000 族群的质量概念以及学生发展理论中的相关模型，又便于更系统、更完整地审视中职人才培养质量问题。

基于生源、学业和就业的深层互动来研究中职教育人才培养质量问题，从中职学生入学特征、在校期间的学业表现到毕业后的工作状况和继续学习状况，全面审视中职教育人才培养质量情况，无疑会对全面、深入地认识中职教育人才培养质量起到积极的推动作用。同时，本书突破了以往常用的质性和描述性的研究方法，以混合研究为基本研究范式，运用规范的数据处理和分析方法，从学业到就业，以就业反观学业，系统深入地对中职教育人才培养质量问题进行研究，从而为提升人才培养质量提供新思路、新方法，这具有一定的理论意义和学术价值。

（三）丰富了中职教育人才培养质量研究的理论成果

本书遵循中等职业教育学生发展规律，运用人力资本理论、工作本位学习理论和学生发展理论，利用建构的循证体系，分析中职学生从入校到毕业、从学业到就业的时间跨度中，中职教育人才培养存在的质量问题和原因。通过对中职学生入学时的基本情况、在校期间的学业表现、毕业后的工作现状和继续学习情况的调查，分析各个阶段的质量问题，探讨办人民满意的教育、人才成长立交桥建设、产业结构转型调整、人力资源强国建设等政策要求下，中职学生人才培养质量问题的深刻性，并反观中职教育的育人过程，试图寻找中职教育育人过程中不利于学生发展的症结及教育根源，据此提出中职教育改革发展路径。这对构建和发展我国中职教育做了十分有益的探索，进一步丰富了中职教育人才培养质量研究的理论成果。

二 实践意义

理论研究的一个重要目的是指导实践,本研究作为一项应用导向型的学术研究,研究成果具有一定的现实意义和实用价值。河南省作为职业教育大省和国家职业教育改革试验区,省委省政府高度重视职业教育发展,始终将职业教育作为面向河南经济社会发展和生产服务一线、培养高素质劳动者和技术技能人才、优化河南人力资源构成的重要依托。中职教育作为现代职业教育体系的基础,从 2013 年到 2019 年,虽然全省独立设置的中职学校数有较大变化,从 899 所下降到 669 所,但仍然占到高中阶段学校总数的近一半[①];2018 年,中职教育招生数占高中阶段招生总数的 40.8%[②],占全国中职教育招生数的 11.1%。[③] 可以说,中职教育人才培养质量是关系千家万户的重大民生问题,本书具有重要的现实意义。主要体现在以下两点。

(一)为中职教育改革提供最佳证据

全面了解中职教育人才培养质量的实然状况对职业教育发展改革具有重要作用。学本研究基于河南大学教育行动国际研究中心中职教育项目数据库。河南大学教育行动研究中心团队于 2013—2016 年经过多轮调研,在 118 所样本学校形成了一个囊括 185 个样本专业点、396 个样本班和 19469 名实名制样本学生的数据库,收集了学校、学生个人及家庭的信息,为全面了解中职学生的生源特征和学业表现奠定基础。依据此数据库,从中随机抽取 10% 的样本学生,了解他们的就业情况,为中职毕业生的就业状况把脉。根据毕业生就业状况,从已升学毕业生所在的高职院校中随机抽取一所,了解中职生源学生在高等院校的发展情况。本书以大量实证调研结果为证据,全面剖析中等职业教育人才培养质量状况。

基于循证结果的人才培养质量问题研究为进一步深入研究和解决这

---

① 河南省教育厅:《教育概况(统计公报)》,http://www.haedu.gov.cn/jygk/,2019 年 4 月 14 日。

② 河南省教育厅:《2018 年河南省教育事业发展统计公报》,http://www.haedu.gov.cn/2019/04/15/1555295281651.html?tdsourcetag=s_pcqq_aiomsg,2019 年 4 月 9 日。

③ 教育部:《2018 年全国教育事业发展统计公报》,http://www.moe.gov.cn/jyb_sjzl/sjzl_fztjgb/201907/t20190724_392041.html,2019 年 7 月 24 日。

些问题提供有力的证据。对于中职教育决策者和实践者而言，本书以证据为核心，收集大样本的实证数据，对中职学生进行持续的追踪调查，利用科学的研究方法，如简单和多重相关、回归分析、方差分析等，了解中职学生生源特征、学业和就业状况，得出的研究结论具有科学性和有效性，无疑为怎样在学校里面通过教学改革促进学生发展和质量提升提供了重要信息，提出的政策建议为政策制定提供了证据，为教育决策和实践者提高中职人才培养质量提供了最新的最佳证据。

（二）对样本学校人才培养质量提升具有指导意义

基于中职学校人才培养质量的调查状况，本书可为样本学校提供一份针对每个学校的基于证据的人才培养质量分析报告，包括存在问题和改进建议。中职学校可以对照自身的发展进行合理改进，明确发展思路和方向，制定适合自己的发展规划。

第三节 文献综述

为了解中职教育人才培养质量问题的知识现状，把握研究的最新发展动态，笔者围绕中职教育人才培养研究中与本研究关系密切的一些主题对中英文文献进行检索。在充分阅读相关研究成果的基础上，从研究内容和研究范式两个方面对相关文献进行综述。

一 中职教育人才培养质量研究内容综述

（一）关于中职教育质量提升的研究

提升中职教育质量是学术界和实践界共同关注的热点问题。以"职业教育质量"为篇名在 CNKI 数据库进行精确检索，搜集到 1986 年以来的文献 612 篇；以 "the quality of vocational education" 为题名在 "Springer Link" "Science Direct" "Wiley Online Library" "SAGE Publish" "Web of Science" 等数据库进行检索，搜集 1986—2019 年间 412 篇相关文献。综合这些文献的内容来看，主要集中在几个方面。

1. 职业教育质量观研究

教育质量观是对教育工作者和学习者质量的基本看法，对职业教育质量评价具有导向性、基础性和全局性作用。① 国内学者基于不同的认识将教育质量观界定为主体对客体的看法、认识、价值选择、价值评价。例如，徐元俊认为职业教育质量观是人们对职业教育学生质量和教育效果如何进行评价的认识，是主观见之于客观的过程②；姜进认为职业教育质量观是政府、社会和学校对教育工作本身质量、教育工作对象质量的目标与实现程度的系统认识③；周明星和陈豪好认为职业教育质量观是人们对职业教育教学工作、学校管理、学生、教师以及各种资源投入等质量的基本看法，对人才培养质量的看法是职业教育质量观的核心，提出人才观决定着职业教育质量观④；严东强认为职业教育质量观是人们在特定社会条件下对教育水平和教育效果的价值选择与价值评价。⑤

世界职业教育质量观可划分为三个阶段，即知识本位、能力本位和素质本位⑥。第二次世界大战结束后至20世纪70年代，经济的恢复和发展需要较多的劳动力，职业学校教育以规模和速度的优势得到快速发展，又因学校教育以教授知识为主，所以这一时期的质量观被称为知识本位⑦。20世纪八九十年代，经济危机导致劳动力市场上人力供给大于需求，知识本位导致的课程内容与实际需求脱节让学校职业教育遭遇信息危机，知识本位质量观由此转向能力本位，能力本位质量观经历了岗位能力本位和综合能力本位两个阶段。⑧ 从世纪之交至今，全球化趋势要求职业教育毕业生既要具有岗位胜任力，更要具备优秀的基础性、职业性和创新性素质。⑨

---

① 魏宏聚：《教育质量观的内涵、演进与启示》，《教育研究与评论》（中学教育教学）2010年第7期，第91页。
② 徐元俊：《试论职业教育质量观》，《邢台职业技术学院学报》2004年第2期，第5页。
③ 姜进：《论高等职业教育质量观的转变》，《中国高教研究》2011年第6期，第79页。
④ 周明星、陈豪好：《职业教育人才观、教学观和质量观探析》，《职教通讯》2005年第7期，第17页。
⑤ 严东强：《高等职业教育质量观探析》，《吉林工程技术师范学院学报》2009年第8期，第58页。
⑥ 刘虎：《比较视野中的职业教育质量观：历史审视与现实反思》，《职教论坛》2014年第1期，第85页。
⑦ 石伟平：《比较职业技术教育》，华东师范大学出版社2001年版，第253页。
⑧ 匡瑛：《比较高等职业教育：发展与变革》华东师范大学出版社2006年版，第144页。
⑨ 王敏勤：《由能力本位向素质本位转变》，《教育研究》2002年第5期，第65页。

中国职业教育质量观大致可分为合标准质量观、合标准和合需要融合质量观两个阶段，不同历史阶段与社会条件对职业教育质量观有不同的价值选择。合标准指符合国家的标准，合需要指符合学生发展的需要。20世纪70—90年代，国家要求职业教育又多又快地培养人才以满足经济社会发展要求，强调职业教育的社会本位，认为职业教育存在的意义就是服务社会，这一时期以是否满足社会需要为标准来判定职业教育质量的高低。进入21世纪后，提出职业教育要以服务发展为宗旨，以促进就业为导向，服务发展包括服务社会发展和人的发展，合需要质量观融进合标准质量观中，二者逐渐融合。

不同国家秉持不同的职业教育质量观。美国追求的是高质量的生涯教育，建立了生涯与技术教育质量观，以人为本，关注学习者个人职业生涯的可持续发展和终身教育。[①] 德国教育界认为任何一个层级、机构和运行环节的质量都决定着职业教育质量；质量不是固定不变的，而是一系列持续发展的行为产生的结果，强调资源投入、质量监管和评价的连续、有序；并指出人是社会的决定因素，学生的全面发展是衡量职业教育质量的重要标准；在长期的发展过程中德国职业教育逐步确立了全面、过程性和以人为本的质量观。[②] 澳大利亚推行的是国家职业资格框架制度，强调职业能力的整体性，推行的是综合职业能力质量观。[③] 在中国，从多元价值主体出发，可将职业教育质量观分为应试性、利益性、个适性和本体性，分别从不同的侧面强调职业教育的效率和数量、对经济社会发展的适应性、对个体发展的适应性、内涵建设。[④]

2. 职业教育质量保障体系研究

质量保障的概念源自质量管理学，保障质量是管理的任务。提升质

[①] "A Quality Education For All: A Career and Technical Education Policy Agenda" http://www.shankerinstitute.org/sites/shanker/files/CTE-POLICY-AGENDA-3-10-9-131.pdf, 2019.

[②] 申文缙、周志刚：《德国职业教育质量指标体系及启示》，《外国教育研究》2015年第6期，第109页。

[③] "Framework of AQF. Australia Qualification Framework. AQF Qualification", http://www.aqf.edu.au, 2019.

[④] 邢悦、马莹：《多元主体定位下的现代职业教育质量保障体系构建》，《现代教育管理》2017年第9期，第91页。

量是现代职业教育发展的主旋律，构建教育质量保障体系被认为是职业教育质量管理的要求。随着对职业教育质量问题的关注，职业教育质量保障体系研究也逐渐增多。主要集中在以下几个方面。

首先，学者们试图在理论上解决"为什么保障""保障什么""如何保障"等基本问题。关于为什么保障，质量保障的最初目的是提高教育质量，随着职业教育的逐步发展，质量保障研究的逐步深入，质量保障的目的逐渐多样化、复杂化，国际教育规划研究所认为质量保障体系主要是质量控制、问责和改进提高。[1] 关于保障什么，研究者认为保障的是影响职业教育质量各项因素的正向效应，如进行课堂改革、严格师资培养、优化教育资源供给等。[2] 关于如何保障，赵志群认为需要政府、社会和院校合作建立专业化的监控和评估机制[3]，但是职业教育体系十分复杂，单一的、包罗万象的质量保障方式不可能存在，所以，质量保障必须设定优先目标。[4]

其次，质量保障体系的分类方面，我国一般把质量保障体系分为内部保障和外部保障两个子系统，国际上通常把职业教育质量保障体系表述为质量监控与评估体系，"内部监控"和"外部评估"相结合是保障职业教育质量的重要措施。职业教育质量评价是外部保障体系的重要方面，很多研究将职业教育质量保障与职业教育质量评价等同，实际上，质量评价只是外部质量保障的一种方法和手段。从我国职业教育质量评价体系来看，多为结果性评价，如示范校、重点校评价体系；而过程性评价体系，如对于教育教学的管理等方面的评价有待进一步加强。[5] 内部监控涉及学校内部对教学内容、教学过程、教师、教学设施设备等多方面影响教育质量的因素进行监控，北京教科院按照组织学习理论和过程管理

---

[1] International Institute for Educational Planning, *External Quality Assurance*: *Options for Vocational Education Manages Module*, Making Basic Choice for External Quality Assurance Systems, 2012, p. 20.
[2] 闫志利：《中职教育质量：评价与保障》中国社会科学出版社2017年版，第21页。
[3] 赵志群：《现代职业教育质量保障体系建设》中国职业技术教育，2014年第21期，第235页。
[4] 闫志利：《中职教育质量：评价与保障》中国社会科学出版社2017年版，第21页。
[5] 高红梅等：《辽宁省中等职业教育质量保障体系建设情况调研报告》，《现代教育管理》2009年第10期，第1页。

理论对校企合作情况进行了内部评估①。总体上，国内针对内部质量保障体系的研究相对薄弱。

再次，职业教育质量保障体系的具体内容方面，国外学者主要从理论和实践两个方面对职业教育质量保障体系进行研究。实践方面，Agbola 和 Lambert 在论述澳大利亚职业教育发展概况的基础上，对其职业教育保障体系如质量管理方式、职业教育质量标准进行研究，澳大利亚职业教育实行的是国家质量委员会、州和领地的教育行政部门、职业院校三级管理，行业监督和评价的质量管理方式，制定标准是澳大利亚职业教育质量保障体系中至关重要的部分，包括质量培训框架和培训包中的能力标准②；Politynska 等人阐述了职业教育质量保障的发展趋势和存在问题③；评价和质量管理关系密切，根据参与人员的性质可分为参与评价和自我评价，也就是外部评价和内部评价，Buhren 主张内、外部评价相结合对保障职业学校教育质量有十分重要的作用④，Cervai 等人对职业教育学生学习结果的专家模式评价进行了研究。⑤ 理论方面的研究集中于职业教育质量保障机制⑥、质量评估制度⑦、职业资格等级⑧以及质量评价指标⑨等方面。可

---

① 赵志群：《现代职业教育质量保障体系研究：现状与展望》，《西南大学学报》（社会科学版）2014 年第 4 期，第 64 页。

② Agbola F W, Lambert D K, "Skilling Australia for the Future? A Study of Quality Assurance in Australia's Vocational Education and Training" *Journal of Vocational Education & Training*, No. 3, 2010, p. 327.

③ Politynska B, Rijsseltc R V, Lewkod J, et al. "Quality Assurance in Gerontological and Geriatric Training Programs: The European Case", *Gerontology & Geriatrics Education*, No. 1, 2012, p. 39.

④ Buhren C G, "School-Based Evaluation: An International Perspective Volume 8 II School Evaluation in Germany: A Means to Improve School Quality" *Advances in Program Evaluation*, 2002, p. 261.

⑤ Cervai S, Cian L, Berlanga A, et al, "Assessing the Quality of the Learning Outcome in Vocational Education: the Expero Model" *Journal of Workplace Learning*, No. 3, 2013, p. 198.

⑥ Masson J. R., Baati M, Seyfried E, "Quality and Quality Assurance in Vocational Education and Training in the Mediterranean Countries: Lessons from the European Approach" *European Journal of Education*, No. 3, 2010, p. 514.

⑦ Coates H., "Building Quality Foundations: Indicators and Instruments to Measure the Quality of Vocational Education and Training" *Journal of Vocational Education & Training*, No. 4, 2009, p. 518.

⑧ Hart J., Rogojinaru A, "The Development of National Qualifications and Quality Assurance Frameworks in the Context of the TVET Reform in Romania" *European Journal of Education*, No. 4, 2010, p. 549.

⑨ Coates H, "Building Quality Foundations: Indicators and Instruments to Measure the Quality of Vocational Education and Training" *Journal of Vocational Education & Training*, No. 4, 2009, p. 517.

以看出，国外学者对职业教育质量保障体系研究较多，一些发达国家的职业教育发展相对较好，已经形成了较为成熟、独特的职业教育体系、制度、发展模式和质量保障机制。

国内学者对职业教育质量保障体系的研究还处于起步阶段，已有研究多集中于对发达国家成功经验的介绍上。例如，吴雪萍对欧盟、英国、俄罗斯等教育发达国家的职业教育质量保障体系进行研究，发现它们的共同点是关注学生发展，因此，作者主张学习国际经验，将学生发展置于我国职业教育质量评价的中心[1]；陈竹韵和陶宇介绍了澳大利亚职业教育质量保障体系，认为在大数据背景下，我国应建设与优化职业教育相关网站，使用大数据实施职业教育质量动态监控，建立信息共建共享机制，共享职业教育科研成果[2]；丁文利分析了英国职业教育质量保障体系基本情况和特点，认为我国职业教育质量保障体系的构建应以"以内为主，以外促内""多元参与、全程保障"为原则，以学校质量控制和自我评估为核心，以外部质量审核、认证和评估为辅助。[3]

最后，第三方参与职业教育质量评价正在成为研究的热点。第三方评估理念在我国还比较陌生，2010年以后，教育管办评分离相关文件的出台为第三方评价让出了市场空间，政策要求多元主体而不仅仅是政府参与评价，院校、行业企业、研究机构等都应参与职业教育质量评价。在法律政策层面，虽然当前第三方评价主体还面临着法律地位缺失等问题，但第三方评价从无到有，也彰显其生长性。[4] 第三方参与质量评价相对于单一的政府主导具有独立性和公正性，评价结果更容易被接受和认同，已有关于第三方评价的研究内容聚焦于第三方评价的概念界定、特征和功用、评价标准和指标体系、保障机制、国际比较和借鉴等

---

[1] 吴雪萍：《构建职业教育质量保障体系的国际经验及其启示》，《教育发展研究》2014年第77期，第49页。

[2] 陈竹韵、陶宇：《大数据背景下澳大利亚职业教育质量保障体系的启示》，《黑龙江高教研究》2017年第8期，第77页。

[3] 丁文利：《英国职业教育质量保障体系及其对我国的启示》，《教育与职业》2014年第20期，第21页。

[4] 丁建石：《第三方参与职业教育质量评价的现状、问题及法律政策建议》，《教育与职业》2017年第20期，第26页。

方面。① 在评价指标的选取上，学生发展正在走进学者们的视野。李桂荣等对中职示范学校育人质量进行调查与评估，发现示范校的办学条件显著优越于非示范校，但反映学生群体发展质量的指标并没有明显优势，建议政府"建立以产出为核心指标的中职质量评价体系"②；从相关政策文件可以看出，职业教育的人才培养定位正在从"高素质劳动者和技能型人才"调整为"高素质劳动者和技术技能人才"，易红梅和张林秀基于东、中、西部的调查研究，发现中职学校专业技能教育质量较低，建议建立以学生发展为核心的中职教育督导机制和与学生发展相关联的教师绩效管理制度。③

（二）关于中职学生发展问题的研究

为了提高中职教育人才培养质量，推动中职教育从规模发展为主转型到质量提升为主的新阶段，诸多学者开始关注中职学生发展问题。学生发展是个较为宽泛的概念，尚没有以"中职学生发展"为篇名（词）的研究，研究者关注的主题和研究侧重点各有不同，主要围绕学生发展状况和学生发展的影响因素等主题开展研究。

1. 中职学生发展状况研究

准确把握学生发展的现状，是进行进一步研究的前提和基础。目前学者们主要对中职学生在校期间的思想行为、学习和发展能力、职业素养、身心健康等方面进行调查分析，以期对中职教育改革和促进学生发展有所启发。

（1）道德行为和心理品质研究

党的十九大报告指出，发展教育要"落实立德树人根本任务"，育人为本，德育为先，"德"是成人的根本。对于中职学生来说，知识和技能固然重要，思想道德教育也不容忽视。《中等职业学校德育大纲（2014年修订）》指出，中职德育不仅对学校、社会和学生个人发展有价值，对党

---

① 张宏亮、赵学昌：《我国职业教育质量第三方评价研究综述》，《继续教育研究》2016年第12期，第72页。
② 李桂荣等：《中职示范学校育人质量的抽样调查与试点评估》，《教育与经济》2016年第1期，第75页。
③ 易红梅、张林秀：《中职学校专业技能教育质量的试点评估与改进构想》，《教育发展研究》2016年第5期，第34页。

和国家的发展也具有重要意义。但从研究结果来看，中职学生道德素质还存着在不少问题。举例来说，刘志兵和黄榕发现中职学生对职业教育认识不清、学习目标不明，社会公德意识淡薄、思想素质不高，道德意识与道德行为有一定反差且自制力不强。① 针对中职学生意识和行为差异问题，聂衍刚等人有相同的发现：中职学生有良好的诚信认知，良好的诚信行为表现却相对较少。② 除道德素质方面的研究外，还有部分研究者从问题行为（又叫行为问题或不良行为）角度对中职学生进行研究。问题行为是指"违反社会公认的正常青少年行为规范和道德标准以及在情绪或社会适应方面不成熟的行为"③。问题行为的出现阻碍学生个体认知、个性和社会性的正常发展，研究中职学生问题行为现状和特征，对中职学校干预问题行为、预防问题的发生，进而提高人才培养质量十分有利。林向英等发现，中职学生问题行为检出率较高，63.2%的学生存在交往问题行为，57.3%的学生存在情绪问题行为，且问题行为存在性别、年级、地域差异。④ 针对学生表现出来的行为，周洪良认为中职学校在教育中应明确道德底线，有步骤、分层次地进行道德底线教育。⑤

中职学生作为一个特殊群体，在现实生活中往往比较敏感，研究他们的心理品质，给予正确、及时的引导，对促进学生发展至关重要。近年来，学术界不断从中职学生心理健康出发，对其人格特质、情感素质和积极心理品质进行探讨。自尊是一种人格变量，对学生的品德、认知、行为、动机的发展都有制约作用，与学习成绩有因果关系⑥，王红瑞对中职学生的自尊水平和人格特质进行研究，发现中职学生整体自尊水平较

---

① 刘志兵、黄榕：《中职生道德素质现状分析及对策——基于对江西电子信息工程学校学生的调查》，《中国教育学刊》2013年第S1期，第131页。

② 聂衍刚等：《中职学生自我意识与诚信态度的关系》，《教育研究与实验》2011年第1期，第87页。

③ 池丽萍、王耘：《婚姻冲突与儿童问题行为关系研究的理论进展》，《心理科学进展》2002年第4期，第411页。

④ 林向英等：《中等职业学校学生问题行为现状调查与分析》，《中国特殊教育》2005年第7期，第70页。

⑤ 洪良：《从学生行为透析中职生思想道德素质较低的根源》，中国职业技术教育学会德育工作委员会，《全国德育教学研究会2011年年会论文集》，第5页。

⑥ 张文新：《初中学生自尊特点的初步研究》，《心理科学》1997年第6期，第504页。

低且情绪稳定性较差①。情感素质研究方面，卢家楣等对中职学生道德情感、理智情感、审美情感、生活情感、人际情感和情感能力等方面的情感素质进行调查，发现中职学生情感素质总体积极正向，但低于全国青少年得分，理智情感低于普通高中学生。② 积极心理品质方面，张冲等学者分析了中职学生在认知、情感、人际、公正、节制、超越等六个维度的表现，发现他们在真诚、创造力和领导力上表现最差；除节制外，其他五个维度得分均显著低于全国高中生的平均水平。③

理论研究者也对中职学生德育进行了关注，主要研究领域是中职学校道德教育的内涵、特点、内容、问题和目标，都强调德育研究的重要性。郑富兴从中职学生道德的双重发展角度即时间维度和空间维度，分析中职学生生活、工作与道德成长之间的关系，以明确中职学校德育的理念和方法。④ 许援竺从德育的社会环境、指导思想、手段和方法等方面分析了中职学校德育存在的问题。⑤

（2）学习与发展能力研究

学习与发展能力大致可分为自我认知、学习能力、文化修养和生活追求等四种。⑥ 自我认知是对自己的感知、思维、意向等方面的洞察，以及想法、期望、行为的判断与评估，学者们主要从学业自我概念、自我意识、学业效能感、学业情绪等方面进行研究，不同的自我认知导致不同的学习结果。学业自我概念是"个体在学业情境中所形成的有关自己

---

① 王红瑞：《中职生人格特点、自尊水平及其与学业行为的关系研究》，《中国健康心理学杂志》2011年第8期，第973页。
② 卢家楣等：《我国中等职业学校青少年学生情感素质的现状》，《心理科学》2011年第6期，第1338页。
③ 张冲等：《中职学生积极心理品质现状调查和教育对策》，《中国特殊教育》2012年第3期，第80页。
④ 郑富兴：《工作德育：中职德育的理念与方法》，《四川师范大学学报》（社会科学版）2016年第1期，第100页。
⑤ 许援竺：《中职学校职业道德教育问题与对策研究》，《职业技术教育》2006年第8期，第80页。
⑥ 项秉健等：《2012—2013年上海市中等职业学校学生发展报告》，上海教育出版社2015年版，第14页。

学业发展的比较稳定的认知、体验和评价"[1]。郭成等人的研究发现，它与学业成绩、行为高度正相关；同时，自我概念、学业韧性和简易应对方式三者也呈现一种显著正相关关系。[2] 此外，聂衍刚等学者还发现，自我意识与中职学生的呈现态度显著正相关，但中职学生自我意识发展总体而言只处于中等水平。[3] 学业效能感是学生对自己能够完成学习任务的自信心和学习能力的认知，研究发现，与学业成绩较差者相比，学业成绩较好的中职学生其学业自我效能感较高。[4] 学业情绪是"在教学或学习过程中，与学术学业活动相关的各种情绪体验"[5]，对学生的学习认知、态度、身心健康和师生关系都有重要意义。有研究者发现，中职学生积极学业情绪远多于消极学业情绪，但是性别和年级差异显著，且有9.25%的学生在学习上看不到希望，超过40%的中职生存在愤怒、羞愧、厌倦等消极学业情绪。[6]

学习能力一般指中职学生自我求职、做事和发展的能力，包括学习自觉、学习倾向、学习与创新能力等方面，许多研究者认为中职学生学习能力较差。中职学生因为是升学竞争中的"被淘汰"者，自信感和好奇感显著低于普通高中生[7]；学习焦虑问题严重，近一半中职学生学习适应困难[8]；厌学情绪严重，超过七成学生存在厌学问题。[9] 除此之外，中

---

[1] 郭成等：《学业自我概念及其与学业成绩关系的研究述评》，《心理科学》2006年第1期，第133页。

[2] 陈维、刘国艳：《农村留守中职生学业自我概念与应对方式的关系：学业韧性的中介作用》，《中国特殊教育》2016年第5期，第23页。

[3] 聂衍刚等：《中职学生自我意识与诚信态度的关系》，《教育研究与实验》2011年第1期，第87页。

[4] 戚亚慧、韦雪艳：《不同学业成绩中职生学业自我效能感、希望特质和心理韧性的关系分析》，《职业技术教育》2016年第14期，第69页。

[5] 俞国良、董妍：《学业情绪研究及其对学生发展的意义》，《教育研究》2005年第19期，第39页。

[6] 赵金娥：《中职生学业情绪的现状与特点研究——以山东省某中等职业学校为例》，《中国特殊教育》2014年第10期，第78页。

[7] 卢家楣等：《我国中等职业学校青少年学生情感素质的现状》，《心理科学》2011年第6期，第1338页。

[8] 罗鸣春、邓梅：《中等职业学校学生心理健康状况调查》，《中国心理卫生杂志》2006年第7期，第456页。

[9] 钱平：《对中职学生厌学行为的调查分析与对策研究》，《中国职业技术教育》2009年第2期，第11页。

职学生还存在学习自觉意识差、缺乏主动性、自制力和意志力普遍较低等问题。① 中职学生的这些学习状况严重影响学生发展和中职教育人才培养质量的提升。教育是培养人的活动,针对中职学生的学习状况,有学者提出中职教育要以"学生发展"为本,构建扬长教育模式,让学生在自由自主的空间内,激发学习主动性,自觉学习,在扬长教育中帮助学生认知自我,发挥学生潜能,张扬学生个性。②

文化修养是个人对人文文化、科技文化的了解和掌握水平,是建立和完善个体世界观、价值观的一种能力。文化修养的提升需要借助文体活动,而读书正是提升文化素养的一种重要活动。阅读可以拓宽眼界、丰富阅历,以提高自身的文化修养。在现代社会,除了纸质阅读,电子阅读也非常普遍。余逸君发现,虽然当前纸质阅读是中职学生阅读的重要形式,但利用电子设备进行网络阅读的学生正在逐渐增加,电子阅读时间也在逐步增长;电子阅读最主要的弊端是网络信息的便捷、丰富容易让学生沉浸于非学习性质的阅读中,如长时间的休闲娱乐信息浏览,没有实现通过阅读拓宽视野、提高修养的目的。③ 宋开永有相同的发现:62.7%和46.9%的中职学生上网分别是为了聊天和打游戏;信息时代,培养学生掌握信息技术的能力,让其学会利用网络信息学习以发展自身是中职教育的一个重要内容,85.5%的学生渴望掌握一定的信息技术,但能够熟练掌握的很少,熟练掌握Word和Excel的学生只有10.7%和8.3%。④

生活追求反映一个人的生活方式、观点及趣味,与普通高中生相比,中职学生学习任务轻,没有高考压力,闲暇时间较多,闲暇生活成为他们生活学习的一个重要部分,他们的闲暇生活方式是什么呢?郑晓妹对平乡县职业中心学生闲暇生活特点的研究发现,在日常的闲暇时间里,近50%的学生在网络中度过,11%的学生用来阅读,9%的学生把时间主

---

① 杨大伟:《中职学生学习能力评价体系实证研究》,《职教论坛》2012年第18期,第35页。
② 王福贵:《中职教育重在扬长教育》,《教育发展研究》2004年第12期,第37页。
③ 余逸君:《新阅读时代中职生阅读现状分析及干预措施》,《科技情报开发与经济》2012年第15期,第69页。
④ 宋开永:《中等职业学校学生信息素养现状分析及培养策略》,《中国电化教育》2009年第6期,第36页。

要花费在体育活动方面，还有近 30% 的学生以社交活动为主。① 充足的闲暇时间是实现人全面发展的必要条件，但如果没有做好闲暇时间利用教育，没有教会中职学生如何利用闲暇时间，以致个人没有驾驭闲暇时间的能力，那么闲暇时间的增多对于身心发展尚未成熟的中职学生来说，有可能是一种灾难，而非促进学生发展的重要方式。②

（3）职业素养研究

提高职业素养是中职教育的重要价值取向。职业素养一般涵盖职业意识、职业道德、职业技能和职业行为习惯等方面。中职学生的职业素养是中职学生在校期间通过学校教育、岗位实践及自我修养而成的职业认知、职业技能、职业态度、职业精神、职业意识及职业能力等综合品质，是职业学校学生完成职业活动必备的品质。③ 研究者从中职学生自评和企业评价两个角度对中职学生职业素养基本状况进行研究。根据学生自我报告结果发现，中职学生缺乏良好的职业习惯与态度；对职业理想和前途不甚清楚，对职业认知知之甚少；动手能力强，但责任心、职业道德等意识缺乏，综合职业能力不强。④ 职业准备是职业素养的重要组成部分，中职教育的就业导向要求学生在校期间就要为就业做准备，职业准备关系到学生自身职业生涯发展和劳动力市场的匹配。赵晶晶通过对学生专业认知、学习态度和职业规划的考查发现，学生的职业认知与实践脱节，学校对学生职业准备缺乏专业化系统化的指导。⑤ 值得肯定的是，大部分学生认识到团队合作的重要意义，78.3% 的中职学生愿意与同伴合作完成任务。⑥ 根据企业对中职学生职业素养评价的结果发现，只

---

① 郑晓妹：《农村中职生闲暇生活特点与教育管理对策研究》，硕士学位论文，河北科技师范学院，2015 年。

② 班建武：《"新"劳动教育的内涵特征与实践路径》，《教育研究》2019 年第 1 期，第 21 页。

③ 方健华：《中职学生职业核心素养评价及其标准体系建构研究》，博士学位论文，南京师范大学，2014 年。

④ 曹华：《"一带一路"背景下中职生职业素养培养研究》，《湖州师范学院学报》2017 年第 5 期，第 91 页。

⑤ 赵晶晶：《中职学生职业准备分析与对策——基于对全国中职学校学生发展状况的调查》，《中国职业技术教育》2016 年第 33 期，第 102 页。

⑥ 宋开永：《中等职业学校学生信息素养现状分析及培养策略》，《中国电化教育》2009 年第 6 期，第 36 页。

有22%的企业认为中职学生服务态度好，14%的企业认为中职学生责任心强，研究者认为应通过学校教育提高中职学生的职业素养，挽回他们给企业留下的不好印象。[1]

大多数中职学生都对自己的未来感兴趣，对未来教育、职业和婚姻关注较多，与普通高中生相比，中职学生对职业目标担忧较多，普通高中生对未来教育目标担忧较多，这主要与两种教育类型的培养目标有关，前者以就业为导向，后者主要为升学做准备，所以，相对于普通教育，中职学生对职业的探索和投入水平较高。[2] 并且，作为选拔考试的"落选者"，中职学生是学业弱势群体，学业上的失败对他们的未来职业和学业规划有很大影响，与普通高中生相比，他们对教育目标和职业目标的实现预期没有那么积极、乐观。[3] 虽然中职学生对自己的职业未来感兴趣，但是由于职业生涯教育不到位，职业指导不足，部分中职学生对自己未来的职业不是很清楚，只有27.45%的中职学生对专业对口的职业或者自己将来可能从事的职业有清楚的了解，做到了心中有数。[4]

（4）身心健康相关研究

健康的身体和心理是人生的第一财富。身体健康方面，研究者认为中职学生是亚健康的高发人群，近33%的学生属于躯体型亚健康，女生尤为严重，这可能与中职学生喜欢熬夜、运动少等不良生活习惯有关。[5] 事实的确如此，中职学生课余时间利用调查结果发现，只有9%的学生会参加体育活动，锻炼身体[6]；在课外活动时间花费排序上，男生的第一选择是上网打游戏（75%），第四选择是体育锻炼；女生的第一选择是逛街

---

[1] 卢敏、冯胜清：《中职生职业素养的培养》，《当代职业教育》2016年第8期，第106页。
[2] 张玲玲等：《普高生与中职生的个人未来目标和担忧》，《心理发展与教育》2008年第4期，第50页。
[3] 于凤杰等：《乡普高生与中职生对未来的规划和态度》，《心理发展与教育》2010年第2期，第161页。
[4] 项秉健等：《2012—2013年上海市中等职业学校学生发展报告》，上海教育出版社2015年版，第14页。
[5] 张金梅等：《中职生亚健康状况调查研究》，《卫生职业教育》2013年第8期，第129页。
[6] 郑晓妹：《农村中职生闲暇生活特点与教育管理对策研究》，硕士学位论文，河北科技师范学院，2015年。

（67.6%），第四选择是体育锻炼。①

　　心理健康方面，陈禧鸿的研究发现，中职学生存在人际敏感、强迫、焦虑、恐惧等心理问题。②程宏的研究结论与陈禧鸿基本一致：中职学生心理健康水平偏低，11%的学生有中度以上心理问题，尤其人际关系敏感、敌对、强迫问题严重。③焦虑是中职学生的突出心理问题，罗鸣春和邓梅发现，中职女生焦虑程度高于男生，身体症状和过敏倾向是其产生严重焦虑的项目；与普通高中学生相比，中职学生心理健康水平相对较低。④王玲凤的研究也得出了相似结论。⑤心理健康有正负两个方面，解决心理健康问题可从积极和消极两个方面入手。积极层面，侧重心理问题的预防，基于积极心理品质对心理健康的发展性和促进性，以人的向善性为价值取向，对全体学生进行积极心理健康教育，教育的重心在于学生积极心理品质的养成，在日常学习和生活中，通过多种方式从正面培养学生内在积极心理品质，开发心理潜能，防治各种心理问题。⑥消极层面，侧重对学生心理问题和心理疾病的治疗，有学者基于中职学生的心理问题，提出"四维抗压、耐挫励志、多方位支持"的心理健康教育模式⑦，建立学生自我成长，教师、学校、家庭、社会支持的多方位支持平台。

2. 中职学生发展影响因素研究

　　环境是影响中职学生发展的外部因素，外部环境的变化会引发中职学生思想、行为，以及生活方式的变化。学者们从社会环境和教育环境两方面对影响学生发展的因素进行研究。社会环境主要包括社会、家庭、

---

① 周跃：《昆明市区省级中职学校学生余暇体育活动现状调查》，硕士学位论文，成都体育学院，2016年。
② 陈禧鸿：《中等职业学校学生心理健康状况调查与分析》，《职业技术教育》2005年第29期，第94页。
③ 程宏：《中职生心理健康现状调查分析及对策》，《中国职业技术教育》2011年第34期，第94页。
④ 罗鸣春、邓梅：《中等职业学校学生心理健康状况调查》，《中国心理卫生杂志》2006年第7期，第456页。
⑤ 王玲凤：《中职生的心理健康状况和亲子关系》，《中国心理卫生杂志》2006年第7期，第444页。
⑥ 孟万金：《论积极心理健康教育》，《教育研究》2008年第5期，第19页。
⑦ 王瑶：《新时期中职生心理健康教育模式探究》，《学术论坛》2013年第2期，第211页。

媒体等相关因素，教育环境则主要包括学校、教师、同辈群体等相关因素。

社会对中职学校和中职学生存在诸多的认知偏见，例如，"只有成绩差的学生才读中职""家境不好的孩子才读中职"，这是社会对中职教育的一种负面刻板印象。中职学生也因此被贴上了特殊标签，这种标签不仅影响他人对中职学生的身份认同，也对中职学生的自我认同产生影响。Dang 探索了父母对职业教育的认识，发现大部分学生的父母认为职业院校的学生都是成绩差、家庭经济状况困难的学生。[①] 北京师范大学"加快普及高中阶段教育条件保障研究"课题组针对河南、广西和甘肃三省的初中毕业生高中教育选择意愿进行问卷调查，调查结果显示，普通高中的吸引力强于中职教育，普通高中是初中毕业生的首要选择[②]；进一步对普高二年级和中职二年级学生进行回溯性调查，请学生们根据当前的教育体验回答，如果再回到初中毕业的时候，"高中、中职和不读书"会如何选择，结果发现，仅有 7.2% 的普高学生会选择中职，而近 30% 的中职学生选择上普高，这表示无论是普高还是中职学生，对中职教育的认同感较低[③]；Song 等学者也有相似的发现。[④] 社会对中职教育的不认同，助推了家长和学生对中职教育的不选择，这也让选择中职教育的学生觉得未来没有希望，从而变得敏感、自卑，不利于其身心健康发展。

互联网对中职学生发展的影响不可忽视。中职学生正处于"互联网+"时代，网络以势不可当的趋势迅速渗透到学生生活学习的各个角落。有研究显示，近四成中职学生课余时间最喜欢做的事是上网玩游戏[⑤]；郑晓

[①] Dang V. H., "Parental Perspectives Towards the Vocational Education Training Sector in Vietnam" No. 6, 2015, p. 37.

[②] 苏丽锋等：《初中后教育选择意愿及影响因素研究——普高、中职还是不再读书？》，《华中师范大学学报》（人文社会科学版），2017 年第 5 期，第 146 页。

[③] 苏丽锋等：《高中阶段教育选择影响因素研究——基于高中与中职在校学生的调查分析》，《清华大学教育研究》2016 年第 4 期，第 52 页。

[④] Song Y., Loyalka P., Wei J., "Determinants of Tracking Intentions, and Actual Education Choices Among Junior High School Students in Rural China" Chinese Education & Society, No. 4, 2013 p. 30.

[⑤] 颜苏勤：《中职学生网络过度使用与情绪行为的特点研究——从中职生与普通高中生的比较引出的思考》，《思想理论教育》2010 年第 6 期，第 26 页。

妹的研究也发现，近50%的学生在网络中度过①；周跃调查表明在课余时间的利用上男生的第一选择是上网打游戏（75%）。② 网络给学生的生活和学习带来便利的同时，也导致了网络成瘾——一种新型心理障碍疾病的发生，过度使用互联网致使学生荒废学业、社会和心理功能损害的案例时有发生。③ 并且，网络不良信息的侵扰，也给中职学生的世界观、人生观、价值观带来深远的负面影响。④

家庭因素是影响中职学生学业发展的重要因素。已有研究聚焦于家长投入、教养风格和亲子关系，研究其与中职学生学业投入、学业成绩、心理品质和心理健康的关系。家长投入是指家长为了促进子女对学习的参与度以伴随的积极情绪，与学校、教师、社区及子女进行的互动。⑤ 吴妮妮和姚梅林发现，家长投入与中职学生学业投入显著正相关，并且如果教养风格是自主支持型，那么家长投入可以显著预测子女学业投入水平。⑥ 此外，他们在研究中还发现，中职学生家长的投入水平显著低于普通高中生家长的投入水平。同时，家庭投入还与中职学生的学业成绩呈现一种显著的正相关关系。⑦ 除了家长投入能够影响学生发展外，亲子关系对学生发展也有显著影响，和谐的亲子关系有助于中职学生谨慎性、宜人性人格特质的形成，谨慎性主要指做事认真负责、信守承诺、理性、自制等；宜人性主要指利他、关心和慷慨等。⑧

---

① 郑晓妹：《农村中职生闲暇生活特点与教育管理对策研究》，硕士学位论文，河北科技师范学院，2015年。
② 周跃：《昆明市区省级中职学校学生余暇体育活动现状调查》，成都体育学院硕士学位论文，2016年。
③ 汪江胜：《中职生学习倦怠心理原因及其对策》，《继续教育研究》2009年第7期，第162页。
④ 田媛等：《网络社会支持对中职生生活满意度的影响：公正世界信念和感恩的中介作用》，《心理与行为研究》2017年第2期，第175页。
⑤ 曾庆玉等：《家长投入及其影响子女学业成就的机制探析》，《北京师范大学学报》2010年第6期，第39页。
⑥ 吴妮妮、姚梅林：《中职生家长投入与子女学业投入的关系：教养风格的调节作用》，《心理科学》2013年第4期，第899页。
⑦ 李桂荣、李向辉：《中职学生学业成绩影响因素分析——基于河南省的经验研究》，《教育经济评论》2016年第2期，第68页。
⑧ 王红瑞：《中职生人格特点、自尊水平及其与学业行为的关系研究》，《中国健康心理学杂志》2011年第8期，第973页。

学校是学生生活、学习的主要场所，校园文化于学生发展是一种无形的教育力量。《关于加强中等职业学校校园文化建设的意见》指出，校园文化具有重要的育人功能，能够"促使学生养成良好的职业道德和职业行为习惯"[1]。中职学校校园文化建设对学生健康成长有重要影响，当前中职学生素养缺失与校园文化建设不到位关系深远[2]，因此，促进学生全面发展，应从构建和谐校园文化入手，坚持以人为本、以学生为主体的原则，以精神文化建设为重点。[3]

卓越的中职教师能够"引领学生树立正确的学习观，提高学生知识、技术技能水平等可雇用能力"[4]，促进学生发展。孙海燕认为，"教师因素是影响学生不良学习习惯形成的重要因子，如果教师认知观念、教育教学举措偏差将会加剧中职学生不良行为表现"[5]；师生关系良好、教师有情施教则可以促进中职学生发展。卢家楣等人的研究确证了此观点，建议中职学校通过改善师生关系，促进中职学生的全面发展；Parker 也认为教师质量、教师的热情、师生互动等是中职教育成功的主要因素。[6]

同辈群体对中职学生的影响有可能超过教师和父母。中职学生年龄一般在 15—18 岁，这一时期的青少年不再盲目地相信家长、教师等权威，而是在同伴群体寻找认同感，同辈群体成为学生个体的信息源，对学生社会化技能的学习起着至关重要的作用[7]，是个人社会化中的一个重要环境因素和载体。同辈群体主要通过从众心理机制对中职学生产生影响，"同辈群体中大多数人的价值观念、行为模式往往成为中职生个体认识自

---

[1] 教育部、人力资源和社会保障部：《关于加强中等职业学校校园文化建设的意见》，www.moe.gov.cn/srcsite/A07/moe_950/201006/t20100621_92822.html，2010 年 5 月 20 日。

[2] 杨应红：《浅谈中职学校的精神文化建设》，《普洱学院学报》2013 年第 2 期，第 139 页。

[3] 陶红、高先燕：《中职校园文化与企业文化对接的原则与途径》，《职教论坛》2012 年第 33 期，第 31 页。

[4] 李梦卿、安培：《卓越中职教师培养的基本认知、价值追求与实施路径》，《教育发展研究》2015 年第 17 期，第 34 页。

[5] 孙海燕：《中职生不良学习习惯的教师影响因素及对策研究》，硕士学位论文，山东师范大学，2017 年。

[6] Parker E. L. , "Factors that Contribute to a Successful Secondary Vocational Education Program in the State of Mississippi" Dissertations & Theses-Gradworks, 2008.

[7] 方艳娇、苏丽丽：《青少年学生的同伴群体交往及其影响》，《沈阳教育学院学报》2010 年第 3 期，第 38 页。

我、完善自我、认识社会的主要参照系。①

（三）关于中职毕业生就业问题的研究

1. 中职毕业生就业状况研究

从教育部每年发布的中职毕业生就业报告总体情况看，全国中等职业学校毕业生就业率保持在 90% 以上，但高就业率并不代表高就业质量。② 毕业生就业质量作为学生发展的重要方面，引起了学者们的关注。

中职毕业生与普高毕业生相比，待业时间相对较短，且再就业机会较高。北京大学教育经济研究所于 2004 年对 67173 个家庭成员的教育与就业情况进行了调查，形成了数据库《中国城镇居民教育与就业情况调查——2004》。基于此数据库，丁小浩和李莹对中职毕业生的待业时间和就业状况进行分析，发现中职毕业生待业时间（中位数是 1 年）显著短于普高毕业生（中位数是 2 年）；但中职毕业生和普通高中毕业生在就业收入和就业层次方面并无显著差异。③ 李莹和丁小浩利用生存分析方法进一步对中职毕业生的待业时间进行分析，有相同的发现：职业教育是缩短中职毕业生待业时间的重要影响因素，但这并不意味着中职教育比普通高中教育更能提高高中毕业生的就业能力。④ 在再就业机会方面，魏立萍和肖利宏对厦门市 1261 名失业人员的调查发现，与接受过普通高中教育的失业者相比，接受过中职教育的失业者失业时间短了 4.4 个月，再就业机会是普通高中人员的 3.29 倍。⑤

中职毕业生的就业质量如何？"十一五"期间，中职学校毕业生人数呈先增后减趋势，直接就业人数持续下降，升学比率持续上升；但是升

---

① 张月云：《论同辈群体对中职生的影响及对策》，河北师范大学硕士学位论文，2007 年。
② 本刊评论员：《关注中职毕业生高就业率背后的就业质量问题》，《教育发展研究》2010 年第 11 期，第 5 页。
③ 丁小浩、李莹：《中国城镇中等职业教育就业状况分析》，《教育科学》2008 年第 4 期，第 25 页。
④ 李莹、丁小浩：《中等职业教育毕业生待业时间的生存分析》，《教育与经济》2008 年第 2 期，第 26 页。
⑤ 魏立萍、肖利宏：《中等职业教育与普通高中失业者失业持续时间和再就业机会的差异分析》，《教育与经济》2008 年第 1 期，第 40 页。

学后，专业匹配度不高，只有近37%的学生与原专业相同或相近。① 在企业的实地走访调查中发现，中职毕业生一次性就业率较高，但专业对口率仅为45%；工资等福利待遇不到位；工作流动性大。② 中职学生的就业创业主要特点有：学生毕业后直接工作虽然仍是主流，但学生的升学意识加强；就业岗位的选择最关注个人发展；专业对口就业率低；对一次性就业的起薪期望值较高；八成以上学生希望留在家乡工作。③ 从人才的市场供给与需求关系来讲，从职业学校获得的一些技能，例如人际交往能力，个人素质，团队合作和实践经验等低于市场需求，但是管理技能、思维能力、创造力、创新能力还不能满足雇主的需求④；人才培养供给侧和市场需求侧方面存在一定差异，中职毕业生虽然供不应求但就业质量较差。⑤ 学生自身综合职业能力不足和中职教育未满足就业需求是就业质量不高的主要原因，并且，共青团中山市委课题组还发现，就业创业综合服务平台少也是影响中职毕业生就业质量的重要因素。⑥

用人单位需要什么样的中职毕业生，如何看待中职毕业生？陈嵩对上海、江苏、安徽、浙江部分地区的近百家企业进行调查，试图弄清企业需要什么样的中职人才这一问题，调查发现，75%的企业认为中职毕业生的作用主要在第一线生产、经营中；只有8%的企业对在岗中职人才表示"满意"；企业认为中职人才应具备解决问题能力、团队工作能力、交往能力和进取精神。⑦ 在对单位雇主的调查中发现，雇主对中职毕业生"不太满意"，尤其对毕业生的英语水平、书面表达能力、了解国外相关

---

① 汪歙萍：《2010年上海高校和中职校毕业生就业与人才培养研究报告》，《教育发展研究》2011年第5期，第28页。
② 陈嵩：《上海中职毕业生就业现状及对策研究》，《教育发展研究》2007年第21期，第65页。
③ 共青团中山市委课题组：《青年就业创业特点与青年工作对策——以中山市中职（技工）青年调研为例》，《中国青年研究》2016年第12期，第69页。
④ Jung C, "A NEW MODEL OF VOCATIONAL EDUCATION AND TRAINING IN BRAÅžOV COUNTY" Bulletin of the Transilvania University of Brasov, No. 56, 2014, p. 331.
⑤ 赵珍：《中国青年初次就业问题研究》，博士学位论文，首都经济贸易大学，2008年。
⑥ 共青团中山市委课题组：《青年就业创业特点与青年工作对策——以中山市中职（技工）青年调研为例》，《中国青年研究》2016年第12期，第69页。
⑦ 陈嵩：《企业需要什么样的中职人才——对上海及周边地区百家企业的调查与分析》，《教育发展研究》2001年第10期，第49页。

行业发展意识和能力等方面认可度较低。①

2. 中职毕业生学业和就业关系相关研究

职业教育以促进就业为导向，中职学校的人才培养状况直接影响毕业生的就业质量，而职业院校的办学质量是就业质量的生命线。② 王秀瑾通过对中职毕业生就业问题的研究，认为毕业生的素质和能力影响就业成功率和就业质量。③《2012 全民教育全球监测报告：青年与技能》指出，尽管职业技术教育可在短期内改善从学校到工作的过渡问题，但可能会限制学生对长期经济结构和技术变革的适应能力；将成绩不合格的可能性较大的学生分在一组，这些学生的期望值会减弱，这通常会导致学习成绩的下降。④ 并且，将表现较差的学生推入平行的职业技术教育中，可能会加剧社会不平等，有时会向雇主发出不好的信号，对经合组织 18 个国家的分析发现，接受普通教育较多的人具有更好的长期就业前景。⑤

也有学者从理论视角探讨了职业教育和就业的关系。持人力资本理论观点的学者认为，职业教育推动劳动力在职业生涯中不断上升，即职业教育对社会分层具有积极影响⑥；基于阶级再制和社会拒斥观念的学者则认为，职业教育的受教育者被分流和定性到较低的社会阶段和群体中，进入大学的机会明显降低，教育获得会明显下降，在不同的教育轨道对学生进行社会化容易导致阶级间的不平等。⑦ 后者的主要观点是：接受职业教育的是选拔考试中的失利者，他们往往学习成绩较差，行为习惯较差，被分离到职业教育轨道的学生被剥夺了到学风良好的班级中接受教

---

① 田慧生：《全国中等职业教育满意度调查报告》，《中国教育报》2017 年 5 月 16 日，第 4 期。
② 胡立：《高等职业教育就业质量生态系统的平衡》，《大学教育科学》2016 年第 2 期，第 44 页。
③ 王秀瑾：《中等职业学校的学生就业问题研究》，硕士学位论文，天津大学，2010 年。
④ 联合国教科文组织：《2012 全民教育全球监测报告：青年与技能》，教育科学出版社 2013 年版，第 28 页。
⑤ Hanushek E. A., Woessmann L., Zhang L., "General Education, Vocational Education, and Labor-Market Outcomes Over the Life-Cycle", *Social Science Electronic Publishing*, No. 1, 2017.
⑥ ［美］加里·贝克尔：《人力资本》，陈耿宣等译，机械工业出版社，2016 年。
⑦ Spence M., "Market Signaling, Information Transfer in Hiring and Related Processes", *Cambridge, Ma: Harvard University Press*, 1974, p. 50.

育的机会；并且，职业教育的教学内容对学生缺乏挑战与支持，往往维持在一种低智力的水平，学生学到的知识更少；接收职业教育的学生不被社会所认同，被贴上低能力的标签，严重影响他们的自我期望和自我认同感。① 这种观点致使不少学者开始质疑职业学校中人才培养状况与就业质量的相关性，他们认为劳动力市场上所需的与职业相关的技能不是在学校中习得的，而是在工作中获得的。②

综上，从研究文献中发现，人才培养质量问题正在成为教育质量的核心，备受重视。中职教育的任务不再仅仅限于帮助学生获得工作，而是要满足学生在个体发展方面对智力、技能及文化等资源的需求。中职教育质量评价的重心正从教育投入转向教育产出，在培养目标方面追求工具理性和价值理性的统一。为了提升中等职业教育质量，虽然学术界已经把目光聚焦到学生发展问题上，但是研究内容比较分散，且重在学业。学者们对中等职业教育学生在校期间的思想道德素质、问题行为、自我认知、学业情绪、情感素质、职业素养、心理健康、课余时间利用等方面进行了调查和分析，但是基于统一标准对学生学业成绩进行测量并分析学业成绩影响因素的大样本实证研究很少，并且中职学生的生存状态也需要引起关注。毕业生就业质量作为人才培养质量的重要方面，也引起了学者们的关注，但对就业的研究多是对某一所或几所中职学校的少部分毕业生的就业现状进行调查，对就业薪资、就业率、专业匹配度、就业渠道等维度进行分析，综合考虑就业去向、岗位特征、经济收入、个人发展空间、工作满意度和工作稳定性的研究也较为缺乏。并且，将中职学生从入学到毕业，以及毕业后的发展联系起来的研究几乎没有。所以，已有研究中呈现的人才培养质量问题并不完善，将人才培养质量看作一个体系，综合考量中职学生生源、学业、工作、升学中存在的问题，并通过毕业生工作和升学问题反观中职教育整个育人过程，从生源、学业、就业的发展链上深度分析影响中职教育人才培养质量的因素，还

---

① 赵金娥：《中职生学业情绪的现状与特点研究——以山东省某中等职业学校为例》，《中国特殊教育》2014年第10期，第78页。
② Spence M., "Job Market Signaling", *The Quarterly Journal of Economics*, No. 3, 1973, p. 3.

有较大的研究空间。

二　中职教育人才培养质量研究范式综述

（一）质性研究

质性研究依赖质性数据即非数值型数据的收集，遵循探究性科学方法，研究自然情境下的群体和个人，以深度访谈、田野记录、参与式观察等形式收集数据，用文字而非数字细致描述所见、所闻。定性研究主要有四种具体类型：现象学、民族志、个案研究、扎根理论。

现象学研究主要通过深度访谈的形式，描述一个或多个个体对某个现象的体验，通过了解研究对象的生活世界，理解他们由某个现象的体验而建构起来的个人意义。现象学研究最终呈现的是一个叙事，包括对研究对象和从研究对象处获得信息所使用方法的描述、关于体验基本结构的详细描述，以及对最终结果的讨论。[①] 例如，张慧颖运用现象学研究了中职学生在实习过程中的知识管理体验，通过对 10 名中职学生的深度访谈，了解他们在实习工作中因知识缺乏而产生的各种负面情绪，如内疚、挫败、无助等体验，获取知识渠道和进行知识管理的不稳定状态体验，以及知识管理过程中的兴奋、无力、淡漠、自暴自弃等方面的情感体验，并根据每个个体的不同体验总结、解释、讨论知识管理体验存在的共性。[②]

民族志研究主要通过一段长时间的参与观察和访谈，描述一个群体的文化特征，从群体成员的角度了解这个群体的态度、价值观、互动模式、语言等，使用整体性描述，详细描述研究的时间、地点、情境，创造出文化群体的完整图景。例如，周伟运用民族志方法从学生适应视角对藏区免费中职教育政策跨文化执行进行研究，作者以实习教师身份进入一所典型中职学校，兼任一个藏区学生班级的副班主任，通过与学生同吃同住的参与观察获取大量翔实的材料，同时，还通过与学生、老师

---

① ［美］伯克·约翰逊、拉里·克里斯滕森：《教育研究：定量、定性和混合方法》，马健生等译，重庆大学出版社 2015 年版，第 354 页。
② 张慧颖：《中职卫校护生实习中进行自身知识管理的现象学研究》，河南省护理学会，《2013 年河南省护理专业成长与职业环境规划研讨班论文集》，2013 年，第 4 页。

和学校管理人员的深入交流获取更为丰富的事实材料，根据参与观察和访谈所得资料，使用主位和客位相结合的视角详细描述藏区学生在内地的生活、学业及文化适应现状，比较免费中职教育政策执行前后藏区和内地生态文化场景，得出藏区学生跨文化适应困难的结论。[1]

个案研究即提供一个或多个案例的详细解释和分析的研究，主要是通过案例的深度描述以解决研究问题。个案研究者倾向于使用深度访谈、参与式观察、开放式问卷等多元方法和多种资料来源进行三角互证，并最终以丰富而整体的方式描述案例及其背景，呈现研究问题和相关结果。例如，谯欣怡在《供给侧改革视域下的中等职业教育个人需求问题研究》中，在政府举办、企业举办和民办的中职学校中各选取一所，详细阐述三类学校供给和需求差异，以解决供需矛盾问题。[2]

扎根理论是通过研究中所收集到的资料生成或发展一个理论，通常使用开放式访谈（最流行的方法）和观察的方式收集资料，经由一系列编码（开放式编码—主轴编码—选择编码），最后以归纳的方式产生一个描述和解释一种现象。扎根理论是从资料中发现理论，要求研究者具有一定的理论敏感性，资料收集和分析是同时发生且持续进行的活动，最终呈现内容包括研究问题、研究对象选择及选择理由、资料收集方法、研究结果，以及结果讨论。例如，张剑平运用扎根理论构建了包括学生、自我、环境在内的困惑教师课堂教学因素分析模型，作者结合收集的20位教师深度访谈资料和课堂观察记录资料，通过开放编码——关联编码——选择性编码等三级编码的形式对资料进行分析，最终构建了教师课堂教学主要因素分析模型，并基于此模型提出相关建议。[3]

（二）量化研究

量化研究依赖定量数据即数值型数据的收集，遵循验证性科学方法，研究可控条件下的行为，使用结构化的、经验证的数据收集工具进行精

---

[1] 周伟：《学生适应视角看民族教育政策跨文化执行》，硕士学位论文，中央民族大学，2012年。

[2] 谯欣怡：《"供给侧改革"视域下的中等职业教育个人需求问题研究》，博士学位论文，华中师范大学，2016年。

[3] 朱孝平、张剑平：《困惑职校教师课堂教学的问题与因素分析——基于扎根理论的研究》，《职业技术教育》2013年第7期，第5页。

确测量，并基于此收集定量数据，使用数字而非文字进行描述、因果解释和预测。量化研究有三个具体类型：实验研究、准实验研究和非实验研究。实验研究对实验环境有严格要求：其中一个或多个变量发生变化，而其他变量保持不变。教育研究的对象是人，人具有复杂性、多变性，与自然科学研究不一样，很难做到严格的实验控制，因此教育研究领域的研究以准实验和非实验研究为主。

准实验研究将研究对象随机分配到不同组以控制潜在混淆变量对因变量的影响，达到干预组和控制组之间在实验前没有差异的目的。例如，龚翠钻研究了不同课程教学模式对学业成绩的影响，作者首先将样本学生随机分为两组实施前测，发现两组之间成绩没有显著差异，然后控制组保持原有的教学模式，实验组使用创新的教学模式，一段时间后收集后测成绩，使用统计方法比较两组学生的成绩差异。[①] 再如，研究中职刻板印象对学生学业成绩的影响，样本学生参加了学年初和学年末两次标准化测试，在每次测试开始时，一半学生被随机分配到实验组，他们的试卷上增加了一个强调其中职学生身份的问题；另一半学生的试卷上则没有这个问题。除了测试卷之外，学生还填写了关于他们基本情况的问卷，最终根据测试结果对中职教育的刻板效应进行统计分析。[②]

非实验研究是一种系统的实证调查，在研究过程中，由于变量之间的关系已十分明显或者变量本身不可控制，研究者并不直接控制自变量，而是从变化着的自变量和因变量中得出变量间的关系。例如，因果比较研究中，因为自变量为类别变量（男女、城市与农村学生、公办与非公办学校学生等），因此，不同组别的自变量的平均值可以进行比较，并由此判断出自变量和因变量的关系。相关研究中，经过统计模型分析，可以得出自变量和因变量之间的相关系数，由此判断出二者之间正负相关关系，例如，中职生家庭教养方式（自变量）与自我和谐（因变量）的关系研究探讨了父亲偏爱、母亲偏爱、父亲过度保护、母亲过分干涉与

[①] 龚翠钻：《基于学生自我评价的课程教学模式创新研究与实践》，《深圳信息职业技术学院学报》2017 年第 2 期，第 60 页。

[②] James C., Prashant L., Guirong L., et al., "Stereotype Threat and Educational Tracking: A Field Experiment in Chinese Vocational High Schools", *Socius: Sociological Research for a Dynamic World*, 2019.

自我和谐之间的相关关系①。

（三）思辨研究

思辨研究以哲学思辨为特征，主要通过理论推理、逻辑思辨、哲学分析等形式来认识事物的本质，是研究者个人观点、感受的阐释。② 思辨研究不同于量化研究和质性研究，它在论证的过程中不要求提供研究者实地收集的一手资料，而是作者通过思考、逻辑推演、猜想得出结论，思辨法、经验总结法、比较研究法、历史研究法是其主要研究方法。③

思辨研究比较常见，例如，在关于中职教育质量提升的相关研究中，很多研究中都采用了比较研究法，将别国质量保障体系与我国质量保障体系进行对比④；在关于中职学生发展问题中，部分研究者以逻辑推理的方式分析中职学生道德教育的困境和解决策略。⑤ 同时，使用历史研究方法的论文也较多。历史研究是通过对过去所发生的事件或事件组合进行系统审视以解释过去所发生的事情，包括确定研究问题—收集数据—评价数据—整合数据—阐述数据五个步骤。例如，周正对新中国成立以来选择中职教育的对象进行考察，解读人们选择中职教育的历时性变化，剖析中职学校招生对象的过去、现在和将来。⑥

总的来说，在研究内容上，虽然当前人才培养质量问题正在成为研究者们关注的热点问题，但是目前关于中职教育人才培养质量问题的研究文献缺乏系统性，更多的是对学生发展内容的某一方面进行分析，对中职教育学生学业成绩的研究也特别少，几乎没有一项基于大样本的实证研究，更没有一项把中职学生生源、学业、就业（工作＋升学）联系

---

① 纳讷、徐颖：《中职生家庭变量与自我和谐的关系》，《中国健康心理学杂志》2017年第10期，第1554页。
② 蒋凯：《涵养科学精神——教育研究方法论的省思》，《北京大学学报》（哲学社会科学版），2004年第1期，第63页。
③ 张瑜：《近10年来思想政治教育研究方法的新进展》，《思想教育研究》2019年第5期，第34页。
④ 郑立：《国际比较视野下职业教育质量保障体系的特点与启示》，《黑龙江高教研究》2018年第5期，第82页。
⑤ 许援竺：《中职学校职业道德教育问题与对策研究》，《职业技术教育》2006年第8期，第80页。
⑥ 周正：《谁念职校——个体选择中等职业教育问题研究》，教育科学出版社2009年版。

起来的研究。在研究方法上，关于中职教育人才培养质量的研究以量化研究和思辨研究为主，而量化研究在研究方法的选取上以问卷调查法为主，样本选择过程的科学性、样本的代表性、调查结果的严谨性有待考究，并且，研究还存在质量良莠不齐、数量浩如烟海等问题。原始证据的质量决定循证结果的质量，根据低质量或不完整的原始证据做出的系统评价，即指出的中职教育人才培养质量问题和提出的对策建议的可信度并不能令人信服。人才培养质量是复杂的，学生的发展有一些是客观事实性问题，还有一些特质类问题，在实证研究中，考量人才培养质量问题及其影响因素，需要量化和质性相结合的研究。为了提高实证数据的信度、效度，本研究采用心理与教育测量学的基本原理和方法；为了提高样本代表性，本研究使用分层随机抽样的方法。同时，在实地调查过程中，还进行了封闭式定量访谈、标准化开放式访谈和非正式会话访谈以确保研究结果的科学、有效。

中职教育是"以促进就业为导向"的教育类型，具有升学和就业的双重属性，并且，生源质量影响最终的人才培养质量，最终的人才培养质量又会影响生源质量，综合考察中职学生从入学到进入劳动力市场和高等教育市场的状况，探究其存在的问题，是一项值得且亟待研究的课题。本研究使用科学的研究方法，基于大样本的实证数据，试图对中职学生的入学特征、在校期间学业，以及毕业后的工作和升学情况进行循证分析，探讨中职教育人才培养质量存在的问题，以此弥补已有研究的不足。

第四节　核心概念

一　中等职业教育

国际上习惯把职业教育称为技术和职业的教育和培训（Technical andVocational Education and Training，TVET）。在我国，"职业教育"作为一个语词称谓，经历了实业教育—职业教育—技术教育—职业技术教育—职业教育的演变过程，每次称谓的改变都与当时社会的政治形势、经济发展有关，名称本身也反映了每个时期的教育目的、任务和内容。

关于职业教育的内涵解释有很多种，不同的专家学者有不同的界定。杜威（John Dewey）认为职业教育是为职业工作做准备的教育[1]；斯内登（David Snedden）则认为职业教育是为社会生活做准备的教育[2]；美国学者斯科特（John Scott）和维尔辛斯基（Michelle Sarkees-Wircenski）认为，"如今的职业教育……不仅仅限于传授与学生有关的、即时的岗位知识和技能，而且还传授包括对工作世界和中等后教育起效的学术能力"[3]。邹恩润认为，职业教育"必当培养儿童自求知识之能力、巩固之意志、优美之感情，能应用于职业而自谋其生活，同时能进而协助国家之幸福"[4]。

国际上虽然把职业教育统称为技术和职业教育与培训（TVET），但它并没有一个被普遍接受的定义。职业教育作为一个领域，通常为了响应社会对它的要求，不断变化其内涵。从广义上讲，TVET 关注的是为工作世界获取知识和技能，涵盖了学校学历教育、职业培训、在职培训、学徒制培训等内容。从上述对"职业教育"表述中可以看出，虽然定义并不统一，但有相同之处：一是职业教育面向未来职业或生产劳动所需的内容；二是职业教育包括知识和技能等教育内容。

随着社会发展，人们对职业教育的理解更加深刻，职业教育的内涵更加丰富。从职业教育的实施机构来讲，它包括所有正规学校教育机构以及非正规社会教育机构所实施的学历教育与非学历培训活动；就职业教育功能而言，它包括面向职业领域所进行的就业技能教育或培训和一般的生涯教育。本书将"职业教育"限定为广义功能意义上的狭义的学校职业教育，即在职业学校所进行的包括就业技能教育和生涯教育在内的职业学历教育。

1996 年 5 月 15 日修订通过的《职业教育法》将职业教育根据培养目标的不同划分为初等、中等和高等职业教育。随着九年义务教育的实施，

---

[1] ［美］约翰·杜威：《民主主义与教育》，陶志琼译，中国轻工业出版社 2004 年版，第 94 页。

[2] Theta O. T., "An assessment of the Historical Arguments in Vocational Education Reform", *Journal of Career & Technical Education*, No. 1, 2000, p. 14.

[3] Scott J. L., Sarkees-Wircenski M., "Overview of Career and Technical Education", Homewood: IL American Technical Publishers, Inc, 2008, p. 4.

[4] 邹恩润：《职业教育研究》，商务印书馆 1931 年版，第 11 页。

初等职业教育逐渐退出职业教育市场。2006 年,国务院办公厅对中等职业教育作出的界定是,"在高中教育阶段进行的职业教育,也包括一部分高中后职业培训,其定位就是在九年义务教育的基础上培养数以亿计的技能型人才和高素质劳动者"①。《现代职业教育体系建设规划(2014—2020 年)》将职业教育分为初等、中等和高等三个大层次五个小层次。其中,中等职业教育是:"为初高中毕业生开展的基础性知识、技术和技能教育,培养技能型人才。"②

基于此,本研究把中等职业教育界定为在高中阶段进行的职业教育,在九年制义务教育基础上招收初中毕业生或者具有初中同等学力的人员,以中等职业学校为办学主体,以获取学历证书和职业资格证书为目的,具有职业性和教育性,以进行就业技能教育和生涯教育为主要内容的教育。办学形式主要有普通中等专业学校、技工学校、职业高中(本研究不包括成人中专)。基本培养目标是让学生掌握一定的文化基础知识,具有熟练的某一类专业技能,必备的通用技能以及一定的其他专业技能,形成较强的适应岗位能力和一定的跨岗、跨职业能力,毕业生能适应一定的职业,谋得一份工作。

二 人才培养质量

人们对质量的认识,经历了四个不同阶段。最早是从生产者角度进行界定,对质量的要求是"满足规格",满足规格要求的产品为合格产品,不满足规格要求的产品是不合格产品。这一界定无法反映顾客的需求和期望,所以戴明(William Deming)提出了主观质量,对质量的要求是满足顾客的需求。③ 随着科技进步和社会发展,市场竞争日趋激烈,人们的期望和需求不断变化,于是狩野纪昭(Noriaki Kano)提出了动态质量概念,即连续不断地满足顾客的需求。④ 真正做到满足顾客需求,质量

---

① 国务院办公厅:《中等职业教育》,http://www.gov.cn/ztzl/2006-08/27/content_370667.htm,2006 年 8 月 27 日。
② 教育部等:《现代职业教育体系建设规划(2014—2020 年)》,http://www.moe.edu.cn/srcsite/A03/moe_1892/moe_630/201406/t20140623_170737.html,2014 年 6 月 23 日。
③ 蒋腊芳、宋敏主编:《质量管理学》,武汉理工大学出版社 2011 年版,第 1 页。
④ 蒋腊芳、宋敏:《质量管理学》武汉理工大学出版社 2011 年版,第 2 页。

和价格缺一不可，生产者要生存、发展就必须"在低投入下，获得高质量"，这被称为全面质量。

由此，形成了 2000 版 ISO 9000 族标准中的质量概念，即"一组固有的特性满足要求的程度"[1]。这一定义包括了四层含义：一是主体多元，质量存在于任何事物中，产品、过程、组织、体系等；二是某事或某物本来就有的可区分的特征，是"通过产品、过程、组织、体系设计和开发及其实现过程自然形成的属性"[2]；三是质量包括"明示的、通常隐含的或必须履行的需求或期望"[3]，不同顾客的需求和期望是不同且不断变化的，要求产品应具有适应性；四是满足程度的判定要考虑顾客和其他利益相关方对主体质量的要求。

ISO 9000 族标准中的质量概念应用到教育领域，可将教育质量阐释为教育固有特性满足教育消费者需求的程度。有学者进一步将教育固有特性定义为教育质量特性。[4] 那么，如何理解教育质量特性就成为理解教育质量的关键。教育是一种培养人的社会活动，社会活动一般可以区分为生产有形产品的活动和提供各种服务的活动。有人认为教育是一种提供服务的活动[5]，也有人认为教育是一种产品生产活动。[6] 事实上，教育既有服务活动的属性，也有生产活动的性质，总体上是一种具有生产性的服务活动。教育无论是提供"产品"，还是提供服务，都需要一个"输入—过程—输出"的流程。输入是输出的前提，是实现输出质量目标的基础，也是教育过程顺利进行的关键；过程的任务在于将输入转化为输出，提高"输出"质量的关键在于优化过程。因此，教育质量可以被理解为：教育输入、教育过程和教育结果的特性满足个人、家庭和社会需

---

[1] 中国认证人员国家注册委员会：《质量管理体系国家注册审核员预备知识培训教程》，天津社会科学院出版社 2001 年版，第 38 页。

[2] 闫志利：《中职教育质量：评价与保障》，中国社会科学出版社 2017 年版，第 2 页。

[3] 蒋腊芳、宋敏：《质量管理学》，武汉理工大学出版社 2011 年版，第 1 页。

[4] 程凤春：《教育质量特性的表现形式和内容——教育质量内涵新解》，《教育研究》2005 年第 2 期，第 45 页。

[5] Sallis E., "Total Quality Management in Education", *Kogan Page Limeted*, No. 28, 1993, p. 32.

[6] Kaufman R. D., "Quality Management Plus: The Continuous Improvement of Education", *Corwin Press Inc*, 1993, p. 23.

要的程度。①

中职学校人才培养质量和教育质量既有区别,又有联系。从其外延来说,人才培养质量是教育质量的下位概念,中职教育质量是中职教育机构在实施教育过程中体现出来的宏观效益,人才培养质量则是中职学校在实施教学、社会服务等职能时综合反映的人才培养的效果和水平。②从其涵盖范围来说,中职教育质量包括人才培养质量和社会服务质量。促使学习者"成人""成才"是教育的使命,培养人是教育的本质属性,所以,教育质量最终体现在其人才培养质量上③,教育质量的核心旨归是人才培养质量。④ 事实上,人才培养质量与教育质量这两个概念很多时候可以混用,本书强调人才培养质量而非教育质量的原因在于,本书聚焦的是中职学校学生的培养质量。

人才培养,顾名思义是学校对学生的培养,人才培养质量的集中体现是人才质量,有研究者将学校培养的人才质量解释为"教学过程中通过教师的教和学生的学而体现出来的学生学习的优劣程度"⑤。这种解释体现了过程质量和结果质量,不再把人才培养质量简单地界定为"对教育结果优劣的评价"。基于对培养过程和培养结果的重视,本书认为人才培养质量主要是指中职教育通过教师的"教"和学生的"学"使学生在知识、技能、道德和行为等方面所获得的增进幅度或增进量。但中职教育有其特殊性,它以服务发展为宗旨,既服务人的发展,也服务社会的发展。也就是说,一方面中职教育的人才培养要满足人的发展需要,促进人的全面发展;另一方面中职教育培养的人才数量和规格要满足经济社会发展的需要。这两个标准构成了衡量中职教育人才培养质量的根本标准。并且,在终身学习的时代背景下,人才培养质量的结果质量,不仅仅是离校时的人才培养结果,还应包括离校后的发展质量。尤其是职业教育"以促进就业为导向"的办学定位,毕业生就业质量是评价一所

---

① 冯建军:《教育质量及教育质量均衡》,《教育研究与实验》2011 年第 6 期,第 1 页。
② 赵莉:《究型大学本科人才培养质量提升研究》,博士学位论文,中国矿业大学,2017 年,第 26 页。
③ 顾明远:《教育大辞典》(第一卷),上海教育出版社 1990 年版,第 24 页。
④ 袁振国:《教育质量的国家观念》,《中国教育学刊》2016 年第 9 期,第 27 页。
⑤ 刘铭:《当代教学管理引论》,教育科学出版社 1997 年版,第 23 页。

职业学校办学质量的首要指标[1]，对于中职教育来说，就业是中职学校可持续发展的重要话语内容。所以，毕业生毕业后的发展理应是考量中职教育人才培养结果质量的重要方面。在教育部发布的中职教育质量年度报告提纲中，也明确将就业质量纳入人才培养质量体系。[2] 同时，考虑到多年来中职教育囿于生源困境，而生源质量既对培养过程和培养结果有直接或间接的影响，又能反映培养过程和结果质量，应将其纳入人才培养质量体系。根据 ISO 9000 族标准中的质量概念，教育输入、过程和输出三个环节相互作用，相互影响，为了更好地剖析人才培养质量问题，本书将人才培养质量概念扩展到中职教育的生源质量和就业质量。

综上所述，本书将人才培养质量的内涵界定为：在既定的社会条件下，中职教育通过教师的"教"和学生的"学"使学生在知识、技能、道德和行为等方面所获得的增进幅度或增进量，及其满足学生学业发展和职业发展的充分程度。同时，鉴于中职教育的特性，将生源质量和就业质量纳入人才培养质量概念的外延。

三 循证研究

从词源来说，循证的"循"本义是"顺着，沿着"，又有"遵循""遵守""按照""循环"的意思；"证"的本义有两个，一是"用人物、事实来表明或断定"；二是"证据，帮助断定事理的东西"[3]。循证简言之就是"基于证据""遵循证据"的意思，也曾被翻译为"实证""求证"。循证的概念源于循证医学，循证医学意为"遵循证据的医学"，即应用现有的最佳证据，结合医生个人的专业经验，考虑患者的权利、价值和愿望，将证据、专业经验和患者情况结合起来进行医疗决策。[4] 循证

---

[1] 黄尧：《职业教育学——原理与应用》，高等教育出版社 2009 年版，第 671 页。
[2] 教育部办公厅：《教育部办公厅关于开展中等职业教育质量年度报告工作的通知》，http://www.moe.edu.cn/srcsite/A07/s7055/201601/t20160126_228908.html，2016 年 1 月 12 日。
[3] 徐中舒：《汉语大字典》，http://www.guoxuedashi.com/kangxi/pic.php?f=dzd&p=4209，2019 年 5 月 2 日。
[4] Sackett D. L., Rosenberg W. M., Gray J A, et al, "Evidence Based Medicine: What It Is and What It Isn't", *British Medical Journal*, No. 7023, 1996, p. 3.

医学以其先进的理念和方法迅速席卷整个医学界和全世界,并进一步发展出"循证实践"的概念,逐步渗透和应用教育领域,并生成了循证教育。① 循证教育强调证据意识,证据缺乏或者证据质量不高都会影响循证教育的实行。戴维斯(Davies)的研究指出,循证教育包括两个层次:一是利用世界范围内关于教育和相关学科的研究、文献中现有的证据;二是在现有证据不足或存在疑问、不确定或薄弱的情况下建立健全的证据。② 第一层次是通常意义上的循证教育,即"整合专业智慧和可获得的最佳实验性证据制定教育决策",实验证据来自科学的研究成果,循证教育流程一般为:提出问题—寻找证据—评价证据—应用证据—评估过程(反思前四个步骤)。③ 当证据不足时就需要进行第二层次上的循证教育。

循教育的核心是"证据"。所谓"证据",就是支撑某种特定结论的客观事实,理论、政策文本、相关研究、观点、例证和迹象都可以是证据,证据通常经由科学、规范的实证研究获取。④ 事实上,任何决策过程都可能通过使用相关和可靠的证据来进行,即便是在日常生活中,使用证据的例子也比比皆是,无论是给某人买一件生日礼物,还是想知道买哪件新的衣服,即使是最小的决定,都会自动地、无意识地使用证据支撑自己的行为。⑤ 根据证据来源可将证据分为研究性证据、实践性证据、情境性证据和利益相关者证据。研究性证据是科学研究成果,通常经由文献检索获取;实践性证据是通过实践活动获取的,是个人的认识和经验;情境性证据是由时代背景决定的;利益相关者证据是利益相关者的偏好和价值观。⑥ 证据是循证的灵魂,证据应当是当前的最佳证据,证据

---

① 徐文彬、彭亮:《循证教育的方法论考察》,《教育研究与实验》2014 年第 4 期,第 10 页。

② Davies P., "What Is Evidence-Based Education?", *British Journal of Educational Studies*, No. 2, 1999, p. 108.

③ 陈进等:《循证教育研究与实践》,学苑出版社 2013 年版,第 7 页。

④ 俞可等:《循证:欧盟教育实证研究新趋向》,《华东师范大学学报》(教育科学版),2017 年第 3 期,第 142 页。

⑤ Briner R. B., Denyer D., Rousseau D. M., "Evidence-Based Management: Concept Clean-up Time?", *Academy of Management Perspectives*, No. 4. 2009, p. 19.

⑥ Falzer P. R., "Cognitive Schema and Naturalistic Decision Making in Evidence-based Practices", *Journal of Biomedical Informatics*, No. 2, 2004, p. 86.

不足、滞后都不能称为"循证"。并且,"循证"并不仅仅是根据最佳证据解决问题的科学决策方法,它还是一个"总结过去—发现新问题—科学研究—创证解决问题"[①] 的科学发展机制。

　　教育研究从最早的观察和理论思辨为主逐渐转向理论和实证方法并重,"循证"注重理论和实践相结合,业已成为教育研究的最新范式,是欧美教育改革和实证研究的新趋向。[②] 在我国教育研究和实践领域,循证理念的应用正在逐步兴起,但还未引起广泛关注。通过对已有文献的查阅,发现关于中职人才培养质量问题的科学研究还比较缺乏,需要重新建立健全证据,并应用到教育实践,指导中职教育改革。基于此,本文以多元证据观为指导,将循证研究界定为"提出问题—寻找证据—评价证据(清洗无效、不可运用的证据)—结合个人专业经验综合分析证据—试图解决问题"的过程。与循证教育的一般流程不同,中职教育人才培养质量问题循证中"寻找证据",不是从已有文献中寻找,而是利用科学研究方法通过实地调研获得证据;而"评价证据"也不是对证据的质量级别、相关性和适用性进行评价,而是对无效、不可运用的证据进行清洗。

　　循证研究是"基于科学的证据"进行研究,是把研究建立在经过检验的客观证据基础上,而不是"闭门造车"或"对理论的再阐释",它有别于量化研究和质性研究,更强调理论和实践相结合。有研究者认为循证研究可从系统评价、问卷调查和实验研究三方面进行。[③] 本书主张的循证研究是通过文献查阅收集研究性证据,采用人种志、详细观察和面对面访谈,以及调查、测量、随机实验或准实验等方法生成实践性证据、情境性证据和利益相关者证据,然后,结合研究者个人经验,借助各种先进的研究手段与研究技术,根据现有的时代背景对证据进行综合分析和评价,开发出解决问题的证据的过程。循证研究相对实证研究,具有目的性更强、专业性更强、排他性更强、独立性更高等特点。另外,有

---

① 李幼平:《循证医学》,高等教育出版社2009年版,第43页。
② Tripney J., Kenny C., Gough D., "Enabling the Use of Research Evidence Within Educational Policymaking in Europe", *European Education*, No. 1, 2014, p. 55.
③ 王亚军、郭义:《最佳证据医学教育对中医教育研究的启示》,《西北医学教育》2016年第5期,第697页。

学者按可信度从低到高将证据分为：专家、实践者、管理者的经验—案例研究—描述性研究—小样本定性定量研究—大样本定性定量研究—系统综述和评价等六类。① 本研究是在大样本定量定性研究以及跟踪研究的基础上得出的结论，是可信度、普适度较高的证据，希望研究成果能为教育决策和实践者提高中职人才培养质量提供最新的最佳证据。

第五节 研究方法

一 方法论

在实用主义指导下，本研究采用定量和定性相结合的混合分析方法，通过"三角测量"把定性数据与定量数据进行比较，探寻两者的结论是否一致；另外，通过"互补性"探索在定性数据和定量数据的比较中寻求解释、例证，使结果更加清楚、准确，确证效度。具体来说，在剖析人才培养质量问题时，利用定性数据来解释问题产生的原因；在分析学业质量和就业质量的关系时，用定性发现来验证定量统计结果。在论文内容的呈现中，以"先量化后质性"的解释为主（如图0-1所示），辅之以"量化+质性"的嵌套（如图0-2所示）。总体上，主要以量化分析为主，质性分析为辅；在部分问题的分析中，根据研究需要和资料获取情况，同时使用量化和质性数据。

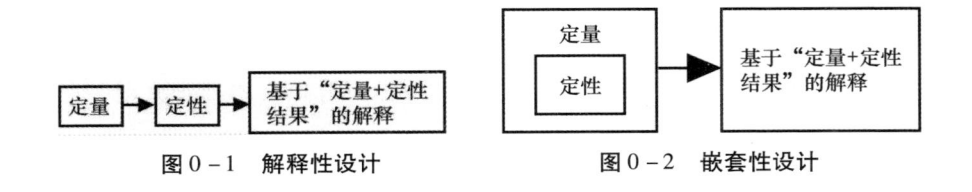

图0-1 解释性设计

图0-2 嵌套性设计

二 具体方法和技术

（一）文献法

对文献进行查阅和分析是开展任何一项研究的必要环节。本研究采

---

① Fraser M. W., Richman J. M., Galinsky M. J., et al., "Intervention Research: Developing Social Programs", *Intervention Research : Developing Social Programs*, Oxford University Press, 2009.

用文献法主要服务于相关研究的梳理、理论框架的建构，以及政策建议的提出，研究涉及的文献主要包括职业教育质量提升相关文献；学生发展相关文献；毕业生就业相关文献；人力资本理论、工作本位学习理论、学生发展理论等相关理论经典文献。本书通过 CNKI、ERIC、SCI-HUB、PROQUEST、Tayloy & Francis Oline 等电子期刊数据库，以及公共网络资源，对与研究相关的期刊文献、硕博学位论文、学术专著、学术报告等进行搜集和整理，使笔者了解了本领域研究现状，对中等职业教育、人才培养质量、循证的内涵有了更加全面地认识，为本书概念框架的设计、理论基础的选定、研究论点的提出打下了坚实的基础。

（二）调查法

调查法是本研究立题的主要依据之一，具体调查方式有问卷、测量和访谈，主要用于采集样本学校的生源、样本学生的学业和就业数据。

1. 问卷法

问卷调查是一种最常用的数据收集方法，用来获得研究参与者思想、感觉、态度、价值观、感知及行为意图等方面的信息。本书主要涉及学校问卷和学生问卷，用以获得中职学生生源特征、学业情况以及中职学校人才培养情况等数据。调查以面对面的形式来实施，经过专门培训的调研员包括研究者本人实地走访中职学校，将问卷一份份发放到被选样本手中。为获得中职人才培养质量问题的科学证据，本书进行了多轮追踪性的面对面问卷调查。

2. 测量法

测量法测量的是研究参与者的态度、个性、自我认知、能力和表现。本书主要用测量法收集学生的学业成就数据。测量工具主要有两类：一是专业技能和一般技能测试，即数学能力和专业能力测试卷。为了科学地度量学生的学习所得，这类测试卷均基于 IRT[①] 理论进行编制。二是国际通用的心理测量量表。教育现象十分复杂，有时单一的指标无法对复

---

① IRT 理论即项目反应理论（Item Response Theory），是国际通用的分析考试成绩或问卷调查数据的数学模型。通过 IRT 建立的项目参数具有恒久性特点，意味着不同测量量表或试卷的分数可以统一在一个水平上进行比较。这样的试卷对于同一学生在学年初和学年末的两次测试成绩差异可以被认定为学生在该学年的学习所得。

杂的教育现象学进行测量时，就需要进行复合测量。复合测量通常有量表和指数两种形式，其中，量表是一种具有结构强度顺序的复合测量，量表的所有项目都是按一定的结构顺序来安排的①。本研究所使用的量表包含宾夕法尼亚大学 Angela Lee Duckworth 教授编制《简式毅力问卷》（Short Grit Scale，Grit-S），测量吃苦耐劳品质；美国匹兹堡大学 Kimberly Young 教授编制的《网络成瘾诊断问卷》②，测量网瘾情况；德国柏林自由大学 Ralf Schwarzer 教授编制的一般自我效能感量表（General Self-Efficacy Scale，GSES），测量一般自我效能感；结合美国麻省理工学院 Costa 和 McCrae 教授编制的大五人格量表（The Big Five Personality Inventory）中的责任心量表重新构造责任感的代理指标，测量学生的责任感。

3. 访谈法

访谈是访谈者向被访者提问从而收集数据的方法，通常有面对面访谈和电话访谈两种形式，根据访谈提纲的不同又可分为定量访谈和定性访谈两种形式，定量访谈又称为封闭式定量访谈，定性访谈包括标准化开放式访谈、引导式访谈和非正式会话访谈。本研究主要采用定量访谈和标准化开放式访谈相结合的形式收集中职毕业生的就业数据，以及中职毕业生对中职教育人才培养质量的看法。

封闭式定量访谈中，访谈提纲与调查问卷非常类似，都是提前确定问题及回答类型，被访者从给出的固定答案中进行选择。事实上，很多研究者也将访谈提纲称为问卷。访谈提纲与问卷最大的区别是，定量访谈由访谈者一个个读出访谈提纲中的问题，然后根据被访者的回答情况记录答案；而问卷则是由研究参与者自己读问题并填写答案。为收集中职毕业生的就业情况，我们采取了电话回访的形式，即由电话回访员读出访谈提纲中的每一个问题。

标准化开放式访谈是提前确定访谈问题的确切顺序与措施的一种访谈，即按照同样的顺序，向所有被访者询问相同的问题。③ 为了解中职毕

---

① 蒋逸民：《社会科学方法论》，重庆大学出版社 2016 年版，第 199 页。
② Young, Kimberly S., "Internet Addiction: The Emergence of a New Clinical Disorder", Cyberpsychology & Behavior, 2009.
③ [美] 伯克·约翰逊、拉里·克里斯滕森：《教育研究：定量、定性和混合方法》，马健生等译，重庆大学出版社 2015 年版，第 185 页。

业生对中职教育人才培养质量的看法，以电话回访的形式对随机抽取到的所有中职毕业生询问相同的问题。因样本量较大，研究者一个人无法完成所有电话回访，必须有其他访谈员一起进行数据收集。为使访谈者都能恰当有效地使用访谈提纲，确保收集到的访谈数据科学、有效，电话回访开始前对所有参与访谈人员进行了专业性的培训。

此外，在对中职学校和学生进行多轮实地调研过程中，也采用了非正式会话访谈的方法。在实地调查中，根据观察到的随机性的问题，对中职学生、课任教师以及班主任进行提问。这种访谈并没有提前设定问题，主题大都与中职学校的人才培养相关，提出的具体问题也都是在访谈过程中自然产生的。

（三）文本分析法

文本分析法主要用于深入解读中职教育政策文本的内容，解析职业教育人才培养质量年度报告，发现文字背后所蕴含的深层含义，从不同理论视角来分析政策、法规、质量报告等各种文本，既有定量的内容分析，也有对政府公文定性的话语分析。本书通过对政策文件和质量报告的分析解读，把握中职人才培养定位，解决了本书的政策依据；凝练人才培养质量内涵共识，厘清人才培养质量概念框架。

（四）统计分析法

统计分析法主要用于中职教育人才培养中教育活动与教育效果的关系分析，以及样本学生学业和就业质量关联分析，其间主要利用 Stata14.0 进行多元回归、逻辑回归、倾向得分匹配等多种分析方法。此外，本书还使用了网络爬虫工具"八爪鱼采集器"，N-vivo12.0，采集中职教育相关政策和职业教育人才培养质量年度报告数据，并对其进行统计分析。

第六节　研究创新

一　研究视角创新

本书从生源、学业到就业的视域跨界，以就业反观学业的分析思路，为中职教育研究提供了一个新的视角。已有对中职教育人才培养质量方面的研究要么着力于理论介绍或探讨，要么着力于学生在校期间的培养或学生毕业以后的状况，很少有将生源、学业和就业连贯起来剖析人才培养质量问题。本书基于生源、学业和就业关联性视角，以就业来反观中职教育人才培养过程中的问题，为研究中职教育人才培养质量问题提供了新思路。

二 研究内容创新

首先，在概念内涵上，本书突破了以往研究对人才培养质量的狭隘理解，重新界定了"中职教育人才培养质量"的内涵。基于文献分析发现，人才培养质量包括培养过程和过程的产物毕业生质量，这是许多学者所认可的，但职业教育"以促进就业为导向"的办学定位，决定了"就业"应是中职教育培养成果的重要组成部分。同时，根据学生发展理论，学生发展是"输入—过程—输出"共同作用的结果。所以本研究将生源和就业也纳入人才培养质量概念体系。并且，通过对76份职业教育质量年度报告文本的质性分析，进一步建构了与职业教育实践者达成共识的人才培养质量概念框架，最终将中职教育人才培养质量分为培养准备阶段的生源质量、培养过程阶段的学业质量和培养完成阶段的就业质量，从生源、学业、就业的发展链上全面解析了人才培养质量内涵。

其次，在研究结论上，本书发现，中职学生的学业质量和就业质量有直接关联，人力资本始终是就业质量的重要影响因素。筛选假设理论认为"文凭"仅仅是一个信号，不能证明学校教育可以提高学生的生产力，本研究通过对中职学生学业和就业的关联分析发现，学校教育与个体在劳动力市场的表现直接相关，驳斥了持阶级再制和社会拒斥观念的学者们的观点。劳动力市场分割理论认为主、次劳动力市场中人力资本对收入影响的强度不同，次要劳动力市场面向的是那些受教育程度较低的劳动者，人力资本对劳动者收入没有影响，家庭资本更为重要。本研究通过对中职毕业生的就业状况调查发现，中职毕业生主要流向次要劳动力市场；通过中职学生学业和就业质量的关联分析发现，人力资本对中职学生的就业质量有显著影响。

三 研究方法创新

首先,提出了"提出问题—收集证据—评价证据—结合个人专业经验综合分析证据—试图解决问题"的循证研究过程。本研究将循证的核心理念运用于中职人才培养质量问题研究,即通过获取中职教育人才培养整个过程的实证数据,分析人才培养质量问题,查找原因,构建提升中职人才培养质量的路径。同时,本研究将理论、政策和通过实地调研获得的科学证据整合,把问题分析建立在客观证据之上,把可能获得的最佳证据置于问题分析的核心位置,从而提出中职人才培养质量提升的最佳方案和策略。

其次,对大样本进行持续调研和动态观测。本研究依据科学的抽样方法,从2013—2018年,以河南省118所中职学校近两万名学生为样本,进行为期五轮的追踪调查,证据的收集从中职学生入学起,到毕业后就业止,对学生在校期间的成长经历和从学校走向社会的转变过程进行动态的观测和持续的问卷调查、访谈。

最后,采用"量化+质性"的混合研究方法,在分析学业质量和就业质量的关系时,用定性发现来验证定量统计结果;在剖析人才培养质量问题时,利用定性数据来解释问题产生的原因。本书在循证理念的指导下,将定量数据和定性数据相结合,以"先量化后质性"的解释为主,辅之以"量化+质性"的嵌套设计,多维循证中职教育人才培养质量问题,由此得到的结论和提出的中职教育人才培养质量提升策略具有创新性。

上 篇

循证的政策依据、理论基础与研究框架

第一章　循证中职教育人才培养质量问题的政策依据

我国职业教育的发展主要得益于政府的强力推进,改革开放40年以来,为促进职业教育的发展,政府出台了很多优惠政策。在这些政策的推动下,职业教育取得长足发展,建成了世界上最大的职业教育体系,为国家培养和输送了一大批合格劳动力和技术技能型人才,促进了经济社会的发展和转型升级。中等职业教育是目前我国职业教育的主体,1978年至今,中等职业教育政策整体上呈现出什么样的发展和变化态势,中等职业教育的发展整体上呈现出什么样的发展趋势和特点,对中职教育人才培养质量有何要求,这一系列问题是本研究的政策基础,而要回答这些问题,就十分有必要对改革开放40年来的中职教育相关政策文本进行分析。

本章所分析的中职教育相关政策主要是由全国人大、全国人大常委会、国务院、国务院各机构、党中央部门机构和中央其他机构等负有教育法律或行政责任的组织和团体制定的,以各种法令、通知、意见、决定、函等形态呈现的政策文本。在北大法宝网"中央法规司法解释库"和法律教育网"教育"法规库中,以"职业教育"为检索词进行检索,在北大法宝网检索得到352篇相关政策法规文件,在法律信息网检索得到579篇政策法规文件。在进行政策文本分析前,先采用网络爬虫工具"八爪鱼采集器"进行网页数据抓取;再对所获得的政策文件信息进行清洗和筛选,剔除地方性法规和规章、地方政府规章,以及重复的或者有关职工教育等不符合本研究需求的政策法规,共获得451件相关政策文件。因为本书的研究对象是中职教育,所以进一步剔除"高等职业教育"专门文件。最终，从 451 个政策文件中筛选出了 399 个政策文本。为了清晰展现中职教育政策发展过程，分析中职教育政策文本的特点，把握中等职业教育人才培养定位，主要从以下几个方面进行阐述。

第一节　中职教育政策文本的基本概况

一　中职教育政策文本的数量趋势

图 1-1 和表 1-1 分别是 1978—2018 年中职教育相关政策文件出台的数量和趋势。从中可以看出：整体而言，中职教育政策出台数量日益丰富，呈波动上升趋势，但各年之间存在明显的不稳定性，尚未呈现相对平稳的发展趋势。

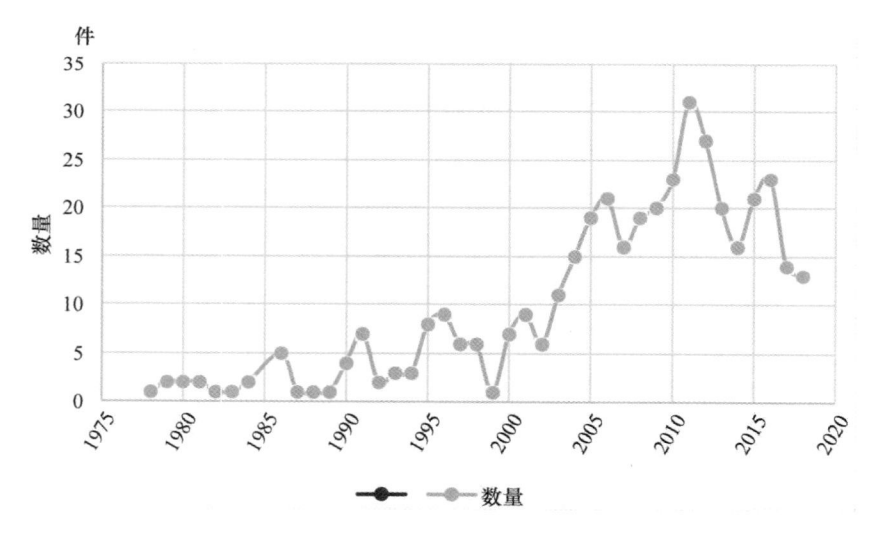

图 1-1　1978—2018 年中职教育相关政策文件出台数量趋势
资料来源：北大法宝网，法律信息网。

表 1-1　　　　　1978—2018 年中职教育相关政策出台数量

年份	1978	1979	1980	1981	1982	1983	1984	1986	1987	1988
数量	1	2	2	2	1	1	2	5	1	1
年份	1989	1990	1991	1992	1993	1994	1995	1996	1997	1998
数量	1	4	7	2	3	3	8	9	6	6

续表

年份	1999	2000	2001	2002	2003	2004	2005	2006	2007	2008
数量	1	7	9	6	11	15	19	21	16	19
年份	2009	2010	2011	2012	2013	2014	2015	2016	2017	2018
数量	20	23	31	27	20	16	21	23	14	13

资料来源：北大法宝网，法律信息网。

从图 1-1 中发现，1978 年以来中职教育政策共出现了四次数量峰值，1986 年、1996 年、2006 年和 2011 年。第一次数量峰值在 1986 年，由原国家教委等部门出台了 5 项政策文本，如《关于加强职业技术学校师资队伍建设的几点意见》（1986 年 6 月 26 日）、《关于职业高中毕业生使用的有关问题的通知》（1986 年 6 月 27 日）、《关于技工学校毕业生学历问题的通知》（1986 年 11 月 11 日）、《关于颁发技工学校工作条例的通知》（1986 年 11 月 11 日），涉及中职学校招生、毕业生的学历、毕业生分配和师资队伍建设等主题。1986 年数量峰值的出现与 1985 年《中共中央关于教育体制改革的决定》（以下简称《决定》）关系重大。《决定》指出，职业和技术教育没有得到应有发展是当前存在的主要问题之一，要求调整教育结构，广泛发展职业技术教育。

第二次数量峰值出现在 1996 年，伴随着《职业教育法》的出现，劳动部、国家教委等部门颁布了一系列中职教育相关政策文件，推动《职业教育法》贯彻实施，并对技工学校的职业培训、实习指导教师的资格等方面做出要求。

第三次数量峰值出现在 2006 年。这一时期受高等教育扩招政策影响，中职教育招生连续疲软，面临许多问题。2005 年，国务院出台了《关于大力发展职业教育的决定》开启了中职教育规模攻坚战。在这一背景下，2006 年，以教育部为主要颁布单位，迎来了中职教育政策数量的小高峰，内容涉及招生、奖助体系、教材建设、基础能力建设、工学结合的培养方式、民办中职学校发展等方面。如《关于下达 2005 年中央职业教育实训基地建设支持奖励专项资金的通知》（2006 年 1 月 12 日）、《关于职业院校试行工学结合、半工半读的意见》（2006 年 3 月 20 日）、《关于大力发展民办中等职业教育的意见》（2006 年 4 月 25 日）、《2006 年中等职业学校跨省招生来源计划》（2006年3月27日）、《关于编制中等职业教育基础能力建设规划的通知》（2006年6月19日）、《关于完善中等职业教育贫困家庭学生资助体系的若干意见》（2006年7月24日）、《关于进一步加强对中等职业教育教材管理工作的通知》（2016年12月22日）等。

第四次数量峰值出现于2011年。这一年出台的政策文件数量多达31件，内容涉及中职教师培养、学生实习管理、示范校建设、"文明风采"竞赛活动、中职学校督导评估等。如《关于进一步完善职业教育教师培养培训制度的意见》（2011年12月24日）、《关于召开全国职业教育实习管理工作视频会议的通知》（2011年9月2日）、《关于印发〈国家中等职业教育改革发展示范学校建设计划项目管理暂行办法〉的通知》（2011年7月6日）、《关于印发〈中等职业教育督导评估办法〉的通知》（2011年12月30日）等。2011年数量峰值的出现与2010年《国家中长期教育改革和发展规划纲要（2010—2020年）》（以下简称《纲要》）有关。《纲要》指出要大力发展职业教育，提高职业教育质量，增加职业教育吸引力，由此带来了2011年职业教育政策数量的大高峰。无论是师资培训、实习管理还是示范校建设、职业大赛，这些政策文件的出台均以提高中职人才培养质量为目的，我国政府对中职教育的关注由规模扩张转向质量提升。

二 中职教育政策文本的发文机构

表1-2是中职教育相关政策发文机构及出现频率，一共涉及56个部门机构，出现频次较高的前五位依次是教育部312次、人力资源和社会保障部45次、财政部43次、国家发展和改革委员会18次、国务院11次。虽然技工学校归属于人力资源和社会保障部管理，但早在壬寅学制时就把职业教育纳入到正规教育体系，中职教育是国民教育体系的重要组成部分，因此以教育部为主要发文机构的政策文件在数量上占据最高位。同时，技工学校由人力资源和社会保障部管理，所以人力资源和社会保障部作为发文机构出现的频率位居第二。中职教育的发展离不开宏观政策的指导、资金的支持，所以国务院、财政部、国家发展和改革委员会在出台相关政策文件中占据重要位置。能源部、农业部、建设部、中医

药管理局等部门与中职教育的发展也有一定关联性,因此也有一些发文。

表1-2　　　　1978—2018年中职教育相关政策发文机构

机构	频次	机构	频次	机构	频次	机构	频次
教育部	312	安全监管总局	2	保监会	2	有色金属工业协会	1
人社部	45	国家体育总局	2	农业部	2	中华职业教育社	1
财政部	43	供销合作总社	10	公安部	2	全国人大常委会	1
发改委	18	国家劳动总局	5	工信部	2	住房城乡建设部	6
国务院	11	国防科工委	3	宣传部	2	中国商业联合会	2
水利部	9	中央文明办	3	能源部	1	建设教育协会	1
扶贫办	8	国家粮食局	8	农业部	1	中医药管理局	1
交通部	6	煤炭工业部	1	建设部	1	职教指委	5
国税局	4	国资监委会	1	文化部	1	国家民委	4
卫生部	4	国家邮政局	1	司法部	1	国家经委	4
农业部	4	国家物价局	1	科技部	3	全国妇联	3
农业部	4	国安监管局	1	旅游局	3	中央军委	1
民政部	3	共青团中央	5	林业局	3	全国人大	1
国办	3	国家语委	2	国计委	3	残联	1

资料来源:北大法宝网,法律信息网。

此外,在分析政策文本发文机构过程中发现,除了国务院、教育部及其职能部门会单独发文外,大部分政策文件由相互交叉的部门联合发布,如教育部和财政部,教育部和中宣部、人力资源和社会保障部等。跨部门特征与职业教育的本质特征相关,中职教育本身就是一种跨界教育,与经济社会发展、产业行业发展关系密切。中职教育的发展及发展中出现问题的解决都需要各部门间进行整体规划、设计,协作与支持,只有这样才能解决问题,推动中职教育发展。再者,在多元治理背景下,多部门、多主体参与中职教育顶层设计是提升中职教育质量的必然趋势。

三　中职教育政策文本的效力级别

图1-2是1978年以来中职教育相关政策文件的效力级别。改革开放四十年来出台的政策文本大部分(占总体的94.7%)是部门规章,其他的有,单行法律1部,行政法规11件,党内法规和行业规定各4件,团

体规定 1 件。

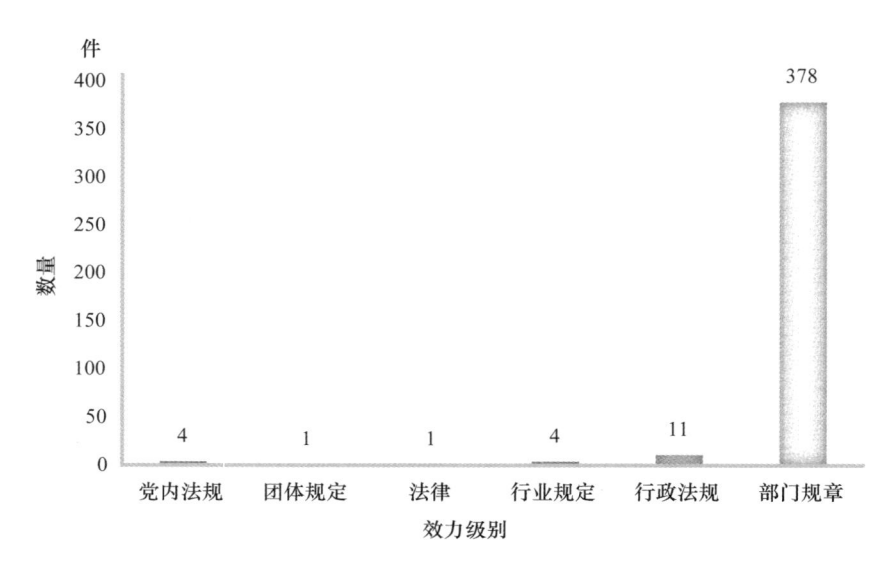

图 1-2 中职教育相关政策文件效力级别

资料来源：北大法宝网，法律信息网。

1996 年 5 月全国人大常委会作为立法主体，颁布了专门针对职业教育改革与发展的单行法律《职业教育法》，对职业教育的地位作用、体系结构、方针政策、办学职责、管理体制和经费渠道等方面做出了规定。此法的颁布实施标志着职业教育进入依法治教的新时代，为职业教育政策出台、职业教育发展与改革提供了法律保障。国务院作为发文单位，四十年来颁布了 11 项有关中职教育的行政法规，效力级别上仅次于《职业教育法》，在不同时期指导职业教育的改革与发展，调整不同利益关系。部门规章大部分由教育部或教育部联合其他部委发布（82.5%），贯彻落实全国人大、中共中央和国务院颁布的中职教育政策法律法规，并对中职教育招生、课程教学、专业设置、实习实训、师资队伍、管理、毕业生就业等方面进行指导、规范，推动中职教育发展。党内法规主要涉及职业教育活动周、"文明风采"竞赛互动等方面，丰富中职学校校园文化生活和德育实践活动，推进文化育人。团体规定 1 件，《共青团中央、教育部关于加强农村青年职业教育和成人教育的意见》主要是为了提高农村青年的文化素质。行业规定 4 件主要涉及建设、有色金属工业、商业等有关行业职业教育的发展问题。

四　中职教育政策文本的文件类型

图 1-3 统计了中职教育相关政策文件的类型。从表中可以看出，改革开放四十年来，中职教育政策主要涉及决定、函、办法、复函、意见、批复、报告、条例、法、规定、通知十一种类型。其中，通知、意见占据相当大比例，分别占比 79.5% 和 13.8%。从政策文件类型数量和发文时间的趋势看，具有明显的波动性，这种波动与文件总量变化趋势相同，体现出政策文件出台数量的不稳定性。

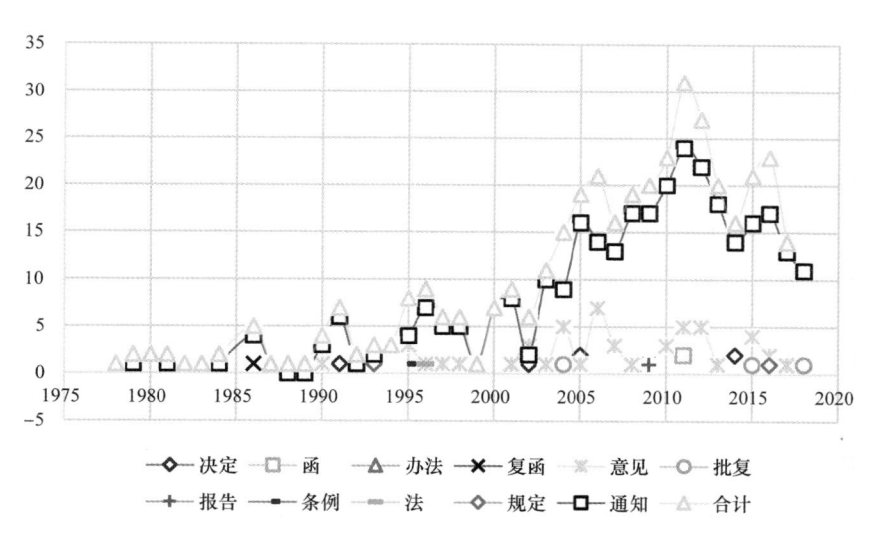

图 1-3　1978—2018 年中职教育相关政策文件类型

资料来源：北大法宝网，法律信息网。

第二节　中职教育政策重点的演进历程

我国中职教育在实践的过程中，经历了从低层次向高层次、从不规范到规范的发展历程。根据相关政策文件和法律法规的变化、导向，中职教育的演进历程大抵可以分为四个阶段：

一　1978—1996 年：关注结构调整

1978 年，党的十一届三中全会召开，做出了以经济建设为中心、实行改革开放的战略决策。经济建设需要一大批有知识技能的劳动者，但当时中职学校的学生仅占高中阶段学生的 7.6%[1]，普职比严重失调，中等教育结构单一。当时的初中毕业生只有少数能升入重点高中，而升入重点高中的学生只是有机会升入大学接受高等教育，还有一部分因为主观或客观原因无法升学。因此，每年有数百万未升入高中或大学的学生需要劳动就业，但这部分人却没有任何与职业相关的知识与技能。在这一背景下，教育部于 1978 年 4 月召开全国工作会议，主要议题就是改革中等教育结构。1980 年，国务院批转了教育部和国家劳动总局关于中等教育结构改革的报告。该报告要求，改革高中阶段教育，主要是对部分普通高中进行整改。1985 年，《中共中央关于教育体制改革的决定》进一步强调了中等教育结构改革，要求"有计划地将一批普通高中改为职业高中，或者增设职业班"[2]，规定实施初中后分流，并首次提出逐步实行职业资格证书制度。职业（技术）学校、职业中学、农业中学和职业高中的出现，将初中毕业生进行分流，减缓因高等教育供给不足而带来的升学压力。同时，职业学校的学生习得一定知识和专业技能，毕业就可以直接就业，有助于维护社会稳定和促进经济发展。《关于中等教育结构改革的报告》还要求，到 1985 年中等教育结构改革工作要取得显著成效，到 1990 年实现高中阶段普职招生数大致相当。1985 年，中等职业学校学生数已经占据高中阶段学生数的 35.9%，相比 1978 年的 7.6%，取得明显进步。1990 年，职普在校生数量比已经上升为 47.6∶52.4，中等教育结构单一化局面得到根本改变。

1990 年，党的十三届七中全会召开，会议要求"大力发展职业

---

[1] 周正：《谁念职校——个体选择中等职业教育问题研究》，教育科学出版社 2009 年版，第 52 页。
[2] 《中共中央关于教育体制改革的决定》，http：//www.moe.gov.cn/jyb_sjzl/moe_177/tnull_2482.html，1985 年 5 月 27 日。

教育"①。为落实此次会议做出的决策，国务院于1991年颁发《关于大力发展职业技术教育的决定》，指出，中等教育结构单一的局面虽然有了改变，但职业教育仍是教育体系中的薄弱环节，其规模还不能适应经济社会发展需要，要求以中职教育为重点，逐步建立一个合理、多样、完整并能与普通教育沟通的职业教育体系。1992年，党的十四大报告提出，"大力发展教育""加快发展职业教育"。为实现这一战略任务，1993年，中共中央、国务院制定了《中国教育改革和发展纲要》，国务院于次年发布了其《实施意见》。作为引领性的政策文件，两份文件都提出把中职教育作为我国教育发展的战略重点之一。在政策的积极推动下，1993年实现了《中共中央关于教育体制改革的决定》中提出的普职1∶1的发展目标。②《中国教育改革和发展纲要》对未来中职教育的发展也做出了规定，要求大部分地区实行初中后分流的政策，"逐步做到50%~70%的初中毕业生进入中等职业学校或职业培训中心"③。在这个目标的推动下，中等职业教育获得了前所未有的发展，到1996年，中职学校招生数和在校生数都已占到高中阶段招生数和在校生数的一半以上，分别为57.6%和56.8%。

　　这一时期，在国家政策的推动下，中职教育展现了新的生机和活力，促成了中职教育前所未有的辉煌。从政策目标看，以调整中等教育结构为重点，在注重规模的同时，对中职教育质量也并未忽视。如"集中力量办好一批示范和骨干作用的学校""教学安排要注意增强适应性、适用性和灵活性""大力加强师资、实验实习基地和教材等基本建设"④。总之，这一阶段，在政策推动下中职教育发展生机勃勃，中等教育结构失衡问题得到根本扭转。

---

① 中国共产党第十三届中央委员会第七次全体会议：《中共中央关于制定国民经济和社会发展十年规划和"八五"计划的建议》，www.china.com.cn/guoqing/2012-09/13/content_26747944.htm，1990年12月30日。

② 张殆复：《七年前提出的职业教育发展目标已实现，中等职教和普通高中学生数1∶1》，《光明日报》1993年2月5日，第1版。

③ 中共中央、国务院：《中国教育改革和发展纲要》，https://code.fabao365.com/law_31353.html，1993年2月26日。

④ 国务院：《国务院关于大力发展职业技术教育的决定》，http://www.moe.edu.cn/s78/A07/s8347/moe_732/tnull_816.html，1991年10月17日。

二 1997—2001 年：着重层次提升

这一时期重视高技术人才在国民经济发展中的作用，在发展中职教育的同时，积极发展高等职业教育。1998 年，《面向 21 世纪教育振兴行动计划》提出，"经济比较发达的地区可发展部分综合高中，推迟到高三年级分流"①，建立起高等教育与职业教育立交桥。1999 年，中共中央国务院在政策文件进一步明确要求，"扩大高中阶段教育和高等教育规模，减缓升学压力""通过多种形式积极发展高等教育""大力发展高等职业教育"②。普职分流推迟到高中三年级，与原来的初中后分流相比，虽提高了中职生源素质水平，但减少了中职生源。积极发展高等教育，强调扩大高等职业教育规模，但是中职教育发展问题却没有被突出强调，作为高职生源来源之一的中职教育升学比例也没有增加，致使中职教育吸引力降低，加剧了中职生源流失问题。1997 年普高招生 322.6 万，中职招生 180.3 万人③，普高 1997 年在校生数比 1996 年增加了 14%。④ 中职招生人数迅速减少，毕业生在就业市场上的竞争力也相应减弱，中职教育发展开始出现停滞状态。

随着 1996 年《职业教育法》的颁布实施，本应该迎来中职教育另一个快速发展的新阶段，但政策环境的综合变化却给中职发展带来了冲击。除了高等教育扩招的影响外，中职教育规模持续滑坡的另一个重要原因是中职招生就业"双轨"合并。1994 年，国务院提出，积极推进中职"学生缴费上学，大多数毕业生自主择业的制度"，并要求"1997 年大多数学校按新制度运转，2000 年基本实现新旧体制转轨"⑤。1997 年，《关于普通中等专业学校招生并轨改革的意见》就普通中专的招生就业做了

---

① 教育部：《面向 21 世纪教育振兴行动计划》，http：//www.moe.gov.cn/jyb_sjzl/moe_177/tnull_2487.html，1998 年 12 月 24 日。
② 中共中央、国务院：《中共中央国务院关于深化教育改革，全面推进素质教育的决定》，http：//www.moe.gov.cn/jyb_sjzl/moe_177/tnull_2478.html，1999 年 6 月 13 日。
③ 教育部：《1997 年教育统计数据》，http：//www.moe.gov.cn/s78/A03/moe_560/moe_569/，2015 年 1 月 8 日。
④ 和震：《我国职业教育政策三十年回顾》，《育发展研究》2009 年第 3 期，第 32 页。
⑤ 国务院：《关于〈中国教育改革和发展纲要〉的实施意见》，http：//www.chinalawedu.com/falvfagui/fg22598/104.shtml，1994 年 7 月 3 日。

明确规定,实行统一招生计划和录取标准、学生缴费上学的制度,同时,对毕业生就业制度也做了相应调整,由统一分配调整为自主择业。中职教育招生并轨和自主择业的实行,结束了多年来的就业"双规制"。招生并轨改革虽然是适应社会发展之举,但学生缴费上学和不包分配制度,进一步降低了中职学校的吸引力。

总体来看,这一时期,国家开始重视职业教育的层次提升,一方面推行高中后分流;另一方面在重点发展中职教育的同时,积极发展高职教育。但是,受政策调整、高校扩招,以及中职教育自身问题等因素影响,中职教育发展缓慢,人才培养质量逐步下降。

三 2002—2009 年:强调规模扩张

针对 1997—2001 年中职教育的萎靡不振,2002 年、2005 年,国务院颁发了两个关于职业教育发展的"决定",政策文件名称中都出现"大力"一词,用来形容职业教育的发展力度。2002 年的"决定"指出,"要以中等职业教育为重点,保持中等职业教育与普通高中教育的比例大体相当"[①];2005 年的"决定"提出,"到 2010 年,中等职业教育招生规模达到 800 万人,与普通高中招生规模大体相当"[②] 的发展目标。这些政策文本在推进中职教育规模发展方面功不可没。

在政策引导下,中职招生开始如火如荼地展开。2001—2009 年间,除了 2005 年,教育部每年都会发布"关于做好××年中等职业学校招生工作的通知"。2005 年 3 月和 11 月,在全国职成教工作会议和职业教育工作会议上更是提出了两个百万扩招任务,分别提出中职招生 2005 年在 2004 年基础上、2006 年在 2005 年基础上增加 100 万。为扩大招生规模,中职学校录取方式多样化,不再单独组织招生考试,而是按照中考成绩录取学生,部分中职学校为了扩大生源甚至实行免试入学的政策。为了完成招生任务,一部分中职学校采取提前招生、注册入学、多次录取、

---

① 国务院:《国务院关于大力推进职业教育改革与发展的决定》,http://www.gov.cn/gongbao/content/2002/content_61755.htm,2002 年 8 月 24 日。

② 国务院:《国务院关于大力发展职业教育的决定》,http://www.moe.gov.cn/jyb_xwfb/gzdt_gzdt/moe_1485/tnull_12730.html,2005 年 10 月 28 日。

跨省录取等招生形式。这一时期的中职招生对象不只是初中应届毕业生，也扩展到了未升学高中毕业生、下岗失业人员、进城务工人员、在职人员、农村剩余劳动力等社会全体成员。2007 年，中职招生突破了 800 万人，提前实现了《国务院关于大力发展职业教育的决定》中提出的 800 万任务。

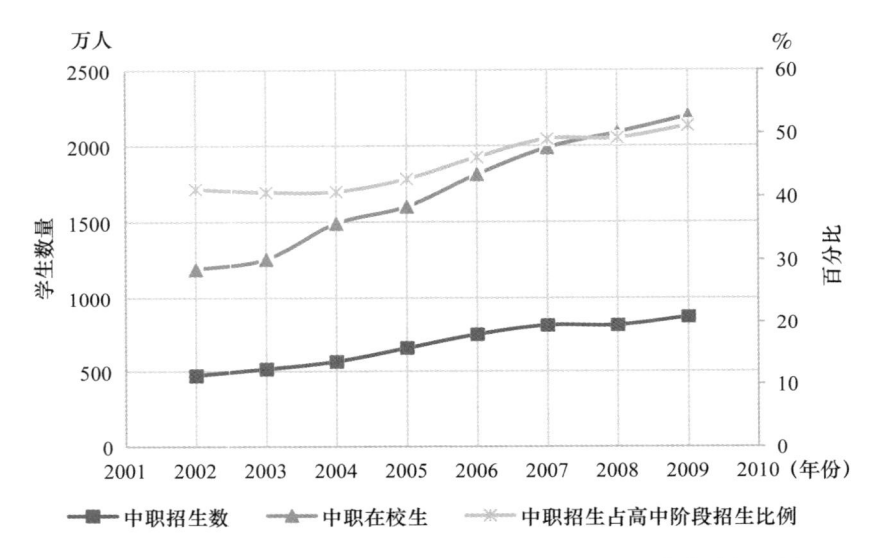

图 1-4 中等职业学校招生数、在校生数及招生数占高中阶段比例

资料来源：2002—2009 年《中国教育统计年鉴》。

由于政府的强力推进，这一时期的中职招生规模扩张成绩斐然，中职教育实现了规模性复苏。图 1-4 为 2002—2009 年中职学校招生数、在校生数及中职招生数占高中阶段招生数的比例。从图中可以看出中职学校招生数和在校生数在这一阶段呈上升趋势，中职招生占高中阶段比例在经历 2002—2004 年的下降后，从 2005 年开始上升，2005—2007 年升势明显，2009 年中职招生比例已经超过普通高中，占整个高中阶段招生的 51.2%。

大力发展职业教育是此阶段职业教育政策的核心，中职招生制度的改革使得招生范围逐步扩大，生源来源多样化、复杂化。中职学校将招生对象瞄准为无法升入普通高中的学生群体和各类急需提高职业技能的社会人员,生源的复杂性加大了学校管理和教学的难度。就生源质量而言,中职逐渐成为初中毕业生的无奈选择,集中了各类弱势群体或弱势群体的子女。中职学生总量虽然在持续增加,但是社会对中职学生的认可度却没有提高,中职教育反而成为低质量教育的代名词。

四 2010 年至今:重视质量发展

2010 年以后,中职教育在经过行政推进、免费政策和招生任务分解的刺激之后,又陷入招生困难、流失率高、就业质量差等发展困境,这说明政策推动中职教育发展的力量是有限的,质量才是影响中职教育发展的根本因素,如果不能持续提高中职教育水平,不注重质量提升,必将损害中职教育的可持续发展,中职教育到了由追求规模扩张到注重质量提升的战略转型阶段。并且,2010 年,《国家中长期教育改革和发展规划纲要(2010—2020 年)》也提出,中职教育要保规模、调结构,巩固发展成果,着力提高质量,并要求"把促进人的全面发展、适应社会需要作为衡量教育质量的根本标准"[1]。同时,2014 年,在国务院颁布的关于职业教育发展的"决定"中,政策用语从之前的"大力发展/推进"变为"加快发展",这一变化体现的正是中职发展从注重速度到注重质量的转变。在纲要的引领下,"十二五"和"十三五"期间政府出台了大量提高中职教育质量的政策,中职教育开始由规模扩张进入内涵发展阶段。具体体现在两个方面:一是加大经费投入,引导社会力量投入,加强中职教育基础能力建设,实施了"实训基地建设计划""示范校建设计划""教师素质提高计划""资源整合计划""东西合作计划"等,确保发展中职教育所需的硬件条件;二是重视行业企业参与中职教育办学,健全企业参与制度、完善现代职业学校制度、积极探索现代学徒制,以期提供有质量的中职教育服务。

创新人才培养方式和现代职业教育体系建设是这一时期的主要政策话语。2014 年的两个文件,《国务院关于加快发展现代职业教育的决定》

---

[1] 国家中长期教育改革和发展规划纲要工作小组办公室:《国家中长期教育改革和发展规划纲要(2010—2020 年)》,http://old.moe.gov.cn//publicfiles/business/htmlfiles/moe/moe_838/201008/93704.html,2010 年 7 月 29 日。

《现代职业教育体系建设规划（2014—2020年）》都强调了深化产教融合、建设中国特色的现代职业教育体系对于提高职业教育质量、提升中国人力资源质量的重要性，尤其，为中职教育发展制定了具体的目标。2019年，国务院两份重要文件，《关于深化产教融合的若干意见》和《关于国家职业教育改革实施方案的通知》，为中职教育质量提升更是指明了方向，为中职教育可持续发展制定了具体规划。在实践界，为了建立和完善现代职业教育体系，也进行了一系列探索，如展初中后五年制高职、试行学分制、探索综合高中模式等。

第三节　中职教育政策对人才培养质量的诉求

一　培养理念上要求以能力为本位

职业教育作为一种不同于普通教育的、不可替代的教育类型，作为终身教育体系的重要组成部分，其根本价值在于它是促进人的能力和素质全面发展的基本手段。人的能力是在后天实践活动中形成的，中职教育是开发技能型人力资源的主体，对中职学校而言，人力资源的开发主要是对学生能力的培育，是学生个人各方面素质的完善。"能力本位"是职业教育的核心价值取向，现代职业教育观以能力为基础。2000年，教育部在颁布的关于中职教育教学改革的文件中要求，转变教育思想，树立以能力为本位的观念，培养"具有综合能力……的高素质劳动者和中初级专门人才"[1]。2014年，国务院在发展职业教育的文件中强调，现代职业教育要坚持以立德树人为根本，以实践能力培养为重点，提高学生就业能力。[2] 2019年，《国家职业教育改革实施方案》要求，职业技能证书要能够反映职业活动和个人职业生涯发展所需要的综合能力。这些政策文本都强调了要树立能力为本的教育观，强调职业教育既要为人的生存又要为人的发展打下坚实基础，既要培养学生做事的能力，也要培养

---

[1] 教育部：《关于全面推进素质教育、深化中等职业教育教学改革的意见》，http://www.moe.gov.cn/jyb_sjzl/moe_364/moe_369/moe_405/tnull_4725.html，2000年3月21日。

[2] 国务院：《国务院关于加快发展现代职业教育的决定》，http://www.moe.gov.cn/jyb_xxgk/moe_1777/moe_1778/201406/t20140622_170691.html，2014年5月2日。

学生做人的能力。

在"做事"的能力方面,职业教育政策文本中要求采取多种措施提升学生的实践能力,如践行产教融合、工学结合、校企合作的人才培养模式,实施教师和校长专业标准以提升教学实践能力,把顶岗实习作为中职教育的重要内容等。在"做人"能力方面,教育部发布了《关于进一步深化中等职业教育教学改革的若干意见》《中等职业学校德育大纲(2014年修订)》等文件,要求转变教学观念,坚持育人为本,让学生掌握必要的文化知识,具有良好的职业道德。2019年,《国家职业教育改革实施方案》要求改革中职高考制度,形成"文化素质+职业技能"的考核方式。这些政策要求充分显示出职业教育政策"能力本位"的理念,既关注工作技能的获得让学生学会做事,也关注职业素养的提升让学生学会做人。

二 培养目标上要求培养技术技能人才

现代职业教育发展理论认为"职业教育是一种区别于普通教育的教育类型,是为了使受教育者具备从事某种职业的知识、技能、技术而存在的一种教育形式,它的培养目标是为经济社会发展培养所需要的技术型、应用型人才"[1]。培养应用型技术技能人才是我国职业教育的发展方针和基本要求,技术技能人才是指具有一定专业技术或专业技能的人员[2],严格意义上讲,技术和技能是有一定区别的,"技术是一种外在于人的客观理论,技能则是一种内在于人的主观能力"[3]。学界一般按照层次不同将人才分为学术型、工程型、技术型和技能型等四类[4],相较于技能型人才,技术型人才有广的知识结构、更高技能水平、更深的文化和专业理论。目前,在理论和政策表述中,经常把两类人才放在一起使用。

---

[1] 范其伟:《我国城市化进程中职业教育发展研究》,中国海洋大学博士学位论文,青岛,2014年,第19页。

[2] 杨思帆、王致强:《人力资本大国如何实现——印度技术技能型人才培养政策解析》,《湖南师范大学教育科学学报》2018年第6期,第91页。

[3] 姜大源:《职业教育:技术与技能辨》,《中国职业技术教育》2008年第34期,第1页。

[4] 严雪怡:《再论人才分类与教育分类》,《职业技术教育》2003年第1期,第14页。

有学者认为技术型人才和技能型人才是职业教育不同层次的培养目标[①]，本研究则认为，随着社会的发展，各个工作岗位的技术含量的增加，两类人才之间出现了更多的交叉，中职教育培养的应是具有一定理论知识、较高技能的技术技能型人才。

新中国成立后，对旧时的公、私职业学校和技术补习学校进行整顿，改为中等技术学校。1951年，第一次全国中等技术教育会议指出，中等技术教育是培养"具有一般文化、科学的基本知识，现代的生产技术……的初、中级技术人才"[②]。1954年《技工学校暂行办法草案》指出技工学校主要培养四级技工，1956年《工人技术学校标准章程（草案）》修改为培养四级和五级技术工人，要求技工学校培养中级技术工人。2000年以后，从国务院出台的职业教育相关政策文件中发现，对"人才"的称谓经历了"实用人才""技能型人才"和"技术技能人才"的变化。无论称谓如何改变，中职教育人才培养目标的实质并未改变，这一系列政策文本和相应实施细则的出台，都要求中职教育培养高素质、具有一定理论知识和实践技能的技术技能型人才。

为了实现技术技能型人才培养目标，政策制定主体从中职学校的教育资源配置、管理机制、人才培养模式等方面进行规定，扩大中职学校自主权，学校可以根据市场需要调整专业、安排课程，并要求实施产教融合的人才培养模式。在专业设置方面，政策文本中明确强调，中职学校可以根据就业前景、产业布局、区域经济发展等需求，依照相关程序和规定，自主开设、调整和停办专业，以适应市场变化。[③] 在课程安排方面，《关于制定中等职业学校教学计划的原则意见》指出为更好地培养高素质劳动者和技术技能型人才，要坚持"做中学、做中教""工学结合、校企合作、顶岗实习的人才培养模式"[④]，地方学校可根据区域经济、行业特点灵活安排课程，在教学安排、手段和方法上坚持统一性和灵活性

---

① 和震：《论现代职业教育的内涵与特征》，《中国高教研究》2008年第10期，第65页。
② 刘英杰：《中国教育大事典》，浙江教育出版社1993年版，第1686页。
③ 教育部办公厅：《关于印发〈中等职业学校专业设置管理办法（试行）〉的通知》，http://www.moe.gov.cn/srcsite/A07/moe_953/201009/t20100910_109002.html，2010年9月10日。
④ 教育部：《教育部关于制定中等职业学校教学计划的原则意见》，http://www.moe.gov.cn/srcsite/A07/s7055/200901/t20090106_181873.html，2009年1月6日。

相结合。

三 培养方式上要求校企双元育人

职业教育的跨界属性要求校企合作共同育人。职业教育与经济发展关系密切，要从根本上解决目前产业需求和中职教育人才培养供给不匹配问题，就要推进校企合作，深化双主体育人方式。在职业教育的发展史上，校企合作是基本的人才培养方式，一直备受关注和重视，从1980年《关于中等教育结构改革的报告》，到2018年《职业学校校企合作促进办法》，改革开放40年来，政府部门共颁布了30多份设计校企合作的政策文件，逐步彰显校企合作育人在人才培养中的重要作用。

1980年，《关于中等教育结构改革的报告》开启了企业参与中职学校人才培养的探索阶段。1991年，《关于大力发展职业技术教育的决定》要求践行产教结合、工学结合的人才培养方式，坚持"从做中学"。1996年，《职业教育法》以法律条文的形式确定了"校企合作、工学结合"的人才培养方式。此后，国务院、教育部发布了多项意见、决定、办法、通知等文件，从不同方面对企业参与中职教育人才培养作出要求。2016年，《职业学校实习管理规定》对中职学生到企业实习做出了具体规定；2018年《职业学校校企合作促进办学》对如何发挥企业在人才培养中的作用作了具体阐述。综上可以看出，学校和企业都是中职教育人才培养的重要主体，建立和完善双主体共同育人机制是提高人才培养质量的重要策略。

中职教育培养的是应用型技能人才，当前中国经济发展方式的转型、"中国制造2025"战略的实施，需要中职教育提供一大批高技能劳动者。于传统的学校教育而言，无论课程如何改革、师资如何培养，它只能教给学生通用性知识与技能，无法让学生获得岗位所需要的特殊性知识与技能，这是其根本问题所在。鉴于传统学校教育人才培养的固有缺陷，高技能劳动者的培养仅仅依靠学校教育无法取得成功，校企双元育人是中职教育区别于普通高中教育的主要优势和特色，它既帮助学生获得通用技能和专业技能，又培养职业素养。只有加强校企合作，强化企业作为育人主体的重要作用，才能回应劳动力市场的诉求，培养出适应经济建设和社会发展需要的技术技能型人才。校企合作育人强调学校教育应该和工作场所紧密联系，坚持"从做中学"的理念，让中职学生从实际工作中获得职业技能和职业素养。

四　培养结果上要求提高就业质量

职业教育与就业有着十分紧密的联系。从办学定位来讲，中职教育以"促进就业为导向"，中职教育必须面向就业，促进中职毕业生顺利就业、充分就业。

提高就业质量是中职学校可持续发展的价值基础。近年来，我国为促进职业教育毕业生就业发布了一系列政策文件。2004年，《关于进一步加强职业教育工作的若干意见》要求，坚持职业教育的就业导向，把毕业生就业率纳入到职业教育质量评价体系中。2005年，《关于加快发展中等职业教育的意见》进一步强调，把毕业生的顺利就业作为教育质量的衡量指标之一；同年10月，《国务院关于大力发展职业教育的决定》规定，学生就业率是考核职业教育教学工作的重要指标之一。并且，随着对就业率的关注，就业质量也引起了重视。2014年，《现代职业教育体系建设规划（2014—2020年）》提出，把学习者的就业质量作为评价职业教育质量的指标之一。2015年7月，教育部《关于深化职业教育教学改革全面提高人才培养质量的若干意见》提出，把就业质量作为衡量学校教学质量的重要指标；同年8月，《职业院校管理水平提升行动计划（2015—2018）》也指出要确立全面质量管理理念，把毕业生就业质量作为人才培养质量的衡量标准之一。2016年，《中等职业学校办学能力评估暂行办法》出台，该文件明确规定，将毕业生就业情况列为考察中职学校办学能力的主要指标之一。为促进中职学校内涵式发展，全面提高人才培养质量，2016年1月，教育部办公厅发布了《关于开展中等职业教育质量年度报告工作的通知》；同年9月，教育部职成教司又发布了《关于编制和发布2016年度中等职业学校质量年度报告的通知》，两个《通知》中二级标题均包括就业质量。

第二章 循证中职教育人才培养质量问题的理论基础

第一节 人力资本理论

一 人力资本理论的核心观点

（一）关于人力资本内涵的理解

1. 人力资本的概念界定

20世纪以前，古典经济学家虽然谈及了人力资本的思想，但并未明确提出"人力资本"的概念。"人力资本"概念最早出现在美国学者沃尔什（Walsh）的《人力资本观》中，文章探讨了不同受教育程度的学生受教育费用和毕业后劳动力市场收入的关系，计算各级教育的收益率。[1] 20世纪50年代中期和60年代初期，舒尔茨（Theodore Schultz）、贝克尔（Gary Becker）、丹尼森（Edward Denison）等人力资本理论的集大成者进一步明晰了人力资本的概念内涵，他们认为人力资本是通过对人的投资形成，并体现在人身上的资本，指"凝聚在劳动者身上的知识、技能及其所表现出来的能力，这种能力是生产增长的主要因素，是一种具有经济价值的资本"[2]。

2. 人力资本的投资形式

人力资本是通过对人的投资形成、体现在人身上的资本，那么，什么是人力资本投资？包括哪些形式？贝克尔认为，人力资本投资是指，

---

[1] Walsh J. R., "Capital Concept Applied to Man", *The Quarterly Journal of Economics*, No. 2, 1935, p. 255.

[2] 靳希斌：《人力资本学说与教育经济学新进展》，教育科学出版社2010年版，第17页。

通过增加人的资源影响未来货币与心理收入的活动，正规学校教育、在职培训、医疗保健、迁移等都是人力资本投资形式。① 舒尔茨指出，"很多被我们称之为消费的东西，构成了人力资本投资"②。舒尔茨把人力资本投资分为五个方面：卫生保健设施和服务，在职培训，正规的初、中、高等教育，校外学习和迁移。③ 从广义来说，正规教育、在职培训、校外学习都属于教育。可以这样说，教育投资是人力资本投资的主要形式，是人力资本形成的最有效途径。

经济发展离不开人力资本的积累，而人力资本的形成和积累主要靠教育。舒尔茨第一个将教育对经济增长的贡献进行定量研究，他提出教育是人力资本形成和积累的基本路径。《韦伯斯特新世界词典》指出，教育特别是正规教育是培养和发展知识、技能、品德等的过程，教育活动包含着知识的生产和分配。人力资本是指劳动者受到教育、培训、实践经验等方面的投资而获得的知识、技能和劳动熟练程度等综合能力和素质。人们出生时的人力资本基本上是相似的，但是后天获得的知识和技能是有差别的，这种差别正是受教育程度不同造成的，提高人口质量的关键在于教育。另外，教育投资是一种生产性投资，通过接受教育，学习者隐藏的能力得以增长。贝克尔（Becker）在《人力资本》一书中也探讨了人力资本的产生，指明正规教育和职业培训是人力资本形成的重要途径。

3. 人力资本中的能力测定

根据人力资本的概念界定，"能力"是人力资本的核心，那么，能力是什么？能力该如何测量？这是将人力资本纳入计量模型的关键。

第一，传统人力资本理论中的"能力"。斯密把人力资本的内涵界定为通过教育、做学徒习得有用的能力，但"习得的、有用的能力"具体指什么，斯密及之后的研究者并未进行探讨。20 世纪中期的人力资本理论的核心思想是人们可以通过投资教育、培训、健康等获得能力，提高

---

① Becker G. S., "Investment in Human Capital: Rates of Return", *Nber Chapters*, 2009.
② ［美］西奥多·舒尔茨：《教育的经济价值》，吉林人民出版社 1982 年版，第 61 页。
③ ［美］西奥多·舒尔茨：《论人力资本投资》，吴珠华等译，北京经济学院出版社 1990 年版，第 9 页。

未来收入。能力是什么？如何测量？舒尔茨在《论人力资本投资》中指出，准确测量人力资源的质量成分（技术、知识、一些能提高劳动者生产力的特征）很困难，但可以通过考察旨在提高这种能力的某些重要活动来获得更多见解。① 这一观点奠定了后来人力资本的研究路径，研究者从各种投资人力资本的活动，如教育、培训等来理解人力资本和劳动力市场的关系。具体到教育领域，多探讨教育和收入和关系，而投资和能力、能力和收入之间的关系被排除在研究之外。

一些研究者在测量教育、能力和收入之间关系时，把"能力"的测量算入收入函数，并为此做出了很多努力。Wolfe 和 Smith 用智力商数和学生在班上的名次作为能力的替代性指标，Hunt、Danier 和 Mechling 使用了学习能力测验分数，Ashenfelter 和 Mooney、Taubman 和 Wales 使用的是数学能力，Husen 和 Rogers 使用了智力商数。② 但是，筛选假设理论的代表人物阿罗（Kenneth Arrow）对"能力"测量提出了质疑，如智力商数或其他智力测验是否反映了一个人在劳动力市场获得较高工资的能力。但由于当时没有其他可行的替代方法，只得利用智力测量法。从以上研究可以发现，研究者都把"能力"看作是"认知能力"，以此研究认知能力对收入的影响。

可以说，传统人力资本理论所关注的"能力"通常被默认为认知能力。这一时期的研究路径一般是：教育投资—能力提高—劳动生产率增长—国家经济和个人收入增长，审视受过专业教育的人在社会经济增长和个人收入提高中的作用。此时的人力资本理论还有一些不足，研究者把受教育者的认知能力作为人力资本水平和劳动者生产能力的替代变量，虽然让教育和认知能力对经济发展水平、收入的贡献可测，简化了测算和验证的复杂性，但限制了人力资本对经济增长和个人发展的解释力。

第二，扩展的人力资本理论中的"能力"。以认知能力为核心的人力资本理论忽视了非认知能力对经济和投资的价值。其实，早在 1975 年，

---

① ［美］西奥多·舒尔茨：《论人力资本投资》，吴珠华等译，北京经济学院出版社 1990 年版，第 9 页。
② Solmon L. C., "The Definition and Impact of College Quality. Final Report", *Nber Working Papers*, 1973, p. 59.

非认知能力就以"应对非均衡的能力"出现在舒尔茨《应对非均衡能力的价值》一文中,把某些与生产技能没有直接关联的能力称为"应对非均衡的能力"。Bowles 和 Gintis 提出,人力资本理论中的"能力"应该包含认知能力和非认知能力两个部分。[1] 然而,由于数据条件等的限制,没有引起更多重视,学术界也没有对非认知能力进行广泛探讨。但人力资本模型中的能力仅指向认知能力的话,用人力资本理论解释收入等因素会遇到瓶颈,例如:如何解释明瑟收入方程的残差?控制人力资本的认知能力、人口学变量和家庭特征后,仍然有 2/3—4/5 的收入差异无法解释。[2] 显然,无法把这些差异都归结为误差,那么,我们对学校教育的理解是否遗漏了什么?2006 年,Heckman 等提出了以能力为核心的新人力资本理论框架,将能力界定为认知能力和非认知能力。新人力资本理论为本研究探讨学生发展的多样性及在劳动力市场的表现提供了更加开阔的思路。

(二) 关于人力资本价值的诠释

人力资本投资是对人口质量的投资。在现代社会,人们越来越关注人口质量对经济发展的促进作用。人力资本理论的提出使社会和行业企业认识到提高企业效益、促进经济增长,除了增加土地、物力资本、劳动者数量这三种手段外,提高劳动者质量即集聚人力资本更具有实际意义。

1. 人力资本是经济社会发展的重要依托

众所周知,影响经济社会发展的因素虽然有很多,之所以说人力资本是经济社会发展的重要依托,主要原因在于:其一,人力资本的投资收益率超过物力资本的投资收益率。据舒尔茨测算,美国 1929 年到 1957 年教育投资收益率远远超过物力资本收益率,物力投资使利润增长了 3.5 倍,教育投资使利润增加了 17.5 倍。[3] 这就意味着劳动者质量越高,其

---

[1] Bowles S., Gintis H., "Schooling in Capitalist America: Educational Reform and the Contradictions of Economic Life" *Journal of Human Resources*, No. 2, 1977, p. 275.

[2] Solon G., "Intergenerational Income Mobility in the United States" *American Economic Review*, No. 3, 1992, p. 393.

[3] Schultz T. W., "Capital Formation by Education", *Journal of Political Economy*, No. 6, 1960, p. 571.

创造的收益越大，而教育是提高劳动者质量的主要途径。其二，人力资本能够替代和补充其他生产要素。舒尔茨指出，现代经济增长必须增加脑力劳动者的成分，以替代原有的生产要素。[1] 其三，具体测算结果表明人力资本是经济增长的源泉。国内外许多研究者利用数据直接测算了教育对经济增长的贡献率。例如，就职业教育对于经济增长的贡献来说，Self 和 Grabowski 计算了各级教育对日本经济增长率的影响，发现职业教育对日本经济增长存在长效性的贡献[2]；郭新华和于骁玥利用 1985—2007 年的时间序列数据，测算出我国中职教育对经济增长的贡献率为 18.7%[3]；王磊以职业教育为工具变量测算中国 2004—2007 年间 31 个省市的经济增长，发现职业教育对经济增长的平均贡献为 0.23%。[4]

20 世纪 70 年代以来，以乌扎华（Hirofumi Uzawa）、罗默（Paul Romer）、卢卡斯（Robert Lucas）等新经济增长学派的理论家们将通过教育或培训等形式积累的人力资本作为独立内生变量，纳入经济增长模型，进一步加深了人们对"人力资本促进经济增长内在机理"的理解。新经济增长理论充分揭示了知识技术等人力资本对经济增长的作用，教育作为积累人力资本的主要途径也因此引起了经济社会的重视。

2. 人力资本是个人收入和社会地位提升的基石

人力资本与就业关系的研究最早可以追溯到美国社会学家布劳（Peter Blau）和邓肯（Otis Duncan），他们分析了以父母地位为替代指标的先赋性因素（父母地位）和后致性因素（教育、工作经历）对个人职业地位获得的影响，指出后致性因素，即人力资本相对于先赋性因素（家庭资本）而言，在个体职业地位获得中起更大的作用。[5] Solmon 用不同的方

---

[1] Boserup E., "Investing in People: The Economics of Population Quality. by Theodore W. Schultz", *Population & Development Review*, No. 3, 1982, p. 616.

[2] Self S., Grabowski R., "Education and Long-run Development in Japan", *Journal of Asian Economics*, No. 4, 2004, p. 565.

[3] 郭新华、于骁玥：《我国中等职业教育对经济增长的贡献：1985—2007》，《科学经济社会》2010 年第 3 期，第 33 页。

[4] 王磊：《职业教育对经济增长贡献研究——基于省际面板数据的实证研究》，《中央财经大学学报》2011 年第 8 期，第 80 页。

[5] Blau P. M., Duncan O. D., *The American Occupational Structure*, New York: John Wiley Press, 1967, p. 215.

法衡量了高等教育质量,证明了学生学习能力测验分数对毕业生的收入有很大影响,指出高等教育质量对能力高和能力低(高低指智力商数)的学生都很重要。① 以人力资本理论为基础解释收入差异时,明瑟尔(Jacod Mincer)认为人力资本是决定个人收入的关键因素,一般来说人力资本较高的劳动者其劳动生产率也较高,因此应该获得较高的劳动报酬。②

Heckman 和他的合作者,强调非认知能力对教育、青少年犯罪、身心健康、劳动者收入的影响。③ 他们指出,早期的非认知技能的形成有助于个体在以后的生活中获得更多的知识,这就解释了为什么早期的人力资本差距很难消除,而且随着时间的推移可能把这种差距扩大。④ Heckman 还研究了非认知技能对学业成就的影响,结果发现,如果保持认知技能不变,把学生的非认知分数从 25 百分位提高到 75 百分位,会使他 30 岁之前完成四年制大学学业的概率增加 25 个百分点;反过来,如果保持非认知分数不变,提高认知分数到相同的百分位,有相同的效果。国内学者的研究也发现,非认知能力对技能劳动者尤其是低技能劳动者劳动收入有积极作用,并且可以提升技能溢价水平。⑤

21 世纪是知识经济时代,人力资本是经济体系中最重要的、最核心的资本,是经济增长的源泉。人力资本积累无论对于国家的经济社会发展,还是对于个体的劳动及其收入状况改善,都具有现实意义。

(三)关于人力资本类型的划分

关于人力资本的类型,贝克尔(Becker)将人力资本划分为一般人

---

① Solmon L. C. , "The Definition and Impact of College Quality. Final Report." *Nber Working Papers*, p. 1973.
② 方芳:《明瑟尔人力资本理论》,《教育与经济》2006 年第 2 期,第 16 页。
③ Heckman J. J. , Stixrud J. , Urzua S. , "The Effects of Cognitive and Noncognitive Abilities on Labor Market Outcomes and Social Behavior", *Journal of Labor Economics*, No. 3, 2006, p. 411.
④ Cunha F. , Heckman J. J. , Schennach S. , "Estimating the Technology of Cognitive and Non-cognitive Skill Formation", *Econometrica*, No. 3, 2010, p. 883.
⑤ 盛卫燕、胡秋阳:《认知能力、非认知能力与技能溢价——基于 CFPS2010—2016 年微观数据的实证研究》,《上海经济研究》2019 年第 4 期,第 28 页。

力资本和特殊人力资本[①]；罗默（Rumberger）将知识分为一般性知识和专用性知识，一般性知识对任何企业都能起到促进收益增长的作用，而专用性知识只能给劳动者个人所在的企业创造价值，提出针对不同类型的人力资本和能力，可采用不同的培养方式[②]；卢卡斯（Lucas）将人力资本分为社会共有的原始劳动和体现为劳动者技能的"专业化人力资本"，并提出专业化人力资本是经济增长的发动机。[③] 曾建中从企业人力资源能力和贡献方式的视角，将员工划分为一般型人力资本、研发型人力资本、营销型人力资本和经营管理型人力资本四种类型。[④] 马振华将人力资本划分为一般型、技能型、技术型、管理型、企业家型等五类。美国普渡大学的人才分类理论把社会人才划分为四类：学术型人才，工程型（设计型、规划型、决策型）人才，技术型人才和技能型人才。社会人才既分层又分类，不同层次、不同类型的人才具有不同的知识和能力，需要不同层次和类型的教育才能培养不同层次和类型的人才。

（四）关于教育和劳动力市场关系的学说

1. 筛选假设理论

筛选假设理论把教育看作信号，着重研究劳动力市场中企业怎样挑选员工，从挑选过程说明教育的社会经济效益。筛选假设理论代表人物有阿罗、斯宾斯（Andrew Spence）、索洛（Robert Solow）等人，他们认为教育和收入之间存在着如图2-1所示的关系。筛选假设理论同意人力资本理论中受教育程度和工资收入水平的正比例关系，但不认同教育提高人的能力。二者之间的区别在于，人力资本理论认为提高教育水平，可以提高劳动者的工作能力，从而提高工资收入水平；而筛选假设理论认为教育水平反映人的能力，但不提高人的能力，通过受教育水平可以

[①] Becker G. S., "Investment in Human Capital: A Theoretical Analysis", *Journal of Political Economy*, No. 5, 1962, p. 9.

[②] Rumberger R. W., "The Impact of Surplus Schooling on Productivity and Earnings", *Journal of Human Resources*, No. 1, 1987, p. 24.

[③] Lucas R. E., "Why Doesn't Capital Flow from Rich to Poor Countries?", *The American Economic Review*, No. 2, 1990, p. 92.

[④] 曾建中：《企业人力资本分类计量模型探讨》，《统计与决策》2010年第3期，第176页。

看出工作能力水平，教育从本质上讲是一种信号。① 具体来讲，对于求职者来说，教育程度是他工作能力的信号；对于企业来说，企业根据求职者的受教育程度来挑选员工，教育的经济效益直接体现在企业对求职者的筛选过程中，通过筛选，将不同能力的人送到不同等级的工作岗位上。

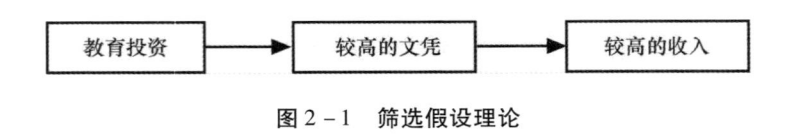

教育投资 → 较高的文凭 → 较高的收入

图 2-1　筛选假设理论

2. 社会化理论

鲍尔斯（Bowles）和金迪斯（Gintis）是社会化理论的代表人物。他们认为与认知技能相比，雇主更看重的是劳动者是否具有"合适"的个性品质，学校教育的经济价值不是发展学生的知识和技能，而是培养学生具有不同职业所需要的不同个性品质。社会化理论主要研究教育如何培养劳动者的个性特征，从而为生产和发展经济服务。社会化理论认为教育的作用不在于提高受教育者的知识技能或认知能力，而在于它的社会化功能。

3. 劳动力市场分割理论

皮奥里（Piore）和多林格（Doeringer）提出了二元劳动力市场假设，把劳动力市场分割为主要劳动力市场和次要劳动力市场。② 在主要劳动力市场，受教育程度和工资水平的正比例关系成立，因为进入主要劳动力市场的人受教育程度较高；而在次要劳动力市场，劳动力受教育水平较低，受教育程度和工资水平的正比例关系不成立。③ 劳动力市场分割理论认为教育将人们分配到不同的劳动力市场，在主要劳动者市场，教育和培训可以提高收入水平，但在次要劳动力市场，教育和培训对提高收入没有作用；并且，主要劳动力市场和次要劳动力市场的流动较少。

---

① 曲恒昌、曾晓东：《西方教育经济学研究》，北京师范大学出版社 2000 年版，第 244 页。
② Doeringer P. B., Piore M. J., "Internal Labor Markets & Manpower Analysis", *Industrial & Labor Relations Review*, 1971, p. 344.
③ [美] E. 科恩：《教育经济学》，王玉崑等译，华东师范大学出版社 1989 年版，第 28 页。

二 人力资本理论对本研究的指导意义

（一）人力资本的内涵为人才培养过程中教育效果分类提供评测维度

人力资本是指通过教育、培训、实践经验、保健等方面的投资而获得的体力、知识、技能和劳动熟练程度的综合能力和素质。教育是形成人力资本最有效的途径，职业教育因其能直接为劳动者提供专业知识和技能服务，增加劳动者知识、技能、态度，改善其体力，并充分挖掘其潜能，因而对人力资本积累具有更为突出的意义。以能力为核心的人力资本理论框架，将能力作为人力资本的核心，并将能力界定为认知能力和非认知能力两部分，这为本研究从人力资本积累的角度评价中职教育人才培养质量提供了评测维度。

（二）人力资本的价值为人才培养输出端判断就业质量提供参考

第二代人力资本理论的代表人物卢卡斯认为，专业化的人力资本是社会经济增长、个人收入增加的决定性因素。[1] 威廉姆森（Williamson）对人力资本专用性进行分析，他认为专用性人力资本只有在特定企业和岗位才能发挥最大价值。[2] 有基于此，职业轨道的学生如果能够得到有效的教学，获得有效的技能，所从事的工作与所学技能具有一致性，可以增加个体在劳动力市场的收入；如果学用不一致，则结果会有很大不同。这为本研究人才培养输出端就业质量的判定提供参考。同时，人力资本理论中关于人力资本是决定个人收入关键因素的观点，也是本研究判定中职学生就业质量的重要依据。

（三）人力资本的类型为人才培养的目标定位和学业成就判断提供依据

人力资本有不同类型，所以国家才会办不同层次、不同专业的教育，用教育的结构对应人力资本类型结构，依据人力资本的异质性可把人力资本划分为一般型、技能型、技术型、管理型、企业家型五类。[3] 中职教

---

[1] Lucas R., "On the Mechanics of Economic Development", *Quantitative Macroeconomics Working Papers*, No. 1, 1999, p. 3.

[2] Williamson O. E., "The Economic Institutions of Capitalism. Firms, Markets, Relational Contracting", *Social Science Electronic Publishing*, No. 4, 1998, p. 61.

[3] 马振华：《我国技能型人力资本的形成与积累研究》，博士学位论文，天津大学，2007年，第30页。

育是开发技能型人力资源的主体,是人力资源开发的重要组成部分,人力资源能力建设是人才培养的核心。可以说,中职教育决定着技能型人力资本积累的质量、规模、结构和速度,如果它没有提升学生技能型人力资本,提高中职学生的素质和能力,为人力资源强国建设添砖加瓦,说明中教育没有做好,这是本书判断中职教育人才培养过程中教育效果的重要依据。

(四)人力资本与就业的关系为人才培养质量的关联分析提供理论视角

有很多研究已经证明了人力资本和劳动力市场收入、职业社会地位提升的强相关关系,这也是经典人力资本理论的核心观点之一。在其他教育和劳动力市场关系的学说中,劳动力市场分割理论认为主次劳动力市场中人力资本对收入影响的强度不同,主要劳动力市场上人力资本对劳动收入有显著的正向影响[1],但次要劳动力市场面向的是那些受教育程度较低的劳动者,人力资本对劳动者收入没有影响,家庭资本更为重要。[2] 社会化理论认为个体的个性特征影响劳动力市场结果,用人单位的雇佣结果和工作评价很多的时候看的不只是技术水平高低,更要看个体否能融入团队,个体的整体状态是否适合工作岗位等方面。有些用人单位明确表示,"我们需要的是拥有良好综合素质的员工,哪怕他们技能方面差一些,通过企业短期培训也是完全可以适应岗位需要的;但反过来,如果综合素质不好,就是多花几倍的时间也是无法弥补的"[3]。个体特征的形成主要靠教育,中职教育作为一种专门化教育类型,不仅要形成中职学生的知识和技能,更要重视其育人功能,坚持立德树人,强调养成中职学生人文和个性特性。

不同的学说对人力资本与就业的关系有不同的观点,这些观点为本研究考量中职毕业生的人力资本与就业的关系提供理论视角。综合这些学说,本书将毕业生的认知能力、非认知能力、家庭资本都纳入计量模

---

[1] Klaus SchöEmann, Becker R., "Returns to Education in Different Labor Market Contexts", *Emerging Trends in the Social and Behavioral Sciences. American Cancer Society*, 2015.

[2] 吴愈晓:《劳动力市场分割、职业流动与城市劳动者经济地位获得的二元路径模式》,《中国社会科学》2011年第1期,第119页。

[3] 刘景忠:《没有努力过的人生,何谈幸福——对中职教育现状的反思》,https://mp.weixin.qq.com/s/5Y4jtW3qicuXLHf3wO4y8A,2019年3月4日。

型,为人才培养结果质量的具体分析,以及生源、学业和就业的关联分析提供重要支撑。

第二节 工作本位学习理论

一 工作本位学习的核心观点

(一) 工作本位学习内涵的界定

工作本位学习是一个用来描述学习和工作之间关系的概念,强调知识的实用价值。利维(Levy)等调查了职业教育领域工作本位学习问题,将学习和工作角色联系起来,并确定了在工作场所组织学习、提供适当的在职培训/学习机会、确定和提供有关的非工作学习机会三个相互关联的工作本位学习内容。① 随后,利兹大学经过长期研究,提出工作本位学习的六大特点:基于工作任务;基于生产、设计或管理问题;自主管理;团队合作;关注绩效提升;为学习者创造学习机会。②

与利维的理解不同,布莱曼(Brennan)和利特尔(Little)将工作本位学习描述为:为了工作学习、在工作中学习和通过工作学习,工作可以是正式的,也可以是非正式的,重点不在于工作本身,而是要通过承担工作任务获得知识和技能。③ 布莱曼和利特尔强调工作本位学习的重点在于学习,而不是工作场所和工作任务,工作本位学习与工作中的学习活动有关,但也与工作之外的学习活动(如教室学习)有关,这些活动是基于工作且为了学习者的工作做准备。简而言之,工作本位学习并不总是需要在工作中进行,而且已被证明可以提高就业能力。④

从上述关于工作本位学习的内涵描述来看,工作本位学习虽然始于

---

① Levy M., Oates T., Mathews D., et al. *A Guide to Work Based Learning Terms: Definitions and Commentary on Terms for Work Based Learning in Vocational Education and Training*, Bristol: Further Education Staff College, 1989.

② University of Leeds, "Work Based Learning Project Final Repor", http://hdl.handle.net/10068/399809, 1996.

③ Brennan J., Little B., *A Review of Work-based Learning in Higher Education*, London: Department for Education and Employment, 1996.

④ Foster E., Stephenson J., "Work-based Learning and Universities in the U. K.: A Review of Current Practice and Trends" Higher Education Research & Development, No. 2, 1998, p. 155.

学徒制，但和学徒制有本质区别，个体的身份是"学习者"，而不是纯粹意义上的"学徒"。工作本位学习重要的是通过工作真正学到的知识和技能，以及如何在工作场所创造和利用学习机会。从理论上讲，这样的说法可以追溯到杜威，杜威认为，教育既要与经验打交道，又要增进经验。根据杜威的观点，工作本位学习既可以充实和丰富学生们的生活，又可以为他们的未来做准备。

（二）工作本位学习的特点

工作本位学习不同于学徒制、实践教学、见习、顶岗实习，它的特点有：第一，以职业需要为导向。学习的场所主要是在工作现场，但不局限于工作场所。第二，校企合力育人。工作本位学习是学校和企业联合育人的模式，学习者在工作场所兼有"学生"和"员工"两重身份，"学生"是其主要角色，工作是学习的手段或工具，企业为学生提供专门培训和脱产学习机会。第三，通过工作过程进行学习。学习者融入工作中，通过工作任务，以问题为基础，应用专业相关知识，在工作过程中建构和职业相关的知识和技能，发展职业所需的社会品质。第四，强调学习者参与实践过程。工作本位学习强调学习者在真实的工作情境中参与实践过程，学习者通过承担特定角色，完全参与到工作中，而不只是简单的观察与模仿，还需要承担一定的责任，确保在工作活动中学到知识和技能。第五，学生主导学习。工作本位学习的重点在"学"，而不是"教"，强调学习者通过实际工作过程对经验进行反思与重建，经验是学习的基础，学习者要在工作中对经验产生新的态度、新的兴趣和新的理解，如果学习者没有对经验做出反思，只是通过工作增加了劳动熟练度就不能称之为学习。

（三）工作本位学习价值的诠释

许多研究人员已经注意到工作本位学习的好处，有学者发现，因为有机会立即应用知识，学习者很容易参与到教育过程中。[1] 学习者在工作实践的"真实"文化中进行学习，一方面能够将学到的理论知识应用到实践中，加深对理论知识的理解，获得操作性技能；另一方面能够将理

---

[1] Rosenbaum J. E., Others A., "Youth Apprenticeship in America: Guidelines for Building an Effective System" 1992.

论知识嵌入到使用环境中，可以进一步发展知识，从而获得更深层次的专业和程序性知识。从建构主义的观点来看，积极参与日常问题的解决过程，可以强化个体现有的知识结构，当解决问题所需的知识高于已有知识结构时，学习者积极和建设性的参与有利于获得高层次的程序性和更深层次的概念性知识。瑞林（Joseph Raelin）也认为工作本位学习将学习者所拥有的概念性知识运用到工作情境中，可以用来解决问题，也可以用来对新问题做出合理的决策，将学习理论和实践模式相结合，在此过程中，学习者可能发现实践背后的原因，有助于意义的重构，知识也被同时赋予了永恒的内涵。[1]

二 工作本位学习理论对本研究的指导意义

（一）工作本位学习理论为人才培养过程中培养环节的分解指明方向

工作本位学习的一个重要特点是校企合力育人，中职教育产教融合、工学结合、校企合作的人才培养模式，正是以工作本位学习理论为依据。工作本位理论将"学习者"区别于"学徒"，学生在企业的主要目的是"学习"，与学校学习是不同地点的两种学习方式，这为本研究将人才培养过程环节分为在校学校和在企业学习两部分指明方向。

（二）工作本位学习理论为人才培养结果质量分类提供思路

提升就业能力是工作本位学习的主要目标之一，通过真实的工作情境，将理论与实践融合，学、用结合，要求学生能够把概念性知识应用到真实工作情景中，获得更高层次的专业知识和技能，提升其就业能力。中职教育以职业需要为导向，每个职业对个体来说，都有一个最低的生产能力要求，个体必须具备这种能力以确保就业。如果中职教育不能为学习者提供这种能力，那么中职教育人才培养成果无论是对个体还是对社会都是无效的，中职学校存在的价值无法得到体现。中职教育因其特殊性，具有学校和企业两个学习场所，在校学习成果可用毕业成绩衡量，企业学习成果可用就业质量衡量，这也是本研究将人才培养结果质量分为毕业成绩和就业质量两个维度的根据。

---

[1] Raelin J. A., "A Model of Work-Based Learning", *Organization Science*, No. 6, 1997, p. 563.

第三节　学生发展理论

一　学生发展理论的核心观点

（一）IEO 模型

IEO 模型主要是揭示学生个体及群体与环境之间的相互作用，学生如何受环境影响，以及学生如何影响环境。Astin 在 *Effect of Different College Environments on the Vocational Choices of High Aptitude Students* 一文中最早提到了输入—环境—输出（IEO）模型，并在 1970 年对 IEO 模型作了具体论述。[①] IEO 模型是最早的院校影响模型之一，根据该模型，学生发展是输入和环境两个因素的函数。输入是指学生个体的天赋、技能、抱负和其他成长和学习的潜力，从某种意义上说，这些输入是院校必须处理的原材料。许多输入可以简单地看作是对某些输出（如职业选择和个人价值观）的"预测"，而其他输入（如性别、种族）则是静态的个人属性。输入可以直接或通过与环境变量的交互作用间接影响输出。环境是指教育机构或组织中能够影响学生发展的那些方面，一般来说，它们包括教育政策、课程、教学设施和仪器设备、教学实践、同辈群体，以及院校环境的其他特点。输出指的是学校影响或试图影响学生发展的那些方面，虽然这些输出可以在很高的抽象层次上表达（例如，个人的最优待遇和幸福），但研究者通常关注那些可操作的相对直接的输出。具体来说，输出是指衡量学生的成就、知识、技能、价值观、志向、兴趣和日常活动，对输出的充分衡量是对学校影响进行有意义研究的必要条件。

在 Astin 之前，Feldman 和 Newcomb 总结了 1500 多项关于院校影响的实证研究，这些研究中的大部分重点关注的是学习经历如何影响学生，只有少数研究关注院校对认知结果的影响。并且，关于学生学术成就的研究通常与预测学生的平均绩点有关，而不是衡量认知技能的增长或变化，或评估学校对此类变化的影响。事实上，学生认知技能的发展可能是学校最普遍的教育目标。大多院校影响模型集中于学生变化的起源即

[①] Astin A. W., "The Methodology of Research on College Impact, Part One", *Sociology of Education*, No. 3, 1970, p. 223.

学生背景特征，而基于发展理论的模型则试图解释学生变化发生的阶段。其实，这两种方法都很重要，在不同情境下对学生发展的研究有不同作用。Astin 的理论模型重点考查学生背景、学校经历对学业成就的影响，与其他有多个层次、多个阶段，且每个阶段由多个概念组成的主流院校影响理论相比，Astin 三管齐下的框架更为简洁，研究人员和读者更容易理解它们，更容易用叙述和描述来解释相关作用机理，在研究中也更易操作化。

Astin 的 IEO 模型如图 2-2 所示。院校环境与学生的输出关系"B"，指的是院校环境对相关学生产出的影响。输入与输出的"C"关系指的是输入对输出的影响，输入与院校环境的关系"A"指的是院校环境受学生背景特征的影响。除了环境对学生产出的"主要"影响"B"之外，研究者还可能对涉及学生输入和院校环境的某些交互影响感兴趣。从图中可以看出，交互效应有两种：一种是不同院校环境下输入对输出的影响（AC）不同；另一种是不同类型学生的受环境影响（AB）不同。研究者通常更关注第二种类型。

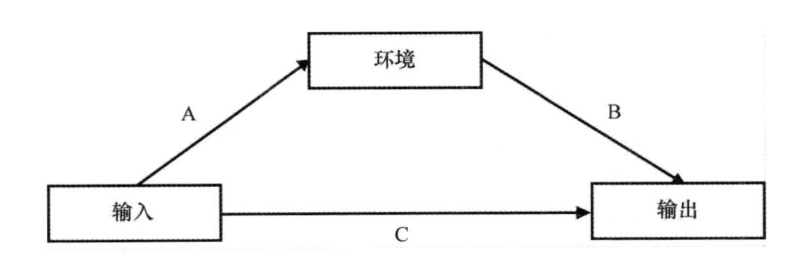

图 2-2　I-E-O 模型[①]

（二）学生参与理论

学生参与指的是学生在学习中所投入的身体上、心理上的精力。该理论强调要多关注学生实际在做什么，他们的积极性有多高，他们在学习过程中投入了多少时间和精力。一个在学习上花费很多时间、投入很

[①] Astin A. W., "The Methodology of Research on College Impact, Part One", *Sociology of Education*, No. 3, 1970, p. 223.

多精力，积极参与各种学习活动，与教师、同伴互动较多的学生，即属于高投入的学生。学生参与理论认为，学生在这些活动上花费的时间越多，学到的知识和技能越多。

学生参与理论有五个基本假设：（1）参与是指学生投入各种活动中的体力和心力的总和。这些投入既可以是概括的，如在活动中心与同伴在一起的时间，也可以是具体的，如准备某门课程考试的时间。（2）参与是一个连续的过程，这表示，在同一时间，每个学生参与的程度是不一样的；在不同时间，同一个学生参与的程度也是不一样的。（3）参与既有定量特征，又有定性特征。例如，学生花多少时间学习是量化衡量，学生是在认真复习作业还是只是盯着课本看是定性衡量。（4）学生参与的质量和数量与其学业成就正相关。（5）教育政策或实践是否有效，关键在于其是否能提高学生参与度。

许多研究者把学生当作"黑匣子"，黑匣子的一端是教育政策和实践；另一端是学生成就，对于教育政策和实践如何转化为学生的成就和发展缺乏解释。学生参与理论试图解决这一难题，如图2-3所示。该理论认为，一个特定的课程，要想达到预期的效果，必须能够吸引学生投入精力，才能实现理想的学习和发展。如果教育者将大部分注意力集中在课程内容、教学技术、实验室、书籍和其他资源上，学生的学习和发展未必能达到预期结果；反之，教师如果能使学生最大限度地参与和学习，教学可以更有效。学生参与理论更关注促进学生发展的行为机制或过程，鼓励教师少关注内容和教学技巧，多关注学生实际在做什么——他们的积极性有多高，他们在学习过程中投入了多少时间和精力。

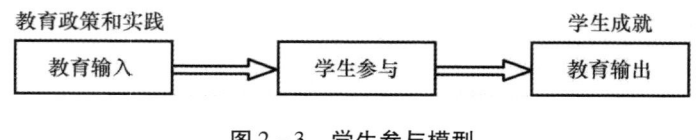

图2-3 学生参与模型

资料来源：阿斯汀的学生参与模型，由作者绘制。

学生参与是学生更好的学习和发展的决定因素之一。学生参与理论认为，学生学习或练习一门学科的次数越多，他们就越倾向于学习它。

同样，越多的学生在写作、分析或解决问题上得到反馈，他们就会变得越熟练。参与的行为本身也增加了技能和素质的基础，而这些技能和素质是学生毕业后过上充实而满意的生活所必需的。也就是说，在学校里参与教育生产活动的学生正在培养心智和心灵的习惯，从而扩大他们持续学习和个人发展的能力。

根据学生参与理论，可把 IEO 理论的模型转化为图 2-4。

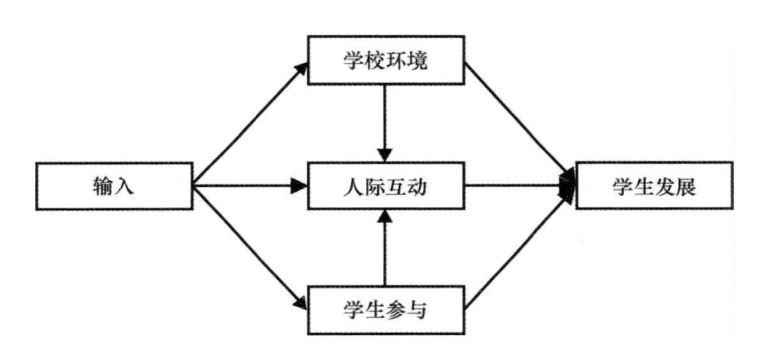

图 2-4　I-E-O 模型的转化

资料来源：谷贤林：《大学生发展理论》，《比较教育研究》，2015（08）：26-31.

（三）学生发展综合因果模型

Pascarella 和 Terenzini 在 1991 年出版的 *How College Affects Students: Findings and Insights from Twenty Years of Research* 对 20 世纪 60 年代末到 80 年代末 2600 多项研究进行分析，提出了分析院校如何影响学生的概念框架。2005 年，他们对过去十年间 2500 项院校影响的实证研究进行分析，研究成果呈现在 *How College Affects Students: A Third Decade of Research* 一书中，这一成果使用了和 1991 年第一卷相同的框架，都是根据院校对学生影响的不同结果类型来组织内容框架，分别总结了学生学习和认知发展、个人成长、社会心理变化、态度和价值观、道德发展、教育成果和毅力、院校对职业和经济成就、毕业后生活质量等的相关成果。主要从学生在学校期间的发展，学校的净影响、学校间影响、学校内影响、学校条件影响、学校对学生发展的长期影响等方面回答了六个问题：个人在学校期间会有什么样的发展？在学校期间的发展是上大学带来的独特结果吗？不同类型院校对学生发展有不同影响吗？不同教育经历会对同一学校学生发展影响不同吗？不同类型的学生发展不同吗？院校的长期影响是什么？[1]

Chickering 认为要了解院校影响必须考虑影响学生发展的三个主要来源：入学前特征、机构或组织特征（招生人数、机构类型、师生比例等）、校园社交（学生之间的互动、师生互动）[2]；Tinto 加入了第四个影响来源，即学术整合，指的是学生个体与学校学术体系之间的互动程度或有益互动[3]。Pascarella 对 Chickering 和 Tinto 关于学生发展影响的研究进行总结，以四个基本要素为核心：学生入学前的特征、组织结构特征、与教师和学生的互动，以及与学校学术体系的互动，并结合 Astin 的研究，提出了学生发展因果模型，认为学生入学前的背景特征直接影响学生发展，院校结构或特征通过课内外活动或交际互动对学生发展产生影响。[4]

此后，Pascarella 运用学生发展综合因果模型进行了一系列研究，研究发现，学生发展受学生背景（个性、期望、入学成绩等）、学校组织特征（师生比、招生规模等）、院校环境、学生努力程度、师生交往与同伴交往等五方面因素的直接或间接影响。

二 学生发展理论对本研究的指导意义

（一）学生发展理论为人才培养质量概念框架构建提供思路

输入—环境—输出（IEO）模型指出学生发展是输入和环境两个因素的函数，强调学生发展是学生和学校环境共同作用的结果，从概念和方法上引导学校重视研究学生基本特征、学校环境对学生的影响。这为本研究在建构人才培养质量概念框架时提供思路。

---

[1] Pascarella E. T., Terenzini P T, *How College Affects Students*, San Francisco: JosseyBass Publishers, 2005.

[2] Chickering, A., *Education and Identity*, San Francisco: Jossey-Bass, 1969.

[3] Tinto V., "Dropout from Higher Education: A Theoretical Synthesis of Recent Research", *Review of Educational Research*, No. 1, 1975, p. 89.

[4] Pascarella E. T., "Students' Affective Development Within the College Environment", *Journal of Higher Education*, No. 6, 1985, p. 640.

(二) 学生发展理论为人才培养过程中校内教学活动分解提供分析维度

IEO 模型强调了环境对学生发展的重要性，学生参与理论认为学生受环境影响时的投入才是他们学业表现和最终发展水平的决定因素，学生学习需通过参与到院校环境的方式来实现，学生学习到的是他们在学习的东西。学生参与理论强调了学生参与度对人才培养质量的重要性，学生在学校期间做什么比他们是谁，甚至上哪所学校更重要。它为那些在学习上有困难的学生提供了一个有用的参考框架。学生发展综合因果模型强调了学校特征和环境、学生努力程度、人际互动（师生交往和同辈交往）等因素对学生发展的重要影响。这启示我们，在中职教育过程中不仅要重视学校环境和学生努力程度，教师和同伴也是影响学生发展的重要因素。以上理论模型为中职教育人才培养过程中校内教学活动的分解提供了分析维度。

第三章　循证中职教育人才培养质量问题的理论框架

第一节　基于现实理解的概念框架

本书整体上是基于问题循证的逻辑剖析中职教育人才培养质量问题，因此，首先需要建构具有可操作性的概念框架。

传统的人才培养质量观是主要强调资源投入质量（人、财、物投入）和教育产出质量（毕业生），而新的人才培养质量观不仅强调资源和产出，更重视教育过程中产出的增量，更加强调教育过程对学生发展的影响。基于这种转变，在对相关政策、理论和文献研究的基础上，本研究认为人才培养质量是从培养准备到培养完成这整个育人过程的质量，虽然每个环节的重要性不同，但只有对各环节进行全面关注才能保证人才培养质量整体较高。因此，在对中职教育人才培养质量问题循证时，本研究拟将从培养准备、培养过程和培养完成三个阶段的质量进行问题循证。

但是，由文献中总结出的概念结构是否与实际有偏差，研究者认为的人才培养质量是否为职业教育实践者所认同，职业教育实践者对职业教育人才培养质量有怎样的理解？为回答这些问题，笔者对职业教育人才培养质量年度报告文本进行了质性分析，以寻求达成共识的人才培养质量的概念框架。

一　职业教育人才培养质量年度报告的共性特征

职业教育人才培养质量年度报告是管窥职业教育人才培养业绩与状

况的重要窗口，可以反映职业学校管理者对人才培养质量内涵的认识。2011年，《教育部关于推进高等职业教育改革创新引领职业教育科学发展的若干意见》要求各高职学校建立人才培养质量年度报告发布制度；2015年，《职业院校管理水平提升行动计划（2015—2018年）》又要求"建立中职学校质量年度报告制度"①。至2019年，质量年报制度已经推广到所有的职业院校，成为职业学校履行职责的一种重要途径和方式。笔者通过阅读河南省2019年中职学校质量报告，发现大部分中职学校完全按照教育部发布的质量报告提纲编写，无法体现中职学校管理者关于人才培养质量的具体想法。因此，本章以河南省76所高等职业院校2019年人才培养质量年度报告为文本素材，经过质性分析，凝练出富有价值的人才培养质量内涵共识，理清职业教育实践者与研究者对人才培养质量认识的异同，为本书概念框架的形成，以及人才培养质量分析维度提供理论参考。

在具体的分析过程中，首先将2019年河南省76份高职院校人才培养质量年度报告的文本导入N-Vivo12.0分析系统，仔细阅读每一份质量报告，从其中的标题句、段首句等总括性语句中提炼关键词，然后按照开放式编码、主轴编码和选择性编码等三个程序对提炼的关键词进行编码。在开放式编码阶段共形成了不重复的19个节点969个参考点，对这些节点进行抽象化、概念化后，形成质量报告文本的初始范畴；进一步通过分析、比较、整合后建立范畴间潜在的逻辑关系；根据研究问题和研究目的，在综合分析中建构人才培养质量概念框架。质量报告的主轴编码见表3-1。

表3-1　　　　　人才培养质量报告的主轴编码节点分布

主轴编码（范畴）	开放式编码（节点）	参考点数②	文本内容举例
招生与生源质量	招生与生源质量	64	henan40：招生基本情况、招生分数线、生源地、生源质量

---

① 教育部：《职业院校管理水平提升行动计划（2015—2018年）》，http://www.moe.gov.cn/srcsite/A07/moe_950/201509/t20150917_208794.html，2015年8月28日。

② 参考点数以文本数量计。

续表

主轴编码（范畴）	开放式编码（节点）	参考点数①	文本内容举例
人才培养成果	技能大赛获奖情况	51	henan50：本校2017—2018学年学生获省部级及以上技能大赛、科技文化作品奖项118项，其中国家级奖项12项
	学校在校成绩	33	henan16：学生成绩集中分布在良好、中等和及格层次，不及格率较低
	学生在校体验	25	henan22：在全校范围开展满意度问卷调查。结果显示：课堂育人满意度为88.11%；公共课教学满意度为88.13%；专业课教学满意度为89.99%
	综合素质提升	45	henan37：学校毕业生在校期间素养提升排名前三的是积极向上、责任感和团队合作
	就业质量	67	henan20：就业率、对就业现状满意度、平均月收入、就业的专业相关度、升学比例；henan31：经过自身的努力和三年的职场磨炼，按照自己的职业发展规划均有了比较好的发展，收入、岗位升迁和自主创业等方面均发生了比较大的变化
教学活动	课程建设	59	henan62：2017—2018学年度，全校共开设课程总数为523门，其中理论课程（A类）32门，占比6.12%；理论+实践课程（B类）464门，占比88.72%；实践课程（C类）27门，占比5.16%
	产教融合	74	henan14：强化实习组织管理，不断创新管理机制，优化管理过程，着力提高学生跟岗实习成效；henan22：深化"校企共建"的专业建设模式
	文体活动	60	henan57：校还举办运动会、迎新晚会、戏剧进校园、传统文化进课堂等各种活动；henan18：做好学生体质锻炼工作
	就业指导与服务	43	henan56：积极搭建平台，分层次搞好毕业生专场招聘会

① 参考点数以文本数量计。

续表

主轴编码 （范畴）	开放式编码 （节点）	参考点数①	文本内容举例
政策保障	政策引导	52	henan01：国家政策为学校发展提供新机遇；地方政府对学校的支持
	经费支持	49	henan26：经费的落实有力地保证了学校教学、管理等各项工作的运行
学生服务与管理	关爱学生	43	henan23：建立了多元资助体系；实施领导干部联系班级制度，解答学生在学习、生活中的种种问题，听取学生建议，与学生畅想职业未来，关爱学生成长
	学生管理	37	henan17：加强警务化管理，探索学生管理的新思路
基础能力	基础设施建设	59	henan51：一期工程建设（教学楼、食堂、后勤服务大楼等）已顺利完成，保证了正常的教育教学
	师资队伍建设	70	henan76：强化师德师风建设、重视教师培训、引进专业教师
	信息化建设	39	henan32：推动智慧校园建设，以信息共享提升核心竞争力
	实训基地建设	53	henan27：加快实验实训条件建设，保障实践，保障实践教学活动开展
质量监控与诊断	教学质量监控与诊断	46	henan05：健全教学质量监控体系，切实提高人才培养质量；henan10：推进教学诊改体系，施行标准落地

通过对 76 份质量报告的文本分析，对职业教育人才培养质量的内涵做出如下判断。

（一）学生发展是人才培养质量报告的主线

在 76 份文本中，64 份文本提及招生，且大部分职业学校将之划在一级标题"学生发展"的维度下；68 份文本提及学生在校学业表现和体验，67 份文本提及毕业生就业质量。从中可以看出，职业学校的人才培养质量报告始终围绕学生发展这一逻辑主线，分为招生情况、在校生发展情

---

① 参考点数以文本数量计。

况和毕业生就业情况三个部分，通过生源背景、分布、结构和招生分数线等指标来反映招生与生源质量；通过技能竞赛获奖情况、课程成绩、在校体验、综合素质提升情况等指标来反映学生在校发展情况，通过毕业率、文化课和专业课合格率、职业资格证书获取情况等指标来反映毕业生质量；通过初次就业月收入、专业匹配度、就业满意度、升学比例，以及岗位升迁情况等指标来反映学生初次就业和毕业后的发展情况。

（二）基础能力是提升人才培养质量的依托

职业教育的基础能力是提升职业教育质量的基本条件和手段，不仅包括建筑面积、教学、科研、生活设备、计算机台数、图书馆藏、实训基地等"硬件"资源，也包括师资队伍等"软件"资源。随着信息技术的发展，职业学校的信息化建设也正成为职业教育基础能力的重要组成部分，《教育部关于加快推进职业教育信息化发展的意见》也要求加快推进职业教育信息化，以信息化促进职业教育现代化。基础能力是职业教育人才培养质量的依托，在76份质量报告中，所有学校都提到了基础能力建设，其中，59所学校介绍了办学基本设施，53所学校提到了校内外实训基地建设情况，70所学校提出要加强师资队伍建设。此外，还有39所学校特别单列了信息化建设情况。

（三）教学活动是提升人才培养质量的关键

职业教育不同于普通教育，职业教育的学生不仅要获得职业知识，还要获得职业技能和职业精神，职业教育的特殊性决定了教学活动不局限于课堂，实训基地、实习工厂等都是其授课地点。同时，职业教育具有跨界属性，这要求职业教育的人才培养主体要具有多元性和协同性。质量报告文本中97.4%的学校呈现了校企协同、合作育人的情况，认为行业企业参与办学对职业教育人才培养至关重要。课程建设是实现教学活动的载体，77.6%的职业学校以课程类型、数量、学时为指标报告了课程体系的建设情况。此外，学校开展的文体活动是育人的"第二课堂"，是丰富校园生活，促进学生个性成长，锻炼学生沟通、交流等人际能力的载体，也是职业学校学生同辈群体之间、师生之间交流情感的媒介。质量报告中关于文体活动的表述共出现了60次（按文本数量计次），彰显了第二课堂的重要作用。

（四）制度支持是保障人才培养质量的手段

制度支持是保障职业教育人才培养质量的基本手段。为了提升职业教育质量，国家和地方政府颁发了一系列政策，如《关于加快发展现代职业教育的决定》《关于深化职业教育教学改革全面提高人才培养质的若干意见》《国务院办公厅关于深化产教融合的若干意见》等，这些政策为创新人才培养模式、深化校企合作、提高实习实训条件提供了良好的政策环境。同时，除了国家政策支持外，河南省人民政府以及各地市委、市政府都对职业教育发展进行了政策倾斜。76份质量报告文本中，政府政策保障强调政策引导和经费支持，分别出现52次和49次，累计出现64次。另外，教学质量监控和诊断改进制度、学生服务与管理制度也是保证人才培养质量的重要手段。关于职业学校质量监控与诊断改进机制的描述中，质量监控与诊改出现了46次；学生服务与管理机制以关爱学生、服务发展为核心，包含资助体系、心理健康教育、学生自主管理制度、学风建设制度等内容，在所有的质量报告中合计出现52次。

二　基于质量报告编码的人才培养质量概念框架

通过对各个初始范畴间的比较分析，人才培养质量共构建出输入、过程、输出三个主范畴，见表3-2。

表3-2　　　人才培养质量选择性编码形成的主范畴及副范畴

主范畴	副范畴	关系内涵
教育输入	政策保障	包括政策引导和经费支持两个维度，政策为职业学校发展提供方向和制度支持，经费投入直接作用于学校基础能力建设，政策保障是实现产出目标的基础，也是产出过程顺利进行的关键
	基础能力	包括基础设施建设、师资队伍建设、信息化建设、实训基地建设四个维度，这些人力、物力资源的投入是提高人才培养过程和产出质量的前提
	招生与生源质量	生源质量既是产生的基本条件，也能反映产出质量；没有生源不可能有教育过程和产出

续表

主范畴	副范畴	关系内涵
教育过程	学生服务与管理	包括关爱学生、学生管理两个维度，关爱学生对于师生关系、学生顺利学习有重要影响；而良好的学生管理制度对学风、校风建设，直接关系到学生学习行为和学习效果
	质量监控与诊断	教学质量监控和整改和保障过程质量，提高产出质量的重要途径
	教学活动	包括课程教学、产教融合、文体活动三个维度，课程教学属于课堂教学活动，产教融合在于校企双方合作育人，教学地点可以是实训基地、工厂等；文体活动主要是通过学生活动育人。这三者都属于教学活动，不同的是育人方式手段不一，都在于通过提升教学质量，保障产出质量
教育输出	人才培养成果	包括学生在校成绩和体验、技能大赛获奖情况、综合素质提升情况等在校期间的阶段性产出，以及就业质量等毕业后的产出

职业教育育人过程包括教育输入—过程—产出三个环节，每个环节出现问题都会导致其人才培养质量整体不高。产品的质量取决于其生产过程，如果生产过程任一环节出现差错，那么生产出的产品就是次品或者废品，因此企业倡导全面质量管理，要求对质量形成全过程进行控制和保障。职业教育的人才培养质量也是如此，结果质量取决于过程质量。同时，人才培养结果质量与资源、生源质量也紧密相关，人才培养结果质量出现问题，势必影响个体教育选择和教育资源投入，生源质量不佳、教育资源欠缺，都会影响教育过程质量，并最终导致人才培养质量整体处于较低水平。并且，由此还可以形成恶性循环，造成职业教育的衰落，对现代教育体系的构建带来不利影响。

本书基于教育生产函数理论认为，教育本身是一种生产过程，作为结果变量的人才培养质量受输入、过程、输出三个环节的自变量影响。

在教育输入环节，政府的经费支持，以及学校基础能力建设的各个维度都属于资源投入，政策支持是一种输入，也是一种背景因素，因此，本书界定的输入质量主要考量各个学校的资源投入，以及招生和生源质量。

在人才培养过程环节，人才培养质量可以理解为"教学过程中通过教师的教和学生的学而体现出来的学生学习的优劣程度"①，即中职教育通过教师的"教"和学生的"学"使学生在知识、技能、道德和行为等方面增进的程度。"教"和"学"的过程，以及过程阶段的教育效果都属于过程质量。中职教育因其特殊性，具有学校和企业两个培养场所，所以中职教育的人才培养质量过程是在学校和企业这两个特定的空间范围内，学生这一主体与两个场所的环境相互作用的发展过程和结果。换句话说，中职教育人才培养质量的生成过程依赖于学生与所处环境的良性互动，中职学生的能力是在学习过程中逐渐培养的。质量报告中的教育过程包括学生服务与管理、质量监控与诊断、教学活动三个维度，本研究根据教学场所的不同，将人才培养过程分为在校教学和企业教学两个部分。

在教育输出环节，质量报告只有从毕业生毕业时所取得的成绩、初次就业情况，少数院校涉及直接就业的学生毕业一段时间后在劳动力市场的晋升情况，但所有院校都未提及升学的学生在高等学校的发展情况。随着现代职业教育体系的构建和逐步完善，升入高一级学校继续学习已经成为中职毕业生的一个重要选择。尤其在 2019 年，国务院决定高职教育扩招 100 万人，这极大地提升了中职教育的升学概率，因此，中职升学学生在高职院校的发展情况也理应是中职教育输出的重要方面。

综上所述，本研究构建了中等职业教育人才培养质量的"输入—过程—输出"概念框架（图 3-1），作为研究方法选取、资料收集和数据分析阐释的路线依据。输入是人才培养的准备阶段，包括资源投入和生源状况，是人才培养的基础；过程是人才培养的过程阶段，包括在校学习和企业学习两部分，是人才培养的核心；输出是人才培养的完成阶段，包括毕业成绩和就业、升学状况，是人才培养结果的表征。从实践过程来看，中职学校将资源作用于生源并通过在校学习和企业学习，让学生获得知识和技能，实现就业或升学。从反思过程来看，基于学生发展理论可知，学校资源和生源对人才培养结果有直接影响，但同时，培养结果也会反作用于学校资源和生源，资源投入和生源质量反映培养结

---

① 程凤春：《教育质量特性的表现形式和内容——教育质量内涵新解》，《中国教育政策评论》2010 年第 0 期，第 54 页。

果质量；培养结果取决于培养过程，而培养过程又受到资源和生源影响。

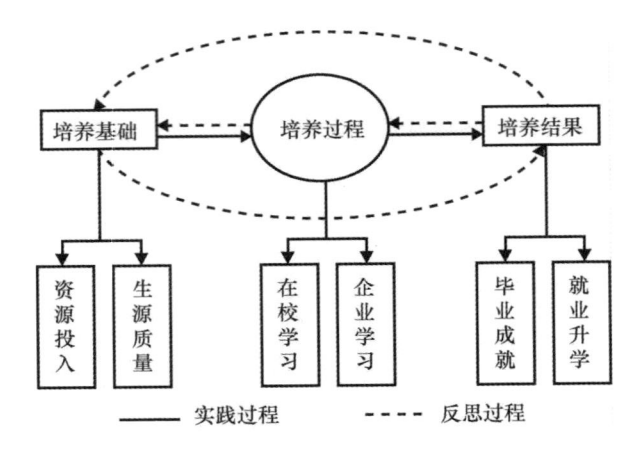

图 3-1 中职教育人才培养质量概念框架

第二节 基于概念框架的分析维度

根据上述概念框架，本书进一步从培养基础、培养过程、培养结果三方面梳理了循证中职教育人才培养质量问题的维度。

一 中职教育人才培养基础质量问题的分析维度

培养基础质量涉及资源投入质量和生源质量。办学资源的投入是人才培养的重要保障，在政策和经费支持下，中职学校的办学条件得到极大改善。以笔者所在的研究团队 2013 年在 118 所中职学校获得的调研数据与国家 2010 年颁布的《中等职业学校设置标准》相比，结果如表 3-3 所示：校均师生比、专业教师比、外聘教师比均达到并超过了国家标准；校均规模、专任教师数、"双师型"教师比、生均实验实习设施和仪器设备价值、每百生计算机台数等均超过国家标准。

表3-3　中职学校国家办学标准与中部地区中职样本学校调研数据

中等职业学校设置标准（2010年）	118所样本学校均值
在校生规模1200人以上	2162人
专任教师不少于60人	160人
师生比达到1：20	1：17
专任教师学历达到国家有关规定（具备大学专科及以上学历以及具备相当于助理工程师职称）	本科以上占94.7%
专业教师数不低于本校专任教师的50%	59%
专业教师中，"双师型"教师不低于30%	69%
外聘兼职教师占教师总数的20%左右	20%
生均实验实习设施和仪器设备价值不低于2500—3000元	5537元
计算机每百生不少于15台	31台

数据来源：作者调查，如无特殊说明，余同。

生源是中职教育发展的基础，一定程度上反映人才培养质量的市场效应，关涉中职学校的兴衰存亡。近年来，尽管中职学校的办学条件得到了极大改善，但是中职教育的吸引力仍未走出困境。为确保中职学生数量，普职比大体相当一直是职业教育政策的要求，但不可否认的是，2010年以后，中职教育招生规模出现明显滑坡，招生数占高中阶段招生总数的比例从2010年的50.9%，下滑至2017年的42.1%；并且，中职学校学生流失率居高不下，从2010年的17.9%直线上升至2015年的24.7%，2016年和2017年流失率虽然有所下降，但依然没有低于20%。[①]

鉴于办学条件明显改善但生源困境愈加严重的现实情况，我们考量中职教育人才培养准备阶段的质量问题时，把研究的重点放到了招生和生源质量问题上，聚焦于学生选择中职教育的意愿、中职生源特点和中职学校招生情况三个方面。中职学校的生源质量与学生、家庭的教育选择密切相关，学生和家庭是否有选择中职教育的意愿，就读中职学校是学生无奈的选择还是主动的选择，一方面可以反映学生和家长对中职教育是否认同；另一方面对学生在中职学校的学习热情有一定影响。如果

---

① 国家统计局：《中国统计年鉴》，http://www.stats.gov.cn/tjsj/ndsj/，2019年5月6日。

中职学校是学生的无奈选择,再加上中职学校不能带给他们良好的教育体验,很容易导致学生离开中职学校。

中职生源特点即谁上中职,对中职人才培养基础质量有直接和间接影响。根据学生发展理论可知,学生背景作为投入性因素一方面直接影响学生发展;另一方面通过学校环境间接影响学生发展。根据全面质量管理理论,质量管理不仅包括"产品"制造过程,还包括原材料和产品,原材料的质量关系到产品质量,学生特征作为与质量相关的重要变量,应该纳入到质量管理之中。

已有研究指出,普通高中是大部分初中毕业生的选择[1],中职学校是少数学习成绩差[2]、家庭资本较低者的无奈选择[3]。学生是中职学校生存和发展的关键,学生的选择意愿低,既让中职学校无法与普通高中争夺优质生源,也给中职学校的生存发展带来不利影响,一些学校甚至因招不到学生而停办。[4] 为此,为了吸引生源,中职学校是否会把更大的精力放在招生方面而忽视人才培养过程?学校教师是否会有招生任务,招生任务是否会分散他们的育人精力?在个人和家庭层面,谁选择了中职教育?为什么选择中职教育?又为什么排斥中职教育?本书试图通过对学校、教师、学生和家长的调查、访谈,对这些中职教育生源和招生问题进行循证。

二 中职教育人才培养培养过程质量问题的分析维度

(一) 中职教育人才培养质量形成过程的主要活动

剖析中职教育人才培养过程中的质量问题需要明确中职教育人才培养质量形成过程的主要活动。根据前述的概念框架可知,中职教育活动

---

[1] 石鑫炯:《农业职业学校招生滑坡原因探析及对策思考》,《中国农业教育》2001年第2期,第13页。

[2] 苏丽锋等:《初中后教育选择意愿及影响因素研究——普高、中职还是不再读书?》,《华中师范大学学报》(人文社会科学版)2017年第5期,第146页。

[3] 李剑平:《纪宝成:市长市委书记孩子几乎不上职业院校》,《中国青年报》2013年4月15日。

[4] 周正:《谁念职校——个体选择中等职业教育问题研究》,教育科学出版社2009年版,第2页。

可分为中职学校学习活动和企业顶岗实习活动两个部分。需要明确的是，学生在中职学校期间的活动目的是"学习"，学生到企业实习的目的也是"学习"，学生在中等职业教育阶段所进行的以学为主的一切活动均可被称界定为"学业"①，因此，中职教育人才培养过程质量又可称作"学业质量"，过程质量问题循证即学业问题循证。

中职学校的教育活动主要涉及学校、教师、学生、课程以及同辈群体五个方面的因素。几乎所有的学生发展理论流派都强调学生与学校环境的相互作用，Astin 认为学校环境由学校特征、课堂体系、教师特征、学生环境和学生个人投入五个因素组成，并用研究证明学校教师、同辈群体和学生学习投入是引起学生发展变化的主要原因②；Chickering 也证实了校园社交即生生互动和师生互动是影响学生发展的主要来源之一。③全美大学生学习性投入调查（The National Survey of Student Engagement，NSSE）十分关注学生学习的动态过程，将学生的学习投入、学习行为以及为"学"而产生的师生互动、同伴互动纳入学生发展观测体系。④ 参考已有研究成果，并结合中职教育特性，本书将学校特征归为输入性因素，通过调查学生的学习投入和学习行为、同辈群体行为、师生互动、生生互动，以及学校课程安排对中职学校教育活动质量问题进行循证。

同时，产教融合、校企双元育人是提高中职教育质量的要求，校企合作包括共建实训基地、联合举办订单班、开展现代学徒制模式、企业名师到课堂讲学、师资培训、学生到企业顶岗实习等多种方式，顶岗实习是中职教育的重要环节，是中职学校育人过程的重要组成部分，更是中职学校和企业合作的最普遍方式。因此，在企业学习方面，本书聚焦于学生的顶岗实习活动，分析顶岗实习质量问题。顶岗实习活动是指"初步具备实践岗位独立工作能力的学生，到相应实习岗位，相对独立参

---

① 冯子才：《大学生就业与学业刍议》，《西南科技大学学报》（哲学社会科学版）2003 年第 4 期，第 75 页。

② Astin A. W., "The Methodology of Research on College Impact, Part One", *Sociology of Education*, No. 3, 1970, p. 223.

③ Chickering A., *Education and Identity*, San Francisco: Jossey-Bass, 1969.

④ 高文武：《美国 NSSE 全国大学生学习投入性调查的概述及对我国本科教学评估的启示》，《科学教育》2012 年第 2 期，第 1 页。

与实际工作的活动"①。从工作本位学习的理论视角看,顶岗实习是把学校的教学过程与企业的生产过程进行对接,学用合一,校企合作,共同育人。顶岗实习的最终目的不是"顶岗",而是通过顶岗获得知识、技能和职业素养。为了规范顶岗实习过程,保证其育人质量,国家出台了《中等职业学校学生实习管理办法》(以下简称《办法》)②,对中职学生的顶岗实习环节进行了明确的规定。但政策规定只是应然要求,不能代表顶岗实习的实然状况,政策执行状况如何,中职学校顶岗实习质量如何,需要进一步的调查研究。《办法》是一个较为完善的制度设计,为引导和规范中职学校的顶岗实习过程提供了新的契机,本书按照《办法》的内容对中职学校顶岗实习活动进行调查,循证顶岗实习活动中的人才培养质量问题。

(二)中职教育人才培养质量形成过程主要活动的教育效果

中职学生作为中职教育活动的载体,他们的发展变化是中职教育"过程增量"的变化及表现状态,是中职教育人才培养质量的主要表征和指标。教育效果的评价应立足于学生的"学",将评价活动与学习过程相融合,注重学生发展的动态性、过程与结果的综合性评价,关注学生学业成绩的同时,也要关注学生情感态度、行为表现的变化。③ 在关于教育成果不平等起源和传播的争论中,人力资本是一个关键概念,许多发展中国家把职业教育作为建立人力资本和促进经济增长的关键途径。④ 传统的人力资本被定义为认知能力、知识和技能的储备,可以通过正规教育、在职培训或经验获得。这一时期的研究者对人力资本的测度主要集中于智力商数、名次等认知能力指标。随着社会发展变化的多元化和不确定性、迅捷性增强,以认知能力为核心的人力资本理论限制了人力资本对

---

① 教育部等:《职业学校学生实习管理规定》,http://www.moe.gov.cn/srcsite/A07/moe_950/201604/t20160426_240252.html,2016年4月11日。
② 依据《中等职业学校学生实习管理办法(2007)》是因为2012年的《职业学校学生顶岗实习管理规定》只是征求意见稿,并未成为正式文件。同时,笔者调研时,《职业学校学生实习管理规定(2016)》还没有出台,学校的实习行为主要依据2007年的管理办法安排。
③ 李向辉:《中等职业教育质量评价指标体系研究——基于学生发展的视角》,博士学位论文,河南大学,2019年,第80页。
④ Newhouse D., Suryadarma D., "The Value of Vocational Education: High School Type and Labor Market Outcomes in Indonesia", *Social Science Electronic Publishing*, No. 2, 2011, p. 296.

个人发展的解释力，Heckman 等进一步提出了以"能力"为核心的新人力资本理论框架，将能力界定为认知能力和非认知能力两部分，并发表了大量文章，专门强调非认知能力相较于认知能力的重要性。

2012 年，美国国家研究委员会发布的 Education forLife and Work: Developing Transferable Knowledge and Skills in the 21st Century 指出，为了使青少年更好地应对 21 世纪的挑战，教育界应重视非认知能力的培养。2013 年，美国教育部教育技术办公室发布的 Promoting Grit, Tenacity, and Perseverance: Critical Factors for Success in the 21st Century 指出，意志力等非认知能力是 21 世纪成功的核心要素。2016 年，《中国学生发展核心素养》研究成果明确了学生应具备的，适应终身发展和社会发展需要的必备品格和关键能力，强调社会性、自我管理、意志力等非认知因素的重要性。根据新人力资本理论框架及时代发展的新要求，本研究对中职教育活动效果的评价从认知能力和非认知能力两个侧面展开。认知能力的评估一般通过两个角度来衡量：一是标准化测试；二是学生对自己在中职学校期间知识和技能获得方面的自我评价[1]；非认知方面的评估主要通过学生的心理特质和行为表现来衡量。[2]

综上所述，本书主要从学生在中职学校的学习活动和企业顶岗实习活动两个方面，对中职教育人才培养的过程质量问题进行循证，过程质量既包括学习过程本身，也包括学习效果。基于学生发展理论，将学生在中职学校的学习过程理解为学生的学习投入和学习行为、同辈群体行为、师生互动、生生互动、学校课程安排等相互作用的发展过程；根据《中等职业学校学生实习管理办法》，分析学生在企业的顶岗实习活动的"合规定性"与"合目的性"；基于人力资本理论，将学生的在校学习效果和顶岗实习效果分解为认知和非认知两个部分。

三　中职教育人才培养结果质量问题的分析维度

人才培养结果质量涉及中职毕业生的质量和毕业后的发展质量，即

---

[1] Astin A W, What Matters in College? Four Critical Years Revisited, Jossey-Bass Higher and Adult Education Series, 1993.

[2] 盛卫燕、胡秋阳：《认知能力、非认知能力与技能溢价——基于CFPS2010—2016 年微观数据的实证研究》，《上海经济研究》2019 年第 4 期，第 28 页。

中职教育是否培养了符合标准的毕业生。培养结果质量标准是什么？2016年，教育部办公厅发布了《关于开展中等职业教育质量年度报告工作的通知》，将"学生发展"项分为学生素质和就业质量两个维度。学生素质主要包括"学生德育工作情况、学生思想政治状况、文化课合格率、专业技能合格率、体质测评合格率、毕业率等"；就业质量主要包括就业率、对口就业率等。[①] 根据《中国中等职业教育质量年度报告（2018）》对13个省市中职学校的抽样调查结果，中职学生2017年公共基础课、专业技能课和体质的平均合格率分别为90.85%、92.35%、89.62%；就业率和对口就业率分别为96.38%、72.95%。[②] 由此可见，中职毕业生合格率较高。

中职教育以促进就业为导向，就业状况如何从某种意义上讲是衡量中职学校办学实力的标志，中职学生毕业后的发展情况也应成为中职教育人才培养质量的重要方面。"出口畅，入口才能旺"，"出口"决定"入口"，这已成为职业教育发展的基础。随着现代职业教育体系的构建和逐步完善，升入高一级学校继续学习已经成为中职毕业生的一个重要选择。可以认为，中职学生毕业后的出路包括直接进入劳动力市场工作和升入高等院校继续学习。在中职毕业生合格率较高的情况下，本书把中职人才培养结果质量聚焦于中职学生毕业后的发展质量，即中职毕业生在劳动力市场的工作质量（直接就业质量）和进入高等院校后的发展情况（间接就业质量）。

（一）直接就业质量

《关于开展中等职业教育质量年度报告工作的通知》中就业质量评价仅包括"就业率、对口就业率、初次就业月收入、创业率"四个指标，实际上，就业质量不仅包括就业率、对口就业率、创业率等群体性状况，还包括就业福利、人职匹配度、主观满意度等个体性状况。为明晰就业质量问题，首先要对就业质量的内涵进行解析。从词源的逻辑角度看，

---

① 教育部办公厅：《教育部办公厅关于开展中等职业教育质量年度报告工作的通知》，http://www.moe.edu.cn/srcsite/A07/s7055/201601/t20160126_228908.html，2016年1月12日。

② 王扬南、刘宝民：《中国中等职业教育质量年度报告（2018）》，高等教育出版社，2018年，第27页。

学生就业就是从"学生"转变为"职业人"①；从社会学观点看，就业是指劳动者参加某种有劳动报酬或经营收入的社会活动；从经济学观点看，就业是劳动者为谋取生活资料而与生产资料结合从事的社会劳动。② 综合来看，学生就业就是学生毕业后进入劳动力市场，与生产资料相结合，从事社会劳动并获得劳动报酬或经营收入的社会活动，包括就业数量和就业质量。劳动力市场上，能够与生产资料相结合并获得收入的中职毕业生数量，反映的是中职毕业生的就业数量；而毕业生与生产资料相结合的优劣程度，如薪酬高低、环境好坏等，体现的是中职毕业生的就业质量。有基于此，有学者将就业质量理解为反映整个就业过程中劳动者与生产资料结合并取得收入或报酬的具体状况优劣程度的综合性范畴，微观层面上指与劳动者个人工作情况相关的要素，宏观层面上指某个地区就业状况的整体优劣程度。③

显然，就业质量是一个中性词，可分为高质量就业和低质量就业。高质量就业与国际劳动组织的"体面劳动"含义比较接近，对体面劳动的理解有助于进一步把握就业质量的内涵。1999年6月，国际劳工组织新任局长索马维亚在第87届国际劳工大会上首次提出了"体面劳动"概念，将其界定为"促进男女在自由、公平、安全和具备人格尊严的条件下获得的体面的、生产性的、可持续性的就业机会"④。"体面"意味着劳动者有基本尊严的工作，自由选择的工作，在工作中得到尊重，不受任何歧视，工作带来的收入能够满足个人和家庭需要，工作不仅能够满足物质需求而且有足够的发展空间、能够满足个人实现自我的精神需要，工作能够为已经退休的人提供体面的生活保障。体面劳动充分考虑了劳动中"人"的因素，就业质量的高低取决于体面劳动的程度。

在"体面劳动"的基础上，国际组织和国内外学者基于不同的侧重

---

① 方绪军等：《中职专业建设与就业创业平台融合现状的调查研究》，《中国职业技术教育》2018年第32期，第22页。
② 冯建力等：《就业教育基础》，科学出版社2005年版，第3页。
③ 刘素华：《就业质量：概念、内容及其对就业数量的影响》，《人口与计划生育》2005年第7期，第29页。
④ 亓俊国、庞学光：《对职业教育"以就业为导向"的实践反思与价值审视》，《中国行政管理》2010年第8期，第83页。

点,又对就业质量作了多角度的理解。欧盟提出了"工作质量"的概念,Sehnbruch 认为就业质量涵盖工作效率、工作满意度、工作稳定性、工资收入、职位匹配程度、工作环境和时间等微观因素[1][2];还有研究者从中观视角将就业质量理解为"劳动力市场运行状况及资源配置效率的反映"[3],它包括劳动力市场的供求与匹配、失业保险的保障、人力资本投资等。国内学者曾湘泉认为就业质量是"劳动者从就业中所获得的全面的效用和价值",狭义上指劳动者的内在就业质量,广义上指劳动力市场就业质量。[4] 根据这一概念,曾湘泉和王辉从广义上将就业质量定义为劳动者的就业为整个社会(个人、企业和社会)带来的效用和价值的总和,并指出就业给劳动者个人带来的效用和价值即狭义的就业质量。[5] 总体而言,就业质量是一个多层次、不断发展变化的概念。从微观层面来说,它是指劳动者的主观感受,以及就业环境的客观表现;从宏观上讲,是某一国或某一地区劳动力市场的运行情况和资源配置效率。[6]

职业学校毕业生的主要"出口"是直接就业。从职业教育的本质属性看,毕业生就业率和就业质量是评价一所职业学校办学质量的首要指标。[7] 对于中职教育来说,就业是中职学校可持续发展的重要话语内容。随着对就业质量的研究越来越多,对于就业质量评价的指标也越来越丰富、科学。国际社会的不同组织提出了体面劳动、工作质量和就业质量等不同的指标体系。体面工作主要涉及权利、就业、社会保障、社会对

---

[1] Sehnbruch K., "From the Quantity of Employment to the Quality of Employment: An Application of Capability Approach to the Case of the Chilean Labour Market", *Singapore Medical Journal*, No. 4, 2004, p. 175.

[2] Schroeder F. K., *Braille Usage: Perspectives of Legally Blind Adults and Policy Implications for School Administrators*, New Mexico: University of New Mexico, 1994, p. 39.

[3] Van Bastelaer A., "Work Organization, a Dimension of Job Quality: Data from the Adhocmodule of the 2001 Labor Force Survey in the EU", Invited Paper Submitted by Eurostat to Joint UNECE-Eurostat-ILO Seminar on Measurement of Quality of Employment, Geneva, 2002.

[4] 曾湘泉:《深化对就业质量问题的理论探讨和政策研究》,《中国劳动保障报》2012 年 12 月 22 日。

[5] 曾湘泉、王辉:《个人效用、教育因素和岗位特征——基于我国中职毕业生就业质量指标体系的研究》,《学术研究》2018 年第 3 期,第 96 页。

[6] 王莹莹:《中国劳动力空间集聚的就业效应——基于个体就业质量的视角》,《人口与经济》2018 年第 4 期,第 53 页。

[7] 黄尧:《职业教育学——原理与应用》,高等教育出版社 2009 年版,第 671 页。

话等方面，所以在设计评价指标时也主要从这几个维度展开。Ghai 从上述四个维度建构了体面劳动评价指标，基本权利维度包括女性参与率、女性在行政管理及技术领域的比例、男女就业率的比值；就业维度从劳动力参与率、失业率和基尼系数三点考量；社会保障主要指公众社会花费占 GDP 的比例；社会对话以工会密切为衡量指标。[1] 欧盟从 2000 年开始提倡"工作质量"，主要考察工作本身和工作场所的特征、劳动者个人特点、人职匹配程度、就业者的工作满意度。[2] 欧洲基金会从就业稳定性、技能和职业发展、健康与福利、工作和生活满意度等建立了就业质量指标。美国从工作收入、工作稳定性和工作满意度三个维度建立了就业质量指标。国内就业质量评价指标研究方面较有代表性的观点见表 3-4。

表 3-4　　　　已有研究就业质量评价指标选取

学者和发文时间	就业质量指标
马庆发，2004	职业社会地位，工资水平，社会保障，发展空间
李炜、岳昌君，2009	就业地点，工作单位的性质，工作岗位的性质，薪资，学用结合程度，雇用形式，工作单位规模
赖德胜，2011	就业环境，就业，劳动者报酬，社会保护和劳动关系
陈欢、刘春凤，2012	就业率，毕业生供需比，薪金水平，就业结构，社会认可度
赖德胜，2012	工作收入，工作稳定性（工作经历、跳槽情况），满意度（安全、责任、晋升、福利等）
黄敬宝，2012	就业地区，就业行业，就业单位性质，单位承诺月薪
薛在兴，2014	工资，社会保障（社会保险和公积金），工作环境，工作稳定性，工作压力，职业发展，户口，工作地点，单位性质，单位规模
朱钧陶，2015	高校就业工作综合考评，毕业生就业满意度，用人单位满意度，社会劳动需求情况
陈吉胜、胡红梅，2015	就业率，职业发展，单位层次，就业岗位层次，劳动报酬，专业对口性，单位对毕业生满意度，社会保障，工作稳定性，毕业生对单位满意度

---

[1] Ghai D, "Decent Work: Concept and Indicators" *International Labour Review*, 2010 年第 2 期，第 113 页。

[2] 苏丽锋：《中国转型时期就业质量研究》，社会科学文献出版社 2015 年版，第 11 页。

续表

学者和发文时间	就业质量指标
王怡倩等，2016	聘任条件（劳动报酬、工作时间、工作稳定性、劳动合同），个人发展（就业党委、就业岗位、专业对口、人职匹配度、职业发展前景等），工作环境（物理环境和人际关系），满意度
教育部办公厅，2016	就业率，对口就业率，初次就业月收入，创业率
教育部职成教司，2018	分专业就业率，对口就业率，初次就业起薪，升入高等教育比例
韩春光、许艳丽，2018	就业起薪，稳定性，工作满意度
曲垠姣等，2018	就业机会，就业单位类型，起薪，升职

综合以上学者的观点，本书将就业质量界定为微观层面上的就业质量，即劳动者在劳动力市场上与生产资料相结合，从事社会劳动并从中获得效用和价值，是个体层面的就业质量，包括劳动者的主观感受（工作和专业匹配度、工作满意度、发展空间）和就业环境（就业地点、行业、岗位、月薪、工作时间）。在就业质量的测度上，主要选取就业去向、岗位特征、经济收入、个人发展空间、工作满意度和工作稳定性六个一级指标。

（二）间接就业质量

中职教育具有升学与就业双重功能。2002 年，国务院就提出扩大中职毕业生进入高等院校继续学习的比例，中职毕业生可通过五年一贯制、单招、对口升学等途径继续深造。[①] 2014 年，国务院再次强调，"在保障学生技术技能培养质量的基础上，加强文化基础教育，实现就业有能力、升学有基础"[②]；同年，教育部等六部门印发了《现代职业教育体系建设规划（2014—2020 年）》，打通了中职到专业学位研究生的通道，打开了中职学生的成长空间。根据《中国中等职业学校毕业生就业状况分析报告（2017 年）》，中职毕业生升学率为 35.75%。[③] 由此可见，升学已经成

[①] 国务院：《国务院关于大力推进职业教育改革与发展的决定》，http://www.gov.cn/gongbao/content/2002/content_61755.htm，2002 年 8 月 24 日。

[②] 国务院：《国务院关于加快发展现代职业教育的决定》，http://www.moe.gov.cn/jyb_xxgk/moe_1777/moe_1778/201406/t20140622_170691.html，2014 年 5 月 2 日。

[③] 中等职业学校职业指导丛书编写组：《中国中等职业学校毕业生就业状况分析报告（2017 年）》，北京理工大学出版社 2018 年版，第 2 页。

第三章 循证中职教育人才培养质量问题的理论框架

为中职教育的另一重要出口。中职学生升入高等院校后，学生发展状况如何，与普通高中升学的学生有无差异，也应成为我们对中职教育人才培养出口质量问题循证的重要方面。

根据前文所述的中职人才培养过程质量的内涵，可以从活动和效果两个方面考查中职学生发展状况。活动维度主要包括学生的学习投入及学习行为；效果维度从认知和非认知两个方面分析学生发展水平差异。此外，借鉴北京师范大学教育学部"学生发展研究"框架，将就业期望也纳入其中。

综合以上分析，本书形成了图3-2所示的中职教育人才培养质量问题循证分析框架：

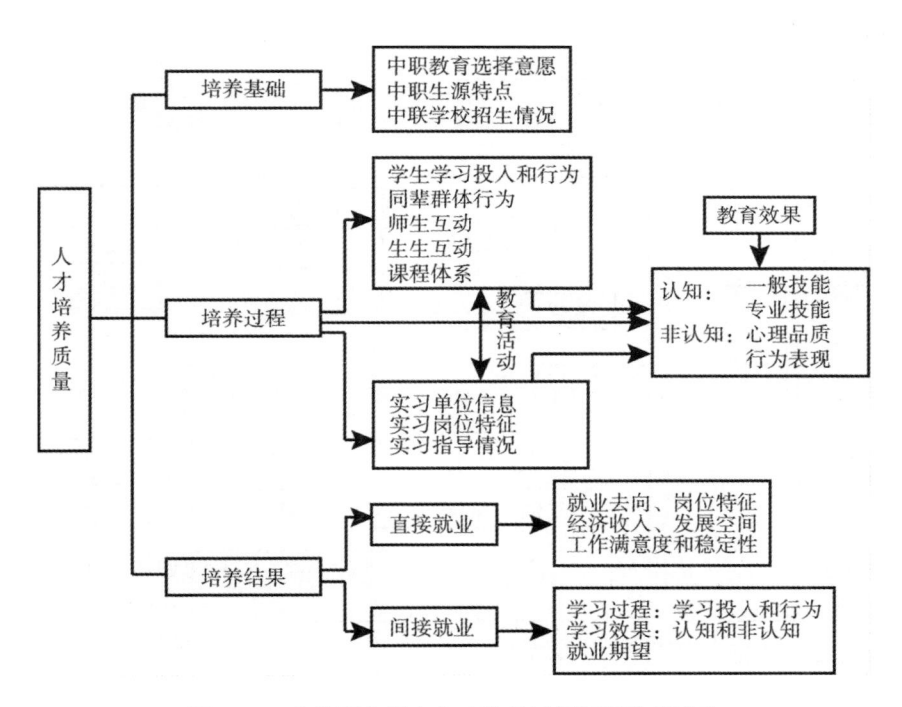

图3-2 中等职业教育人才培养质量问题分析维度

第三节 基于分析维度的研究理路

一 中职教育人才培养质量问题循证研究的思路图

根据前文对于中职教育人才培养质量内涵及其分析维度的理解,本研究建构了中职教育人才培养质量问题循证研究的技术路线,整体思路共分为以下五个步骤(图3-3)。

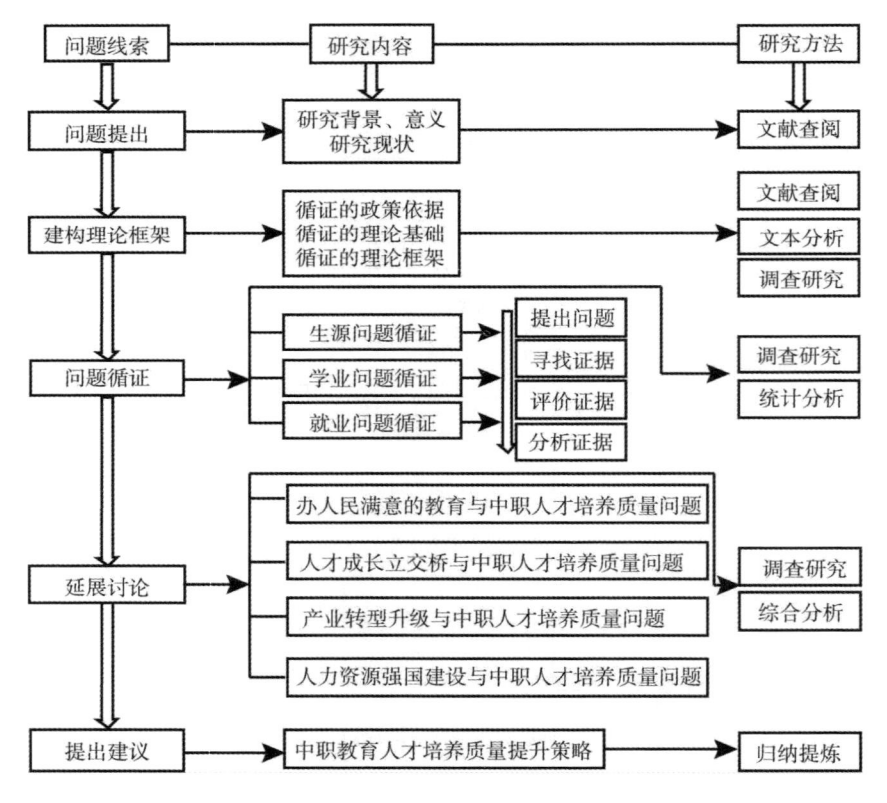

图3-3 中等职业教育人才培养质量问题循证研究的思路

首先,阐述研究问题提出的缘由和意义,说明本研究的重要性、紧迫性和可行性。并且,对国内外关于中职教育人才培养质量的研究状况进行详细总结和分析,在对已有研究有一个全面而直观了解的同时,分析已有研究的价值与缺失，引出本书的切入点。此外，根据不同时期不同学者对人才培养质量内涵的不同理解，给出人才培养质量的定义和内涵。

其次，建立中职教育人才培养质量问题循证的政策依据、理论基础和分析框架。在这里，第一，对改革开放40年来的中职教育相关政策进行梳理，分析中职教育政策的演进历程，把握政策对中职教育人才培养质量的要求；第二，对人力资本理论、工作本位学习理论和学生发展理论的缘起和核心观点进行论述，剖析三个理论对中职人才培养质量循证研究的意义；第三，依据政策文本、已有理论、相关研究和调查资料构建中职教育人才培养质量概念框架和问题分析维度。

再次，中职教育人才培养质量问题循证的过程方法、数据结果与追因分析。根据人才培养质量定义和内涵，利用构建的问题循证框架从入口、过程和出口三个维度把脉中职教育人才培养质量存在的问题及原因。

复次，基于中职教育人才培养质量问题循证结果进行反思讨论。基于中职教育人才培养质量问题循证结果，从办人民满意的教育、人才成长立交桥建设、产业结构转型升级、人力资源强国建设等方面对中职教育人才培养质量问题进行省思。

最后，基于前面的质性研究、量化分析及反思讨论，构建中职教育人才培养质量提升途径，从改善中职教育生源质量、优化中职教育育人过程、提高中职教育出口质量三个方面提出中职教育人才培养质量综合治理路径，实现本研究促进中职教育人才培养质量提升的目的。

二 中职教育人才培养质量问题循证研究的关键点

在上述研究框架中，循证的规范性、科学性是研究成败的关键，为此，本书形成了如下战略意图。

首先，如何保证中职教育人才培养基础质量问题的循证有效？在人才培养的输入端主要考量的质量问题是生源和招生问题，为保证样本的准确性和代表性，本书采用科学的抽样方法，对河南省118所中职学校刚入校的一年级学生以及入学一年后的二年级学生进行随机抽样，并对抽取的样本进行问卷调研。仅对学生进行调研，从数据中得出的结论可能是片面的，只能反映学生基本信息和个人看法，所以，本书不仅调查了中职学生，更进一步对样本学校校长、教师进行问卷调查和非正式会话访谈，以确证输入端质量问题循证有效。

其次，如何保证中职教育人才培养过程质量问题的循证有效？在人才培养过程中主要考量质量问题是中职学生的学业问题，根据前文确定的概念框架，主要从在校学习和企业实习等两方面进行循证。要保证学业问题循证有效，必须要确保调查工具的科学、有效。本研究的调查工具包括问卷和测试卷两类，在问卷正式使用前，我们首先根据已确定的分析维度设计问卷，问卷经过反复试测、分析、调整后投入大规模调查；测试卷是由河南大学教育行动国际研究中心、REAP团队与考试专家及专业教学人员合作，为不同专业不同年级的学生设计了不同的测试卷，为保证试卷的效度、信度和区分度，在正式调研前进行了大范围、大样本的试测。同时，考虑到一次调研并不能获得学业增量数据，笔者在研究过程中对样本学生进行多轮持续追踪，为中职教育人才培养过程中质量问题循证提供必要的证据。

最后，如何保证中职教育人才培养结果质量问题的循证有效？培养结果主要考量的是中职学生毕业后在劳动力市场或高等学校的表现。样本学生毕业后很难再采取面对面调研的方式获得其就业数据，因此，本书主要以电话、邮件等的方式对毕业生进行回访。为保证样本代表性，对2万多名样本学生进行随机抽样；为保证回访所得数据无偏差，设计了三轮电话回访流程，并对毕业生中追踪到的样本与未追踪到的样本进行了平衡性检验。电话回访所需工具均是在参考已有研究的基础上，结合本研究的概念框架与分析维度进行设计，并通过试测的方式确保问卷的信效度。同时，针对升学的学生，除了通过电话回访形式获得研究所需数据，还根据样本学生就读高校信息，从中选取一所升学学生较聚集的高校，对目标学生进行面对面调查，以补充电话回访数据。

中 篇

循证的过程方法、数据结果与追因分析

第四章 中职教育生源问题及追因

根据前述的学生发展的 IEO 理论模型和中职教育人才培养质量的概念框架可知，中职教育生源质量与人才培养过程和培养结果密切相关，生源质量影响人才培养过程和结果质量，反过来，人才培养过程和培养结果又进一步影响初中毕业生的教育选择，直接影响中职学校生源质量。

九年义务教育后"普职分流"是我国自 20 世纪 80 年代以来教育的一项基本制度安排，为了保障中等职业教育的生源供给，从 1985 年的《中共中央关于教育体制改革的决定》，到 2017 年的《高中阶段教育普及攻坚计划（2017—2020 年）》等一系列重要政策文本都提出了"普职招生规模大体相当"的要求。这表示，在政策设计层面希望初中毕业生一半进入普通高中学校，一半进入中职学校。在"招生规模大体相当"的政策导向下，中职招生规模曾一度超过普通高中（1988—1999 年，2019—2010 年），近五年也有 41.3%—43.0% 的初中毕业生进入了中职学校学习。[①] 那么，与生源数量相伴的生源质量如何？中职学校的总体招生情况怎样？他们面临哪些困难？针对这些问题，本书进行了大样本调查，通过实证数据对中职教育的生源问题进行循证。

第一节 中职教育生源问题调查设计

一 研究问题

本章通过问卷调查，主要聚焦于以下问题：（1）谁进入了中职学校？

---

① 国家统计局：《中国统计年鉴》，http：//data.stats.gov.cn/easyquery.htm？cn＝C01&zb＝A0M0201&sj＝2019，2019 年 3 月 13 日。

(2) 中职学生初中毕业时的中考志愿填报情况怎么样？（3）中职学校的生源质量如何？（4）中职学校招生情况如何，筛选学生的标准是什么？

二 研究对象

本书调查数据归属于河南大学教育行动国际研究中心中职教育研究项目组。[1] 调查样本采用分层后整群抽样方式，具体的抽样过程如下：

第一，确定样本区域。本研究以河南省为调查区域。河南省是国家级职业教育试验区，河南省职业教育改革发展的经验和教训能够影响国家层面的职业教育发展政策。同时，河南省是职业教育大省，中职学校数占全国的7.6%，全国中职教育毕业生中的9.2%来自河南[2]。另外，河南省人口众多，约有9559万人，占全国人口的6.9%[3]，是全国劳动力的重要来源省份，大力发展河南省的中职教育是中原崛起的客观要求，也是促进全国经济结构转型发展的需要。因此，在河南省进行中等职业教育发展及生源问题调查具有典型性和代表性。

第二，确定样本专业。项目组选择了招生规模最大的计算机和数控专业，根据国家统计年鉴，这两个专业在2013年的招生人数最多，占据全国中职招生总数的31%。[4]

第三，确定样本市县。在河南省的18个地市中，依据高、中、低三档经济发展水平和经济结构特征，选取了7个样本市（含原属于该市的省直管县）。

第四，确定样本学校。依据政府统计数据，以及网络和电话调查，收集到7个样本市388所中职学校的信息；然后进一步确认了学校专业开设情况，筛查出在一年级或者二年级[5]开设有计算机专业或数控专业的中

---

[1] 笔者全程参与生源和学业数据的收集，主导就业数据的收集。
[2] 国家统计局：《中国统计年鉴》，http：//www.stats.gov.cn/tjsj/ndsj/2014/indexch.htm，2019年6月1日。
[3] 国家统计局：《中国统计年鉴》，http：//www.stats.gov.cn/tjsj/ndsj/2018/indexch.htm，2019年6月1日。
[4] 国家统计局：《中国统计年鉴》，http：//www.stats.gov.cn/tjsj/ndsj/2014/indexch.htm，2019年6月1日。
[5] 三年级学生通常去参加顶岗实习，不在学校，所以样本年级选定的是一年级和二年级。

职学校 165 所。考虑到一些规模小的学校有可能被兼并重组，项目组从已筛查出的学校中排除了单班人数在 20 人以下的学校，最终确定 118 所中职学校为样本学校。

第五，确定样本班级。在样本学校，如果样本专业一个年级只有一个 20 人以上的班级，则将这个班级直接确定为样本班；如果样本专业一个年级有两个及以上超过 20 人的班级，则采取随机抽样的方式，随机抽取一个班作为样本班，并调查该样本班所有学生；如果抽到的班级人数少于 20 人，则按照随机数表再抽取一个班，两个班加起来超过 20 人即可，两个班所有学生成均为样本学生。

三 调查工具

本部分的主要研究目的是了解中职学校学习者的基本状况，所以中职学生问卷是主要研究工具。学生问卷包括两部分：一为学生个人信息；二为学生的家庭情况。学生个人信息包括学生个人基本情况、中考志愿填报情况、中考分数、职业规划。家庭情况包括家庭经济情况、父母学历和职业等方面。

此外，为更加详细地了解中职教育生源和招生情况，本书还通过班主任问卷和校长问卷以了解中职学校录取标准和招生情况。

围绕上述设计思路，形成了调查问卷结构表，见表 4-1。

表 4-1　　　　　　　　中职教育调查问卷结构框架

被调查者	问卷内容	变量构成
中职学生	个人基本情况	性别、年龄、民族、户口类型、年级、专业、学校
	中考情况	是否参加中考、中考分数、志愿填报情况
	求学和工作经历	初中学校地点、名称、离开初中学校时间
		是否上过普高、是否有半年及以上工作经历
	职业规划	是否准备读到毕业
		离开中职学校后的打算
		教育期望值
	行为表现	是否逃课、抄作业、作弊、和老师顶嘴、打架、敲诈勒索、欺负同学、抽烟喝酒
	家庭情况	父母受教育程度、父母职业、家庭经济情况
		父母是否在家住

续表

被调查者	问卷内容	变量构成
班主任	招生任务	是否承担招生任务、花费多大精力用于招生
校长	招生标准	是否要求中考成绩、筛选学生依据
	招生情况	招生困难度
	生源特征	参加中考比例、中考分数情况

第二节 中职教育生源问题调查过程

一 实地调研

调研共分为四个阶段：试测、施测、整理和数据统计分析。正式调研前，课题组在河南省的非样本地市进行了试测，根据试测结果，修改完善调查问卷。2013 年 10 月，即 2013—2014 学年初，项目组对样本学生、样本班班主任和样本学校校长进行了正式调查。在本次调查中，共发放校长问卷 118 份，收回 116 份，回收率为 98.3%，问卷有效率为 100%。发放学生问卷 12081 份，回收 12081 份，有效问卷 12071 份，问卷有效率和回收率分别为 100%、99.9%。发放班主任问卷 346 份，回收 346 份，有效问卷 346 份，问卷回收率和有效率均为 100%。样本构成情况如表 4-2 所示。

表 4-2　　　　　中职学校问卷调查样本构成

地市	样本学校校长	样本班班主任	样本学生 一年级	样本学生 二年级	专业 计算机	专业 数控
样本地市 1	35	107	1454	1039	2493	1077
			560	517		
样本地市 2	10	31	387	332	719	328
			207	121		
样本地市 3	11	38	445	262	707	425
			235	190		
样本地市 4	23	73	1049	682	1731	1240
			727	513		

续表

地市	样本学校校长	样本班班主任	样本学生 一年级	样本学生 二年级	专业 计算机	专业 数控
样本地市 5	19	45	687	368	1055	531
			310	221		
样本地市 6	10	27	367	272	639	389
			242	147		
样本地市 7	8	25	290	137	427	310
			193	117		
合计	116	346	7153	4918	7771	4300

如表4-2所示，本次调查共收集到7个样本市的118所中职学校中计算机专业和数控专业两个年级共计346个班级的12071名学生数据。其中，一年级学生占样本总量的59.3%；二年级学生占40.7%。从专业设置来看，样本学校中有48所学校仅有计算机专业，3所学校仅有数控专业，67所学校同时设有计算机专业和数控专业。

二 数据处理

调研收集的所有数据运用Stata14.0统计软件进行数据清理与分析，主要通过描述统计、独立样本T检验等数据分析方法对问卷数据进行统计分析。

第三节 中职教育生源问题调查结果

一 样本学生的群体特征

本研究运用样本数据首先围绕中职学生的入学特征进行描述性统计，试图对中职学生入学特征进行"画像"。

（一）样本学生个人基本情况

样本学生个人基本情况见表4-3。从中职学生的性别来看，男女比例为72.3∶27.7，也就是说超过七成的中职学生为男生；从中职学生的民族类型看，98.4%的学生是汉族；从户口类型来看，87.5%的学生来自农村。从中职学生的年龄特征来看，最小值为10岁，最大值为25.5

岁，中位数和均值分别为 16.6 岁、16.7 岁，有 79.4% 的学生年龄在 15 周岁和 18 周岁之间。中职教育属于高中阶段教育，以招收应届初中毕业生为主，从样本学生年龄可以看出大部分学生是接受九年义务教育后直接就读中职，少部分学生是往届初中毕业生、高中未毕业或已毕业学生等，体现了中职学校生源结构的多元化。

表 4-3　　　　　　　　　　样本学生基本信息

变量名	观察值	均值	标准差	最小值	最大值
性别（男=1）	12066	0.723	0.448	0	1
民族（汉族=1）	12066	0.984	0.126	0	1
户口（农村=1）	12058	0.875	0.331	0	1
年龄	12004	16.72	1.409	10	25.50
是否参加中考（是=1）	12043	0.623	0.485	0	1
是否上过普通高中（是=1）	12013	0.101	0.302	0	1
是否工作过半年以上（是=1）	12013	0.114	0.318	0	1
是否五年制学生（是=1）	12066	0.156	0.363	0	1
是否全日制学生（是=1）	12063	0.924	0.266	0	1

（二）样本学生的学习经历

表 4-3 还反映了中职学生的求学和工作经历：62.3% 的学生参加过初中学业水平考试（以下简称"中考"），10.1% 的学生上过普通高中，11.4% 的学生在入学前有过半年以上的工作经历。从中发现，约四成学生没有参加过中考。在问及"离开初中学校的具体时间"时，有 64.8% 的学生回答"初中毕业后"，与参加中考学生的比例相近，这意味着中职学生中有三成以上的学生没有完整完成初中学业。

（三）样本学生的中考分数和志愿填报情况

中考分数决定了普高或中职教育机会的获得概率。已有研究表明，中考分数越高选择普高的概率越高，成绩越低选择中职教育的概率越高[1]，这与本研究的调研结论一致。本研究的样本学生为 2012 级和 2013

---

[1] Loyalka P., Huang X., Zhang L. et al., "The Impact of Vocational Schooling on Human Capital Development in Developing Countries: Evidence from China", *The World Bank Economic Review*, No. 1, 2015.

级学生，所以，大部分学生理应参加 2012 年或 2013 年的中考。调查结果亦是如此：参加中考的学生中，86.9% 的学生参加了 2012 年或 2013 年的中考。图 4-1 是以学生初中学校所在地为分类依据而绘制的中职学生中考分数箱线图。虽然学生生源地不同，各区域高中的录取分数线也因此存在差异，但河南省中考采取的是单科考试方案，语、数、英、理、化、史、思想品德等七门考试科目是全省统一命题①，各个地市学生的中考分数是可比的。

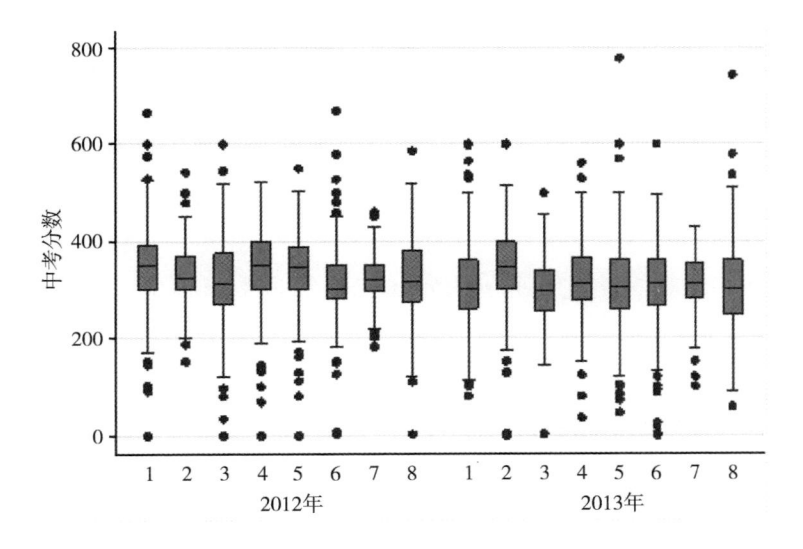

图 4-1　样本学生 2012 年和 2013 年中考分数

数据来源：作者调查，如无特殊说明，余同。

样本学生中考情况调查结果显示：在样本学生中，2317 人参加了 2012 年的中考，考试分数的中位数和均值分别为 323 分和 330.2 分，75% 的样本学生中考分数在 380 分以下；3593 人参加了 2013 年的中考，考试分数的中位数和均值分别为 309.5 分和 313.5 分，样本学生中的 75% 中考分数小于 363 分。另外，从参加中考的样本学生填写的报考志愿

---

① 河南省教育厅：《河南省教育厅关于 2012 年普通高中招生工作的意见》，http://www.haedu.gov.cn/2012/04/27/1335508776328.html，2012 年 4 月 27 日。

来看，46.4%的学生只填了普高，填写"中职""普高和中职"的学生各占两成。这说明进入中职学校的学生有一半并非志愿接受中职教育。

（四）样本学生的职业规划

对中职样本学生职业规划的调查结果显示，虽然有93.6%的学生打算在就读的中职学校读到毕业，但仍有6.4%的学生没有这样的打算。这意味着有部分学生三年内会离开中职学校，或是不再读书，或是转学。分年级来看，一年级不打算读到毕业的学生比例比二年级高了2.1个百分点，这可能是因为在一年级到二年级的一个学年，已经有部分学生离开中职学校。当被问到"离开中职之后第一年打算干什么"时，样本学生中35.3%有升学深造的打算，其中21.3%的学生准备"上大专"，14.0%的学生准备"上本科"；40.7%有明确的就业意向，其中，34.4%的学生表示要"找工作"，6.3%的学生有自己创业的意向。另有24.0%的学生没有明确的职业规划，他们还没有想好毕业后要做什么。由此可见，升学深造和直接进入劳动力市场工作都是中职学生毕业后的重要选择。

二 样本学生的家庭状况

家庭状况对学生的教育选择[1]、学业表现[2]、劳动力市场结果[3]都有重要影响，依据文献研究和社会资本理论，家庭状况可分为家庭经济资本、家庭文化资本和家庭社会资本三个维度。[4] 本书样本学生的家庭状况如下：

（一）家庭经济资本

本研究采用《家庭经济状况量表》以家庭耐用资产清单来衡量家庭

---

[1] 王伟华等：《家庭资本对农村中专生职业教育选择影响研究——基于河南省某农业县的调查》，《职业技术教育》2013年第31期，第56页。

[2] Yao G., Zhimin L., Peng F., "The Effect of Family Capital on the Academic Performance of College Students-A Survey at 20 Higher Education Institutions in Jiangsu Province", *Chinese Education & Society*, No. 2, 2015, p. 81.

[3] Lam D, Schoeni R F, "Effects of Family Background on Earnings and Returns to Schooling: Evidence from Brazil." *Papers*, No. 4, 2016, p. 710.

[4] 张山：《家庭资本、教育与社会流动》，《经济问题》2018年第12期，第5页。

经济状况,"有"赋值为1,"没有"赋值为0,家庭经济资本得分等于所有指标的得分加总。根据量表中各题项所赋的分值与目标值之间的关系,建立数学模型。由于家庭经济资本得分(被解释变量)是由每道题的分数(各解释变量)和它们的权重所决定的,因此可建立如下线性方程模型:$F = \alpha \sum f$,其中F为家庭经济资本得分总和,f为量表中每道题的分数,系数α表示各题所占的权重,在本研究中各题所占权重均设置为1,即每道题之间无重要程度之分。

表4-4　　　　　　　样本学生家庭经济资本的描述统计

家庭经济资本	样本数	百分比	家庭经济资本	样本数	百分比(%)
0	124	1.03	7	1208	10.03
1	79	0.66	8	1192	9.9
2	189	1.57	9	1267	10.52
3	428	3.55	10	1215	10.09
4	710	5.90	11	1205	10.01
5	1060	8.80	12	1115	9.26
6	1218	10.12	13	730	6.06
			14	300	2.49

通过自我报告家庭财产的形式调查样本学生家庭的经济水平比直接填写家庭收入更加真实、有效,调查结果如表4-4所示,累计51.6%的学生自我报告的家庭资本得分在8分及以下。这反映了大部分中职学生家庭经济水平较低,这与于洪娇[1]、沈有禄[2]的研究发现一致。

(二)家庭文化资本

家庭文化资本对子女的综合素养、行为习惯有较大影响[3],本书对家

---

[1] 于洪娇:《学生选择中职学校原因的实证研究》,《职业技术教育》2010年第22期,第40页。

[2] 沈有禄:《上职校?为什么上职校?有何差异?》,《教育学术月刊》2016年第7期,第57页。

[3] 卢同庆等:《家庭资本对城乡家庭教育的影响分析》,《教育理论与实践》2019年第7期,第28页。

庭文化资本的测量包括父亲和母亲的学历。① 如表 4-5 所示，父亲和母亲学历的众数都是"初中毕业"，分别占 51.8% 和 44.6%，82.5% 学生的父亲、87.0% 学生的母亲是初中及以下学历。比较父亲和母亲学历发现，中职样本学生父亲的学历高于母亲。需要注意的是，少部分学生的父亲或母亲没有读过小学，父母都没有读过小学的样本学生比例为 2.4%。由此可见，中职学生家庭文化资本普遍偏低。

表 4-5　　　　　　　　样本家庭文化资本的描述统计

学历	父亲 样本数	父亲 百分比（%）	母亲 样本数	母亲 百分比（%）
没有读小学	483	4.11	1313	11.20
小学毕业	3126	26.60	3661	31.24
初中毕业	6085	51.79	5220	44.55
中职毕业	178	1.51	183	1.56
普通高中	1510	12.85	1093	9.33
大专毕业	226	1.92	148	1.26
本科毕业	129	1.10	87	0.74
研究生毕业	13	0.11	13	0.11

（三）家庭社会资本

"职业"是个人与社会的连接点，它在很大程度上代表了个人在社会中拥有资源的多寡。② 本书采用父母的职业对中职学生的家庭社会资本进行衡量③，其结果如表 4-6 所。关于父亲的职业，近四成（37.8%）的学生表示其父亲在家"务农"，近三成的学生表示其父亲"给人打工"。在母亲的职业方面，占比最多的也为务农，为 44.8%；其次是"给人打

---

① 周菲、余秀兰：《家庭背景对大学生学术性投入的影响及其作用机制》，《教育研究》2016 年第 2 期，第 78 页。
② 刘新华、杨艳：《家庭社会资本与大学生差序就业——关于家庭社会资本对大学生就业质量影响的研究》，《教育学术月刊》2013 年第 5 期，第 66 页。
③ Buchmann C, Measuring Family Background in International Studies of Education, Conceptual Issues and Methodological Challenges, National Research Council. Board on International Comparative Studies in Education. Methodological Advanc-es in Cross - National Surveys of Educational Achievement, Washington, DC: National Academy Press. 2002, p. 150.

工",约占两成。对比父亲的职业和母亲的职业发现,更多的母亲待在家里,更多的父亲外出工作,这表示中职学生在成长过程中有更多的人缺乏父亲的陪伴。根据"2013年1—8月父母是否在家居住"这一题项的回答情况,35.3%的父亲不在家,18.7%的目前不在家,尤其是有15.0%的学生回答其父亲和母亲都不在家。

表4-6　　　　　样本学生家庭社会资本的描述统计

职业	父亲 样本数	父亲 百分比(%)	母亲 样本数	母亲 百分比(%)
还没有职业	177	1.51	452	3.87
务农	4447	37.84	5247	44.87
家务	126	1.07	1595	13.64
经商	1477	12.57	976	8.35
给人打工	3231	27.49	2171	18.57
工人	1578	13.43	647	5.53
老师	61	0.52	93	0.80
政府部门人员	119	1.01	42	0.36
军人	20	0.17	1	0.01
下岗	114	0.97	153	1.31
其他	402	3.42	316	2.70

有学者以职业为标准进行了阶层划分[①],一般专业技术人员、基层行政人员、现役军人和警察、个体经营者属于中下层,而农民、普通工人、无业下岗人员等属于底层。根据此划分标准,样本中职学生中父亲和母亲的职业均不属于中上层,这反映了中职学生家庭社会资本普遍不高。

三　样本学校招生基本情况

(一) 河南省中职教育招生情况

由图4-2可知,2010—2018年,河南省中职学校数量从1130所下降到755所,中职教育招生数量从72.47万人下降到50.03万人,下降了近1/3(31.0%);中职教育招生数量占高中阶段教育的比例由53.6%,下降到

---

① 李春玲:《比较视野下的中产阶级形成》,社会科学文献出版社2010年版,第24页。

40.8%。2019年省教育厅公布的《河南省优化中等职业学校布局结果名单》更是将中职学校优化调整到414所。可以说,近十年,中职学校无论是学校数、招生数还是招生数占高中阶段教育的比例,都呈现下降趋势。中职学校布局调整、中职教育自身发展的能力和机制需要重视。

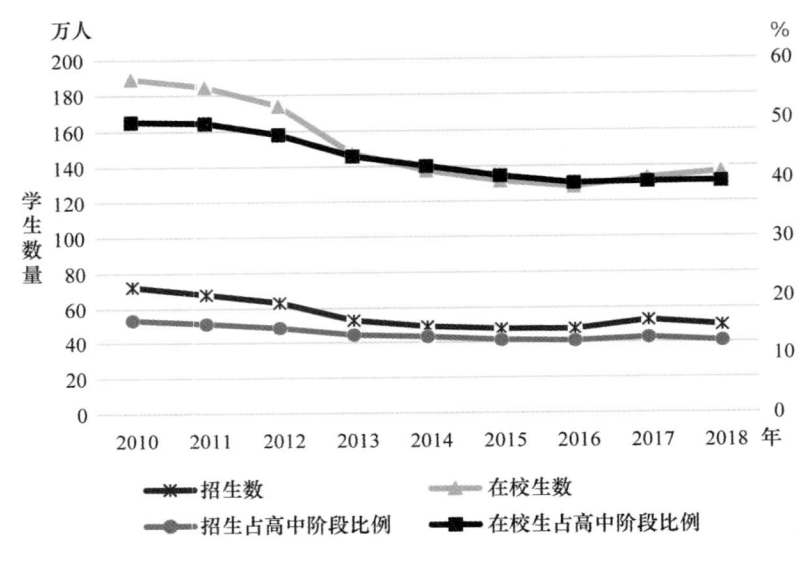

图4-2 河南省2010—2018年中职教育招生情况

数据来源:2010—2018年河南省教育事业发展统计公报。

(二)中职学校生源渠道

本研究以样本地市本地生源、样本地市市外省内生源、省外生源三个指标来分析河南省中职学校生源结构情况。在进行指标操作化时,初中学校所在地市与中职学校所在地市相同的判定为样本地市本地生源,否则判定为样本地市市外省内生源;初中学校所在地为省外的判定为省外生源。调查结果显示,样本地市生源和省内生源为中职学校的主要生源,分别占比78.9%、98.4%。

(三)中职学校招生录取标准

以"是否要求有中考成绩"和"筛选学生最主要的根据"为中职学校招生录取判断指标,校长回答情况见表4-7。由表可知,有17.2%的中职学校要求学生必须有中考成绩，半数以上的学校没有任何录取条件。录取条件的"其他"答案内容主要是年龄、初中及以上学历、思想品德和对职教感兴趣四类。

表4-7　　　　　　　　样本学校招生录取标准

录取标准	样本数	百分比（%）
要求有中考成绩	20	17.24
没有录取条件	56	50.45
学生考试成绩	22	19.82
学生是否能交学费	3	2.70
学生是否健康	16	14.41
其他	14	12.61

第四节　中职教育生源问题的典型表现

根据对上述调研数据的整理与初步分析，发现中职学校的生源和招生存在诸多令人担忧的问题，这些问题在一定程度上限制了中职教育的人才培养质量。

一　中职学校生源的非自愿性

在普职招生规模大体相当的政策要求下，继续读书的初中毕业生中近半数进了中职学校。但调查发现，只有20.6%的学生在中考志愿表上直接选择了"中职"，即便加上"普高和中职都有填"的学生，中职在校生中也只有41.7%有志愿填报中职学校。这表示，在就读中职学校的学生中，超过一半的学生是非自愿的。并且，部分学生填报"中职"的志愿本身就是伪自愿的，是他们退而求其次的选择。中考填报志愿是基于中招考试成绩的基础上学生"自愿"做出的选择，根据我们在河南省12所农村初中学校的调查研究，理想状态下（不考虑学习成绩和其他因素），选择普高和中职的学生比例分别为80.7%、14.9%；即便中考成绩没有达到普高分数线，宁愿缴纳高学费（38.9%）、复读（14.7%）也要上普高。宋映泉等人的研究也有相似的结论。① 另一项针对河南省 300 所农村初中的研究，只有 11.6% 的学生预期毕业后上中职的可能性大于 50%。② 这都体现了学生对中职学校的选择意愿较低，更多的学生是在"伪自愿"的情况下勉强读中职。

就读中职学校的非自愿性容易导致两个问题。一是学习缺乏动机和兴趣。现代学习心理学认为，学习的动力主要来自学生内心的意愿，学生对就读学校的意愿影响他们在校期间的学习动能水平。因此，中职学生就读中职学校的勉强心理，会减低他们的学习动机和学习兴趣，而学习动机是主观驱动前进的心理状态，学习兴趣是认识某事物或从事某活动的积极心理倾向，学习兴趣与学习动机显著正相关，兴趣会激发强烈的学习动机，推动学业进步。学习动机和学习兴趣的缺乏无疑会直接影响个体学习活动，进而影响中职教育的人才培养质量。二是学生容易从中职学校流失。样本学生中 6.4% 不打算读到毕业，尤其是一年级学生刚入校，就有 7.2% 的学生表示不打算在所在学校读到毕业。青少年在应该读书学习的年纪选择辍学，对个人长远发展和国家人力资本积累来说，都是十分不利的。

二 中职学校生源总体质量较低

生源质量对人才培养有重要影响，相对较低的生源质量会给中职教育人才培养带来困难。从调查结果看，中职学校生源总体质量较低，主要表现在以下几个方面。

（一）中职学生学业基础较差

样本学生中只有 64.8% 读完了初中，62.1% 参加过中考，并且，参加中考的学生中 3/4 得分低于 372 分。而与此同时，河南省普通高中的录取分数线平均在 500 分以上，第一批次接近 600 分，最后一批次也要在 400 分以上。这说明，绝大部分中职学生学业基础相对较差，达不到普通

---

① 宋映泉等：《农村初中生的分流意向、教育选择及影响因素》，http：//ciefr.pku.edu.cn/cbw/kyjb/2016/kyjb_ 8096.shtml，2011 年 5 月 12 日。
② 河南大学教育行动国际研究中心于 2016 年 10 月对 300 所农村初中学生进行的调查研究。

高中的录取资格。为验证此观点,访谈中,进一步询问校长"2013年秋季录取学生的中考成绩平均分",结果发现,样本学校学生平均中考成绩为239.1分,远低于普通高中录取分数线。此外,中职学校"没有任何条件"的招生录取标准也体现了中职学校相对低质的生源。

(二) 中职学生学习目标不够明确

学习的驱动力在很大程度上是以学习目标为导向的,学习目标影响学习行为,为学生学习指明方向,并促进学生的有效学习。调查显示,虽然升学和进入劳动力市场工作是中职学生毕业后的主要选择,但仍有24.0%的学生不准备升学,也没有明确的目标,对个人发展还没有恰当的规划设计。并且,访谈中了解到不少中职学校根据学生的学业基础和发展意向将其分别编入了就业班和升学班,就业班学生学习目标错置,普遍认为知识学习不重要。

(三) 中职学生不良行为发生率高

成才需先成人,成人要先立德,立德树人是教育的根本任务。习近平在2018年全国教育大会上强调:"要在加强品德修养上下功夫,教育引导学生培育和践行社会主义核心价值观,踏踏实实修好品德,成为有大爱大德大情怀的人。"[①] 中考成绩虽然包含了思想品德项,但我们无法把思想品德成绩分离出来,更不能以书面的品行成绩代替学生的品行行为,因此在问卷调查时,项目组重点收集了样本学生在中职学校中的不良行为表现数据。为了避免"伪真问卷"的出现,在设计问卷时采取了由学生评判同班同学而非自己的方式。不良行为主要包括逃课、抄作业、作弊、和老师顶嘴等不当行为,打架、敲诈勒索、欺负同学等不良社会行为,以及抽烟喝酒等危害身体健康的行为。一年级学生刚入校,他们的不良行为表现可以代表中职生源的不良行为发生率。调查结果显示,不当行为发生率为52.7%,不良社会行为发生率为26.2%,危害身体健康行为发生率为35.9%。这表示,中职学校生源学生不良行为尤其是不当行为发生率较高。

---

① 习近平:《坚持中国特色社会主义教育发展道路 培养德智体美劳全面发展的社会主义建设者和接班人》,http://www.moe.gov.cn/jyb_xwfb/s6052/moe_838/201809/t20180910_348145.html,2018年9月10日。

三　中职学校生源供给小于需求

（一）中职学校生源供给量有缩减趋势

中职学校生源主要来自本省本市的初中已毕业（64.8%）或未毕业（34.8%）的学生，随着义务教育阶段学额呈现出的递减趋势，能提供给中职学校的生源数量也会相应减少。2010—2014年，河南省小学招生人数从187.76万减少到159.44万，减少了15.1%。① 小学生源的萎缩状况将逐步蔓延至初中和高中，2010—2014年入学的小学生在2019—2023年进入高中学段，学额的减少势必会加剧普高和中职学校的生源"争夺战"。高中阶段普职教育的生源竞争中，中职学校往往处于劣势地位，普通高中的竞争会对中职生源尤其是优质生源带来显著影响。

（二）一些中职学校陷入招生困境

在生源萎缩、学生选择意愿低的情况下，中职学校招生困难是可想而知的。对中职学校校长的调查结果显示，88.8%的校长认为学校面临招生困难。2010年中职学校招生规模占到高中阶段招生数量的半数以上，2010年以后，中职教育招生人数逐年下滑。调研中，在问及"跟三年前相比，现在招生的困难度"时，认为"比较难"或"非常难"的校长占72.4%；仅有不到十分之一的校长认为招生"比较容易"或"非常容易"。在调查中也了解到，为了维持自身的生存和发展，中职学校往往会把招生指标分配给班主任，采取招生任务与工资绩效挂钩的办法，迫使教师完成招生指标。82.1%的样本班班主任表示"需要承担招生任务"，其中，37.7%的班主任说需要花费1/3以上的精力在完成招生任务上，这将分散班主任的育人精力。

（三）社会对中职学生需求旺盛

与中职教育生源萎缩、招生困难相反的是，经济社会发展对技术技能型人才需求的不断增长。国家发展不仅需要研究型人才，也需要把科研成果转化为实际生产力的技能型人才。长期以来，我国知识型和应用型人才结构失衡。随着经济社会发展进入新常态，市场表现出了对技术

---

① 河南省教育厅：《2010—2014年河南省教育事业发展统计公报》，http://www.haedu.gov.cn/jygk/index.html，2019年5月28日。

工人的迫切需求，拥有一大批技能型人才是实现制造业大国向制造业强国转变的基础。社会需求旺盛与中职生源不足带来的是"技工荒""招工难"问题。技能型人才短缺已经成为社会各界广泛关注的问题，"技工荒"问题经常见诸报端。

第五节 中职教育生源问题追因分析

一 社会人才观念认知偏差

长期以来，人们并未真正认识到技能型人才的价值，并未把技工、技师当作"人才"，人们习惯于把学历、资历当作人才的评判标准，而非能力、业绩。这种人才观与传统文化关系匪浅。我国自古以来就主张立国之道在于礼仪而非技艺，重视礼仪轻视技艺是中国几千年来的文化观念。古代所谓四民，士农工商，士排第一，读书为先，更有"万般皆下品，唯有读书高"① 的说法；农为本，"民以食为天"②；工则是"奇技淫巧"③；商在最末位，不禁止也不提倡。《淮南子·齐俗训》中有"士农工商……工与工言巧，商与商言数"④。老子《道德经》中有"绝巧弃利盗贼无有"⑤。可见，中国重文轻技的传统由来已久。文化作为一种非正式制度，具有极强的刚性，不会随意更改，制约人们人才观的形成。所以，在普通教育和职业教育之间，学生个人和家庭往往会选择前者，尊重并向往成为科学家、研究员和工程师，却看低农民和各类技术工人，最终让中职教育成为"伪自愿"选择的"二流教育"。

同时，除了受传统文化影响之外，技术工人被看低还与人们没有正确地处理好科学与技术的关系有关。19世纪中叶前，科学与技术一直处

---

① 汪洙：《神童诗》，https：//so.gushiwen.org/shiwenv_9a3dca3d009f.aspx，2019年4月16日。
② 司马迁：《史记·郦生陆贾列传》，https：//www.gushiwen.org/GuShiWen_26a4479c57.aspx，2019年4月16日。
③ 姬发：《泰誓》，https：//www.gushimi.org/sishuwujing/shangshu/8267.html，2019年4月16日。
④ 刘安撰：《淮南子·齐俗训》，https：//www.gushiwen.org/GuShiWen_dc44e69c5c.aspx，2019年4月16日。
⑤ 老子：《道德经》，https：//www.daodejing.org/19.html，2019年4月16日。

于相互割裂的状态，19世纪中叶（第二次科技革命）以后，科学理论对技术发明有了实质性影响，如电和磁的研究使电力的广泛应用（电报、电话、点灯）成为现实。此后，技术的发明主要源于科学理论的指导而非经验。在这一背景下，人们普遍把技术看作是科学的应用，甚至有人把技术当作科学的附庸，前者是有一定的道理，但后者完全否定了技术自身的独特内容和结构，导致了技术文化的贫瘠，进而制约了技能型人才社会地位的提升。[1]

二 中职毕业生未能优质就业

"出口"是影响个人和家庭教育选择的重要因素，中职教育缺乏吸引力，生源不佳，除了传统观念、中职教育地位影响外，中职毕业生出口较窄，未能实现优质就业也是一个重要原因。升学和就业是中职教育的两个重要出口。随着现代职业教育体系的构建和逐渐完善，提高了中职学生升入高一级学校的可能性。但是，中职学生中的绝大部分是通过职业轨内部的单招升入高职院校，很少能够通过对口升学考入普通高校，而本研究针对中职学生教育期望的调查结果显示，53.2%的学生期望获得本科及以上学历，并且升入的高等院校质量如何，升学学生发展如何，升学是否意味着满足了个人发展需要，这些都需要进一步考量。

从就业的角度看，人们接受教育主要有两个目的：一是掌握满足基本生存需要的基础文化知识；二是追求美好生活，期望通过接受教育实现社会地位的升迁。1978年到20世纪80年代中期是中职教育的"黄金时代"，属于类精英教育，中专生被作为国家专业干部来培养，毕业后由主管部门统一分配工作。这一时期的中职教育既满足了生存需要，又促进了社会流动。但当前的中职教育，更多的是一种生计取向的教育，推动学习者向上流动的作用较弱。如前所述，接受中职教育的学生是家庭资本较低者，无论是学生个人还是家庭都希望通过接受教育有更好的生活。但现实是，通过中职教育改变社会地位的机会较少，中职毕业生的工作岗位基本都是蓝领，在劳动力市场的工资并不高，劳动保障和职业

---

[1] 徐国庆：《从分类到分等——职业教育改革发展之路》，华东师范大学出版社2018年版，第52页。

发展空间也比较有限（就业问题将在后文详细论述）。

三　中职教育地位不高

中国的教育体系中，中职教育的地位起伏不平，1978 年以来，经历了关注结构调整—着重层次提升—强调规模扩张—重视质量发展等四个阶段，过程曲折。现阶段，在制度设计上，中职教育是高中阶段教育的一种类型，理论上，与普通高中教育地位相当，同等重要。但实际上，无论是教育行政部门、理论界还是实践中都对中职教育存在着重视程度不足的问题。

职业教育是一种高成本教育，世界银行曾有研究表明，职业教育生均成本应该是普通高中教育的 2.53 倍。[①] 但我国的统计数据显示，2017 年普高和中职学校生均公共预算事业费支出为 13768.92 元、13272.66 元[②]，中职平均教育投入低于普通高中教育。同时，教育行政部门还缺乏同等重视中职教育的意识，早在 1996 年《职业教育法》就已要求各省份制定中职生均经费标准，截至 2013 年时，只有 14 个省份出台了生均经费标准。[③]

另外，在学术界对中职教育研究也有一定的歧视或轻视，除为数不多的职业教育专家外，一般的教育研究者在探索教育问题及规律时，内心假定的教育场域往往是普通教育体系，职业教育要么被置于边缘，要么被视为另类。职业教育研究的非主流地位会通过教育传承和文化浸染对中职教育地位的提升带来深远的不利影响。

四　招生秩序优普次职

《河南省教育厅关于做好 2019 年普通高中招生工作的通知》要求，按照普职招生规模大体相当的要求，各县、市划定普通高中最低录取控制分数线，合理引导学生分流。换句话说，分数线以上可以上普高，分数线以下可选择上中职、复读或不再读书。从高中阶段的实际招生情况

[①] 杨进：《回归本质，推进职教改革》，《光明日报》2016 年 3 月 1 日，第 15 版。

[②] 教育部等：《关于 2017 年全国教育经费执行情况统计公告》，http://www.moe.edu.cn/srcsite/A05/s3040/201810/t20181012_351301.html，2018 年 9 月 30 日。

[③] 李曜明、张婷：《中职生均经费标准何时落地》，《中国教育报》2014 年 4 月 22 日，第 1 版。

看，首先是普通高中各批次的招生；其次才是中职学校招生。这是得到各方认可的招生办法，即便放开招生秩序，学生可以自由选择中职和普高，也无法改变普高优先招生的现状。因为普高优先的招生制度潜移默化地影响学生和家长的教育观念，对普高的偏好未必会因为招生秩序的改变而优先选择中职。河南省《2019 年普通中等专业学校招生工作通知》中指出，报考普通高中的初中毕业生可以兼报中职，这说明固有的招生秩序并未改变，依然是普高优先。

理论上，所有初中考生都有权利接受中职或普高教育，在填报志愿时可以自由选择普高和中职。实践中，完全不受限制的教育选择权利是不存在的，固有的招生制度、学生和家长的选择偏好、对职业教育的误解、对自身兴趣和能力的认知偏差，都会让考生内心产生排斥中职学校的意识，这种意识是一种普遍的社会记忆，或可称为"集体意识"，已经沉淀在学生和家长的心中，稳定且持久地影响着社会的教育选择。所以，即便当前的招生制度作出改变，学生和家长的偏好依然在普通高中而非中职学校。

五　中职教育质量标准不规范

学生对中职教育需求不旺，一方面跟学生和家长的"非理性排斥"有关；另一方面是由于中职教育质量标准存在不足。中职教育质量标准主要是用来保证教育质量和规范教育发展的，它是衡量教育质量的基准线，引领教育发展的指挥棒，它能够解释中职教育在不同发展阶段应达到或应具有的状态。质量标准存在问题必将导致教育质量出现偏差。

在对中职学校校长访谈中，问及"政府部门对中职教育质量有何要求，具体的考核指标是什么""学校对学生学业质量有何要求，学生毕业的最低要求是什么"，有校长表示"教育厅没有具体的考核标准和机制，相关部门视察时，也只是到国家级、省级、市级重点校或示范校，建设的非常漂亮的学校看看。学校学生发展的好不好，都是靠学校自身，我们学校有自己的考核体系，自行组织，每年都有考试，学生 100% 正常毕业"[①]；还有校

[①] 访谈编码：20191029VETp01。

长提到,"省市有结业考试,二年级第一学期末要进行文化课综合考试,第二学期末进行专业考试"①。结业考试分为文化课(语文、数学、外语、思政)考试和专业考试,2019年以前,文化课考试由省里统一组织,自2019年开始文化课综合考试下放到市,与专业考试一样均由市教研室负责。由于结业考试成绩与毕业证挂钩,毕业率又与中职学校利益息息相关,所以,部分中职学校会采取一些不合适的方式方法帮助学生通过结业考试。2019年1月,笔者到两所中职学校调研时,恰逢中职学生参加结业考试,通过非参与式观察发现,监考老师监考并不严格,考试期间交头接耳、翻看手机的学生不在少数。这样的结业考试成绩并不能代表学生的学业收获,也不能体现学校的教学质量。在一些校长看来,"学生评价就是参与各种考试,作业打分,考试成绩,评价结果与毕业证不必相关,成绩不好也不会有什么惩罚。中职学校招生本来就不容易,再因为各种测评损失生源,更招不到学生了"②。在这样的思维模式下,中职学校不是通过提高质量留住学生,而是通过放松要求让学生在学校混日子。

《关于开展中等职业教育质量年度报告工作的通知》中给出了编制中职教育质量报告的参考提纲,其中学生发展一级标题下包括学生素质和就业质量两个二级标题,具体内容包括学生思政政治状况、文化课合格率、专业技能合格率、就业率、对口就业率、初次就业月收入等,根据《中等职业教育质量年度报告(2018)》可知,中职学校文化课合格率、专业技能合格率、就业率都非常高,但这并不能代表中职教育质量好。根据本研究的调查结果,当前中职学校的教育质量与国家要求和学生期待相差深远,中职学生不仅知识和技能获得感低,而且实际上也并未从中职学校获得知识和技能(将在下一章详细论述)。有研究比对了普通高中和中职学生的学业成就,发现中职学生的一般技能显著低于普通高中学生,专业技能也未表现出显著优势。③

---

① 访谈编码:20191030VETp03。
② 访谈编码:20191101VETp01。
③ Loyalka P., Huang X., Zhang L., et al., "The Impact of Vocational Schooling on Human Capital Development in Developing Countries: Evidence from China" *The World Bank Economic Review*, No.1, 2015, lhv050.

当问及"你觉得中职学校的教育质量如何"时,部分学生这样说:"没有学到什么知识或者是技术,特别后悔上中职,上普高和上中职后的思想是不一样的,眼界和生活习惯会变得完全不一样。"[1] "中职也就是让初中毕业后没事儿干的有个事儿做,学不学完全看自己,不想学就可以出去玩了。中职教育没有给学生树立一种正确的世界观,学生作风不好,行为表现各异"[2]。甚至有学生质疑中职教育的育人本质,产生"是教育还是买卖"的疑问。"教育质量一般,孩子白上三年,啥也没学到"[3],有学生家长如此反映。较低的教育质量与虚化的质量标准关系密切。

---

[1] 访谈编码:5150710101。
[2] 访谈编码:51006111109b。
[3] 访谈编码:5310120105。

第五章　中职教育学生学业问题及追因

本书所指的中职学生的学业是指学生在中等职业教育阶段所进行的以学为主的一切活动，是广义的学习阶段，它不仅包括文化知识和专业技能的学习，还包括心理品质、行为表现、实习实践等方面的学习。因此，中职教育人才培养过程质量主要是指中职学生在校期间的学业质量，由教育活动（中职学校教学和企业顶岗实习）和活动效果（学习成果）组成。中职学校教学和企业顶岗实习状况如何，中职学生学习成果怎样，有何问题，原因是什么？这些是本章关注的核心问题。

第一节　中职教育学生学业问题调查设计

顶岗实习活动的考量维度主要包括实习单位基本情况、实习组织、实习岗位特征、实习指导等。教育活动效果方面，虽然有研究者认为学业成就是对学生学习成绩和综合素质的综合评价[1]，但也有学者认为"学业成就就是学生学习成果的重要方面，它包括知识、技能，也包括兴趣、态度、习惯等诸多方面的成就"[2]，是学生在校学习活动的结果与综合素质的表现形式，学习成果可通过学习成绩、认知水平、自学能力、自我评价等方面反映。前者仅把认知能力作为教育活动的效果，后者则囊括了认知和非认知能力。基于研究者的认识和以能力为核心的人力资本理论框架，本书从认知和非认知两个方面考量教育活动效果。

---

[1] 张宏如、沈烈敏：《学习动机、元认知对学业成就的影响》，《心理科学》2005年第1期，第114页。

[2] 从立新、章燕：《澳大利亚课程标准》，人民教育出版社2005年版，第123页。

一　主要测量指标

（一）教育活动测量指标

1. 校内教学活动指标的选取

如前所述，中职学校教学活动主要包括学生的学习投入和学习行为、同辈群体行为、师生互动、生生互动、学校课程安排。其中，学习投入与行为主要聚焦于学生日常时间分配、课堂出勤状况、课堂进行非学习性质的活动时间、完成作业状况；同辈群体行为主要聚焦于同辈不当行为、不良社会行为和危害健康行为三个方面；师生互动体现在教师对学生的关心程度、学生有困难时联系老师的意愿；生生互动的衡量以学生好朋友的数量为代理指标；学校课程从学校课程的科目和课时安排进行调查。需要说明的是，师生互动和生生互动指标的选择依据了 Durland 的理论观点，他认为，研究者可以使用社会人际学取得群体内人际互动、交流的"快照"，让群体内的每一个成员指出与自己互动的人，或者愿意在困难的情况下与之互动的人，这种形式可以表现群体成员之间的互动和相互关系[1]。

2. 顶岗实习活动指标的选取

顶岗实习活动主要依据《中等职业学校学生实习管理办法》中的各项指标，分为样本学生参与实习情况和最近一次参加的实习经历等两个方面。具体来说，参与实习情况包括是否参加实习、参加实习的时间，实习经历主要从实习单位联系渠道、实习单位基本情况、实习组织、实习过程和实习指导等方面进行调查分析。

（二）教育效果测量指标

1. 认知能力指标的选取

认知能力是阅读、计算、逻辑推理等能力。关于认知能力的测量，不同学科之间都有比较清晰、明确、直观的测度，通常以数学、逻辑推理、记忆等方式测量。本书选择了数学和专业成绩代表中职学生认知能力发展水平。

---

[1] Durland M., *The Application of Network Analysis to the Study of Differentially Effective Schools*, Unpublished Doctoral Dissertation, Louisiana State University, Baton Rouge, 1996.

数学是一门国际性学科，是高中阶段学生必修的文化基础学科之一，学习数学可以锻炼人的逻辑思维能力。并且，数学是一种工具学科，是一切科学的基础，是学习其他学科的基础。《2012 全民教育全球监测报告：青年与技能》确定了所有年轻人都要具备的三类主要技能：基本技能、可转移技能以及技术和职业技能，其中基本技能就包括满足其日常所需的识字和计算能力。国际学生评估项目（PISA）对学生掌握的社会需要的知识和技能进行测试，测试项目之一就是数学素养。有鉴于此，本研究也选用数学测试作为一般技能的衡量指标。数学作为中职学生的必修文化基础课，数学成绩一定程度上可以代表中职学生的一般技能获得情况。

职业教育是以技能为中心的综合职业能力教育，职业技能被视为中职教育的关键目标。在职业学校中，文化知识是基础，职业技能是本质和特征。鉴于大样本数据收集的成本约束，研究中无法用实践操作来进行专业技能测试，所以采取在专业知识测试题中增加一部分体现实践操作技能的题目，从中既能测验学生的专业理论知识掌握情况，又能看出学生实践技能掌握情况。

为了保证两门测试题目能够代表中职学生应当在高中阶段获得的知识和技能，本书采用了一个多步骤的方法来构建数学和专业测试题。首先，使用国家和省级的中职学校课程标准来定义考试的内容领域，并通过官方渠道收集了 135 个数学题目、162 个计算机题目和 164 个数控题目。其次，为了进一步验证试题是否与中职学校的实际课程内容相符，咨询了 28 名中职学校教师的意见。最后，根据教师的反馈，从原有的题目中选出教师评价比较好的题目组成试卷，并在 1000 多名中职学生中进行了试测。经过对试测数据的分析，过滤掉那些代表性较差的题目，并利用项目反应理论，最终设计出了可以等值换算的基线测试题和评估测试题。经过精心挑选的测试题，在保证测试结果可靠性的同时，保持了测试题目在不同课程上的平衡。

2. 非认知能力指标的选取

非认知能力的意义和价值虽然是在近 20 年才引起人们的广泛重视，但事实上，早在 20 世纪 70 年代经济学家已经认识到非认知能力的重要性，只是由于非认知能力的测量和高质量数据的获得问题，阻碍了研究人员的进一步研究。目前，关于非认知能力的概念界定，尚未达成共识。Bowles 和 Gintis 认为非认知能力是劳动者在工作中表现出来的稳定、可靠等特征[1]；Moss 和 Tilly 把坚忍不拔的品质、良好的合作精神和沟通交流能力等称为非认知能力[2]；孙梅把非认知能力称作主观性人力资本，包括意志力、自觉理性、成就动机等方面[3]；许多多认为社交技能、特定的人格和个性特征、动机和志向等，所有与认知能力无关的都可纳入"非认知能力"的范畴。[4] 本书认为"非认知能力"是与"认知能力"相对应的凝结在个体身上，对个体发展产生重要影响，且通过后期投资和干预行为可以提升和改善的，除阅读、计算、逻辑推理等认知能力之外的能力，对认识过程起直接制约作用，具体包括意志力、自信、自律、社交技能等方面的内容。

非认知能力这一概念常用于经济学界，在心理学领域，非认知能力通常被称为人格特质；在教育学领域，非认知能力往往被视为一种非智力因素。非认知能力如何测量？在经济学家受制于数据条件时，心理学家以人格特质为研究中心，开发了多种测量工具，如内外点控制量表、自尊量表、大五人格模型量表等。近些年来，使用大五人格模型量表测量非认知能力的研究比较常见，无论是经济学还是心理学领域，不论国内还是国外，众多学者都以此为测量工具进行了相关研究。"大五人格"量表主要有五个维度：如责任心、外向性、随和性、思维开通性和情绪稳定性。

Hoeschler 等人在研究青少年的非认知能力时，除了采用"大五人格"，还使用了毅力指标。对毅力的研究始于 2007 年，Duckworth 等人专

---

[1] Bowles S., Gintis H., "Schooling in Capitalist America: Educational Reform and the Contradictions of Economic Life" *Journal of Human Resources*, No. 2, 1977, p. 275.
[2] Moss P., Tilly C., "Skills and Race in Hiring: Quantitative Findings from Face-t-face Interviews" *Eastern Economic Journal*, 1995, p. 357.
[3] 胡博文：《认知能力对劳动者收入的影响：机制探讨和实证分析》，博士学位论文，浙江大学，2017 年，第 3 页。
[4] 许多多：《大学如何改变寒门学子命运：家庭贫困、非认知能力和初职收入》，《社会》2017 年第 4 期，第 90 页。

门开发了一个可靠的用来测量毅力的量表。① 毅力之所以引起研究人员的注意，主要是因为它可以高度预测劳动力市场的成功以及其他生活成果。② 除了大五人格模型和毅力量表外，学者们还构建了其他非认知能力衡量指标，例如，Cawley 等利用迟到、逃课等一系列行为构建了"自律"指标，并发现自律显著影响劳动者收入③；国内有研究者认为非认知发展表现在自我认同、效能感及价值观等方面，从内在和外在两个方面，团队合作、自信、独立工作、包容力、领导力、责任感等 10 个维度进行测量④；燕国材认为具体的非智力因素包括成就动机、自信心、责任感、自制性等 12 项因素⑤；龚欣和李贞义根据大五人格模型、已有文献和数据可得性将非认知能力化为 4 类指标，即思维开通性、消极情绪性、自律性和社会性。⑥

到目前为止，关于非认知能力的测量，学术界尚未建立绝对权威的测量工具。虽然心理学家开发了一系列测量工具，但研究者在使用过程中要从中选择出稳定又能代表非认知能力，且被更多学者广泛认可的测量工具并不是一件容易的事。本书通过对已有研究中被广泛使用的测量工具和指标进行归纳、汇总，确定了毅力品质、尽责心、自我效能感、满意度和学业能力自我认知（知识和技能获得感）等指标。其中，毅力是指对长期目标的坚持和热情，即使面临失败、逆境、挫折，也会保持努力和兴趣，Duckworth 等研究发现毅力解释了个体成功的 4%。责任心是人具有的细心、可靠、勤奋等特点，研究发现，尽责心对于教育成就

---

① Duckworth A. L., Peterson C., Matthews M D, et al., "Grit: Perseverance and Passion for Long-term Goals", *Journal of Personality & Social Psychology*, No. 6, 2007, p. 1087.

② Eskreis-Winkler L., Duckworth A. L., Shulman E. P., et al., "The Grit Effect: Predicting Retention in the Military, the Workplace, School and Marriage", *Frontiers in Psychology*, No. 2, 2014, p. 36.

③ Cawley J., Heckman J., Vytlacil E., "Three Observations on Wages and Measured Cognitive Ability", *Labour Economics*, No. 4, 2001, p. 419.

④ 朱红、张宇卿：《非认知与认知发展对大学生初职月薪的影响》，《华东师范大学学报》（教育科学版）2018 年第 5 期，第 42 页。

⑤ 燕国材：《关于非智力因素的几个问题》，《上海师范大学学报》（哲学社会科学版）1988 年第 4 期，第 134 页。

⑥ 龚欣、李贞义：《学前教育经历对初中生非认知能力的影响：基于 CEPS 的实证研究》，《教育与经济》2018 年第 4 期，第 37 页。

的预测力甚至比任何智力因素都要强[1];在大五人格模型中,相比外向性、随和性、思维开通性和情绪稳定性,责任心与个体成就关系更为紧密。[2] 自我效能感是"人们对自身能否利用所拥有的技能去完成某项工作行为的自信程度"[3],即个人对自己是否具有克服困难,完成某项工作或者达到某个目标的能力的判断。在教育研究中,自我效能感通常被定义为学生对自己能否成功完成某一既定学习目标的判断,它影响人的认知过程和情绪状态。满意度是个体对一个产品或服务的质量的感知,中职学生对学校的满意度是衡量中职学校发展水平的重要标准,本书主要关注学生在中职学校的总体学习体验和在企业的顶岗实习体验。学业能力自我认知是个体在学业成就领域对自己所表现出的认知能力高低的自我评价,除了客观成绩之外,学生对学习收获的自我评价也非常重要。尤其在高中阶段教育中,中职学生作为学业上的弱势群体,是否在知识和技能方面有一定的获得感对其辍学选择有重要影响。因此本书不仅选取了客观的测试成绩,知识和技能的自我评价即数学和专业知识获得感也是考察中职学生认知能力发展的重要指标。

二 数据获得途径

本书中标准化测试、课业考试成绩、自我报告、他人评价和根据行为表现推断是数据获得的主要途径。其中,标准化测试是获得认知数据的最主要途径。标准化测试根据测评内容不同,可分为学业表现测评、学习能力测评、智商测试等,学业表现测评最为常见,所采用的测评工具为标准化测试卷。标准化测试评价标准统一、确定,评价过程成本低、易操作,评价结果可直接用于统计分析,能够直接、客观地反映学生的核心认知能力。测量学生认知能力最好的办法是当场测试,因此,本研究也采取了当场测试的方式。

非认知数据获得方面,根据已有文献,研究者通常通过三种方式来

---

[1] Almlund M., Duckworth A. L., et al., "Personality Psychology and Economics", *Iza Discussion Papers*, No. 3, 2011, p. 1.

[2] Barrick M. R., Mount M. K., "THE BIG FIVE PERSONALITY DIMENSIONS AND JOB PERFORMANCE: A META-ANALYSIS", *Personnel Psychology*, No. 1, 1991, p. 1.

[3] Bandura A., *Self-efficacy*, San Francisco: John Wiley & Sons, Inc, 1994, p. 77.

获得学生非认知数据，即自我报告、他人评价和根据行为表现推断。自我报告是目前应用最为广泛的方式，但是自我报告的准确性可能面临两个问题：一是受访者在回答问题时不能提供准确的信息，这可能是因为受访者可能没有足够的经验做出准确的判断，或者他们可能不理解问卷中的问题；二是受访者不愿意提供他们知道的真实信息，即受访者故意报告不准确的个人背景和活动信息。已有研究证明，当被问及过去的行为时，除了那些涉及敏感信息及让被访者处于尴尬境地的问题，人们通常会做出准确的回答。① 他人评价也是收集数据的重要方法，对于学生而言，最经常接触的是同辈群体和老师，通过他们的评价在一定程度上可以了解学生自己的行为表现和非认知发展状况。除自我报告和他人评价外，还有一种数据获得方式即根据日常行为表现推断，Heckman等调查了因辍学等原因未获得高中文凭的人，发现他们在社会不良行为表现方面得分显著高于一般高中毕业生，因此推断辍学生非认知能力较低导致了在劳动力市场收入不高。②

本书中学生学习过程、行为，以及非认知能力方面的数据获得以自我报告为主，自我报告的有效性和可信性也已经被广泛检验。本研究的对象是中职学生，当问及学生中考成绩、目前的成绩、良好的品质、在某些活动中付出的努力程度时，学生自我报告会受到光环效应的影响，可能会轻微夸大自己某方面的行为表现。在一定程度上，这种光环效应的存在毋庸置疑，这意味着学生的表现与他们的实际情况有所差异。但是，这种效应在学校和学生之间是一致的，不会对某所学校或某个学生不利。为了保证自我报告的有效性和可信性，调查问卷在编制时遵循以下标准：（1）被调查者知道所要求汇报的信息是何时发生的；（2）问题措辞清晰明确；（3）问题涉及的是最近的活动；（4）被调查者认为这些问题值得认真思考；（5）回答问题不威胁、羞辱、侵犯被访者的隐私，也不鼓励被访者以不符合社会要求的方式做出回应。此外，针对一些行

---

① Kuh G. D., "What We're Learning about Student Engagement from NSSE: Benchmarks for Effective Educational Practices", *Change*, No. 2, 2003, p. 24.

② Heckman J., Rubinstein Y., "The Importance of Noncognitive Skills: Lessons from the GED Testing Program", *American Economic Review*, No. 2, 2001, p. 145.

为表现方面的问题,为了抑制光环效应,设计了评价他人的问题,即由学生自己报告同班同学的行为表现。

在上述理论、工具和方法的基础上,本研究尝试构建了中职学生学业情况分析维度和数据获取方法,见表 5-1。

表 5-1　　　　　　　　中职学生学业状况分析维度

学业	评价维度	问卷内容	数据获得途径
学校教学	学生	学习投入	自我报告
		学习行为	自我报告
	同辈群体	同伴行为	他人评价
		生生互动	自我报告
	教师	师生互动	自我报告
顶岗实习	顶岗实习经历	实习信息	自我报告
教育效果	认知发展	文化成绩	标准化测试
		专业成绩	标准化测试
	非认知发展	知识和技能获得感	自我报告
		毅力品质	自我报告
		尽责心	自我报告
		自我效能感	自我报告
		满意度	自我报告

三　学业成就评价方式

增值评价是一种发展性评价方法,是学习者在就学期间或某一阶段的学习过程中学习能力进步的增量,这一增量正是学业成就的体现。[1] 增值评价是一种基于学生发展增长效率的评价方式,通过比较学生原有学业基础和当前学业表现的差值,评价学校的教学效果。这一评价方式控制了生源因素对学生学习质量的影响,使得不同生源的班级或学校之间的教学效果可比,学校教育对学生学业"净影响"的效果可评。[2]

与传统评价相较,增值评价更能够体现以学生为本,实现全体学生

---

[1] 刘海燕:《中国高等教育增值评价模式的兴起与应用》,《高等教育研究》2012 年第 5 期,第 96 页。

[2] 马晓强:《增值评价:学校评价的新视角》,北京师范大学出版社 2012 年版,第 45 页。

发展的现代教育观。通过增值评价可以发现每个学生的进步和成长，反映学校教育在不同类型学生身上产生的不同影响，根据评价结果可以有针对性地改进学生的学习和教育过程，是更具科学性和发展性的评价方法。但增值评价的周期较长，通常需要一学年或几个学年的跟踪调查，评价成本较高，对评价人员、评价工具的标准化、评价技术的专业性要求也更高。近几年，具有国际影响力的教育评价项目之一PISA（Programme for International Student Assessment）即是采用了增值评价的方法和技术。

增值评价最为典型的是学科能力增值评价，它是指通过追踪研究设计，收集学生一段时间内在学科统一能力量表标准化测试中的成绩，形成学生自身的纵向比较，排除学生、教师和学校不可控制因素对学生成绩的影响（如学生原有成绩水平、人口学特征、家庭特征、学校周围地区的经济发展水平等），使用统计模型对学生成绩进行统计分析，考查学生在一段时间内学业上的变化。

增值评价关注学生学习的起点、过程和结果，体现了过程性、发展性评价理念，本研究借鉴增值评价的理念和方法对中职学生的学业发展进行测评。在实证研究层面，"增值"既包括横向研究中不同年级学生群体之间的相对差值，也包括纵向研究中同一学生两次测量结果的绝对差值。这表示，在横截面数据中，不同年级的学生群体在某一指标的相对增加值可以代表某一阶段内的教学效果；而在纵向数据中，同一学生群体两次测试结果的差值也可代表学生在某一阶段的学习成果。

第二节 中职教育学生学业问题调查过程

一 样本选择

具体的抽样过程见第三章，2013年10月进行基线调研，收集了118所样本学校、345个样本班的12071个样本学生的数据；2014年4月进行中期追踪调研。[①] 追踪调研时新增1083名样本学生数据，样本选择和数

[①] 由于中职一年级学生及其专业一般在10月份才能基本稳定，因此10月份收集基线数据，作为学年初数据；同时，由于二年级学生5月开始有大批学生参加顶岗实习，因此4月份收集终期数据，作为学年末数据。

据收集流程，见图 5-1。

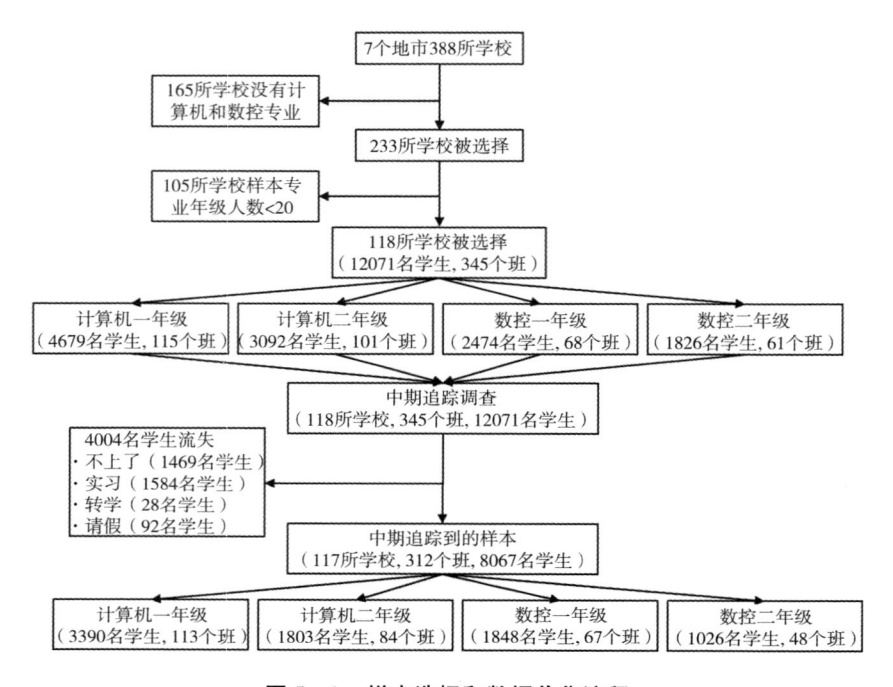

```
           7个地市388所学校
                  │
  165所学校没有计算机和数控专业 ←┤
                  │
            233所学校被选择
                  │
  105所学校样本专业年级人数<20 ←┤
                  │
            118所学校被选择
         （12071名学生，345个班）
    ┌────────┬────────┬────────┐
 计算机一年级  计算机二年级  数控一年级  数控二年级
（4679名学生，（3092名学生，（2474名学生，（1826名学生，
  115个班）   101个班）    68个班）    61个班）
    └────────┴────────┴────────┘
                  │
             中期追踪调查
      （118所学校，345个班，12071名学生）
                  │
  4004名学生流失
  · 不上了（1469名学生）
  · 实习（1584名学生） ←┤
  · 转学（28名学生）
  · 请假（92名学生）
                  │
            中期追踪到的样本
      （117所学校，312个班，8067名学生）
    ┌────────┬────────┬────────┐
 计算机一年级  计算机二年级  数控一年级  数控二年级
（3390名学生，（1803名学生，（1848名学生，（1026名学生，
  113个班）    84个班）    67个班）    48个班）
```

图 5-1　样本选择和数据收集流程

2015 年 4 月和 2016 年 5 月进行持续追踪调查和补充调查，在本章的分析过程中，以 2013—2014 年调查获得的数据为主，2015—2016 年收集的数据为辅。

二　调研过程

（一）基线调研

2013 年秋季学期初，对样本学校校长、样本班班主任和样本学生进行基线调研，调查工具主要包括校长问卷和学生问卷。在调查过程中，对部分班主任、学生和校长进行了非正式会话访谈。

校长问卷包括学校层面的一系列问题，具体有学校的办学性质（公办或民办）、学校的上级管理部门（教育部门或省人力资源和社会保障部门）、是否示范校、在校生数（2013 年 6 月全日制在校生人数）、生师比、教师学历、专业教师比例、生均教育经费等。

学生问卷包括两个部分，第一部分是关于学生的专业技能和一般技能，主要是两个标准化测试，一个测试专业知识和技能（计算机测试或者数控测试），一个测试文化基础知识（数学测试），测试的内容基于教育部、人力资源和社会保障部建立的课程标准。尽管每份试卷的具体试题不同，但根据国际通行做法，运用这样的试卷对同一学生在学年初和学年末的两次测试成绩差异可以被认定为学生在该学年的学习所得。为保证测试质量，在测试过程中，调研员对同一班级不同列的学生分别分发 A 卷和 B 卷以避免抄袭现象，并规范考试指导语，严格控制考场纪律和考试时间，以保证考试的标准化和真实性。

学生问卷的第二部分包括三个模块。一是学生背景特征，包括性别、年龄、民族、学历背景（是否完成了初中学业）、工作经历、父母的受教育程度、家庭经济背景（家庭耐用资产清单）等。二是非认知能力方面的信息，使用国际权威量表测量样本学生的毅力品质、责任感和一般自我效能感，三个量表的内部一致性系数分别为 0.68，0.71 和 0.87。三是教学活动有关信息，包括学生学习投入与行为、同伴行为、师生互动、生生互动等信息。

（二）中期调查

2014 年 4 月，研究团队回到样本学校进行中期调查。除了测试学生的专业技能和一般技能外，还在学生问卷中增加了四个模块。第一模块是请学生评价他们自己的知识和技能增进情况。第二个模块是收集学生顶岗实习经历的详细信息，询问学生在本学年（2013 年 10 月至调研时）是否参加过一个或多个实习，如果参加过实习，进一步询问他们最近一次实习经历的详细情况，涵盖了实习单位基本情况、实习组织、实习过程和实习指导四个方面。同时，还询问有过实习经历的学生是否愿意把这个实习工作推荐给其他同学。第三个模块是知识和技能获得感，采用主诉的方式，请学生回答自己的数学和专业能力在一学年的变化情况。第四模块是询问学生对中职教育的态度，即他们在中职学校学习的满意程度。此外，因青少年网络沉溺行为时有发生，所以，在调查问卷中加入《网络成瘾诊断问卷》测量样本学生的网瘾情况。

基线调研中的 8067 人接受了 2014 年的追访，剩余 4004 名学生（约基线样本的 33%）没有完成学生问卷或者测试卷。为了解参加基线调研的所有学生在第二次调研时的去向，第二次实地调研前分班级制作了"学生去向表"，这个表格是所有完成基线调研的学生名单。调研时，调研员首先询问样本班班长该班每个学生的去向（在学校参加调研、请假、转校、实习或者不再读书），如果对个别学生的去向有疑问，调研员通过询问同班同学或班主任、给学生本人或其父母打电话等多种方式来确定此学生的去向。对学生去向的调查分析发现，样本流失率较高，总结起来有三个原因：（1）不再读书；（2）评估调研时，一些学生去参加实习，因此不在学校；（3）转校，或者因身体不舒服等原因暂时请假，调研当天不在学校。总之，在损失的学生样本中，1469 名学生不再读书，1584 名学生实习，28 名学生转校，923 名学生请假。

（三）终期调查

2015 年 4 月，项目组第三次进入样本学校，此时基线的一年级学生已经到二年级末，基线的二年级学生已经临近毕业。此次调查，除了调查原样本中一年级（现在的二年级）学生，又重新对当时的一年级班级进行抽样调查。

在学生调查部分，除继续测试他们的专业技能和一般技能外，新增了学生上专业课和文化基础课的情况。同样采用自主报告的形式，收集学生交作业次数、完成作业花费时间、缺课次数、课任老师布置作业次数等信息。

（四）补充调查

2016 年 5 月，第四次去到样本学校，对 2015 年新增的一年级（此时是二年级末）学生进行调查。依然对样本学生的专业技能和一般技能进行测试，同时，在学生问卷中又新增两个模块：一是询问学生是否参加过职业技能大赛的备赛训练活动，是否参加过职业技能大赛；二是自我专业技能评价量表。

三 分析方法

本研究应用 Stata14.0 统计软件对数据进行清理与分析。教育活动方面，采用样本均值和百分比对中职学校教学活动和顶岗实习活动进行描述性统计。教育效果方面，对于中职学生的认知能力发展情况，客观标准化测试维度，样本中有两个专业和两个年级的测试分数，原始测试分不能反映学生间差异，不同学科的原始分也不能加减。为了使两个年级和两个专业分数可比，先把原始成绩转换为标准分（Z分数），转换后分数之间等距，可以做加减运算。但转换后的标准分（Z分数）有小数，而且会出现负值，实际使用时不太方便，所以进一步对标准分进行线性转换，以平均分为500，标准差为50进行线性转换，这是教育评估文献中常见的做法，转换后的分数不改变原始分的分布形状和位置次数。主观认知能力自我评价方面，用样本均值和百分比进行描述。

从基线到中期，分两步来检查中职学生的专业成绩和文化基础成绩是否有了明显改善：首先计算每个学生从基线到中期专业测试成绩和文化基础测试成绩的绝对增长分数（中期调研时的测试成绩减去基线调研时测试成绩）；然后，以绝对增长分数为样本做单总体平均数差异性检验，如果t值落在[−1.96, 1.96]外，表示专业成绩或文化基础成绩在本学年有明显增进或明显退步。例如，从基线到中期，假如绝对增长分数的t值大于1.96，说明这个学生的专业成绩或文化基础成绩有显著改进；当t值落在[−1.96, 1.96]内，表示这个学生的专业成绩或文化基础成绩没有显著变化。

对于中职学生的非认知能力发展情况，一方面，用样本均值来描述中职学生的毅力品质表现情况、尽责心情况、一般自我效能感情况、自我报告对中职学校和实习的满意度。另一方面，采用两个步骤来检验学生毅力品质、尽责心和一般自我效能感等非认知能力是否有显著提高：（1）计算二年级学生相对于一年级学生非认知能力的相对增长；（2）利用独立样本t检验计算二年级相对一年级的非认知能力增长是否显著。

在教育活动与效果的关系方面，采用多层线性模型（Hierarchical Linear Model，HLM），依据随机截距模型，建立如下方程：

$$Y_{ij} = \gamma_{00} + \gamma_{10}X_{ij} + \gamma_{01}S_j + U_{0j} + \gamma_{ij}$$

Y_{ij}是结果变量，代表学生认知和非认知发展变量。X_{ij}是学生基本特征，主要包括人口统计信息（性别、年龄、户口类型），学习和工作经历

（是否完成初中学业、是否上过普高、是否工作过半年及以上），教育期望（最高学历期望、是否参与对口高考），就业期望（工作与专业对口的概率预期、月薪预期），家庭特征（父母受教育年限、家庭经济状况、父母对学生学习的关注程度）。S_j 是学校层面特征，包括学校基本特征变量，如办学性质、上级管理部门、学校规模、生师比、拥有大学本科学历的教师比例、专业教师比例、生均教育经费等人、财、物资源；学生个人学习投入与行为（课后写作业时间，每天用电子设备的娱乐时间）；师生互动；同伴行为等。模型的第一部分（$\gamma_{00} + \gamma_{10}X_{ij} + \gamma_{01}S_j$）指的是学生和学校层面特征对学生表现的整体预期效果，U_{0j} 是量化学校之间差异的误差项，γ_{ij} 是学生 i 在 j 学校的一个随机误差项。

在分析学校层面因素对学生认知与非认知发展的影响时，首先利用模型1查看进行层次分析的必要性。层级间关联系数 $\rho > 0.138$ 为高度跨级相关，$0.059 < \rho < 0.138$ 为中度跨级相关，均表明有必要使用分层线性模型进行分析。[①] 在模型1的基础上加入学生特征变量，建立模型2，考察个人特征对学生发展的影响。在模型2的基础上加入家庭特征变量，建立模型3，考察家庭特征与学生发展之间的关系。在模型3的基础上加入学校基本特征，建立模型4，考察学校的人、财、物资源与学生发展的关系。在模型4的基础上分别加入师生互动、同伴不良行为发生率和朋友数量、个人学习投入与行为等变量，建立模型5、模型6、模型7。

家庭经济状况利用主成分分析法，根据变量非二项性和非连续性这一特征进行调整，对每一名学生计算出一个"家庭资产价值"的单一指标。[②] 同伴不良行为发生率是对样本班学生在校园内发生的抽烟、喝酒、打架、斗殴、敲诈勒索、考试作弊、欺负同学、逃课、赌博、抄作业等10项不良行为的综合统计，在模型分析中对这10道题目进行主成分分析并提取一个主成分，这个变量的取值越大表示不良行为发生率越高。

[①] Cohen J., "Statistical Power ANALYSIS for the Behavioral Sciences" *Journal of the American Statistical Association*, No. 334, 1988, p. 499.

[②] Kolenikov S., Angeles G., "Socioeconomic Status Measurement With Discrete Proxy Variabkes: is Princioal Component Analysis a Reliable Answer?" *Review of Income & Wealth*, No. 1, 2010, p. 128.

第三节　中职教育学生学业问题调查结果

一　中职教育人才培养的主要教育活动

（一）中职学校教学情况

1. 中职学生学习投入和行为

首先，在日常时间分配方面，调查问卷分别针对样本学生周一到周五每天上课时间、课后学习和做家庭作业时间、睡眠时间和其他活动（运动、聚会、玩）时间设定了相关提问。调查结果显示，中职学生每天上课的平均时间为8.3小时，课后学习和做家庭作业时间为2.5小时，睡眠时间为8.5小时，其他活动时间为4.7小时。分年级看，一年级与二年级相比，上课时间减少0.2小时，课后学习和做家庭作业时间减少0.05小时，睡眠时间增加0.1小时，其他活动时间增加0.15小时。分专业看，与计算机专业学生相比，数控专业学生上课时间减少0.2小时，课后学习和做家庭作业时间相近，睡眠时间增加0.1小时，其他活动时间增加0.1小时。从中可以发现，中职学生投入一天中34.6%的时间用于上课，10.4%的时间用于课外学习，19.6%的时间用于其他活动。这表示，在中职学生课余时间配置中，课后运动、娱乐投入比例高于学习比例，且样本学生不分年级、专业，课外学习投入比例相近。

此外，手机是现代人生活不可或缺的一部分，样本学生中超过九成拥有手机。调研数据显示，电子产品使用时间在学生日常时间分配方面占据重要地位。中职学生每天约1/4的时间在使用电子设备，其中，63.6%的时间在用电子设备玩游戏、看视频或聊天。《网络成瘾诊断问卷》一共设计了8个题目，如果有五个题目是肯定的，就可以断定该生患有"网络成瘾症"，结果显示有414名学生（占评估调研总样本数的5.1%）过度使用网络。总之，中职学生网瘾症状虽然不明显，但是生活比较空虚，电脑/手机娱乐投入比例较大。

其次，从课堂时间利用和出勤情况来看，中职学生将一天中1/3以上的时间投入上课中，但课堂学习效率堪忧。对学生"课堂电子设备使用时间"调查结果显示，中职学生每天在课堂使用电子设备的平均时间是2.9小时（上课时间的34.9%），其中，使用电子设备进行非学习性活动的时间均占课堂上电子产品使用总时间的一半以上。

另外，学生出勤情况也是考量学校教学活动的重要方面，调查显示，8.2%的学生在调研的前一周至少缺过一节数学课，11.0%的学生至少缺过一节专业课，见表5-2。总体上，13.0%的样本学生在调研的前一周缺过课，31.5%的样本学生报告说班级同学有逃课行为。

表5-2　　　　　　　　中职学生出勤和作业完成情况　　　　　　　　（单位:%）

缺课情况	缺数学课	缺专业课	完成作业时间	数学课作业	专业课作业
一节	3.34	3.26	1—15分钟	24.64	12.78
两节	2.38	3.64	16—30分钟	53.46	42.45
三节	1.11	1.36	31—50分钟	18.45	32.68
四节及以上	1.36	2.73	60分钟以上	3.46	12.08

最后，从课后作业完成情况来看，调查问卷针对学生的数学和专业课作业完成情况设定了相应问题。从中发现，7.7%的中职学生完成数学作业的次数小于老师布置数学作业的次数，11.3%的学生完成数学作业的次数小于老师布置专业作业的次数，这表示，累计近两成学生有未完成老师布置作业的行为。从完成作业的时间长短看，有数学作业的情况下，24.6%的学生用时"1—15分钟"，而超过3/4的学生用时15分钟以上；有专业课作业的情况下，12.8%的学生在15分钟内完成了专业课作业，分别有42.5%、32.7%的学生完成专业课作业用时"16—30分钟""31—50分钟"。这表明，部分学生存在应付、抄袭作业的行为，调研数据也证实了这一点，近40%的样本学生报告说班级同学有抄作业行为。

2. 同辈群体行为

同辈群体也是影响学生个人行为的关键因素，调查问卷针对同辈群体的不良行为设置了相关提问，让学生根据实际情况选择不良行为是否发生。不良行为包括作弊、逃课、抄作业、和老师顶嘴、打架、敲诈勒索、欺负同学、抽烟、喝酒，本研究把不良行为分为三种：不良班级行为，即作弊、逃课、抄作业、和老师顶嘴；不良社会行为，即打架、敲诈勒索、欺负同学；危害健康行为，即抽烟、喝酒。

不良行为发生率见表 5-3。从中可以发现，中职学校不良班级行为发生率最高。根据调查数据，64.6% 的学生说上一周（调研的前一周）在教室内观察到不良班级行为的发生，最经常被观察到的不良班级行为是抄作业（49.5% 的学生看到过）和作弊（39.7% 的学生看到过）。

表 5-3　　　　　　　　中职学生常见不良行为统计

专业	年级	不良班级行为 人数	不良班级行为 比例（%）	不良社会行为 人数	不良社会行为 比例（%）	危害健康行为 人数	危害健康行为 比例（%）	不良行为 人数	不良行为 比例（%）
计算机	一	2308	68.1	845	24.9	1570	46.3	2405	70.9
	二	1162	64.4	312	17.3	799	44.3	1232	68.3
数控	一	1118	60.5	445	24.1	815	44.1	1178	63.7
	二	625	60.9	225	21.9	490	47.8	680	66.3
合计		5213	64.6	1826	22.6	3674	45.5	5495	68.1

更需要引起注意的是，相当一部分中职学生上一周在校园内见证了某些同学的不良社会行为，如打架、敲诈勒索、欺负同学等。调查数据显示，22.6% 的学生观察到了这些行为，其中打架的发生率最高，15.8% 的学生上周见到过这一行为。

问卷还涉及学生是否有危害健康的行为，例如抽烟、喝酒。总体上，有 45.5% 的学生说他们在校园内看到过同学抽烟或者喝酒，虽然样本学生的年级、专业、年龄不同，但抽烟、喝酒比例大致相同。并且，7.2% 的样本学生自我报告每天都会抽烟（已有烟瘾倾向）。总之，这一系列数据显示当前中职学校内不良班级行为、不良社会行为，以及危害健康行为频繁发生，68.1% 的学生报告了不良行为的发生。

3. 师生互动

中职学校中，班主任是政府和学校管理章程的具体执行者，是学生和学校、学校和家长的联系人，在促进中职学生成人成才方面发挥关键作用。因此，本研究中将师生互动的"师"设定为班主任，师生互动体现在三个方面：一是班主任对学生的关心程度；二是师生聊天次数；三是学生有困难时联系班主任的意愿。

表 5-4　　　　　　师生互动和课程安排情况描述性统计

变量	观测值	均值	标准差	最小值	最大值
1. 师生互动情况					
班主任关心学生	9136	0.85	0.35	0	1
学生联系班主任	9131	0.68	0.47	0	1
师生聊天次数	9108	2.65	6.85	0	100
2. 科目和课时安排					
数学课课时	355[①]	5.40	6.98	0	48
语文课课时	353	4.42	3.79	0	36
专业课门数	355	3.82	1.60	0	19
专业课课时	354	20.83	9.12	0	80

由表 5-4 可知，85% 的学生认为班主任关心学生，68% 的学生在遇到困难时有主动联系班主任的意愿，上学期师生聊天次数平均为 2.7 次。就聊天次数而言，虽然均值为 2.7，但是中位数是 1，约四成学生表示上学期师生聊天次数为 0。

除了班主任外，调查问卷还设计了中职学校任课老师对学生学习的关注情况，学生依据自身情况选择教师关注频率。从中发现，近四成学生仅在个别课上感受到任课老师对其学习的关注，8.0% 的学生认为老师从来没有关注其学习；当学生需要帮助时，仅有半数学生回答老师会在大部分课上提供额外的帮助；对于"当学生听不懂时，老师会一直讲解直到学生理解"，选择"每节课"及"大部分课"两项的合计为 54.0%，有超过十分之一的学生表示老师从来没有这样做。

总的来说，中职学校老师对学生有关心，但关心的深度和广度不够，尤其对学生的学习关注较少，因而学生有困难主动联系老师的意愿不是很高，在有手机的中职学生中，12.0% 甚至没存班主任的手机号码。

4. 生生互动

将学生自报的好朋友个数作为同辈群体互动的代理指标，为保证数据的真实有效，调查问卷在设计时要求请样本学生以实名制的形式写下好朋友的名字。数据结果显示，每个学生平均有 4.3 个朋友，但有 0.4%

[①] 科目和课时安排部分数据的观测值以班为单位。

的中职学生好朋友数量为 0。分年级来看，两个专业一、二年级学生平均拥有的好朋友数量取整后都为 4。这说明，中职学生的交友比较固定，不会随着年级的升高就会拥有越来越多的朋友，同辈群体一旦形成，不会轻易改变。

5. 学校课程

课程是学校教育活动的核心载体，是实现人才培养质量的重要媒介和手段。通过班主任问卷收集样本班各教学科目的课时安排发现（表 5-4），中职学校每周平均有 5.4 节数学课，4.4 节语文课，20.8 节专业课，3.8 门专业课。各个学校各科目的课时安排并不均衡，虽然极大值各不相同，但是极小值都为 0，这表示一小部分中职学校一个学期内存在不开数学、语文，或者专业课的现象，这是一个值得关注的问题。

（二）企业顶岗实习情况

中职教育因其特殊性，具有学校和企业两个学习场所，建立学习与工作的关系是职业教育的重点，顶岗实习是中职教育活动的重要组成部分，是校企合作育人的重要途径。从政策文本看，早在 2005 年，《国务院关于大力发展职业教育的决定》中就明确要求，中职学校在校学生要在最后一个学年进行顶岗实习。2019 年，国务院印发的《国家职业教育改革实施方案》中，虽然对顶岗实习时间要求有了变化，由一学年变为 6 个月，但这是基于实践需要的制度优化选择。基于顶岗实习对中职学校人才培养的重要性，本书对样本学生的顶岗实习状况进行了问卷调查。

1. 样本学生参与实习情况

调查显示，从基线到中期，一共有 3283 名学生参与过或正在参与实习，其中 2051 名（中期调研样本的 22.5%）参与了中期调研，1232 名学生因正在参与实习，无法参加调研。年级不同，是否参与实习的学生比例差异较大。一年级中，998 人报告说参加过实习，占一年级总人数的 16.4%；114 人正在实习，占一年级总人数的 1.9%。二年级中，1053 人报告说参加过实习，1118 人正在实习，分别占二年级总人数的 24.5%、26.1%。也就是说，约两成一年级学生、超过半数的二年级学生在过去的一学年参与了实习。

分专业来看，计算机专业学生参与实习的比例低于数控专业，分别为28.6%和37.0%。其中，计算机一年级学生中14.7%参与过实习，1.6%正在校外实习，而数控专业一年级学生在这两项的比例分别为19.6%、2.5%；计算机二年级学生中参与过实习和正在校外实习的比例为23.4%、23.6%，数控专业的比例则为26.4%、29.9%。如前所述，中期调研时没有收集正在校外实习的学生最近一次实习经历，因此下文的分析仅针对在校且参加中期调研的2051名学生。

由样本学生第一次参与实习的具体时间可知，72.6%的一年级学生报告说他们在第一学期参与了第一次实习，27.4%的学生说是在第二学期；49%的二年级学生报告说在第二学期参与了第一次实习，28.1%的学生在第二学期，16.7%的学生在第三学期。这一系列数据反映很多中职学生在入学后不久就开始参与实习，这类实习的教育性和必要性有待进一步探究。

2. 样本学生最近一次参加的实习经历

从实习单位联系渠道看，以学校安排为主。调查数据显示，64.5%的学生的实习单位是由学校安排的，其次是家人或亲戚（15.3%），学生本人自己联系的比例占实习总人数的8.8%，学校老师私人联系和同学介绍两项合计为7.5%，2.1%的学生经由劳务中介公司安排，通过其他学校或其他方式联系实习单位的学生较少（0.9%）。

从实习单位的地点和规模看，以外省的大、中型企业为主。在中职学生的最近一次实习中，27.8%的学生在样本市实习，7.4%的学生在省内其他市实习，64.8%的学生在省外实习，见表5-5。根据《关于印发〈统计上大中小微型企业划分办法（2017）〉的通知》，参照工业的划分标准，将企业从业人员为20人以下的划为微型企业，20（含）—300人（不含）划为小型企业，300—1000人划为中型企业，1000人及以上划为大型企业。[①] 中职学生在四类规模企业实习的比例分别为14.0%、5.0%、34.5%、46.5%，大、中型企业合计占实习总人数的八成以上。

从班级内是否有同学与本人在同一实习单位看，大部分学生与同班

---

① 国家统计局：《关于印发〈统计上大中小微型企业划分办法（2017）〉的通知》，http://www.stats.gov.cn/tjgz/tzgb/201801/t20180103_1569254.html，2017年12月18日。

同学一起实习。调查数据显示，86.5%的学生在最近一次实习中至少与 1 个同班同学在同一单位。其中，超过半数（55.0%）的学生表示有 10 个及以上的同班同学与自己在同一单位实习。

表 5-5　　样本学生在调研前的最近一次实习经历

类别	频数	百分比（%）	类别	频数	百分比（%）
1. 实习单位基本情况			3. 实习过程		
（1）实习单位地点			（1）实习期间所在的岗位是否与所学专业对口		
样本学校所在地市	569	27.81	对口	675	32.99
本省非本市	151	7.38	不对口	1371	67.01
外省	1326	64.81	（2）主要是通过什么形式参与实习		
（2）实习单位规模			学徒式	777	37.96
微型企业	282	14.02	加工流水线式	1151	56.23
小型企业	100	4.97	其他	119	5.81
中型企业	694	34.49	（3）每周工作几天		
大型企业	936	46.52	6 天及以下	1375	73.02
（3）班级有几人与自己一起去同一实习单位			6 天以上	508	26.98
0 人	277	13.53	（4）每天工作几个小时		
不超过 10 人	645	31.49	8 小时以上	1176	58.01
10 人及以上	1126	54.98	8 小时及以下	851	41.99
2. 实习组织			（5）是否拿到实习工资		
（1）是否有学校教师说明实习的目的和内容			是	1955	95.51
是	1503	73.75	否	92	4.49
否	535	26.25	4. 实习指导		
（2）实习单位、学校和本人是否签有三方协议			（1）是否接受了关于实习要求与单位制度的培训		
是	1370	66.96	接受	1658	81.00
否	676	33.04	没有接受	389	19.00
（3）跟哪些部门缴纳实习费			（2）实习期间，学校老师是否在实习单位驻场指导		
都没有	1355	66.1	驻场指导	1229	59.95
学校	509	24.83	不驻场指导	821	40.05

续表

类别	频数	百分比（%）	类别	频数	百分比（%）
实习单位	126	6.15	（3）实习期间，学校老师是否询问过实习情况		
其他	60	2.92	询问	1315	64.37
			不询问	728	35.63
			（4）实习期间，实习单位是否安排培训活动		
			安排	1370	66.96
			不安排	676	33.04

从实习组织来看，七成左右学生反映实习之前有教师对实习目的和内容进行说明，实习单位、学校和学生本人会签订三方协议，且不用缴纳实习费。从实习过程看，1/3学生的实习岗位与专业对口；学生主要通过学徒、加工流水线的方式参与实习，两种形式分别占38.0%、56.2%；实习时间方面，73.0%的学生每周至少休息一天，42.0%的学生每天工作时间不超过八小时；实习报酬方面，九成以上学生有实习工资，其中，约四成学生的实习工资低于相同工作岗位的正式员工。从实习指导情况看，81.0%的学生表示实习之前接受了关于实习要求与单位制度方面的培训；实习期间，67.0%的学生报告说实习单位会给实习生安排培训活动，六成左右学生反映学校老师会在实习单位驻场指导，也会询问实习情况。平均来说，学生在实习单位实习8周，学校教师驻场指导4周，询问过3次实习情况。

二　中职教育人才培养主要教育活动的效果

（一）中职学生学习活动效果

1. 数学和专业成绩有所提高

样本学生2013—2014学年数学成绩和专业成绩增进情况如表5-6所示，样本学生专业成绩平均增长了10.6分，数学成绩平均增长5.0分，10.1%的学生专业成绩取得显著进步，8.9%的学生数学成绩取得明显进步。同时参加基线和中期调研的样本学生中，虽然89.9%专业成绩增进不明显，91.1%的数学成绩增进不明显，但总体上两门测试成绩还是有所增进。

表 5 – 6　　　　样本学生专业技能和文化基础知识的增进情况

专业	年级	专业技能 平均增长分数（总分 = 1000）	专业技能 分数增长显著的学生比例	文化基础知识 平均增长分数（总分 = 1000）	文化基础知识 分数增长显著的学生比例（%）
计算机	1	9.1	10.0	6.4	10.2
	2	11.4	10.3	4.8	8.1
数控	1	—①	—	4.6	9.1
	2	14.2	10.1	1.3	5.9
合计		10.6	10.1	5.0	8.9

按年级来看知识和技能的增进情况发现，计算机专业二年级学生的专业成绩平均增长分数比一年级高 2.3 分，专业成绩进步明显的学生比例比一年级高 0.3 个百分点。但是在文化基础知识方面，无论是计算机专业还是数控专业，一年级学生的数学成绩平均增进幅度都显著高于二年级学生，且一年级成绩进步明显的学生比例也高于二年级，计算机专业二年级成绩进步明显的学生比例比一年级低 2.1 个百分点，数控专业二年级成绩取得显著进步的学生比例比一年级低 3.2 个百分点。这说明相比文化基础知识教育，中职学校对专业教育更为重视。

2. 专业技能获得感高于文化基础知识获得感

根据样本学生自我报告的 2013—2014 学年数学和专业能力进步情况，即知识和技能获得感，46.1% 的学生认为自己学年末的数学能力好于学年初，81.9% 的学生认为自己学年末的专业能力较学年初的专业能力好。这样的结果跟测试成绩较为一致：与文化基础知识相比，学生专业技能获得情况更好。

分年级来看，在专业技能获得感方面，数控专业二年级学生专业技能获得感较高，91% 的学生认为自己专业能力比以前（学年初）好，一年级为 78.5%；计算机专业则相反，一年级学生的专业技能获得感高于二年级，82.0% 的一年级学生报告说自己的专业能力比以前好，比二年级高了近 2 个百分点。在数学知识获得感方面，数控和计算机专业分别

---

① 基线调研时，数控一年级学生刚入学，没有学习专业课，所以无法测定这一学年的专业技能增进。

有42.9%和48.9%的一年级学生认为自己的数学能力变好了,高于两个专业的二年级学生。这意味着经过一个学年的学习,有更多的人认为自己数学能力没有改变甚至有所退步,数学知识获得感较低。这个结果,与客观的标准化测试结果相符。

3. 毅力品质明显改善

表5-7是中职学生Grit-s量表得分。2013年10月,一年级学生刚进入中职学校,二年级学生已经在中职学校学习一年。由于本研究样本的随机性和代表性,因此,用二年级学生的毅力品质得分减去一年级学生得分,可以认为是中职学生一学年内在毅力品质方面的相对增长。

由表5-7可以发现,二年级学生的毅力品质得分明显高于一年级学生,至少在5%的水平显著。计算机专业二年级学生毅力品质得分比一年级高0.03分,数控专业二年级学生比一年级高0.06分。用t分布理论来推断两个年级学生的差异发展概率,从而判断两个年级毅力品质得分平均数的差异是否显著,结果见表5-7最后一列,两个年级学生的毅力品质得分差异显著。因此,可以认为,经过一学年的学习,中职学生毅力品质得分增进明显。

表5-7　　　　　样本学生非认知能力发展情况

类别	专业	年级	量表得分	相对增长值	T值
毅力品质	计算机	1	3.47	0.03	2.54**
		2	3.50		
	数控	1	3.50	0.06	4.38***
		2	3.56		
	合计		3.495	0.04	3.70***
尽责心	计算机	1	3.49	0.02	1.44
		2	3.51		
	数控	1	3.57	0	0.01
		2	3.57		
	合计		3.52	0.01	1.05
自我效能感	计算机	1	2.58	0.03	3.40***
		2	2.61		
	数控	1	2.63	0.03	2.70***
		2	2.66		
	合计		2.61	0.04	3.45***

注:括号内为标准误差,* $P<0.1$;** $P<0.05$;*** $P<0.01$。

4. 尽责心品质无显著变化

数据结果显示（表5-7），与整体平均值相比，计算机专业学生尽责心得分较低，数控专业学生尽责心得分较高。尽管数控专业两个年级学生的尽责心得分高于总体均值，但是两个年级间没有显著差异。这表示，不论是从总体看，还是分年级、专业来看，中职学生在学校的前两年尽责心品质没有得到明显变化，基本保持不变。

5. 自我效能感增进明显

总体来看（表5-7），样本学生的一般自我效能感（GSES）得分均值为2.61，其中，男生为2.68，女生为2.44。有研究表明，我国男、女大学生自我效能感得分分别为2.69和2.55，男、女高中生分别为2.52和2.39[1]。与大学生和高中生相比，中职学生的自我效能感得分低于大学生，而高于高中生，并且，中职男学生表现更好。

分年级来看，二年级学生的自我效能感得分（2.63）高于一年级（2.59），二者的差异在1%水平上显著。无论是计算机专业还是数控专业，二年级学生的自我效能感得分都显著高于一年级学生。同时，调查发现，与数控专业学生相比，计算机专业学生自我效能感得分显著较低，这可能是因为计算机专业女生更多（总体样本女生的93.66%），而女生的自我效能感低于男生。总之，经过两年的在校学习，中职学生在一般自我效能感方面取得了明显进步。

6. 半数以上在读学生对中职学校的学习满意

中职学校学习的满意度是样本学生在中职学校学习的综合体验。从图5-2可以发现，半数以上（56.7%）4574的在读学生（不包括从基线到中期流失的学生）对在中职学校的学习感到满意。分年级来看，计算机和数控专业一、二年级学生对学习满意的比例分别为57.3%、57.1%、56.4%、54.3%，随着年级的升高，学生的满意度呈下降趋势。分专业来看，计算机专业学生的满意度高于数控专业，这跟认知能力测试结果一致，计算机专业学生的认知能力发展稍好于数控专业。需要说明的是，这是参与满意度调查的学生样本，不包括从基线到中期流失的学生样本，

---

[1] 王才康等：《一般自我效能感量表的信度和效度研究》，《应用心理学》2001年第1期，第37页。

如果将"不读了"这类流失学生归因为对中职学校不满而辍学的话，样本学生的平均满意度应为52.0%。

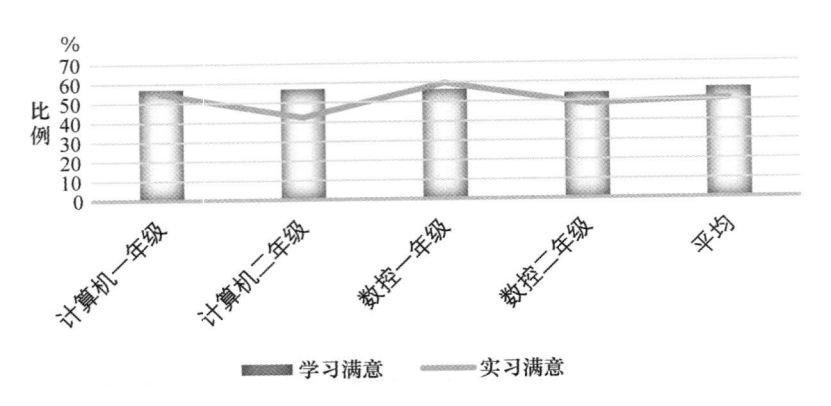

图5-2 样本学生对中职学校学习和实习的满意度

（二）中职学生顶岗实习效果

在真正的工作场所学习，从应然层面来讲，既可以帮助中职学生获得通用技能和专业技能，又可以培养中职学生的职业素养。为了了解中职学生的实习效果，从两个方面分析中职学生顶岗实习效果：一是询问有实习经历的学生对实习的综合感受，即对实习是否满意，以"是否会推荐同专业的同学去本人所在的实习单位实习"的回答情况作为学生实习满意度的衡量指标。二是以是否参与过实习作为干预变量，分析实习经历对学生认知和非认知发展的影响。认知方面，主要选择了数学成绩和专业成绩两项指标；非认知方面，选择毅力品质（它是企业对员工绩效评价最为正相关的员工素质[1]）和不良行为发生率两项指标。

1. 实习满意度的描述性统计

样本学生的实习满意度情况见图5-2。从中发现，51.4%的学生报告说会推荐同专业的同学到自己所去的实习单位去实习，这说明半数学生对实习质量表示满意。分专业来看，与计算机专业学生相比，数控专

---

[1] 李桂荣等：《中职教育供给侧存在的问题及改革思路》，《教育发展研究》2017年第3期，第37页。

业学生对最近一次的实习质量满意比例较高。调查结果显示，计算机专业48.8%的学生对实习质量满意，数控专业学生的这一比例则为55.2%，明显高于计算机专业。

2. 实习效果的回归结果

为了考察实习对中职学生认知和非认知发展的影响，一方面使用学生自我评价的方法衡量学生的专业技能是否有所变化，发现有实习经历的学生与没有实习经历的学生之间没有任何差异（t=1.21）；另一方面，在控制学生个人和家庭的基本特征，以及基线调研时的各类测量分数的基础上，使用多元线性回归模型科学评价实习经历对学生认知和非认知发展的影响，回归结果如表5-8所示。由回归结果可知：（1）在数学成绩增进方面，有无实习经历的学生之间没有显著区别，且系数为负值；（2）在专业成绩增进、吃苦耐劳品质提升方面，参加过实习的学生相比没有参加实习的学生均在10%水平上显著偏低，这表示，与没有参与实习的学生相比，参与实习的学生在专业知识技能进步、优秀心理品质养成方面显著较低；（3）在不良行为发生率方面，参加过实习的学生比没有参加实习的学生在5%水平上显著严重，也就是说，有过实习经历的学生更容易表现出不良行为。

表5-8　　　　实习对样本学生认知和非认知发展的影响

变量	认知发展		非认知发展	
	文化基础知识	专业技能	吃苦耐劳品质	不良行为发生率
实习生	-0.021	-0.050*	-0.052*	0.139**
	(0.032)	(0.028)	(0.029)	(0.054)
常数	-1.041***	-0.974***	-3.058***	-0.854***
	(0.202)	(0.220)	(0.213)	(0.276)
观测值	9131	9,131	9131	9131

注：括号内为标准误差，余同；所有回归均控制了学生个人和家庭基本情况、基线成绩、学习经历。

三　中职教育人才培养中教育活动与教育效果的关系

（一）中职学校教学过程与学生认知和非认知发展的关系

通过上面的分析可知，中职学生在经过前两个学年的学校教育后，认知和非认知能力发生了变化。为了探讨学生认知和非认知发展的差异与中职学校教育过程的关系，本研究使用多层线性模型，把分析模型分为两层，一层为学生个人及家庭特征，一层为学校特征，以艾凯克（Akaike InformationCriterion，AIC）与贝叶斯系数（Byesian Information Criterion，BIC）比较模型的优劣，系数越来越小表明模型越来越优[1]，探讨教师、同伴、学生个人学习投入与中职学生认知和非认知发展的关系。HLM 回归结果详见附录 A，表 5-9 只呈现本研究关注的核心变量，即中职学校教学过程变量与教学效果变量（学生认知和非认知发展）的相关系数、显著性水平。

1. 中职学校教学过程与学生认知发展的关系

在中职学校教学过程与学生数学成绩的关系方面，运用模型 1 分析发现，中职学校间随机截距的误差项（0.49），远大于其误差（0.03），表明学生数学成绩在很大程度上因学校不同而有差异。经过计算，两个层级的关联度为 0.353，表明数学成绩大约 35.3% 的差异可以分解到学校层次。且 0.353＞0.138 为高度跨级相关，适用多层线性模型（HLM）进行分析。从表 5-9 中发现，教师关心学生、学生有困难时主动联系老师、朋友数量、课堂进行非学习性质的活动时间、课后写作业的时间与数学成绩显著相关。具体来说，师生互动方面，教师关心学生、学生有困难时主动联系老师都与数学成绩显著正相关，分别在 10%、1% 的水平上显著；同辈群体方面，朋友数量与数学成绩显著正相关，每增加一个朋友，数学成绩增加 0.03 标准分；个人学习投入与行为方面，课堂进行非学习性质的活动时间与数学成绩负相关，课后写作业的时间与数学成绩正相关，分别在 1% 和 10% 的水平上显著，即课堂用手机等电子设备娱乐的时间越长，数学成绩越差；课后投入学习的时间越长，数学成绩越好。

在中职学校教学过程与学生专业成绩的关系方面，运用模型 1 分析发现，中职学校间随机截距的误差项（0.41），远大于其误差（0.03），表明学生专业成绩在很大程度上因学校不同而有差异。经过计算，两个

---

[1] 王济川等：《多层统计分析模型：方法与应用》，高等教育出版社 2008 年版。

层级的关联度为29.1%，为高度关联强度，表明专业成绩大约29.1%的差异可以分解到学校层次。由表5-9可知，教师关心学生、学生有困难时主动联系老师、朋友数量、课堂进行非学习性质的活动时间与专业成绩显著相关。具体来说，师生互动方面，教师关心学生会显著提升中职学生的专业成绩，与教师不关心的学生相比，教师关心的学生专业成绩高0.09标准分，在1%的水平显著；学生有困难时主动联系老师与专业成绩在1%的水平显著正相关，与遇到困难没有联系老师意愿的学生相比，有联系老师意愿的学生专业成绩高0.07标准分。同辈群体方面，朋友数量与专业成绩在1%的水平显著正相关，影响系数为0.05。个人学习投入与行为方面，消极的课堂行为即课堂上用手机等电子设备娱乐的时间与专业成绩在1%的水平显著负相关，课堂上每多玩一个小时，专业成绩下降0.03标准分。

表5-9　　教学活动与样本学生认知和非认知发展的相关性

自变量 因变量	师生互动			同辈群体		个人学习投入与行为	
	师生聊天	教师关心	联系老师	不良行为	朋友数量	课堂 玩手机	课后 写作业
数学成绩	-0.005	0.059*	0.075***	-0.003	0.025***	-0.036***	0.012*
专业成绩	0.001	0.085***	0.074***	0.008	0.047***	-0.026***	0.009
数学获得感	-0.002	0.142***	0.201***	-0.090***	0.020	-0.034***	0.036***
专业获得感	0.000	0.205***	0.151***	-0.066***	0.027***	-0.033***	0.007
毅力品质	0.004	0.024	0.151***	-0.075***	0.023***	-0.034***	0.008
尽责心	0.001	-0.039	0.147***	-0.067***	0.007	-0.050***	0.024***
自我效能感	0.010***	0.063*	0.053*	-0.026***	0.006	-0.023***	0.004
学习满意度	0.000	0.033*	0.031**	-0.018*	0.000	-0.002	0.002

注：本表只呈现教学过程变量对结果变量的影响系数及显著性，完整回归结果见附录A。

2. 中职学校教学过程与学生非认知发展的关系

在中职学校教学过程与知识、技能获得感的关系方面，运用模型1分析发现，文化基础知识获得感方面，两个层级的关联度为18.0%，属于高度关联强度，表明文化基础知识获得感约18.0%的差异可以分解到学校层次。专业知识和技能获得感方面，两个层级的关联度为19.0%，表明专业知识和技能获得感约19.0%的差异可以分解到学校层次。回归结果显示（见表5-9），教师关心学生、学生有困难时主动联系老师、同伴不良行为发生率、朋友数量、课堂进行非学习性质的活动时间与文化基础知识获得感、专业知识和技能获得感显著相关；课后学习投入时间对文化基础知识获得感有显著影响。具体来说，师生互动方面，教师关心学生和学生有主动联系老师的意愿均可以增加学生的获得感，并且都在1%的水平显著。同辈群体方面，同伴不良行为发生率与获得感显著负相关，同伴不良行为发生率越高，中职学生知识和技能获得感越低；朋友数量则相反，朋友数量越多，中职知识和技能获得感越高。个人学习投入与行为方面，与数学成绩、专业成绩相似，消极课堂行为对获得感的增加有显著的负向影响；积极的课后学习投入则可以增加知识和技能获得感，需要说明的是，课后学习投入时间与文化基础知识获得感正相关，且在1%的水平显著，但其与专业知识和技能获得感的呈现的是不显著的正相关。

在中职学校教学过程与毅力品质、尽责心、自我效能感、满意度的关系方面，运用模型1分析发现，无论是毅力品质、尽责心、自我效能感，还是中职学校学习满意度，中职学校间随机截距的误差项都远大于其误差，表明非认知发展的各个指标在很大程度上是因学校不同而有差异。经过计算，毅力品质、尽责心、自我效能感、学习满意度在个人和家庭、学校两个层级的关联度依次是12.4%、13.9%、11.6%、21.4%，前三个为中度关联强度，学习满意度为高度关联强度。关联强度表示毅力品质、尽责心、自我效能感和学习满意度依次有12.4%、13.9%、11.6%、21.4%的差异可以分解到学校层次。

中职学校教学过程与学生非认知发展的关系见表5-9。师生互动方面，师生聊天次数与自我效能感得分正相关，在1%的水平显著，也就是说，教师和学生每多谈话一次，学生自我效能感增加0.01标准分；教师关心学生对自我效能感和学习满意度的增加有积极影响；学生有困难时联系老师的意愿与非认知发展的四个指标均有正向作用，具体地说，与有困难不联系老师的学生相比，主动联系老师的学生毅力品质、尽责心、自我效能感、学习满意度都较高，分别在1%、1%、10%、5%的水平上显著。同辈群体方面，不良行为发生率与中职学生非认知发展负相关，且都十分显著（1%水平），这表示同伴不良行为发生率越高，中职学生在毅力品质、尽责心、自我效能感、学习满意度等各个方面都表现较差；朋友数量与毅力品质在1%水平显著正相关，每增加一个朋友，毅力品质得分增加一标准分。个人学习投入与行为方面，消极的课堂行为即课堂上使用电子设备进行非学习活动时间与毅力品质、尽责心、自我效能感负相关，分别在1%、1%、5%的水平上显著；课后学习行为即课后做作业时间对尽责心得分有正向促进作用，课后学习每多投入一个小时，尽责心得分增加0.02标准分。

总体来看，教师方面，教师与学生谈话次数对非认知能力中的自我效能感有积极影响；教师关心学生，学生有困难时有主动联系老师的意愿对学生的认知和非认知发展有正向促进作用。同辈群体方面，同伴不良行为发生率越高，越阻碍学生非认知能力的发展，以及知识和技能获得感的提升；朋友数量越多代表学生的社会性越好，与认知和非认知能力的提升显著正相关。学生学习投入和行为方面，课后做作业时间长，可以显著促进认识和非认知发展；课堂上进行非学习性质活动时间长对学生认知和非认知发展有不利影响。

此外，在学校基本特征方面，办学性质、学校规模、生均教学仪器设备值、生均实训设备价值、本科学历以上教师比例、外聘教师比例对非认知发展有显著影响。公办学校学生的毅力品质、社会性和对中职学校学习满意的概率显著高于民办学校学生，但民办学校学生的尽责心和自我效能感却显著高于公办学校。在学校规模方面，规模较大学校的学生在尽责心、社会性、对中职学校的满意度方面显著高于规模较小学校的学生。本科学历教师比例高有助于提高学生自我效能感，促进学生非认知发展。外聘教师比例高的学校对学生非认知发展有消极影响，这可能与学校对外聘教师的质量和管理缺乏有效监督相关。

（二）企业顶岗实习过程与实习满意度的关系

实习满意度为二分变量，满意则赋值为1，否则取值为0。为分析中职学生顶岗实习过程与实习满意度的关系，采用logit模型进行多元回归分析，建立如下方程：
$$Y = \alpha + \beta_i X_i + \gamma_i \theta_i + \delta_i Z_i + \varepsilon$$

Y 是因变量实习满意度。X 为学生个人背景变量，包括性别、年龄、专业、数学和专业成绩标准分；θ 为学校层面变量，包括办学性质、教师驻场指导、教师与家长沟通学生实习情况；Z 为实习特征变量，包括实习地点、联系实习单位渠道、实习单位规模、是否购买保险、是否缴纳实习费、实习岗位是否对口、实习形式、实习时间、实习工资、实习期间是否有培训等变量。β、γ 和 $\delta\delta$ 是个人背景、学校、实习单位对实习满意度的影响系数。ε 为随机扰动项，代表那些对实习满意度有影响但未纳入模型的其他变量。

logit 模型估计结果如表 5-10 所示。最终进入回归方程的样本观测值有 2051 个。模型系数的综合检验结果表明，模型的显著性为 0.00，模型整体上在 1% 的水平上显著。模型的拟合优度检验结果显示，Log likelihood 为 -489.8，Pseudo R2 为 0.138。整体来看，模型拟合优度和可信度都较好。

在个人背景和学校性质方面，年龄、性别、专业、数学和专业标准分均与实习满意度没有显著相关性。在实习单位特征方面，实习岗位与专业对口、实习工资高、实习期间有培训、实习期间有老师驻场指导、老师与家庭沟通学生实习情况与实习满意度正相关。缴纳实习费、加工流水线形式的实习形式、实习期间每天工作时间经常超过 8 小时与实习满意度负相关。此外，与实习单位联系渠道由学校安排的学生相比，自己或亲朋好友介绍实习单位的学生实习满意的概率更高，实习满意的概率是学校安排的 0.65 倍。在本省实习的学生对实习满意的概率是外省实习学生的 1.4 倍；企业或学校为学生购买保险，学生对实习满意的概率是不购买保险的 1.3 倍；但实习地点在省内和购买保险这两项与实习满意度的相关性不十分显著，显著性水平大于 0.1。

表 5-10　　样本学生实习满意度影响因素的 logit 回归结果

实习满意度	优势比	标准误	标准化系数	显著性水平
年龄	0.97	0.07	-0.36	0.72

续表

实习满意度	优势比	标准误	标准化系数	显著性水平
性别（男=1）	0.82	0.17	-0.93	0.35
专业（计算机=1）	1.08	0.20	0.42	0.67
数学成绩标准分	1.00	0.10	-0.03	0.98
专业成绩标准分	0.91	0.09	-0.96	0.34
学校性质（公办=1）	1.09	0.19	0.47	0.64
实习地点（本省=1）	1.41	0.31	1.54	0.12
实习渠道（学校安排=1）	0.65	0.15	-1.84	0.07
实习单位规模（大型企业=1）	0.91	0.17	-0.50	0.62
是否购买保险（是=1）	1.31	0.22	1.62	0.11
是否缴纳实习费（是=1）	0.56	0.11	-3.00	0.00
实习岗位是否对口	1.91	0.36	3.40	0.00
参与实习形式（流水线=1）	0.56	0.10	-3.10	0.00
实习时间（经常>8h=1）	0.71	0.13	-1.95	0.05
实习工资对数	1.39	0.18	2.48	0.01
实习期间是否有培训（是=1）	1.52	0.26	2.40	0.02
老师是否驻场（是=1）	1.43	0.31	1.63	0.10
老师与家长沟通实习情况（是=1）	2.57	0.45	5.37	0.00
常数	0.12	0.21	-1.21	0.23

第四节　中职教育学生学业问题的突出表现

根据上述调查数据及其分析，进一步可以归结出中职教育学生学业问题主要表现在以下方面。

一　中职学生知识和技能获得较少

（一）认知能力总体有所提高，但增进幅度较小

通过对样本学生数学和专业成绩的统计分析发现，样本学生数学成绩平均增长0.5%。数学成绩虽然在总体上是进步的，但在一个学年内，只有

8.9%的学生进步明显。并且,对比一、二年级学生的数学成绩发现,样本学生的文化基础知识即数学能力正在逐步退化,计算机二年级数学成绩取得显著进步的学生比例比计算机一年级低了2.1个百分点;数控二年级数学成绩取得显著进步的学生比例比数控一年级低了3.2个百分点。

在一个学年内,样本学生专业成绩平均增长1.1%。同时,综合观测专业成绩和数学成绩时,发现在专业知识和技能增长的情况下,文化基础知识也增长的学生非常少。总体来看,学生一般技能和专业技能虽然有所进步,但进步都不明显。一个学年内,只有8.9%的学生一般技能和10.1%的学生专业技能进步明显,这意味着近90%的学生在基本技能和专业技能方面都没有取得显著进步。也就是说,样本学生数学和专业成绩虽然是增进的,但90%的学生的成绩增进幅度没有统计意义。

学生对学科能力的自我评价也印证了认知能力测试结果。在学生对数学和专业能力的自我评价方面,样本学生中的33.0%认为自己的数学能力没有任何长进,20.9%认为自己的数学能力不进反退;12.1%认为自己的专业能力没有任何长进,6.1%认为自己的专业能比一年前差。对中职学生"与上一学年相比,现在的数学/专业能力怎么样"的调查结果,如图5-3所示,柱状图横轴从左到右分别表示"比以前好很多""比以前好一点""没有变化""比以前差一点""比以前差很多"。从图中可以清楚地看到,与数学能力相比,学生对自己的专业能力更有自信;与二年级相比,一年级对数学和专业能力变好更有信心。

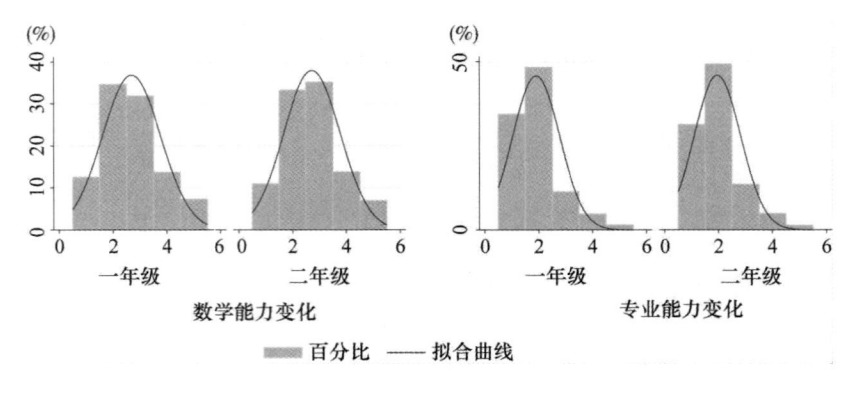

图5-3 样本学生数学和专业能力变化情况

(二) 非认知能力增长显著，但个体差异性较大

针对本研究调查的中职学生的毅力品质、尽责心和一般自我效能感情况，用 t 检验的方法检测二年级相对于一年级在心理品质方面的增长情况。结果发现，学生毅力品质和自我效能感得分有显著提高，尽责心得分没有显著变化。这说明，中职学生的非认知能力没有得到均衡发展，经过两年的在校学习，毅力品质和自我效能感得到提升，尽责心却和刚入校时一样，没有明显进步。

表 5-11　　　　　　　　　样本学生心理品质得分情况

专业	年级	心理品质	样本	1/4 分位	1/2 分位	3/4 分位	标准差	最小值	最大值
计算机	一	毅力品质	4679	-0.61	0	0.62	0.99	-4.09	2.46
		尽责心	4679	-0.68	-0.13	0.60	1	-3.59	2.42
		自我效能感	4677	-0.86	-0.19	0.66	1.02	-2.72	2.35
	二	毅力品质	3091	-0.61	0	0.62	1.01	-4.09	2.46
		尽责心	3091	-0.68	-0.13	0.60	0.99	-4.14	2.42
		自我效能感	3091	-0.69	-0.02	0.66	1.03	-2.72	2.35
数控	一	毅力品质	2473	-0.61	0	0.62	1	-4.09	2.46
		尽责心	2473	-0.68	0.05	0.78	1.01	-4.32	2.42
		自我效能感	2473	-0.69	-0.02	0.66	0.97	-2.72	2.35
	二	毅力品质	1826	-0.61	0	0.82	1	-3.89	2.46
		尽责心	1826	-0.68	0.05	0.78	1	-3.78	2.42
		自我效能感	1826	-0.52	-0.02	0.66	0.94	-2.72	2.35
总体		毅力品质	12069	-0.61	0	0	1	-4.09	2.46
		尽责心	12069	-0.68	-0.13	-0.13	1	-4.32	2.42
		自我效能感	12067	-0.69	-0.02	0.66	1	-2.72	2.35

同时，样本学生毅力品质、尽责心和自我效能感得分个体间差异较大。为了使毅力品质、尽责心和自我效能感得分可比，把三个指标的得分转换为标准分，标准化后的分数服从均值为 0，标准差为 1 的正态分布。从表 5-11 中可以发现，尽责心和一般自我效能感 1/2 分位都为负值，小于 0，表示超过五成的学生尽责心和自我效能感得分在平均值以下（尽责心：50.2%；自我效能感：56.3%），这也意味着尽责心和自我效能感有待进一步提升。

此外，在中职学校学习满意度方面，43.3%的在读学生对在中职学校的学习表示不满。并且，中期调研时有1469名学生离开中职学校（基线样本学生的12.2%），不再读书。这些流失学生选择"不再读书"，间接表达了对中职教育的不满。

二 中职学生同辈群体行为习惯较差

《现代职业教育体系建设规划（2014—2020年）》指出，中职教育不仅要加强技术教育和技能训练，而且加强思想道德教育，培养具有良好职业道德和行为规范的一线劳动者。立德树人是职业教育的根本任务，培养德才兼备的毕业生是中职学校德育工作的首要任务。中职学校的德育工作实效如何学生日常生活行为的道德规范和遵守法令等方面，从前面的调查结果发现，中职学生的同辈群体行为习惯问题较多，失范行为频繁发生，68.1%的学生在一周内见到过不良行为的发生。

中职学生年龄一般在15—18岁，这一时期的青少年不再盲目地相信家长、教师等权威，而是在同辈群体中寻找认同感。基线调研时，学生问卷中问及"大部分时间住在哪里"，88.4%学生说住在学校宿舍。随着学生在家时间的减少，同伴行为对个体发展的影响变得尤其重要。诸多已有研究也表明，家庭对青少年的影响在减弱，而同辈群体的影响在增强。[①] 同伴是学生个体的信息源，对学生社会化技能的学习起着至关重要的作用，同辈群体已经成为影响学生发展的"重要他人"。但由于中国的传统教学中缺乏合作学习的观念，加之青少年同辈群体一般是在生活中自发形成的，形成的目的与教育无关，所以同辈群体对群体成员的教育作用较小。本研究的调研数据显示，中职学生身边围绕不良行为高发同伴。根据心理学家通过社会网络分析发现的同辈群体负面行为会形成群体感染效应的理论观念，抽烟、喝酒、打架、作弊等中职学生不良行为也会通过"同辈感染"效应在群体网络中传递，产生不利于学生成长的负面作用。

---

① 马蕾迪等：《生态学视阈下影响高中生学习参与的因素探析》，《教育理论与实践》2018年第17期，第52页。

三 中职学生顶岗实习质量较低

(一) 实习违反政策要求现象严重

学生实习过程中，中职学校没有遵守政府关于确保学生安全和福利的基本要求。《中等职业学校学生实习管理办法》（以下简称《办法》）明确规定，"不得安排、接收一年级在校学生顶岗实习"[①]。但是，计算机和数控专业一年级参加实习的比例分别为 12.9% 和 18.2%。《办法》同时明确要求，"不得安排未满 16 周岁的学生跟岗实习、顶岗实习"[②]，但调查数据显示，参加实习的一年级学生中，计算机和数控专业分别有 13.5%、15.1% 的学生实习时尚未满 16 周岁。

除了年级和年龄限制外，《办法》还规定，职业学校应当选派实习指导教师与企业选派的专门人员一起全程指导、管理学生实习；且对于自行选择顶岗实习单位的学生，学校也要安排实习教师指导实习，跟踪了解学生实习情况。但根据调查数据，39.0% 的学生说在实习时没有指导教师陪伴，35.7% 的学生说老师没有询问过他们的实习情况。分年级来看，一年级有指导教师的比例（计算机：39.9%；数控：35.8%）高于二年级（计算机：41.5%；37.1%）。

(二) 实习与专业对口率低

对中职学生"实习岗位与所学专业是否对口"的调查结果显示（表 6-3），68.2% 的学生实习岗位与所学专业不对口。毕业生访谈中，有学生提及，"中职毕业生缺乏实践，实习安排的工作跟自己学的专业不匹配不对口"[③]；有受访学生这样讲述，"在我那个学校，我们选专业之后，我们班学习还很好，觉得实习会很好，结果学校挂羊头卖狗肉，把我们送到了电子厂，不去实习不发毕业证，工作内容跟我们学习的一点都不相关，他们就是打破了别人对学习的向往，我们想去学点东西，但是他们

[①] 教育部、财政部：《中等职业学校学生实习管理办法》，http://www.moe.gov.cn/jyb_xxgk/gk_gbgg/moe_0/moe_1443/moe_1846/tnull_28933.html，2007 年 6 月 26 日。

[②] 教育部、财政部：《中等职业学校学生实习管理办法》，http://www.moe.gov.cn/jyb_xxgk/gk_gbgg/moe_0/moe_1443/moe_1846/tnull_28933.html，2007 年 6 月 26 日。

[③] 访谈编码：5180120110。

却这样做"①。实习的初衷是在中职学生基本完成教学实习和学过大部分基础课程之后,到专业对口的现场直接参与生产过程,综合运用本专业所学的知识技能,完成一定的生产任务,并进一步获得感性认识,掌握操作技能,学习企业管理,养成正确劳动态度。实习与专业不相关,很难通过实习提高专业技能。

(三) 实习未能促进学生认知和非认知发展

通过学生主诉的回答结果可知,中职学生对实习的满意度较低。参加基线调研的12071名样本学生中,1794名学生汇报说他们参加过实习;中期调研时,基线样本学生中的1584正在实习。根据调查数据,在中职学校的前两年有28.0%(基线样本)的学生参加过实习。近1/3的中职学生在入学后的前两年参与了实习,尽管实习安排不符合国家规定,一定意义上也说明中职学校对实习的重视。但是,以"是否会把实习单位推荐给同学"的回答情况来衡量实习满意度,结果显示,近半数(49.7%)学生不会把实习单位推荐给同学,说明实习效果并不符合学生的预期。同时,如前文分析可知,在控制个人、学校、家庭基本特征后,发现顶岗实习对中职学生的基础知识学习、专业知识和技能提升,以及优良品质的养成和不良行为的控制,均没有表现出明显的促进作用。

第五节　中职教育学生学业问题追因分析

如前所述,中职教育在学生学业方面存在诸多问题。进一步追因分析可知,这些问题与中职教育发展的多方主体都有深刻的关联。

一　学生个人:学习主动性较差

中职学生作为选拔考试的失利者,很容易产生"我们都是差生""坏学生"的想法。在对中职毕业生进行电话访谈时,他们表示"我们都是考不上高中的差生,肯定不好好学习的也多,大环境下基本没学到什么""我们宿舍都是学渣""中职学生很多思想很坏,很多坏学生"②。学生用

---

① 访谈编码:5100410119。
② 访谈编码依次为:5110411126,5150611109,5310110108。

"学渣""差生""坏学生"来形容自己或自己的同伴,说明中职学校教育没有发掘他们的优势,不仅没有让学生获得学业方面的自信,而且强化了他们是"差生"的认知。对学生"一学年的学习结束时,成为班里成绩最好的 1/3 可能性"的调查结果显示,超过八成(83.8%)学生认为成为班里成绩最好的 1/3 的可能性在 50% 以下;进一步询问"在全省的中职学生中,数学能力处于全省最好的 1/3 的可能性",94.6% 的学生认为存在这种情况的可能在 50% 以下;而在问及"专业能力处于全省最好的 1/3 的可能"时,约三成学生认为可能性在 50% 以上。这一方面说明绝大部分中职学生对自己学习成绩的不自信,尤其是数学水平;另一方面,他们在专业能力方面较为自信,证实中职学生不是学不会的"差生",需要中职学校因材施教,因势利导。

中职学生的学习风气较为涣散,"学生感"不强,学习主动性差也确是事实。2007 年 9 月上旬,教育部组织的职业教育专项课题"中等职业教育对学生文化知识水平和学习能力要求的研究",对 11 个省、两个自治区、3 个直辖市的 7862 位教师进行的问卷调查结果显示,中职入学新生不但文化水平低、学习习惯差,而且学习动力不足。[①] 本书的调研结果显示,7% 的学生课后学习和写作业的时间为零,23% 的学生课后学习和写作业的时间小于 1 小时;在课堂上,35.5% 的学生反映上课后老师要等很久同学们才安静下来听课。样本学生自我报告说最近一周每天用电脑和手机的时间约为 6.0 小时,其中玩游戏、聊天或看视频等非学习性质的时间高达 3.8 小时(图 5-4)。使用《网络成瘾诊断问卷》测量样本学生的网瘾情况时,发现有 414 名学生(占评估调研总样本数的 5.1%)过度使用网络。

中职学校课堂学习氛围较差。笔者在实地调研时曾观察过中职学校的课堂,较为普遍的情况是,老师讲自己的,学生忙自己的,甚至存在老师在前面讲课,学生在下面聚在一起玩游戏的情况。电话访谈时,有学生描述了上课时的情形,"大概有 70% 都没人学,管也管不住,学生自己不学习""学习气氛不好,经常出现的情况是老师讲自己的课,学生在

---

① 蒋乃平:《文化课应该让中职生"学得会"——来自一线的报告之一》,《中国职业技术教育》2008 年第 14 期,第 11 页。

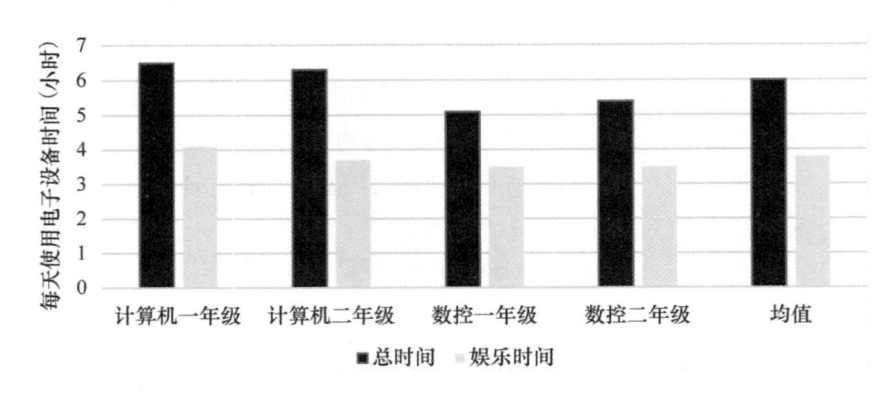

图 5-4 样本学生每天使用电子设备时间

下面玩自己的手机"①。这样的学习氛围，中职学生很难有学习自觉性。

中职学生和普通高中的学生相比，没有升学压力，没有压力就没有学习的动力。访谈中，学生认为"学业轻松"是中职相对于普高的优势，并且觉得"大部分都是去中专混日子"②。不少学生对中职最满意的地方是"自由，初中是必须要学，中职是学不学都无所谓"③。管理相对严格的中职学校，学生对学校教育质量表示满意，但不满意的地方却是"玩的时间太少了，管得太严"④。中职学生没有养成自律的行为习惯，这是导致学业质量低下的重要原因。

二　教师队伍：整体素质有参差

教师是人类的灵魂工程师，是知识和技能的传播者。中职学生虽然文化水平普遍较差，且在学习习惯和日常行为方面存在问题，但这并非中职学校学生的全貌，中职学生也具有一些长处和优势，只不过这些长处和优势在传统教育中难以展现。作为与中职学生接触时间较多的中职学校教师，应该发现学生身上的闪光点，正确引导，促进学生发展。但实际情况却是，一部分老师爱岗敬业，尽职尽责，还有一部分老师缺乏

---

① 访谈编码：5150611119，5340222117。
② 访谈编码：5520111127。
③ 访谈编码：5150710101。
④ 访谈编码：5190110124。

教学动力，经常忽视甚至殴打、责骂学生。访谈中，有学生表示他们几乎没有家庭作业、考试只是形式，教师并不让学生对他们的不良学习行为负责。还有一些受访者认为，教师虽然认真负责，但是专业课老师的教学水平有限，并不足以指导学生。

> 教学太随意，讲课就抱着书本读，学生怎么样跟他没关系，上着课不想上了就玩手机。①
> 老师喝酒打学生，有的辅导员会骂人、打人，公然拿尺子或小木棍打腿和手，辅导员从学生后方一脚踢学生身上。②
> 上不上课都无所谓，我经常逃课，有一周我没有上过一节课，班主任到宿舍找我，但并不需要承担什么后果，班主任只是和我谈谈话，说不要逃课什么的，但我和他关系很好，所以他不会向学校报告。其他逃课的学生会被罚几块钱。③
> 老师挺负责，但是技术不过关。④

从访谈中可以发现，同学们在提及老师时，更多地形容词是"不负责任""懒散""不管学生""照着书讲"。当然，这只是一部分老师，还有一些老师"努力""负责""尽心尽力""随时解答学生问题"。缺乏责任心的老师存在于中职学校，固然有学校管理的问题，但中职学校师资缺乏是一个重要原因，学校没有更多可选择的教师资源。

> 学校专业老师缺乏，专业课老师都走了，一年同一门课换四五个老师，一个老师带几门课。⑤

同时，对中职学生"上周交了几次数学/专业作业"和"上周老师批改了几次你交的数学/专业作业"的调查结果显示，6.3%的数学老师未

---

① 访谈编码：5110110102。
② 访谈编码：5160110108。
③ 访谈编码：5370121108。
④ 访谈编码：5530221116。
⑤ 访谈编码：5400111124。

按时批改作业，专业课老师的这一比例则为 11.6%。跟文化课老师相比，专业课老师不尽责比例更高。表 5-12 是中职学生主观评价的教师对学生的关注度、教师技能和教师课堂管理能力。在课堂管理方面，超过十分之一（11.1%）的学生反映老师不能按时上课，25.0% 的学生认为老师不能够让同学们集中注意力认真听讲，24.1% 的学生认为老师不能够保持课堂井然有序。从教师对学生关注度、教师技能和教师课堂管理的比较来看，只有教师课堂管理的 1/2 分位达到了 3 分，表示有一半教师课堂管理能力让学生满意；有 1/4 的学生认可教师的技能和教师对学生学习的关心。这意味着 75% 的学生认为老师没有尽到关心学生学习义务，对老师的教学技能也表示不满意。显然，教师素质参差不齐是学生学业表现不佳的重要影响因素。

表 5-12　　　　　　　　样本学生主诉的教师教学情况

变量	观察值	均值	1/4 分位	1/2 分位	3/4 分位	标准差	最小值	最大值
教师关注程度	9678	2.43	2.00	2.40	3.00	0.77	1.00	4.00
教师技能	9678	2.53	2.14	2.57	3.00	0.62	0.93	4.00
教师课堂管理	9678	2.98	2.67	3.00	3.33	0.60	1.00	4.00

此外，师生互动是中职教育成功的重要因素，调查显示，虽然 85% 的学生汇报说教师关心学生，但 32% 的学生却说在遇到困难时不会主动联系老师，并且约四成学生表示一个学期内老师没有找其聊过天。此外，近四成学生表示老师仅在个别课上关注其学习，有 1/10 的学生表示老师从来没有提问过，总是自讲自答。这说明老师在课堂上更多的是为完成教学任务而机械地讲课，并不是为引导学生学习。尽管有三成左右的学生表示老师在课上会提问学生、让学生充分表达意见，但这一方面说明师生问答对象的少数化，不是所有的学生都能与老师互动；另一方面也反映了教师素质的参差不齐，只有部分老师重视与学生的互动。

三　校风建设：制度执行不严格

良好的校风关涉教学活动的顺利展开和教学效果，师生行为表现是反映学校校风的重要方面。根据调查数据可知，约三分之一的学生遇到困难时没有向老师寻求帮助的意愿，近一半学生表示，当需要额外的帮助时老师并不总是提供帮助。同时，近半数学生认为老师不十分关注自己的学习，也不总是给予学习上的帮助。由此可见，中职学校教师风气不佳。学生风气方面，从课堂纪律来看，近四成学生表示，上课时老师等了很久同学们才开始安静下来听讲；从学生行为表现看，不良班级行为发生率为64.6%，不良社会行为发生率为22.6%，危害健康行为发生率为45.5%。

良好的校风是中职教育育人的无形推动力量，与学生的学习成绩、心理品质、行为表现显著正相关，校风建设也一直备受各级各类学校重视。但是，根据本研究的调查可知，中职学校师生行为问题发生率较高，对学生学习产生了较大的负面影响。一些中职学校校风建设效果不佳，流于形式化、表面化，每个学校都有规章制度，但制度的执行力度、适用性和完善性却参差不齐。据学生反映，"班级里有关于手机的规定，但是大部分人上课玩手机，老师只是提醒一下，法不责众；学校虽然禁止吸烟，但宿舍还是烟雾缭绕"[1]；"学校完全按照大学的教学体系，靠同学自主学习，但能自主学习的人太少了，希望学校教学以高中的方式来教，进行封闭式管理；同时，也要加强教师的管理，现在的情况是英语老师不讲课而去社会上兼职"[2]。大部分学生并不喜欢这种自由的育人模式，希望学校能够严格要求学生，让学生既能遵循"基本的社会规范"，又可以学得知识和技能，"像个中专生"，而非"社会小流氓"[3]。但严格的育人方式并不意味着规训式管理手段，"学校管理方式不行，就是硬管，课都有些不上的"[4]。

此外，学校规章制度不完善也是影响学生发展的重要因素，"学校规定晚上10点前随便外出，10点之后不能外出，导致男生不是在去网吧的路上，就是准备吸个烟再去网吧；女生太社会了，她们在学校里面都很

---

[1] 访谈编码：5580121134。
[2] 访谈编码：5400111124。
[3] 访谈编码：5730122209。
[4] 访谈编码：5130120104。

社会，班主任根本不管，一星期也就能见着班主任一次"[①]。这种半封闭式的管理方式缺乏相应的配套措施，以致未取得应有效果。

四 课程安排：随意现象较普遍

实地调研时，收集了107所学校前两个学年的课程安排，分析发现，数学科目的开课学期和总课时量并不统一，一部分学校（11.2%）甚至没有开过数学课，见表5-13。前两个学年共四个学期，样本学校中有4所只开了一个学期的数学课，其中3所学校在第一学期开，1所学校在第二学期开；有21所学校数学课开了两个学期，但是哪两个学期开，各个学校并不一致，四个学期中任意选择两个学期，共计6种开课方式；有10所学校在前三个学期开设数学课；有60所学校（56.1%）在四个学期都开设了数学课。95所开设数学课的学校中，每周的课时量也十分不均衡，如果不考虑学期的不同，课时区间为［1，19］，极大值和极小值相差18倍；约六成学校数学课每周2—4个课时，每个课时40—60分钟不等。数学每周课时量众数为2，近半数学校（44.2%）每周两个课时。

表5-13　　　　　　　　样本中职学校数学课程安排情况

开课学期	课时最小值	课时最大值	开课学校数量	分钟/课时
第一学期	2	15	89	40—60
第二学期	1	14	87	40—60
第三学期	1	19	75	40—60
第四学期	2	18	65	40—60

教育部《关于制定中等职业学校教学计划的原则意见》指出，文化课"允许不同地区、不同学校、不同专业根据人才培养的实际需要在规定的范围内适当调整"，但适当调整不意味着随意调整，适当调整的前提是保证学生掌握基本技能，达到国家规定要求。少开甚至不开数学课，既违反了国家相关政策要求，又不符合人才培养的需要。在对毕业生的访谈中，不少学生提到，"文化课比重小""文化课不是很好不重视"

[①] 访谈编码：5100510108。

"文化课教学质量不太好""文化课太差",甚至"基本没有英语、数学课";并以普高作对比,学生表示"文化课较普高差距较大""相比普高,文化课学得少,学生素质没有普高高"[1]。提起中职教育,很多职业教育的外部人员都认为"中职教育就是技能操作性教育,文化基础知识学不学都一样,只要会动手操作就行",但作为中职教育的接受者,中职学生并不这样认为。访谈中,有学上认为文化课很重要,希望中职学校"能够提高文化课的程度""注重下文化基础知识""加强文化课方面的教育和管理""不能只注重实践,文化课也是很重要的""英语、数学课的这些内容对考大专、专升本很重要,学校基本没有英语、数学课,不利于学生发展"[2]。

另外,不但文化课安排随意,专业课也是如此。通过班主任收集了中职学生"一周有几门专业课"和"一周所有专业课的课时总数"数据,在剔除奇异值后发现,一年级的第一个学期和二年级的第一个学期,即中职学生入学的第一个学期和第三个学期,专业课门数分别为 [1,8]、[0,10],课时总数分别为 [1,35]、[0,35]。同时,同一个专业在不同学校开设的具体科目差异巨大,这一方面说明中职学校课程设计的自主性;另一方面也显示出中职学校课程安排的随意性。受访的学生表示,"学校开设的科目太多,学习内容太杂,专业课多而不精"[3];与此相反,在为升学做准备的学生则认为"专业课程安排得太少了"[4]。

五 校企合作:育人机制不健全

产教融合是中职学校的办学特点,这种办学模式需要企业与中职学校在资源上实现流通和整合,充分发挥双方在人才培养中的双主体地位。实际上,校企合作有多种模式,如共建实训基地、捐赠仪器设备、委派技术人员到中职学校任教、现代学徒制、企业订单式、产学研式、顶岗实习、职教集团式。发达国家职业教育校企合作的模式主要有:德国的

---

[1] 访谈编码:5620120135,5620120146,5620120164,5370121108,5400111140,5450410119,5620120109。
[2] 访谈编码依次为:54001111204,5570121172,5530221126,5570121172,5400111140。
[3] 访谈编码:5580121134。
[4] 访谈编码:5100210109。

"双元制"、英国的"三明治"教育、美国的"合作教育"等。校企合作是职业教育与企业"无缝对接"的最有效方式,然而我国的中职学校和企业之间的实质性合作仍面临诸多困境,校企合作模式单一,协同育人机制不健全。

现阶段,多数中职学校的校企合作停留在初级阶段,即企业接收学生顶岗实习,且从前文的分析可以发现,顶岗实习质量也不高。顶岗实习作为一种校企双元育人模式,强调学生通过工作实践,在解决日常问题的过程中锻炼团结合作、沟通交流等能力。为保证顶岗实习效果,政府出台了一系列规范实习活动的文件,如《中等职业学校学生实习管理办法》《职业学校学生顶岗实习管理规定(试行)》《关于进一步加强职业学校学生实习管理工作的通知》等。现实中的顶岗实习制度却没有很好地实现促进中职学生发展的理想目标,顶岗实习质量保障机制不健全,虽有相应的管理规范,但对管理规范的实施效果缺乏完善的保障机制。

专门的校企合作管理机构是保障实习质量的重点。校企合作中虽然中职学校有着更强烈的意愿,但对学校领导和教师的调查数据显示,其中约 1/3 回答说本校没有专门的校企合作管理机构,在有专门的校企合作机构的学校中,约半数人认为校企合作机构的运行效果不好。中职学校作为安排学生实习的主体,理应把学生送到与专业相同或相近的企业实习,以提高学生的专业技能和职业素养,但根据表 6-3,68.2% 的学生说在最近的一次实习中,他们的工作与所学专业无关。实际上,在和毕业生访谈中了解到,在大多数情况下,他们被送到工资很低的制造业岗位工作,"实习去的是工厂,学不到什么实质性的东西""实践教育这块,特别是实习,并没有什么用处""据我所知,中专的实习地点都是工厂""去实习的地方都是工厂,从事的工作都是流水线工人,没有什么锻炼价值"[1],不少受访学生对这样的实习持反感态度。

企业也普遍没有设立负责中职学生顶岗实习工作的专门机构,对学生实习情况的评价也仅仅是实习鉴定表中的几句话。中职学生的实习主要是为了弥补学校资源的不足,合理利用企业的人、财、物等资源,让

---

[1] 访谈编码依次为:5140222117,5310212125,5150411106,5310212113。

中职学生在实习过程中积累工作经验。企业作为中职学生实习教育的重要参与方，普遍没有尽到教育的责任和义务，轻视学生的培养，重视学生的劳动，33%的学生说在实习的时候，实习单位没有安排任何培训活动给实习生。这样的实习是劳务性远大于教育性，异化了实习的教育本质。从短期看，企业获得了廉价劳动力，缓解了"用工荒"的燃眉之急；中职学校向企业转嫁了办学成本，甚至还能获得企业给的好处费；中职生逃出了无聊的课堂，还挣到了实习工资，可谓皆大欢喜。但从长期看，企业将持久缺乏高素质劳动力，无法摆脱员工频繁离职和缺乏企业精神的烦恼；中职学校将无法显著提高育人质量，无法甩掉"劣质""弱势"的符号；中职毕业生在"用工荒"的年代能够找到工作岗位，但随着产业结构升级转型，很可能将成为社会的边缘群体。

顶岗实习质量的外部评价方面，缺乏对学生实习的明确评价指标，对企业的指导教师和学校的指导教师的评价也没有设立相关考察标准。《中等职业学校办学能力评估暂行办法》中涉及顶岗实习的部分只有实习时间一项，2016年印发的《职业学校实习管理规定》虽然对顶岗实习过程的各个环节进行了明确规定，但是学生实习效果考核标准和方式并没有明确要求，在实际的考核过程中，往往只是企业给出一个综合评定，对职业技能、职业道德的各个方面表现如何并没有具体说明。同时，《职业学校实习管理规定》要求学校选派实习指导教师，实习单位制定专业进行业务指导，但对良方的实习指导教师并没有考核标准。

在我国校企合作育人的过程中，学校一直是主动的一方，企业往往比较被动，在中职学校的专业设置、课程开发、人才培养计划的制订、人才培养质量评价等环节的参与权、获得感较低。企业虽然是产教融合的重要主体，但是主体作用尚未得到充分发挥，参与职业教育的内驱力不足，大多囿于经济利益，社会责任意识不够，因此校企合作常常呈现"剃头挑子一头热"的情况，即中职学校比较积极，企业却对此并不热衷。中职学校将学生送到企业之后，企业对中职学生的管理完全与对正式员工的管理一样。通过主诉方式对中职学生的调查显示，14.1%的学生说实习单位没有给他们讲过实习要求和单位制度，49.3%的学生说实习期间实习单位没有为实习生安排培训活动。从我国中职教育发展实践可以看出，职业教育与劳动生产之间并非没有结合，而是结合度还不够，结合质量还不高。此外，经济不发达的地方，很多企业并不需要技能型人才，企业的员工主要以体力劳动者为主，饱尝廉价劳动力带来的好处，对通过职业教育培养技术工人并不热心，缺乏参加校企合作的动力源。虽然《职业学校学生实习管理规定》要求，"实习岗位应符合专业培养目标要求，与学生所学专业对口或相近"[1]。但中职教育作为整个教育体系的弱势群体，专业设置与区域经济联系相对较弱，并且部分中职学校专业水平和技术积累不足，技术服务能力较低，很难找到合适的企业安排学生到对口岗位实习，无法保证实习质量。对中职学校管理者的调查显示，84.5%的学校管理者认为"缺乏企业的支持和充足的实习岗位"是阻碍实习质量的重要因素。实习质量不高，导致中职学校培养的人才无法满足用人单位的要求，中职毕业生的就业也相应缺乏竞争力。

六 管理部门：督导评价不到位

专业教学标准是保障教学质量、提高人才培养质量的基础。专业教学标准是人才培养方案的上位概念，包括入学要求、基本学制、培养目标、人才规格、课程开发等多个方面。其中，课程是教育的核心载体，是学生达到教育目的的手段，任何教育目标只有通过课程才能付诸实践。[2] 因此，专业教学标准以专业课程开发为核心，包含了课程结构（公共课和专业课）、课程设置及要求（课程名称、课程内容和要求、参考学时）等方面。在2014年公布的首批《中等职业学校专业教学标准（试行）》中，对信息技术类十一个专业的教学标准做出具体规定。

实地调查过程中却发现，中职学校课程安排随意性强，并没有按照相应专业的教学标准实施。并且，在专业课内容方面也与教学标准有一定差距，如计算机应用专业的专业核心课包括计算机编程基础，该课程的教学内容要求学生"掌握可视化程序界面设计、数据库连接、多媒体与网络应用等编程方法，能使用编程工具开发计算机简单功能应用程

---

[1] 教育部等：《职业学校学生实习管理规定》，http://www.moe.gov.cn/srcsite/A07/moe_950/201604/t20160426_240252.html，2016年4月11日。

[2] 施良方：《课程理论》，教育科学出版社1996年版，第83页。

序"。实际情况是,"学校学到的专业性方面的知识和技术很少,也比较老,已经跟不上时代,学的技术性的东西,比如说编程之类的,如果个人本身对专业兴趣很大,自己去钻研的话能掌握基本的编程方法,如果只靠老师教,很难学会应用,毕业后也很难找到对口的工作,需要出去再次培训"①。这一方面说明学校的课程内容并没有让学生掌握到应该获得的知识和技能;另一方面也体现出课程内容落后。不少同学反映,"教学内容过时,出来工作之后跟不上时代"②"教材老旧,不贴合实际"③。职业教育作为一种与市场和经济联系最为密切的教育类型,课程内容必须要适应市场和经济发展,与时俱进,否则学生很难找到对口工作。

教育管理部门对已发布专业教学标准的实施疏于督导和评价是标准执行不力的主要原因。《中等职业学校专业教学标准》陆续颁发,但并没有印发相应的标准培训、实施督导,无法保证中职学校的教学安排与专业教学标准的吻合度。在已发布的中职教育质量督导评估文件中,也没有对此项进行说明。例如,2016年,国务院教育督导委员会办公室印发的《中等职业学校办学能力评估暂行办法》中,针对"课程与教学"的评估也只有校内外实践教学条件和课程开设结构两项。如果只是发布相应的教学规定,而没有配套的督导实施规定,很难保证实施效果。相应的,专业教学标准虽然在提高人才培养质量、实现职业教育现代化过程中具有基础性地位,但若疏于对标准实施的后续督导,依然无法改变当前课程安排随意性强和内容落后的现状。

---

① 访谈编码:5310110125。
② 访谈编码:5410122113。
③ 访谈编码:5570211145。

第六章 中职教育学生就业问题及追因

　　学生就业是指学生结束学业进入社会，实现同一定的生产资料建立劳动关系的过程。根据人力资本理论，专门化的教育是一项与形成劳动力有着直接联系的社会实践活动，其投资效益主要体现在将生产需要的创意、技术和技能物化在受教育者身上，学生进入社会后将习得的技术技能与生产资料相结合，实现投资收益。就业是联系学校和社会的纽带。1999 年，联合国教科文组织将职业教育的功能界定为职业准备的手段和终身教育的组成部分，中职教育既是就业准备教育，也是为学生适应职业变化、继续学习或接受高等教育的基础教育。职业教育作为一种专门化的教育，需要通过学生的顺利就业来证明自己的价值，实现可持续发展。中职教育以促进就业为导向，具有直接改善劳动者就业质量和提升人的全面发展素质的功能，承担着为人力资本增加附加值的责任，学生毕业后能够高质量就业，其附加值才能成为交换价值，才算真正实现职业教育服务经济社会的功能。[1] 严格意义上讲，中职毕业生只有在毕业后获得某一职业、走上工作岗位之后，才能使其所掌握的技术技能与生产资料结合，表现出中职教育功能，体现出中职教育质量。因此，对中职毕业生就业质量进行调查是剖析中职教育人才培养质量问题的重要方面。

　　2014 年，国务院出台文件提出，"扩大中等职业学校毕业生进入高等学校尤其是进入高等职业学校继续学习的比例"[2]，中职毕业生可通过对口升学、单考单招、"五年一贯制"等途径继续深造。2014 年全国职业教

---

[1] 黄尧:《职业教育学——原理与应用》，高等教育出版社 2009 年版，第 343 页。
[2] 国务院:《国务院关于加快发展现代职业教育的决定》，http://www.moe.gov.cn/jyb_xxgk/moe_1777/moe_1778/201406/t20140622_170691.html，2014 年 5 月 2 日。

育工作会议提出"就业有能力、升学有基础"的"双重"价值取向，构建了职业教育"就业＋升学"的育人格局。因此，中职教育的出口既包括直接进入劳动力市场工作，也包括升入高校继续学习。当前，不少中职学校面临生源危机，而造成这种情况的最主要原因就是毕业生不能实现优质就业（包括直接就业和升学），家长和学生没有投资职业教育的积极性。学生的毕业成绩只能反映中职教育人才培养结果质量的一个方面，经过用人单位使用（直接就业）或者在高等院校学习生活后（升学）才能准确、完整地表达出中职教育人才培养结果质量。假设人都是追求上进的，目前的就业状况是个人可行能力的最优选择，意味着中职学生目前的就业状况就是他们在可行能力基础上做出的最优选择。那么直接进入劳动力市场的中职毕业生的就业质量如何，存在什么样的问题？升入高一级学校的学生，在高等学院的发展如何，与普通高中生源相比有何差异？这是本章关注的核心问题。

为做区分，下文中就业没有特殊说明的话仅指直接就业，即中职学校毕业后直接进入劳动力市场工作。间接就业即毕业后继续深造，统一用"升学"表述。

第一节　中职教育学生就业问题调查工具

一　调查问卷设计

（一）就业质量问卷编制

根据前文所构建的就业质量概念框架，从就业去向、岗位特征、经济收入、个人发展空间、工作满意度和工作稳定性等六个方面设计中职毕业生就业质量问卷。就业去向包括当前就业状态、就业区域、就业结构、工作单位性质和规模；岗位特征包括工作岗位类型、工作时间和学用匹配度；个人发展空间、工作满意度和工作稳定性（工作经历和跳槽情况）。问卷完成后，首先咨询了5名专家学者的意见对问卷进行修正，然后从数据库中随机抽取40名学生进行试测，对问题表达不清晰和选项设置不全面的题目再次修正，最终形成可使用的就业质量问卷。

开展就业调查时，样本学生毕业至少一年。考虑到学生毕业后调换工作的可能性，同时收集了毕业生第一份工作和当前工作的信息。为具体了解三届毕业生就业状况，还详细询问学生从毕业到调查时的工作经历，如一共申请过多少份工作，其中几份与专业相关；收到过多少份工作录用通知，与专业相关的有几份；入职了多少份工作，与专业相关的有几份等问题。

除了与就业有关的问题外，问卷还涉及个人当前的生活状况，如闲暇时间利用、睡眠时间、身体锻炼频次等问题。问卷的最后是一些开放性问题，包括个人未来规划，对中职教育质量、学生就业质量的看法等。

（二）升学质量问卷编制

升学质量问卷的编制是在第五章中职学生调查问卷的基础上，结合已有研究成果，确定了"高职学生发展调查问卷"，从学生学习投入和行为、师生互动、同辈群体三个方面衡量高职学生学习过程，从认知和非认知两个方面衡量高职学生学习效果。需要说明的是，认知方面，以学生自我汇报的专业成绩排名和技能测量量表作为认知能力的衡量指标；非认知方面，除了毅力品质、自我效能感、尽责心和学习满意度外，增加了情绪智力、道德品质两项。

道德品质量表由李向辉编制，该量表包括 15 个项目，主要用来评价学生的道德观念和行为。该量表采用 5 点计分方式，1 代表"完全不符合"；5 代表"完全符合"，得分越高表示道德品质越好。

情绪智力一般用来表示个体处理自己情绪的能力，对于应对环境需要和压力有重要作用，并能直接影响人的心理健康。Salovey 和 Mayer 将情绪智力定义为一组相互关联的能力，包括表达、评价、调控自己和他人情绪的能力，利用情绪解决问题的能力等。[1] 英文版情绪智力量表（WLEIS）由 Wong 和 Law 编制[2]，主要测量个体自我情绪评估（Self-emotion Appraisal，SEA）、他人情绪评估（Others' Emotion Appraisal，OEA）、情绪的控制（Regulation of Emotion，ROE）和情绪运用（Uses of Emotion，UOE）的能力。2010 年，王叶飞对该量表进行修订，建立了中文版情绪

---

[1] Mayer J. D., Salovey P., "What is Emotional Intelligence" 1997.

[2] Wong C. S., Law K. S., "The Effects of Leader and Follower Emotional Intelligence on Performance and Attitude: An Exploratory Study" *Leadership Quarterly*, No. 3, 2002, p. 243.

智力量表（WLEIS-C）。① 该量表包含 16 个项目，每个维度 4 道题目，采用 7 点计分法，从 1（完全不符合）到 7（完全符合），得分越高表示情绪智力越高。

初始问卷确定后，首先在河南 HS 高职学校选择了一个班共 50 名学生进行试测，对各量表的内部一致性系数进行检验，发现技能测量、毅力品质、自我效能感、尽责心、情绪智力、道德品质等量表的 α 系数依次为 0.91、0.70、0.90、0.72、0.93、0.91。内部一致性系数均大于 0.6，表明各量表都具有较高的可靠性。同时，对问卷中语义有歧义、表述不清楚的题目进行调整，最终形成了可用的"高职学生调查问卷"。

二　数据收集方式

毕业后的追踪调查分为两个部分：一是 2018 年 8—9 月，经过专门培训的调研员以打电话的方式调查样本学生毕业后的发展情况，收集他们的就业和升学数据。二是 2019 年 5 月，对选定的高职学校的样本学生进行入校调查，收集高职样本中中职生源和普高生源的学业发展数据。

对于中职毕业后直接进入劳动力市场的学生，可以直接通过电话访谈收集到具体的就业信息。对于升学的学生，如果仅通过电话访问会面临两个问题，一是问卷题目过多，学生很可能中途挂断电话，影响回访的数量和质量；二是电话回访只反映了中职生源的高职学生在高校的发展情况，没有对比，无法评价他们在高职学校的发展情况。因此，一方面通过电话收集中职毕业生升学的院校、专业等信息；另一方面根据这些信息到样本学生集中所在的高校进行实地调研。

第二节　中职教育学生就业问题调查过程

一　样本选择

（一）已有样本学生的二次选择

2013—2016 年，针对河南省 118 所中职学校进行持续追踪调研，共

---

① 王叶飞：《情绪智力量表中文版的信效度研究》，硕士学位论文，中南大学，2010 年。

收集了 19469 名中职学生数据，总样本信息见表 6-1。考虑到调查所有样本学生的难度，确定从已有学生样本中随机抽取一部分学生进行电话回访。根据 Krejcie 提供的推荐样本规模的表格，95% 的置信水平下，如果总体规模为 2 万，推荐的样本规模为 377。① 本调查中，总体学生样本规模接近 2 万，但如果只抽取 377 名学生，会面临不一定能联系上所有学生以及一部分人会拒绝参与研究的难题。因此，最终确定从计算机专业和数控专业的样本学生中随机抽取 10%，即 1256.8 名和 690.1 名学生，共 1946.9 名学生。然后，按照各年级样本学校数量分别抽取相应比例的学生数，学生人数不保留小数点，最终抽样数量如表 6-1 所示，共 1947 名学生成为追踪调查毕业后就业问题的研究对象。

表 6-1　　　　　　总体中职样本学生信息和抽样数量

年级＼专业	计算机	数控	合计	计算机抽样数量	数控抽样数量
2017 届	3687	2164	5851	369	216
2016 届	5559	2781	8340	556	278
2015 届	3322	1956	5278	332	196
合计	12568	6901	19469	1257	690
抽样数量	1256.8	690.1	1946.9	1257	690

（二）高职院校样本的选择

首先，确定样本学校。根据电话回访结果，以高等院校内样本毕业生人数为依据进行排序后四等分，从人数较多的四分之一学校中随机选择一所学校。

其次，确定样本专业。中职调研专业是计算机和数控专业，继续学习的专业为计算机类和机械设计制造类，因此选择这两类专业为样本专业。

最后，确定样本学生。在中职学校的调研中，调查了 2012—2014 级即 2015—2017 届的学生，所以高校调研时，应该选择 2015—2017 级学

---

① Krejcie R. V., "Determining Sample Size for Research Activities", *Educational & Psychological Measurement*, No. 3, 1970.

生。但是，2019年调研时，中职的2015届学生可能已经毕业，根据实践经验和实际调查情况，中职学生98%以上升入高职高专院校（三年制）。因此确定往后延一级，对2016—2018级高校学生进行调研。这表示样本学校计算机类和机械设计制造类的所有学生成为我们的调查对象。

根据上述抽样原则，K学校计算机类和机械加工设计类的754名学生成为本环节的研究对象。

二　调查实施

（一）电话回访

1. 电话回访流程设计

虽然收集了中职样本学生在校时的各种联系方式，但毕业后学生分散在全国各地，甚至有可能不在国内，所以不一定能100%联系上所有学生。如果只进行一轮电话回访，在这一轮用尽所有联系方式，可能让样本的代表性有偏差，所以采取三轮电话回访的形式并对拨打电话的次序进行严格控制，以保证样本的代表性。具体设计如下。

第一轮电话回访的是1947名学生（全样本）。在实际回访中，只通过学生自己的电话号码联系学生，不可以通过其他方式（比如家长，班主任，同学等）联系学生。如遇占线，无法接通等情况，每个学生最多联系6次。打电话时间要覆盖三个时间段：早上8点—10点，中午12点—下午1点，晚上8点—10点，并且6次联系需要在前后连续的2天内进行。2次联系不成功后可以选择发一条短信给学生说明意图。如果6次联系后学生还是无法接通则此学生在这一轮就不用继续追踪。

第二轮回访的学生是第一轮未回访到学生的50%。在第二轮中，我们会通过学生QQ、微信、邮箱和家长联系学生，联系到家长后询问学生现在的准确联系方式。对于每个家长的联系次数和时间参照第一轮的规则。若某个学生在第二轮所有学生回访完毕前还没有联系上，这一轮就不必继续追踪。

第三轮回访的学生是第二轮未联系上学生的33%。在第三轮中电话访谈员会通过学生的班长、同班朋友、同班其他同学来获得学生现在的准确联系方式。通过同学联系不上的学生，尝试通过班主任来获得学生的联系方式。另外，继续尝试用 QQ、微信、邮箱等方式与学生取得联系。跟前两轮不同的是，此轮不限拨打学生电话的次数，最终目标是联系上所有的学生。

电话拨通之后，首先通过学生姓名、中职学校名称和生日信息核对学生身份，确保联系上了正确的人，然后再进行问卷调研。通过三轮电话回访，共成功回访到 1107 人，基本信息见表 6-2。

表 6-2　　　　　　　　回访成功的样本学生基本信息

年级＼专业	计算机	数控
2012 级	312	108
2013 级	258	146
2014 级	164	119
合计	734	373

2. 平衡性检验

虽然严格的电话回访可以保证样本的代表性，但不可否认的是，1947 名学生中只成功收集到 1107（56.9%）个样本的数据。由于流失率较高，笔者研究了回访到的学生和未回访到的学生个体特征、学生家庭和学生所在学校特征是否存在显著的差异，见附录 B。结果发现，回访到的学生多为男生（在 1% 水平上显著），家庭经济状况和父亲职业相对较好（在 10% 水平上显著），示范校学生（在 10% 水平上显著），一般技能较高（在 10% 水平上显著）。由此可见，回访到的学生和未回访到的学生之间存在着不平衡，但在总共 27 项测试中，只有 1 项在 1% 水平上显示出统计学上的显著差异，另外 4 项在 10% 水平上有统计学上的显著差异。综上所述，因为显著性差异的数量和水平比预期的要少，因此回访到的学生的就业状况基本能够反映中职学校毕业生的就业状况。

（二）实地调研

2019 年 5 月，对 K 学校的样本学生进行入校调查。在本次调查中，共发放学生问卷 754 份，收回 754 份，回收率为 100%，有效问卷 741 份，问卷有效率 98.3%。样本构成情况如表 6-3 所示。

表6-3　　　　　　　　　　高职样本学生基本信息

变量	观察值	均值	标准差	最小值	最大值
生源（中职=1）	741	0.15	0.36	0.00	1.00
专业（计算机=1）	740	0.52	0.50	0.00	1.00
民族（汗=1）	741	0.99	0.12	0.00	1.00
户口（农村=1）	740	0.84	0.37	0.00	1.00
性别（男=1）	738	0.69	0.46	0.00	1.00
年龄（单位：周岁）	723	20.00	1.06	16.50	24.83

由表6-3可知，高职样本学生中中职生源占比15%，经过对学校招生管理者的访谈，这个比例符合高职院校正常的生源结构。样本学生中，计算机类和机械类专业分别为52%、48%；绝大部分为汉族（99%）的农村户籍学生（84%）；男、女比例为69∶31；年龄在16—25岁，平均年龄为20岁。

三　分析方法

在分析学业和就业的关系时，构建二元logit模型和多元回归模型：

当被解释变量为就业结果、学用结合程度、岗位发展空间等二分变量时，建立logit模型：

$$Logit(P) = \ln(P/1-P) = \alpha + \beta_i CAP_i + \sum \delta_i C_i + \varepsilon$$

其中，当被解释变量为就业结果的教育获得时，P表示进入高校的概率；当被解释变量为学用结合程度、岗位发展空间时，P表示工作和专业对口的概率，岗位发展空间大的概率。以教育获得为例，$P/1-P$表示升学的概率和未升学概率的优势比（Odds Ratio），定义为升学的机会比率。CAP_i为自变量，即认知和非认知发展变量，在回归时将人力资本各代理指标分别放入模型中，β_i表示人力资本代理变量的影响系数；C_i表示一系列影响因变量的控制变量；δ_i表示控制变量影响毕业生就业质量的系数。ε是随机扰动项，即其他未指明的对就业质量有影响的因素。

当被解释变量为毕业生的初职起薪和第一份工作持续时长时，建立多元线性回归模型：

$$Y = \alpha + \beta_i CAP_i + \sum \delta_i C_i + \varepsilon$$

其中，Y 为中职毕业生的初职起薪对数（或第一份工作持续时长），CAP_i、C_i 分别为自变量和控制变量，β_i、δ_i 为各变量的影响系数，ε 表示随机扰动项。

第三节　中职教育学生就业问题调查结果

一　中职毕业生就业状况调查结果

（一）样本毕业生当前就业率：就业 + 升学的"双向裂变"

就业率是反映学生群体就业状况的关键指标。官方统计的就业率一般都把继续求学的毕业生计算在内，本研究也采用类似的方法估计中职毕业生的就业率和待业率，排除准备继续求学、准备各类资格考试、准备当兵等情况的人。意思是，排除不需要就业的人，只在需要就业的人中计算就业率和失业率。

根据问卷中"现在的就业状况"问题的回答情况，统计样本毕业生的当前就业结果。表 6-4 列出了样本中职学校 2015—2017 年毕业的学生在 2018 年 8—9 月调查期间的就业率。从被调查的毕业生总体统计来看，中职学生就业率较高，平均约为 96%。从毕业年份来看，历届毕业生当前就业率和从未就业率差距不大。2017 年毕业生就业率最高，约为 98.0%；其次是 2016 年毕业生，为 95.5%；2015 年毕业生的当前就业率最低，为 95.0%。2015—2017 年毕业生当前就业率总体呈上升趋势，当前就业率、失业率和从未就业率都比较接近，只相差 0.5 个百分点。

表 6-4　　　　　　　　中职样本毕业生就业结果

毕业年份	上学	有全职工作	参军	待业	从未就业	当前就业率（%）	当前失业率（%）	从未就业率（%）
2017	196	177	18	8	6	97.99	2.01	1.50
2016	127	222	10	17	5	95.48	4.52	1.33
2015	29	232	3	14	3	94.96	5.04	1.08

有就业意愿但当前尚未找到工作的毕业生待就业原因主要有两点，一是正处于过渡期（66.7%），即刚辞去了以前的工作，还没有开始新的

工作；二是产假或其他家庭责任（20.5%）。此外，有2.5%的人是因为中职毕业后找不到工作，5.1%的毕业生是因为没有找到合适的工作。

样本毕业生继续学习方面，平均升学率为41.5%，2015—2017届升学比例依次为31.1%、41.6%、48.6%，呈上升趋势。主要原因有三点：一是现代职业教育立交桥构建逐步完善，为中职毕业生提供了升学渠道；二是逐步放开了高职招收中职毕业生的比例；三是2014年全国职业教育工作会议提出"就业有能力、升学有基础"的"双重"价值取向。除了这三点外，高中阶段适龄学生数量的缩减使普高学生减少，无法满足高等院校扩招需求，政策要求加上实际需求让中职毕业生升学比例逐年上升。

样本毕业生创业方面，中职教育不仅要促进就业，服务升学，还要助力创业，培养创新创业型人才。党的十九大报告指出，创新是引领发展的第一动力，创新创业不仅仅是高等教育的代名词，面对人们多样化的教育需求，中职教育同样要定位于创新发展，注重学生创新创业能力的培养。调查数据显示，样本毕业生中初职创业的有2人，一人开餐饮店，一人开电脑维修店，创业率为0.3%；当前工作中，创业人数由2人上升至11人，占当前有全职工作毕业生的1.9%。总之，从初职到现职，创业率呈上升趋势，但总体较低。

（二）样本毕业生就业区域：属地就业、城市为主

从就业区域分布看，河南省和东部省市是毕业生聚集地，尤其河南省是毕业生就业占比最高的区域。第一份工作和当前工作在河南省就业的毕业生占直接就业毕业生的64.0%和66.3%，上升了2.3个百分点；在东部地区就业的人数则从32.1%下降到31.4%。毕业生集聚在本地就业充分体现了中职教育服务区域经济发展的特点。

表6-5　　　　　　　　中职样本毕业生就业区域分布

工作地点	第一份工作地点		当前工作地点	
	人数	占比（%）	人数	占比（%）
河南	371	63.97	230	66.28
东部	186	32.07	109	31.41
中部其他省	6	1.03	2	0.58

续表

工作地点	第一份工作地点		当前工作地点	
	人数	占比（%）	人数	占比（%）
西部	14	2.41	6	1.73
东北	3	0.52	0	0

注释：第一份工作地点包括毕业至调查时从未换过工作的人。

东部城市中，不论是初职还是现职，最受毕业生欢迎的省份前五名依次都是江苏、浙江、广东、上海和北京。其中，在前三个省份中，苏州、杭州和深圳三个城市是毕业生最集中的地方。就业地点在河南的毕业生中，初职和现职分别有48.2%和51.3%在省会城市郑州；排名第二位的是洛阳，分别有12.4%、11.7%的毕业生；其他毕业生一般选择在地级市或者县城就业，选择乡镇和农村就业的人几乎没有。说明中职毕业生虽然服务区域经济，但就业地点主要还是大城市；同时，三成以上毕业生在东部的大城市就业。这一现象符合我国经济发展以城市为重的特点。

（三）样本毕业生工作单位性质：民营企业是毕业生最主要的就业单位

从图6-1中职毕业生工作单位性质分布结构看，毕业生工作的单位类型非常集中，民营企业是吸纳中职毕业生就业的最主要单位。不同性质单位吸纳毕业生的比例由高到低依次是民营企业、股份有限公司、国有及国有控股企业、港澳台商及外商投资或独资企业、事业单位、国家机关、其他企业。

尽管第一份工作和当前工作不同性质的单位吸纳毕业生的具体比例有所不同，但高低排列是完全相同的。从初职到现职，民营企业分别吸纳75.9%和79.7%，上升了3.8个百分点；其他类型变化不大，事业单位由原来的1.9%上升到2.9%，国有及国有控股企业、三资及外资企业由5.9%分别下降到4.9%、4.4%，股份有限公司也下降了1.9个百分点。除民营企业和事业单位外，其他类型企业都呈下降趋势，国家机关、国有及国有控股企业在总体上也呈下降趋势。这说明，民营企业承担着吸纳中职毕业生就业的最主要任务，约五分之四的中职毕业生进入民营企业。

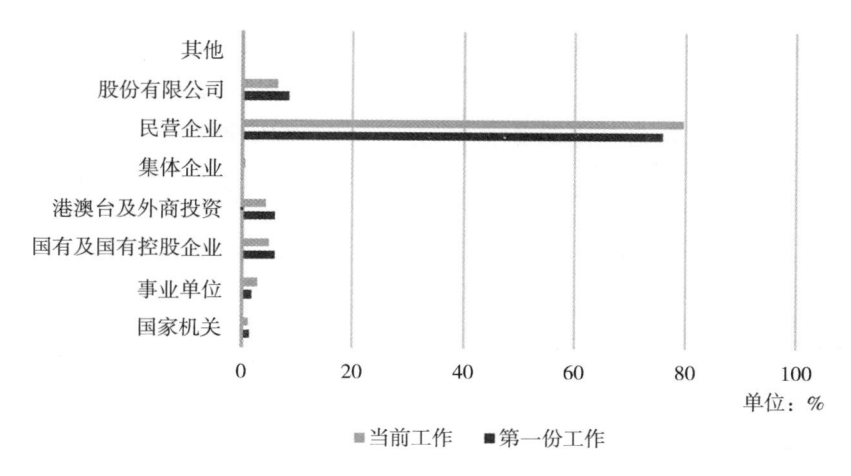

图 6 - 1　中职样本毕业生工作单位性质分布情况

（四）样本毕业生就业结构：制造业就业比例较高但呈下降趋势

从就业结构看，从初职到现职，毕业生第二产业就业比例下降。毕业生的就业集中在第二产业和第三产业，第一份工作在第二、三产业就业的毕业生占直接就业学生的分42.4%和67.6%；在当前工作中，二次产业下降到29.2%，下降了13.2个百分点，相应地三次产业就业人数上升了13.2个百分点。具体到毕业生就业行业类型（图6-2），从初职到现职，毕业生在制造业就业比例虽然较高，但呈下降趋势。

根据国家质量监督检验检疫总局和标准化管理委员会2017年6月30日发布、2017年10月1日期实施的《国民经济行业分类》标准，把行业划分为农林牧渔业、采矿业、制造业、建筑业等20类。按行业划分，第一份工作吸纳毕业生的比例从高到低依次是：（1）制造业39.1%；（2）信息传输、软件和信息技术服务业13.8%；（3）批发和零售业13.5%；（4）住宿和餐饮业9.1%；（5）商务服务业5.52%；（6）居民服务、修理和其他服务业5.0%；（7）建筑业3.1%；（8）交通运输、仓储和邮政业2.4%；（9）教育1.9%，金融业1.9%；（10）公共管理、社会保障和社会组织1.4%，房地产业1.4%；（11）文化、体育和娱乐业0.9%，科学研究和技术服务业0.9%；（12）文化、体育和娱乐业

0.2%。从毕业生当前工作的行业类别来看，虽然各行业占比有所不同，但总体上与第一份工作的行业类别呈现出非常接近的分布特点。当前工作行业排名在前七位的依然是制造业27.1%，批发和零售业17.2%，信息传输、软件和信息技术服务业15.5%，住宿和餐饮业7.9%，居民服务、修理和其他服务业6.1%，商务服务业和交通运输、仓储和邮政业均为5.5%。

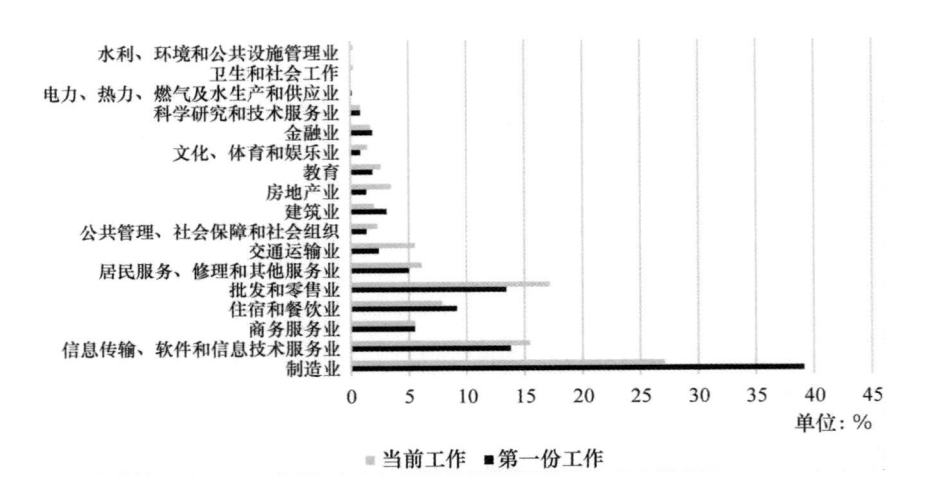

图6-2 中职样本毕业生就业行业分布及趋势变化

中职毕业生就业最大的三个行业是制造业，信息传输、软件和信息技术服务业，住宿和餐饮业。行业就业分布的变化呈现以下特点：其一，制造业就业比例出现明显下降趋势，现职比初职下降了12个百分点，但依然稳居第一。其二，批发和零售业，交通运输、仓储和邮政业就业，房地产业，信息传输、软件和信息技术服务业就业比例明显上升，分别上升了3.8%、3.1%、2.1%、1.7%，这些行业都属于服务行业，就业比例的增长符合我国经济结构改革和产业结构转型特点。

（五）样本毕业生工作类型：服务工作和生产运输工作占主导

工作类型分类参照《中华人民共和国职业分类大典》和《劳动力市场职业分类与代码（LB501-2002）》。从工作类型来看（图6-3），中职毕业生第一份工作就业比例高低排列顺序依次是：（1）服务工作46.8%；

(2) 生产运输工作 34.9%；(3) 专业技术工作 7.9%；(4) 技术辅助工作 6.6%；(5) 其他工作 3.3%；(6) 企业管理工作 0.5%。从分布结构看，服务和生产运输工作占主导，分别为 46.8%、34.9%，两项之和为 71.7%。从主次劳动力市场流向看，按照郭丛斌的划分标准①，九成以上毕业生流向次要劳动力市场。总体来看，不论是初职还是现职，都没有人从事行政管理工作，大部分中职毕业生在生产、服务、管理一线工作，这一现象符合我国中职教育培养"一线工作人员"的目标定位。

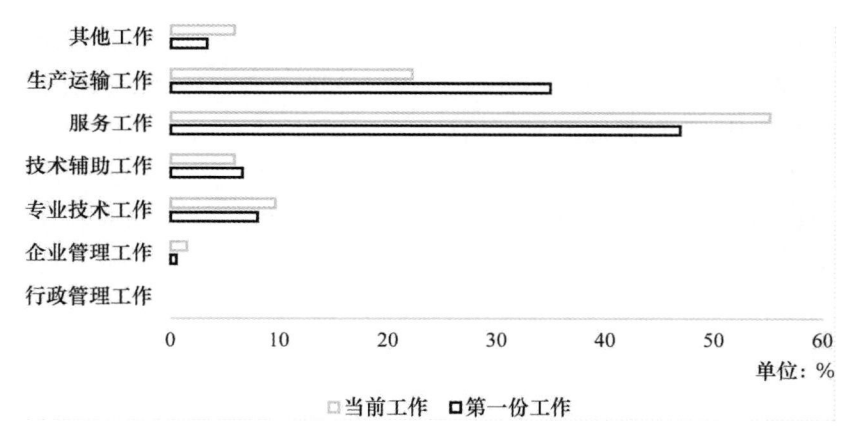

图 6-3 中职样本毕业生按工作类型划分的就业分布

从初职和现职工作的比较来看，呈现以下特点：一是服务工作比例显著提升，从初职的 46.8% 到现职的 55.1%，提高 8.3 个百分点；二是生产运输工作急剧下降，在当前工作中仅占 22.2%，下降 12.7 个百分点；三是专业技术工作有所上升，技术辅助工作有所下降，两者合计在当前工作占比 14.5%，比第一份工作上升 1 个百分点；四是从事企业管理的人有所增加，现职比初职工作类型比例增加近 1 个百分点。数据表明，中职毕业生就业的工作类型呈现技术技能类和服务类"比肩而立"局势，但服务类工作逐渐成为最主要的工作类型。这一现象与我国产业

---

① 郭丛斌：《二元制劳动力市场分割理论在中国的验证》，《清华大学教育研究》2004 年第 4 期，第 43 页。

结构调整中大力发展服务业的要求相吻合，体现整体经济结构优化、不断提高服务业比重和水平的战略规划。

（六）样本毕业生工作时间：八成以上毕业生每周工作超 44 小时

为了让劳动者有充分的休息时间，保证劳动者身体健康，《劳动法》规定，国家实行劳动者每日工作时长不超过 8 小时，平均每周不超过 44 小时的工时制度；且劳动者每周至少休息一日。[1] 毕业生工作时间过长不仅直接影响到身体健康，同时间接说明了工作的不可持续性。

图 6-4 是毕业生第一份工作和当前工作每周工作时长情况。从工作时长看，主要呈现两个特点：一是初职和现职工作时长没有明显变化，均值分别为 54.7 小时和 54.6 小时，并且，初职和现职每周工作时间众数都是 48 小时，中位数都是 54 小时；二是八成以上的样本毕业生每周工作超过 44 小时，只有不到 17% 的毕业生劳动时间在《劳动法》规定范围内。这反映了中职毕业生工作时间过长，62.5% 的毕业生每天工作 8—10 个小时，超过两成毕业生每周工作 60 个小时以上。

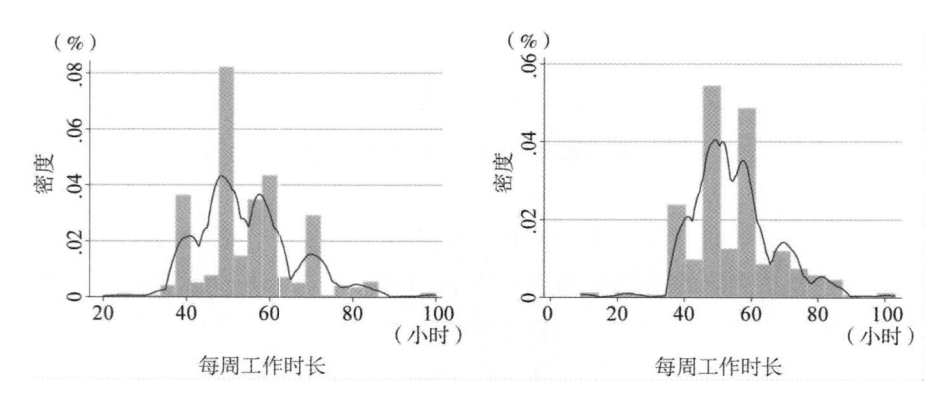

图 6-4 中职样本毕业生平均每周工作时长分布

（七）样本毕业生的求职情况

自身求职努力程度以及客观的求职渠道对毕业生能否成功找到工作

---

[1] 全国人民代表大会常务委员会：《中华人民共和国劳动法》，https://www.fadada.com/notice/detail-1502.html，1994 年 7 月 5 日。

有重要影响，以求职渠道、毕业生求职次数和是否有实习经历等指标来了解样本毕业生的求职情况。

求职渠道对毕业生工作找寻结果至关重要，渠道越广，就业信息越充分，找到合适工作的可能性越大，求职效率越高。图6-5是样本毕业生求职渠道利用情况，横坐标1—9分别代表了学校介绍、本人自己联系、家人/亲戚联系、学校老师私人联系、同学介绍、劳务中介公司、朋友介绍、其他。

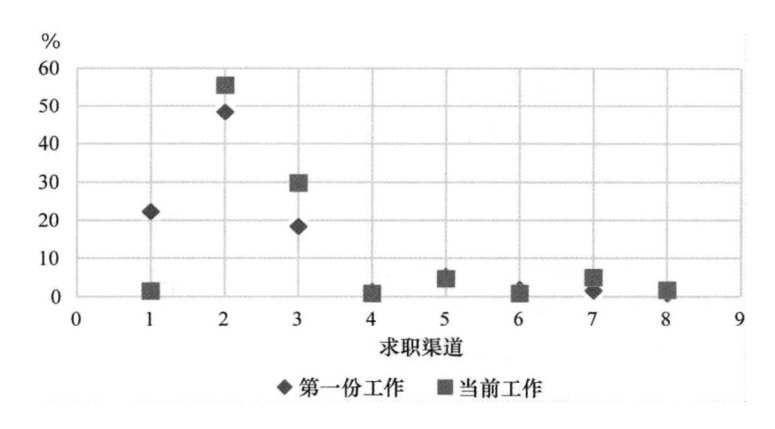

图6-5 中职样本毕业生求职渠道

数据呈现以下特点：(1) 第一份工作中，就业渠道重要性排名前三位的依次是学生本人、学校、家人或亲戚；对当前工作的贡献排名前三的分别是学生本人、家人或亲戚、朋友，需要说明的是，同学跟朋友同样重要，占比4.7%，位列第四。(2) 比较当前工作与第一份工作，学校的作用急剧下降，从22.3%下跌至1.5%；亲朋好友作用更加显著，合计占比从19.9%上升至34.8%，分别上升11.5%和3.4%；同学贡献度有所下降，从第一份工作的5.4%下降到当前工作的4.7%。学校作用的减弱一方面跟毕业生经常换工作关系密切；另一方面也说明学生一旦离开学校，学生和学校间沟通联系迅速减少。同学作用的下降跟学校作用的减弱有同样的道理，距离和时间使得同学之间的联系减少。(3) 不论何时，个人因素都至关重要，第一份工作和当前工作中，分别有48.4%、

55.6%的毕业生是通过自己找到工作。

求职次数方面，样本毕业生平均申请2.6份工作，得到2.1份录用通知，这意味着平均求职成功率为82.6%。数据表明，中职毕业生如果有工作意愿，找到工作的概率比较高。实习经历方面，调查显示，样本毕业生在就业前仅有不到四分之一的学生没有参加过实习，也就是近八成中职学生有实习经历，这与中职教育实行顶岗实习制度有关。

二 中职升学学生发展状况调查结果

（一）学生学习投入和行为

对调研前一周学生缺课情况的调查显示（表6-6）：从课堂出勤情况来看，中职升学学生上课出勤率较高，90%以上学生能够按时上课。其中，文化课的出勤率低于专业课，7.1%的学生至少缺过一节文化课，1.8%的学生至少缺过一节专业课，两者差异显著。可能的解释有两点：一是中职生源学生因为文化基础知识稍差，对此缺乏兴趣；二是中职生源学生自律意识稍差。从专业课出勤情况来看，中职生源学生自律意识较好，所以更可能是第一种解释，即学生自身对文化基础知识的学习没有兴趣，甚至有一定程度的厌烦。

表6-6　高职样本中中职生源与普高生源的学习投入和行为比较

类别	缺文化课	缺专业课	课堂玩手机时间	不良班级行为	不良社会行为	不良健康行为	课后学习时间（小时）	睡眠时间（小时）
普高生源	5.59	2.43	1.67	47.56	7.80	46.19	2.45	7.85
中职生源	7.14	1.77	1.40	49.56	4.46	48.21	2.23	7.57
T值	0.64	0.43	0.81	0.39	1.25	0.39	1.51	1.72

从课堂行为来看，中职生源学生课堂使用手机等电子设备进行非学习性质活动的平均时间为1.4小时，低于普高生源学生（1.7小时），虽然两者的差异不显著，但在一定程度上能反映中职生源学生课堂表现较好。

不良行为发生率方面，中职生源与普高生源没有显著差异，但总体发生率较高。中职生源不良班级行为、不良社会行为和不良健康行为的发生率分别为49.6%、4.5%、48.2%，不良班级行为和不良健康行为发生率明显较高，近半数学生见证了作弊、抄作业、吸烟、喝酒等行为的发生。其中，在不良班级行为中，抄作业现象最为常见，有39.3%的学生报告了这一行为；在不良健康行为中，48.2%的学生报告说同班同学抽烟。虽然打架、欺负同学、勒索、赌钱等不良社会行为总体发生率较低，但这些行为依然存在于样本学校中。与普通高中生源学生相比，不同生源学生在行为表现方面没有显著差异，但中职生源学生不良班级行为和不良健康行为发生率相对较高。

时间管理上，中职生源学生每天课后学习平均时间为2.2小时，睡眠7.6小时。与普通高中生源的调查结果相比，课后学习时间平均少0.2小时，睡眠平均少0.3小时，并且两类生源学生的睡眠时间差异在10%的水平上显著。

（二）认知能力发展状况

从专业成绩排名来看，中职生源学生中35.8%报告说自己的成绩位于班级的前25%，这一比例在普高生源学生中为40.2%，两者相差近五个百分点；5.5%汇报说自己的专业成绩在班级属于最后的25%，这一比例与普高生源学生回答的情况相近。总体来看，中职生源学生中71.5%认为自己的专业成绩排在中等及以上位置，普高生源的这一比例则为80.8%。虽然两者相差近十个百分点，但根据成绩从前到后依次赋值为4、3、2、1分后，独立样本T检验结果显示两者的成绩并无显著差异。

根据技能测量量表结果，中职生源学生专业技能得分为3.3，均值大于3，这表示在专业技能获得方面，中职生源学生整体表现良好，但尚有较大进步空间。与普高生源学生相比，两者相差0.03分，差异不大，没有统计学意义。

从职业资格证书拥有情况看，18.0%的中职生源学生考取有职业资格证书，普通高中生源学生中有23.7%的学生有职业资格证书，高于中职生源学生5.7个百分点。尽管独立样本T检验结果显示两类生源的差异没有统计意义，但也说明中职生源在获取职业资格方面并没有显著优势。

表6-7　高职样本中中职生源与普高生源认知能力发展比较

类别	普高（%）		中职（%）		T值
专业成绩排名					
前25%	40.22		35.78		
25%—50%	40.67		35.78		1.45
50%—75%	13.33		22.94		
后25%	5.78		5.50		
职业资格证书					
有	23.67		18.02		1.28
没有	76.33		81.98		
专业技能	均值	标准差	均值	标准差	0.42
	3.35	0.78	3.32	0.66	

（三）非认知能力发展状况

非认知发展情况以学生自我汇报的毅力品质、自我效能感、尽责心和学习满意度、情绪智力、道德品质量表得分等六个指标来衡量，其中，毅力品质、尽责心和道德品质为李克特五点量表，自我效能感为四点量表，情绪智力为七点量表。调查结果见表6-8。

由表6-8可知，在毅力品质方面，中职生源学生自我评价得分3.5，比普通高中生源高0.1分，二者的差异在10%的水平上显著，这表示相较于普高学生，中职学生更能吃苦耐劳。在自我效能感方面，中职生源学生得分低于普高生源，这意味着中职学生对自己完成某项工作的自信程度低于普通高中学生，但两者的差异并没有统计意义。在尽责心方面，中职和普高生源平均得分为3.5和3.4，中职生源学生比普高学生高约0.1分。道德品质方面，两类学生平均得分大于4，反映了两类学生在道德品行上表现较好。

表6-8　高职样本中中职生源与普高生源非认知能力发展的均值比较

变量	普高	中职	差值	标准误	T值
毅力品质	3.36	3.46	-0.10	0.06	-1.66*

续表

变量	普高	中职	差值	标准误	T值
自我效能感	2.53	2.46	0.07	0.07	1.04
尽责心	3.37	3.46	-0.09	0.06	-1.50
自我情绪评估	5.00	5.25	-0.25	0.13	-1.90*
他人情绪评估	4.91	5.09	-0.17	0.13	-1.33
情绪控制	4.85	4.96	-0.11	0.13	-0.88
情绪运用	4.95	4.90	0.05	0.14	0.39
情绪智力	4.94	5.06	-0.12	0.12	-0.99
道德品质	4.01	4.07	-0.06	0.08	-0.81

情绪智力方面，分维度来看，中职生源学生在自我情绪评估、他人情绪评估两项平均得分超过了5分，这表示样本学生在理解个人感受并表达出来的能力较强，对他人情绪的变化也比较敏感。也就是说，中职生源学生更容易觉察和理解自己的情绪，并且更能感受和理解他人情绪，甚至是感同身受。但是情绪控制和情绪运用两项得分都在5分以下，说明样本学生虽然容易觉察自己的情绪变化，但在控制自己情绪状态、运用自己的情绪解决问题等方面的能力相对不高。从不同生源的比较来看，中职生源学生自我情绪评估能力在10%的水平上显著高于普高生源学生；同时，除了"情绪运用"一项，中职生源在情绪智力的其他维度得分均高于普高生源学生，尽管这些差异并不显著。

（四）就业期望

就业包括直接就业和间接就业两个方面，直接就业即进入劳动力市场工作，包括自我雇用（创业）和被他人雇用（找工作）。对样本学生"离开学校的第一年打算干什么"的调查结果显示，中职生源学生找工作和上本科的学生分别有36.8%、35.1%，这表示找工作和继续学习是学生毕业后的主要出路，直接工作的学生比例相对较高；此外，有6.1%选择创业，21.9%还没想好要干什么。与中职生源学生的选择不同，普高生源学生中近一半（46.6%）选择升学，比中职生源在此项的选择高11个百分点；31.8%的学生选择"找工作"，7.5%的学生选择创业，还有超过1/10的学生"没想好"。

除了毕业后的打算外，问卷还涉及样本学生对未来工作的预期。在未来工作与所学专业对口预期方面，63.0%的中职生源学生预计毕业后的第一份工作与所学专业对口，低于普高生源的预期（72.8%），两者存在较大差异。其中，差异最明显的是在"完全对口"和"基本不对口"的选择上，分别有8.1%和0.9%的普高和中职生源学生预计"完全对口"，预计"基本不对口"的学生分别占各自的25.7%和34.3%。

在工作地点的选择上，中职生源学生更愿意在属地的省会城市就业，54.6%选择在属地就业，高出普高生源学生10个百分点；在"东部地区"选项上普高学生高于中职生源学生5.7个百分点（23.3% & 17.6%）。在具体地点的选择上，70.6%的中职生源学生选择"省会城市"，普高生源学生的这一比例为65.6%，二者相差5个百分点；普高学生选择"地级市""县城"两项的合计比中职生源高5.6个百分点（分别为31.9%和26.6%）。

关于毕业后月薪的预期，中职生源学生预计月薪在"2000元及以下""2000—3000元""3000—4000元"的比例高于普高生源。以4000元为分界点，普高生源预计月薪在4000元以上的学生比例高于中职生源。通过差异检验分析发现，两类学生对毕业后的工资预期值存在显著差异，中职生源学生预期收入明显低于普高生源学生。

关于未来的职业期望，调查发现，普高生源学生选择"企事业单位负责人"和"专业技术人员"的比例明显高于中职生源学生。中职生源学生希望成为"办事人员""生产运输人员""农林牧副渔劳动者"的比例高于普高生源学生，尤其在"农林牧副渔劳动者"选项上，普高生源中几乎没有学生选择此项。可以说，中职生源学生对工作岗位的期望值低于普高生源。

第四节　中职教育学生的两类就业问题

一　中职毕业生就业质量总体偏低

（一）就业形势总体良好，但学用匹配比例较低

目前来看，中职毕业生整体就业状况良好，据教育部公布的数据，中职毕业生连续十年就业率保持在95.0%以上。我们的调查发现，中职毕

业生当前就业率约为 96.0%。虽然整体就业率比较理想，但学用匹配比例较低。工作与专业对口情况是衡量就业质量的重要指标。对中职毕业生"工作与专业是否对口"的调查显示，第一份工作与专业完全相关、部分相关、基本不相关、完全不相关的学生比例依次是 14.2%、37.2%、20.6%、28.0%，约一半学生从事的工作与专业不相关。从第一份工作到当前工作，完全相关和部分相关比例都有明显下降，分别下降 6.3% 和 8.5%。相应地，基本不相关和完全不相关比例上升，分别上升 9.2%、5.6%。

总体来看，中职毕业生第一份工作不对口比例为 48.6%，而当前工作中，超过六成（63.5%）毕业生学用不匹配，这反映中职毕业生学非所用现象严重。工作与专业不对口是对技术技能人才培养的极大浪费，更会让中职学生对职业教育产生怀疑。毕业生反映，"学的是计算机专业，好多学生干的是服务工作"，甚至有毕业生这样说，"我觉得中等职业学校就是个笑话，我们同班还有隔壁班的基本每一个，没有一个干和专业相关的工作"，这让他们觉得"上了学跟白上一样"[1]。

在电话访谈中，更多的学生提及就业质量，用"不太理想，基本上工作和本专业无关""总体质量不好，与中职学的知识不太相关"，或者"专业对口比较困难"这样的话语来概括就业质量。他们认为"如果毕业直接找工作，只要想找，就一定能找到"，但很少人能够找到与专业对口的工作。毕业生因工作与专业不对口而觉得就业质量不太好、很一般，并报告说"对口的情况下还不错"，这表示大部分中职毕业生想找到一份与所学专业对口的工作。[2]

（二）就业起薪高于预期，但起薪差别较大

起薪水平是毕业生获得用人单位肯定程度的重要体现，也是就业质量最直接的体现。奥特（Ott）从工作的薪酬、保障、同事、上司、管理、条件、内容和机遇八个工作要素出发对工作满意度的调查表明，采用从重要到次要排序，薪酬位列前茅。[3] 高耀对大学生的就业认知进行调查，

---

[1] 访谈编码依次为：5150710101，5110411126，5130120144。
[2] 访谈编码依次为：5180222122，5200110119，5100412110，5620120121，5420221133。
[3] Ott B., *Grundlagen Des Beruflichen Lernens Und Lehrens*, Berlin, Cornelsen Verlag, 2000, p. 75.

发现近一半的学生认为就业的主要目的是为了获得经济收益。[①] 对中职毕业生初职起薪的调查发现，起薪高于学生预期，起薪之间差别较大。

样本毕业生在中职学校时，通过自我报告的形式询问他们"从中职毕业后，您估计您第一个月的薪水会是多少钱"；电话回访时，进一步收集他们的初职月薪信息。月薪期望值和实际值分布结果见图 6-6，由图可知，71.0%的学生对初职月薪的预期是 2500 元及以下，其中，26.7%预期收入 1500 元及以下。实际上，与期望相比较，只有 12.0%的毕业生实际薪水在 1500 元及以下；近四成毕业生初职月薪实际值为 2500—4000元，但只有不到 1/4 的学生预期与实际收入相一致。

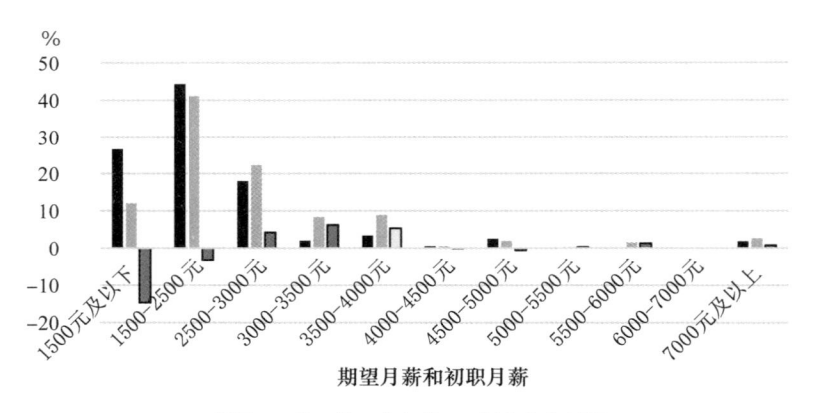

图 6-6　高职样本中中职生源与普高生源月薪期望和初职实际月薪比较

总体来看，24.6%的毕业生初职月薪在期望值以下，27.0%的毕业生实际薪水与期望值相同，48.4%的毕业生第一个月的薪水高于他们的期望值。也就是说，近一半学生的实际薪水高于他们的预期。采用配对样本 t 检验方法，考察实际收入和期望值之间的差异，发现二者在 1% 水平上显著（$t=5.92$）。这一方面表示中职毕业生的心理预期得到满足，但同时也说明中职学生的整体收入期望值偏低。针对这种情况，可以解

---

① 高耀、刘志民：《人力资本、家庭资本与大学生就业认知——基于江苏省 20 所高校的经验研究》，《中国人民大学教育学刊》2012 年第 2 期，第 128 页。

释为中职学生尚未进入劳动力市场，不了解实际工作收入情况，但也可能是中职学生对自己身份的质疑，认为自己习得的知识和技能不足以让他们在劳动力市场上获得比期望值更高的工资。期望是个体基于自身能力、家庭背景等现实情况的综合考虑而形成的心理预期，薪酬期望值整体偏低更可能是因为后一种情况，即中职学生没有获得让他们满意的知识和技能。

同时，就业调查显示，毕业生实际收入差异较大。毕业生起薪众数、均值、最小值和最大值分别为 2000 元、2585.5 元、0 元、6200 元，54.6%的毕业生起薪在均值以下，极差为 6200 元。此外，虽然样本毕业生的实际收入高于其预期，但也不能否认其收入普遍较低的事实。河南是毕业生就业的主要聚集地，统计数据显示，河南省 2015 年、2016 年和 2017 年城镇单位在岗职工平均工资分别为 45920 元、50028 元、55997 元[①]，月平均工资依次为 3827 元、4169 元和 4666 元。即便平均工资指的是税前工资，河南省平均工资和中职毕业生的工资对比，也可以看出全省月平均工资远高于中职毕业生月收入。

河南是毕业生就业的主要聚集地，以河南省最低工作标准为参照，对比毕业生的初职起薪。根据《河南省人民政府关于调整河南省最低工资标准的通知》规定，自 2015 年 7 月 1 日期，河南省一类、二类、三类行政区域最低工资标准分别为 1600、1450 元和 1300 元。[②] 在河南工作的样本毕业生中，位于最低标准以下的有 10.5%、10.7%和 15.8%，其中 1500 元及以下占比 14.7%。2017 年，《河南省人民政府关于调整河南省最低工资标准的通知》把一类、二类、三类行政区域最低工资标准调整提高为 1720 元、1570 元和 1420 元。[③] 2017 届毕业生此时刚毕业，对他们就业起薪的调查发现，低于一类、二类、三类最低标准的比例分别为 18.8%、15.8%和 13.8%，这表示约两成毕业生的起薪低于一类行政区

---

① 中国统计局：《河南省城镇单位在岗职工平均工资》，http：//data.stats.gov.cn/easyquery.htm?cn=E0103&zb=A0406&reg=410000&sj=2018，2019 年 4 月 19 日。
② 河南省人民政府：《河南省人民政府关于调整河南省最低工资标准的通知》，https：//www.henan.gov.cn/2015/07-13/239233.html，2015 年 7 月 13 日。
③ 河南省人民政府：《河南省人民政府关于调整河南省最低工资标准的通知》，https：//www.henan.gov.cn/2017/09-12/239781.html，2017 年 9 月 12 日。

域最低工资标准。与高职高专学生相比，2017 年，北京大学教育学院对"全国高校毕业生就业状况抽样调查"显示，专科学生起薪均值为 3185 元，中位数为 3000 元。① 中职毕业生的起薪显著低于高职学生。

（三）就业满意度较高，但工作稳定性较差

满意度是衡量就业质量的重要指标，它是毕业生对所从事工作的一种主观感受，每个人的心理预期不同，对工作满意度的评价也不同。对中职毕业生"当前工作是否满意"的调查结果显示，对当前工作感到"非常满意"（9.2%）和"基本满意"（72.1%）的比例明显超过"不太满意"（15.8%）和"很不满意"（2.9%）。当前我国实行的是"以市场为导向，自主择业"的就业制度，毕业生对工作有充分的自主权，既然选择了某一工作，说明对这份工作比较满意。虽然毕业生对当前工作有显著的满意倾向，但非常满意的比例较少，缺乏对职业的深度认可，跳槽的可能性较大，调查数据也证实了这一点：样本毕业生换工作比较频繁，工作稳定性较差。

工作稳定性可以从两方面反映，一是毕业至调查时实际入职多少份工作；二是第一份工作的持续时间。对样本毕业生入职份数的调查显示，实际入职份数极值分别是 0 份和 16 份，均值是 2.2 份。也就是说从毕业到调查时，平均每个毕业生从事 2.2 份工作。截止调研时，合计 66.0% 的毕业生换过工作，2015—2017 届毕业生换工作的比例分别为 55.8%、73.4% 和 67.2%。2015 届学生毕业时间最长，至调研时已有 3 年，入职 1 份、2 份、3 份工作的毕业生比例分别为 32.7%、29.3% 和 21.0%；有毕业生在短短三年内入职 16 份工作，每份工作平均仅维持 2.25 个月。2017 届毕业生毕业只有 1 年的时间，超过五成的学生已经至少是第二份工作了。

调查问卷中涉及毕业生第一份工作的开始时间和结束时间，据此可以计算出毕业生第一份工作的持续时间。国际上一般以工作是否满半年

---

① 岳昌君、白一平：《2017 年全国高校毕业生就业状况实证研究》，《华东师范大学学报》（教育科学版）2018 年第 5 期，第 20 页。

来衡量毕业生的工作稳定性①，样本毕业生中的49.0%半年内离职，更有1.8%工作未满一个月就离职，76.1%第一份工作持续时间是12个月及以下。平均来说，第一份工作的持续时间是9个月，众数和中位数都是6个月，最长持续时间为48个月。

加州大学的教授、经济系主任斯蒂文斯（Ann Stevens）曾说，一个人一生平均从事七份工作。按照目前中职毕业生换工作的频率，根据每份工作的最长持续时间，在人生的前1/3就把一生的工作做完了。从入职份数和第一份工作持续时长都可以看出，中职毕业生工作稳定性较差。

（四）就业与人才培养定位相符，但职业发展空间有限

《现代职业教育体系建设规划（2014—2020年）》指出，中职教育要面向经济社会发展和生产服务一线培养高素质劳动者和技术技能人才；《国务院关于加快发展现代职业教育的决定》要求中职教育培养"就业有能力、升学有基础"的学生。由此可见，我国中职教育培养的是生产服务一线的技术技能人才，同时人才培养由就业导向转向"就业+升学"的双重导向。调查结果显示，41.5%的学生升学，直接就业毕业生大部分工作在生产服务一线，从事生产运输和服务工作，这与中职人才培养定位相一致。但是，毕业生职业发展空间狭窄，这是影响就业质量的重要因素。调查显示，毕业至今未换过工作的毕业生中只有不到四成报告说，工作岗位发展空间大；已经换过工作的毕业生中，也仅有49.5%认为当前工作岗位发展空间大。这表示，毕业至今无论是否更换工作，均有超过半数的毕业生认为自己的工作岗位发展空间较小。

对离职原因的调查显示，因"个人对工作岗位不适应""个人期望与工作实际差距大"而离职的各占两成，约三成毕业生是因为工资待遇低和不利于个人职业发展而离职。进一步分析半年内离职人员工作岗位类型发现，从事服务工作和一线生产工作的毕业生离职率明显高于"专业技术工作"和"技术辅助工作"。这跟当前服务工作和一线生产工作的职业前景不理想不无关系。一线生产和服务工作都是最基层的工作岗位，只有一部分大中型国有企业和一定规模的外企、合资企业会对员工进行

---

① 苏兆斌、孔微巍：《职业教育培训与就业质量关联性实证研究》，《中国职业技术教育》2015年第33期，第53页。

定期培训，一般企业对员工培训的机会较少，员工向上流动概率较低。

二 中职毕业生升学表现略有劣势

（一）升学期望与高等教育机会获得存在差距

调查显示，91.2%的学生期望专科及以上学历。事实上，只有41.5%的学生升入高一级学校。其中，期望获得专科及以上学历的学生中，不到一半的学生（43.3%）最终升入高等学校。图6-7是中职学生期望学历与实际升学比例，从中看出：期望学历越高，升学比例越高。总体而言，只有不到一半的学生达到了期望值，获得了高等教育机会。

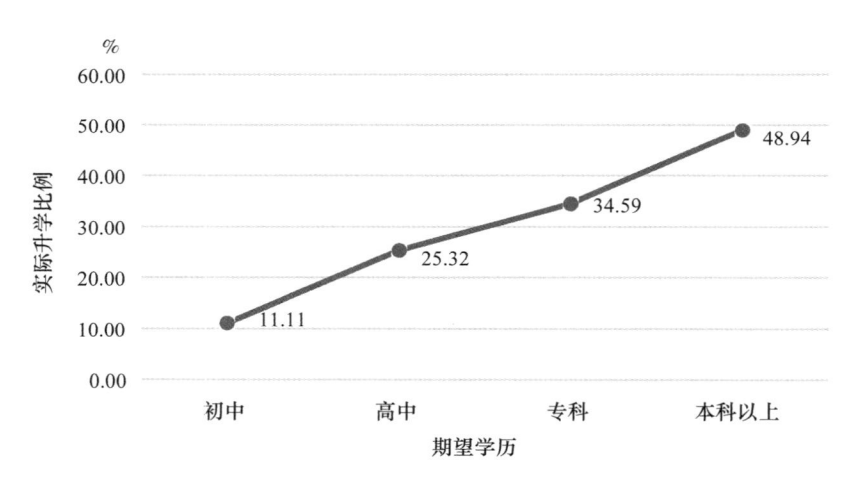

图6-7 中职样本学生期望学历与实际升学比例

（二）中职生源学生不良行为发生率较高

行为习惯多由后天学习得来，学生的行为习惯养成与其生活经历和教育经历关系密切。对高职学生学习投入和行为的调查显示，中职生源学生并未养成良好的行为习惯，旷课、逃课、抄作业、抽烟、喝酒等不良行为发生率较高。并且，与普高生源学生相比，中职生源学生生活习惯比较不规律，睡眠时间显著较少。访谈中，中职生源学生也谈到，"普高学生作息习惯比我们好，感觉他们更自律"，"中职学生专业课较好，但没有一个良好的习惯，普通高中学生自制力和学习氛围更好"。61.4%

的中职生源学生认为中职和普高学生存在差别，有学生说"在学习能力上有很大差别，普高学生文化课好，中职学生专业课好；普高学生作息时间规律，时间把控比中职生好"①。这印证了调查中的发现：中职生源学生专业课缺课率低于普高生源学生，但课后学习时间比普高生源低 0.2 小时，不良健康行为和不良班级行为发生率比普高各高出 2 个百分点。这一结论和王文彬、易雪玲的研究发现相似：中职生源学生课堂纪律差，说话、玩手机现象严重。②

（三）中职生源学生文化基础薄弱，学习效果欠佳

中职生源学生学业基础薄弱，尤其是文化知识基础较差，这是中职学生自身、学生家长、教师、学校等各方都认定的一个"事实"。文化知识是学习的基础，它在个人知识体系中的地位，与建筑物的地基等同。应然层面，与普高生源相比，中职生源学生在中职学校期间的学习为他们在高职学校的专业学习奠定基石，无论是专业理论知识还是实践操作都应该相对较好。事实上，中职生源学生专业技能量表得分低于普高学生，且拥有职业资格证书的比例也低于普高学生。

访谈中，中职生源学生说，"高中来的文化课成绩比较好，专业课学习能力强，而且他们理论课比较厉害，上课比较积极"。尽管有超过十分之一的中职生源学生认为"专业课和实践操作方面中职学生表现更好"，但实际上他们并不比普高生源学生更加优秀。③ 在普高和中职学生融合班，只有不到 1/3 的学生报告说，他们的专业成绩位于班级的前 1/3，王文彬和易雪玲的研究发现也普高生源学生综合成绩明显好于中职生源学生④，这应该与中职学生的学习基础薄弱有关系。

教育实践中，往往是中职学生中学业表现优异者，普通高中学生中学业表现较差者，升入高职学校。这两类学生在初中阶段的文化成绩理论上差距并不大，分别通过接受中职教育和普通高中教育后升入高职院

---

① 访谈编码依次为：5100210126，5570121145，5400111140。
② 王文彬、易雪玲：《中高职衔接培养人才的效果与问题研究——来自中山职业技术学院的实证调研》，《职教论坛》2017 年第 21 期，第 15 页。
③ 访谈编码依次为：5130310117，5420221122。
④ 王文彬、易雪玲：《中高职衔接培养人才的效果与问题研究——来自中山职业技术学院的实证调研》，《职教论坛》2017 年第 21 期，第 15 页。

校，他们在高职学校的发展差异，一定程度上可以看作是高中学校教育经历的差别。可以说，中职教育期间对文化基础知识教育不足够重视，造成了如今两类生源学生学习能力上的差别。

（四）中职生源学生对未来信心不足

无论是从自我效能感，还是工作预期看，与普高生源学生相比较，中职学生对自己信心不足，对未来较为迷茫，超过两成中职生源学生不知道毕业后干什么，且对工作的期望值也相对较低。同时，在未来的学习深造方面，中职生源学生中，约80%希望拥有本科及以上学历，但毕业后真正打算上本科的学生仅约1/3。

对于缺乏经济资本和社会资本的人来说，教育是寒门学子实现升迁性社会流动的重要途径。对于寒门学子来说，经济资本是一种"顽固"的劣势，难以改变，文化资本则不同，它具有一定的能动性，通过个人努力是可以突破的。学生可以通过接受教育获得文化资本，学术上的正当合法性为那些没有其他资源的人提供了一种凭借的手段和雪耻的机会。[①] 中职生源学生期望获得高学历说明他们认同文凭在实现阶层流动和追求美好生活中的作用，但是基于一定的现实考虑，或许是自身的能力，或许是家庭因素，他们自愿放弃升学，选择大专毕业后直接工作。这意味着，中职生源学生既没有相对优势的家庭资本，也没有在文化资本上实现突破，资本的不充足导致了他们对未来缺乏信心，自愿被限定在社会主流文化为他们构建的一个有限选择空间内。[②]

第五节　中职教育学生就业问题追因分析

由前文的分析可知，直接就业方面，中职毕业生初职起薪差别较大；工作稳定性较差；学用匹配比例较低，且呈下降趋势；工作岗位发展空间有限。间接就业方面，教育获得与教育期望存在差距；中职生源学生

---

① ［法］皮埃尔·布迪厄：《文化再制与社会再制》，厉以贤译，五南图书出版公司1992年版，第446页。
② 汪冰冰：《有限的选择空间与想象的未来——对农村青少年做学徒的话语分析》，《中国青年研究》2018年第12期，第79页。

和普高生源学生在高职院校的发展有一定劣势。总体来看,中职学生就业质量(包括直接就业和间接就业)偏低,究其原因,主要有以下几方面。

一 学业不精:人力资本积累少

人力资本理论对毕业生就业质量有很强的解释力,人力资本因素是影响就业质量的重要因素。在竞争性劳动力市场,毕业生和用人单位双向选择,人力资本水平高的毕业生更容易实现高质量就业。早在 1967 年,布劳(Blan)和邓肯(Duncan)的职业地位获得模型指出人力资本作为后致性因素在个人职业地位获得中起着重要作用。[1] 王秀瑾通过对中职毕业生就业问题的研究,认为毕业生的素质和能力影响就业成功率和就业质量。[2] 职业教育以促进就业为导向,是培养一线高素质技术技能型人才的教育类型,其毕业生的人力资本存量理论上直接影响就业质量。[3] 实际上,本研究的实证数据也证实了中职学生人力资本与其就业质量之间的关联。

(一)人力资本对就业质量影响的量化分析

本研究以教育获得、初职起薪、工作稳定性、学用结合程度、工作岗位发展空间等就业质量指标为因变量,以人力资本(认知和非认知能力)为自变量,控制个人、家庭、学校等基本特征以及就业状况中影响就业质量的变量,验证了人力资本与就业质量的关系。因剔除了没有家庭背景变量的样本,2015—2016 年调研时新增的样本学生没有再次收集家庭背景变量,所以剔除此部分样本,也就是说,只有 2012 级、2013 级样本毕业生进入回归模型。

1. 变量操作化

因变量。关于起薪,为了去除奇异值,只选择初职起薪在 500—6200元之间的观测值,同时,为使数据趋向于正态分布,满足回归分析的条

---

[1] Blau P. M., Duncan O. D., *The American Occupational Structure*, New York, John Wiley Press, 1967, p.215.
[2] 王秀瑾:《中等职业学校的学生就业问题研究》,硕士学位论文,天津大学,2010 年。
[3] 胡立:《高等职业教育就业质量生态系统的平衡》,《大学教育科学》2016 年第 2 期,第 44 页。

件，同时减小异方差对回归结果的影响，对起薪取对数；关于高等教育获得、学用结合程度、岗位发展控制均为虚拟变量，升入高等院校、工作与专业对口、岗位发展空间大则取值为1；关于工作稳定性以第一份工作持续时间为代理变量，单位为月。

自变量。人力资本变量的选择主要依据第五章的指标，包括认知和非认知两个层面。首先，认知能力包括主观和客观两个层面，从主观来说是学生自主汇报的文化基础知识、专业知识和技能的获得感，答案从"比以前好很多"到"比以前差很多"共五个选项，若选择"比以前好很多"或"比以前好一点"则取值为1，否则取值为0。客观方面包括文化基础知识、专业知识和技能测试成绩，测试卷基于IRT理论编制，最终得分为经过处理之后的IRT得分。其次，非认知能力包括对中职学校满意度、一般自我效能感、毅力品质、尽责心。中职学校满意度答案从"非常满意"到"非常不满意"共四个选项，选择"非常满意"或"比较满意"取值为1，否则取值为0。尽责心和毅力品质按照李克特五点量表计分，答案从"非常不同意"到"非常同意"，正向题目5分到1分依次赋值，反向题目按照1分到5分依次赋值。一般自我效能感量表使用李克特四点计分法，"完全不符合""有点符合""多数符合""完全符合"分别赋值1分、2分、3分、4分。这三个维度下所有题目得分均值为相应量表得分。

控制变量。可能影响就业质量的其他因素为控制变量，主要有四类。第一类是毕业生的基本状况，包括毕业生性别、民族、户口类型等人口统计学特征，及专业、年级等中职学校教育特征变量；以及家庭经济情况、父母受教育年限、家庭社会关系等家庭背景变量。第二类是学校基本情况，包括学校类型、学校办学性质、是否示范校等三个变量。第三类是求职情况，包括是否有实习经历和求职次数。第四类是与就业状况有关的变量，包括就业区域、就业单位性质、行业、岗位性质、就业单位规模、工作时长、毕业至今是否换过工作等。表6-9列出了具体的变量说明和虚拟变量的设置方式。需要说明的是，教育获得回归模型中的控制变量不包括就业状况变量。

表6-9　中职样本学生人力资本对就业质量影响分析的变量说明

类别	变量	说明
毕业生基本情况	性别	女（对照组）和男
	民族	少数民族（对照组）和男
	户口类型	城市（对照组）和农村
	年级	2017届（对照组）、2016届和2015届
	家庭经济背景	家庭经济状况量表得分
	父亲受教育年限	根据受教育程度推算
	母亲受教育年限	根据受教育程度推算
学校情况	学校类型	普通中专（对照组）、职高、技校
	学校性质	民办（对照组）和公办
	是否示范校	非示范校（对照组）和示范校
就业状况	就业地点	河南（对照组）、东部和其他地区
	就业单位性质	行政机关/事业单位、国有企业、三资企业、民营企业（对照组）
	就业行业	制造业（对照组）、新兴行业、住宿和餐饮业、批发和零售业、科教文卫、建筑业、其他服务业、公共事业
	岗位类型	与技术相关的工作（对照组）、服务工作、生产运输工作
	工作时长	平均每周工作时间，单位：小时
	企业规模	10人及以下（对照组）、11—24人、25—99人、100—499人、500—999人、1000—4999人、5000—24999人、25000名及以上
求职情况	实习经历	没有（对照组）和有
	求职次数	单位：次
	是否换过工作	没有（对照组）和有

对于就业区域的划分，共分三类，河南（对照组），东部和其他地区。对于行业的划分，参考已有研究[1][2]，将样本涉及的17个行业划分为8类：制造业；新兴行业（信息传输、软件和信息技术服务业和金融业）；住宿和餐饮业；批发和零售业；科教文卫（教育，文化、体育和娱乐业，科学研究和技术服务业，卫生和社会工作）；建筑业；其他服务

---

[1]　岳昌君、周丽萍：《经济新常态与高校毕业生就业特点——基于2015年全国高校毕业生抽样调查数据的实证分析》，《北京大学教育评论》2016年第2期，第63页。
[2]　徐晓雯：《高校毕业生学用匹配状况的影响因素及起薪效应》，《教育学术月刊》2018年第6期，第3页。

业；公共事业（公共管理、社会保障和社会组织，电力、热力、燃气及水生产和供应业，水利、环境和公共设施管理业）。

2. 回归结果

分阶段模型的回归结果详见附录 C，表 6－10 是本章关注的核心变量的综合呈现。从中可以发现，教育获得方面，认知和非认知能力对教育获得有显著正向影响。具体来说，认知能力中的数学成绩、专业成绩、文化基础知识获得感与教育获得显著正相关，分别在 1%、1%、10% 水平上显著；非认知能力中的自我效能感能显著提升升学的概率；认知能力对教育获得的影响程度高于非认知能力。

初职起薪方面，数学成绩、专业成绩、尽责心和自我效能感对收入的提高有正向促进作用。具体来说，数学成绩每增加 1 个标准差，收入增加 6.5%；专业成绩每增加 1 个标准差，收入增加 4.0%；非认知能力中的尽责心、自我效能感回报率分别是 4.2%、3.8%。这表示认知能力与非认知能力对劳动力市场收入提高均有积极影响。岗位发展空间方面，毅力品质得分越高，毕业生工作岗位发展空间大的概率越高。

表 6－10　　中职样本学生人力资本对就业质量影响的回归结果

变量	教育获得	初职起薪	岗位发展空间	学用匹配	工作稳定性	工作满意度
数学成绩	0.729***	0.065**	－0.015	－0.099	－0.655	－0.263
专业成绩	0.523***	0.040*	0.087	0.031	－0.000	－0.263
数学获得感	0.384*	－0.021	0.201	0.623*	2.899*	0.072
专业获得感	0.088	－0.024	0.018	0.154	－2.597	－1.510**
学习满意度	0.213	－0.038	－0.059	－0.094	－0.949	－0.747*
毅力品质	－0.135	－0.012	0.325*	0.335*	－0.074	0.357*
尽责心	－0.158	0.042*	－0.009	0.012	1.652**	0.184
自我效能感	0.509*	0.038*	－0.005	0.029	0.566	0.592***

注：本表只呈现核心自变量的影响系数及显著性，回归的完整结果见附录。

学用匹配方面，文化基础知识获得感、毅力品质与学用匹配在 10% 的水平显著正相关，即与文化基础知识获得感低的毕业生相比，获得感高的毕业生更可能从事学用相匹配的工作；毅力品质得分较高的毕业生从事学用一致工作的概率比得分较低的毕业生显著更高。

工作稳定性方面，文化基础知识获得感、尽责心的回归系数均显著为正，表明文化基础知识获得感越高越有可能稳定地待在一个岗位上；尽责心得分较高的毕业生，初职持续时间较长。

工作满意度方面，专业知识和技能获得感、学习满意度、毅力品质、自我效能感都对工作满意度有显著影响。其中，专业知识和技能获得感对工作满意度有显著负向影响，优势比为0.22，这表示，学生专业知识和技能获得感越强，对工作感到满意的概率越低，变化幅度为0.22倍。这可能是因为学生自认为专业能力较好，却从事与工作匹配度较低的工作，所用非所学，降低了对工作的满意度。同样，学习满意度的回归系数也是显著为负，对中职学校的学习表示满意的毕业生对工作满意的概率显著较低。可能的解释是没有从中职学校获得应有的知识和技能，所以对在中职学校的学习不满意，从而导致对工作的期望值相对较低，对实际工作的满意度反而相对较高。

总体来看，中职学生在学期间认知能力和非认知能力是影响教育获得的重要因素，可以显著提升劳动力市场收入，人力资本越高越有可能从事与专业一致、职业发展空间较大的工作，并且，对工作稳定性和满意度也有显著影响。但是，从第五章的分析可以发现，中职学生在学校并没有获得足够的认知和非认知技能。这一结果验证了我们的观点：中职学生人力资本与就业质量显著相关，在学期间人力资本积累不够是就业问题的主要原因。

（二）人力资本对就业质量影响的质性分析

从质性研究的角度，毕业生访谈结果，也印证了我们的实证结果。学生往往用"总体质量不好，与中职学的知识不太相关""对口的情况下还不错"[1] 这样的话语来概括就业质量，并把无法找到对口工作的原因归因于"在学校没有学到什么有用的东西，到了专业岗位工作也干不了""社会经验不足，专业技能不足，毕业之后还得报补习班，中专毕业只能去销售岗位，去技术岗位人家不要，必须培训半年或一年以上，才能真

---

[1] 访谈编码：5200110119，5420221133。

正学到技能"①。就业较好的学生则认为"学好专业课很重要，反正我认识的几个人都是找的专业相关的，只要你有真本事在手，很多公司愿意收你"②，他们还表示就业质量的好坏取决于"在学校学的基础的东西""能力高才能找到好工作"③。中职学生在学期间专业技能水平普遍较低，知识和技能的获得感低，即使到了与专业对口的工作岗位，也可能因无法胜任而主动离职或被辞退。

二　技艺不专：特色优势不突出

职业教育作为一种类型教育，首先，要区别于普通教育，部分中职学校将其办学定位窄化为"升学教育"，导致中职教育缺乏特色，抛弃了其职业性特点。其次，职业学校之间要有区分，形塑各自的特色。产教融合是职业教育区别于普通教育的形式特色；中职学校与本地区特色产业融合，培养适应本区域经济发展的特色人才是中职教育可持续发展之路。职业教育系统与产业系统紧密联系一直是职业教育改革发展的战略要求，但是，受体制机制等多种因素影响，职业教育人才培养与产业需求存在"两张皮"现象。2017 年，《关于深化产教融合的若干意见》要求，进一步深化产教融合。产教融合的根本目的是提高职业教育人才培养质量，使职业教育更好地服务区域经济社会发展，推进人力资源供给侧结构性改革。但是在当前，中职人才培养与区域协同发展并不匹配。

中职毕业生在就业区域选择上以"属地就业"为主，并且，随着时间的推移，毕业时间越长，毕业生回流的比例越高，属地就业比例更高。样本毕业生从第一份工作到当前工作，在河南就业的毕业生比例从 64.0% 上升到 66.3%，毕业时间最长的 2015 届毕业生，超过七成当前工作在河南。这表示，相比于外地，毕业生更愿意留在本地工作，这也验证了中职教育为区域经济发展服务的观点。职业教育根植于区域经济建设的现实中，为当地社会发展服务的程度关涉职业教育是否能可持续发

---

① 访谈编码：5150611117。
② 访谈编码：5150410115。
③ 访谈编码：5470111110，5150810110。

展。① 区域经济发展需要的是符合自身发展现状与特色的专业性人才，但是，调查数据显示，在本地就业的毕业生中，第一份工作与专业对口的比例不足一半（49.9%）；在当前工作中，对口比例又下降了 10.5 个百分点。受访者在谈及学用匹配时表示，"在学校学的专业在咱们这不好找工作""数控专业在当地比较冷门"②。工作与专业的不对口说明中职教育培养的专业人才与区域经济要求有所冲突，没有满足本地区优势特色行业需求。职业教育尤其是中职教育是区域特征极强的教育类型，"服务区域经济发展"是其存在与发展的最终旨趣。③ 现实是，中职学校普遍存在追求热门专业、专业设置重复的严重现象，专业多而不精，大众化倾向明显，区域化特色不足，与区域经济的关联度低，致使培养的毕业生技艺不专，缺乏特色，不能有效地为区域经济发展服务，在制约了区域优势产业发展的同时，也制约了中职学校和中职学生的可持续发展。

三 资源不丰：家庭资本底子薄

虽然人力资本对就业质量有很强的解释力，但在现实生活中也存在很多人力资本无法解释的问题，如"学好数理化，不如有个好爸爸"这一现象，人力资本不能做出很好的解释。许多研究证明，毕业生的就业质量与教育获得不仅与人力资本有关，还与个人的家庭因素相关④，部分研究甚至发现家庭资本的影响程度超越了人力资本。⑤ 家庭资本的概念源于社会资本理论，社会资本理论认为卓越"关系"对个人求职结果有重要影响。在中国的文化背景下，家庭是社会的基本单位，为个人发展提供各种有用的资源，对个体教育选择和劳动力市场结果有重要影响。

詹姆斯·科尔曼（James Coleman）认为家庭资本不仅仅是一个单一的"家庭背景"，在分析上至少可以分为三种：家庭物质资本、人力资本

---

① 许正中：《中国现代职业教育理论体系研究》，人民出版社 2013 年版，第 147 页。
② 访谈编码：5100410111，5180120106。
③ 朱德全：《职业教育统筹发展论》，科学出版社 2016 年版，第 55 页。
④ 张山：《家庭资本、教育与社会流动》，《经济问题》2018 年第 12 期，第 50 页。
⑤ 杜桂英、岳昌君：《高校毕业生就业机会的影响因素研究》，《中国高教研究》2010 年第 11 期，第 67 页。

和社会资本。① 根据附录 C 的回归结果可知，中职样本毕业生家庭文化资本即父亲受教育程度对收入有显著正向影响，母亲受教育程度与工作满意度显著正相关；家庭经济资本即家庭经济状况较好的学生更有可能从事职业发展空间较大的工作。根据第四章的调查结果，中职学生大部分来自于家庭社会经济地位较低的农村，家庭资本相对较少，很可能无力对中职学生的人力资本进行投资，直接影响毕业生在劳动力市场和高校的表现。

四 市场不力：准入制度不严格

中职毕业生在劳动力市场不但受到高职毕业生的排挤，同时也受到普通高中毕业生，甚至初中毕业生的挤压。在一些对专业技术要求相对较高、待遇较好的工作岗位，用人单位更愿意用学历层次较高的高职毕业生；而对专业技术要求较低的工作岗位，无技术、低技能工作者的劳动力成本相对较低，用人单位自然会选择低成本劳动力。中职毕业生受到自上而下和自下而上的双向职位排挤，影响他们成功就业和工作积极性，导致他们频繁离职和转岗。

实际上，在对中职毕业生包分配的就业政策进行改革时，为保障中职学生的基本利益，出台了相应的"职业资格证书制度"，要求用人单位招工，必须先从职业学校毕业生中择优录取，且职校毕业生必须取得职业资格证书才能上岗。② 这一要求把职业教育、就业和劳动人事制度相结合，虽然国家不再分配工作，但接受职业教育的学生相比非职业轨道的学生更容易获得职业资格证书，也就更可能获得就业机会。但职业资格证书制度有效执行的前提是严格就业准入制度，将其与职业资格证书制度有效衔接，这样才能使职业资格证书成为进入劳动力市场的"通行证"。然而，在许多地区和许多行业，只有少数技术岗位实行劳动准入制度，大部分地区的众多行业中劳动准入只具有象征意义，就业准入制度

---

① Coleman J., "Social Capital in the Creation of Human Capital" *American Journal of Sociology*, No. 94, 1988, p. S109.

② 中共中央：《中共中央关于教育体制改革的决定》，http://www.moe.gov.cn/jyb_sjzl/moe_177/tnull_2482.html，1985 年 5 月 27 日。

和职业资格证书制度在实际执行过程中出现了"象征性政策执行"的情况。

政策执行不力在一定程度上与政策本身的缺陷有关,当前的职业资格证书体系覆盖范围不够广,许多职业并未被纳入职业资格体系中。且经济社会发展迅速,新职业也在不断涌现。同时,职业资格证书更多是针对技能型岗位,服务类、管理类的很多职业并没有相应的职业资格证书,学生无证可考。而在有证的专业和职业,由于政策监督机制的缺失,就业准入制度在执行过程中只有宣传未有操作性的措施,地方政府均表明了支持立场,但没有做出实际行动,也没有对企业进行切实监督。一些中小型企业,在招工时并不设门槛,无技能的劳动者和具有中低技能的中职毕业生"平等"就业,有职业资格证书者并不会被优待,并且对个人经济利益和社会地位提升无益。这些现实情况也影响了中职毕业生的就业质量。

下 篇

基于问题循证的
反思讨论与政策建议

第七章 中职教育人才培养质量问题的反思

第一节 中等职业教育人才培养质量状况与办人民满意的教育

一 办人民满意的教育对中职教育人才培养质量提出的要求

办人民满意的教育是社会各界共同的重大关切，是我国政府一贯坚持的方针政策，党的十九大报告和习近平总书记在2019年全国教育大会上的讲话，都明确指出，要办人民满意的教育。"人民满意的教育"涉及三个核心词汇：人民、满意、教育。首先，"人民"指谁？《汉语辞海》对人民的解释有三：一指人类，二指百姓，三是与"敌人"相对。[①]《现代汉语词典》对人民的界定是"以劳动群众为主体的社会基本成员"[②]。一般意义上，"人民"是指"百姓"。本书认为，"办人民满意的教育"的"人民"应根据教育服务对象来界定，即社会和个人。个人作为学习者，教育质量的高低直接关涉个人利益，家长是学生利益的直接代表，中职学生是本研究的核心研究对象，因此本研究中"办人民满意的教育"中的"人民"特指学生和家长。其次，"满意"何解？《汉语大词典》中"满意"有四层含义：决意，一心一意；意愿得到满足；满以为，原先料想；犹充盈。而《现代汉语词典》对其的解释是，"满

[①] 辞海编辑委员会：《辞海（1999年缩印本·音序）》，http://www.guoxuedashi.com/hyd-cd/cihai_11542.html，2019年1月17日。

[②] 现代汉语大词典编委会：《现代汉语大词典》，http://www.guoxuedashi.com/kangxi/pic.php?f=xdhycd&p=1091，2019年1月17日。

足自己的愿望；符合自己的心意"。"满意"的一般含义是"合意"，即客体满足主体的愿望和心意。"办人民满意的教育"中"教育"是客体，"人民"是主体，人民对教育满意，即教育满足人民的需求。最后，"教育"何指？本研究中的"教育"是狭义上的教育，即学校学历教育。那么，"办人民满意的教育"就是指办满足学生和家长需求的学校教育。学生和家长对教育的需求是什么？从整个教育过程来说，从入口的教育选择，学习过程中的教育体验到出口处的教育回报均满足学生和家长预期。

综上，在本书中，办人民满意的教育至少可以从三个层面理解：从入口来说，中职教育的培养成果受到家长认同，中职学校是学生和家长想选择的学校；从学习过程中的教育体验来说，中职学校的学习达到甚至超过学生和家长的预期；从出口来说，中职学生毕业后能够进入合意的高校，或者在劳动力市场获得自己认可的工作。

二 基于办人民满意的教育对中职人才培养质量问题的反思

(一) 入口处：教育选择未突破人们对中职学校的消极刻板印象

个体对高中教育的选择是在同一层次不同类型教育之间进行选择，选择的结果与个体"理性"不必然相关，而是很可能受社会文化影响，与长期以来形成的"惯习"有关。个体对不同教育类型的选择有主动的一面，也有被动的一面。就个体对中职教育的选择而言，选择就读中职学校是个体主动的选择，但这一选择往往是通过将"辍学"和"复读"给个人带来的价值，与"上中职"给个人带来的价值进行比较，并且考虑到"上普高"的可能性，在价值和可能性的综合考量下做出的选择。

本书的调查数据显示，中职学生中农村户籍比例为87.4%，由此可知农村初中生是中职学校的主要生源。宋映泉等依据西部某省41个县41所中学2216名农村初中生的抽样调查数据发现，在教育意向方面，22.7%的学生计划"上中职学校"，70%的学生计划"上普通高中"，7.1%的学生计划中学毕业后"不再上学"；在实际的教育选择方面，四分之一的学生进入了中职学校，而41.9%的学生进入了普通高中。① 根据研究团队对河南2县12所学校1443名农村初中学生的调查结果，当中考分数达不到普高分数线时，38.7%的学生会选择"上中职学校"；从所有样本学生的实际教育选择来看，31.5%的学生进入了中职学校，57.3%的学生进入了普通高中。②

由学生和家长对中职教育的选择可知，人们对中职学校持有消极刻板印象，对中职教育选择意愿低，把其作为普通高中的备选项。虽然大部分学生对中职教育不感兴趣，但还有相当一部分学生愿意上中职学校，期望在中职学校获得一技之长。社会各界往往对中职学校持有育人质量低，对中职学生持有缺乏纪律性、学业能力差这样的负面刻板印象③，尤其，中职学校教职工也认为中职学生是学困生、后进生，一部分老师甚至在课堂上扬言"你们就是再学也就这样了，学不好的"④，或者教师私下交流时说"这些学生的人生已经看到头了"⑤。有研究认为消极的刻板印象会抑制其在现实环境中的成就⑥，由此，我们针对中职学生进行了一项大规模随机对照实地研究，测试现实环境中刻板印象威胁是否会降低中职学生的学业成就。结果发现，受到刻板印象威胁的学生数学成绩反而提升了0.031个标准差，只是到学年末再次测试时，所有的影响都没有统计学意义了。⑦ 因为样本流失的原因，尽管没有足够的证据表明，随着时间的推移，刻板印象威胁的积极影响下降，但可以说，刻板印象威胁

---

① Song Y., Loyalka P., Wei J., "Determinants of Tracking Intentions, and Actual Education Choices Among Junior High School Students in Rural China", *Chinese Education & Society*, No. 4, 2013, p. 30.

② 项目团队2018年6月对农村初中九年级学生的教育意向进行调查，2018年9月份与样本初中学校校长、班主任确认学生实际教育选择。

③ Woronov T., *Class Work: Vocational Schools and China's Urban Youth*, Stanford University Press, 2015.

④ 访谈编码：20190409VETt02。

⑤ 访谈编码：20190409VETt03。

⑥ Walton G. M., Spencer S. J., "Latent Ability: Grades and Test Scores Systematically Underestimate the Intellectual Ability of Negatively Stereotyped Students", *Psychological Science*, No. 9, 2009, p. 1132.

⑦ James C., Prashant L., Guirong L., et al., "Stereotype Threat and Educational Tracking: A Field Experiment in Chinese Vocational High Schools", *Socius: Sociological Research for a Dynamic World*, 2019.

在现实中并不会强烈地推动学生发展的差异。这表示中职学生在走进中职学校的那一刻,并没有自暴自弃,他们也是满怀上进心,期望在中职学校有所成就。但中职教育质量持续低下、教师对学生的刻板印象则会逐渐削弱学生对中职学校及自身学习的信心,诱使其产生负面情绪和行为,进而导致学业失败,巩固了社会公众对中职学生、中职学校的消极刻板印象。

进入中职学校是除了升入普高的次优选择,学生个人和家长在被动的情况下"主动"选择中职学校,主要还是期待通过职业教育学习一门技术[①],拥有一技之长以在劳动力市场谋取一份工作。随着现代职业教育体系的构建与完善,通过在中职学校的学习,参加对口高考/单招等方式升入更高层次学校,也是学生选择中职教育的重要原因。如果,中职教育并没有给予选择中职教育的学生好的教育体验,没有让他们实现"学一门技术"或"考上大学"的期望,中职学校将无法扭转社会给予它的消极刻板印象,中职教育的生存发展也将陷入"吸引力差—质量差"的恶性循环。

(二)过程中:教育体验未满足学生和家长的心理预期

学生满意度是学生对教育生活的一种主观感受,Okun 等认为学生满意度是学生对学校教育质量的整体认知评价,与学生发展密切相关[②],当学生的教育体验超出心理预期时就会对学校感到满意。[③] 因此,本研究以中职学生满意度来衡量学生和家长对中职教育心理预期的满足度,当学生对学校教育人才培养质量表示满意时,代表学生实际收获大于和等于个人预期,不满意则表示中职教育人才培养质量未满足学生和家长的心理预期。中职教育因其教育场所的特殊性,可把中职学校满意度分为两个部分,学校学习满意度和企业实习满意度。

---

① 周潇:《学校到工厂:中等职业教育与农二代的社会流动》,《青年研究》2015 年第 5 期,第 22 页。

② Okun M. A., Weir R. M., "Toward a Judgment Model of College Satisfaction", *Educational Psychology Review*, No. 1, 1990, p. 59.

③ Elliott K. M., Healy M. A., "Key Factors Influencing Student Satisfaction Related to Recruitment and Retention", *Journal of Marketing for Higher Education*, No. 4, 2001, p. 1.

1. 中职学校满意度的量化分析

学习满意度方面，调查显示，样本学生对中职学校满意度较低，学生流失率高。调查问卷中，当直接询问样本学生对中职学校的学习是否满意时，同时参加基线和中期调查的学生中43.3%对中职学校学习经历表示"比较不满意"或"非常不满意"。此外，中期调查时有1469名学生流失（占基线样本学生的12.2%），选择不再读书，从一定意义上讲，是通过离开中职学校表达自己对中职教育的不满。2014年10月，我们从样本学校中随机选择16所学校，对16所样本学校中计算机一年级的学生进行电话回访，调查第一学年和第二学年之间学生流失情况。数据显示，暑期流失率为10.3%。由此，可以匡算出中职学校两个学年的累积流失率为31.2%（第一学年流失率16.3% + 暑期流失率10.3% + 第二学年流失率（100 − 16.3 − 10.3）% × 6.2%）。因此，总共有60.1%（28.9% + 31.2%）的学生通过直接回答或者离开中职学校表达对中职学校学习经历的不满意。

在实习满意度方面，问卷结果显示，49.3%的学生对实习不满意。进一步分析中职学校学习满意度和实习满意度的关系发现，对中职学校学习不满意的学生中，绝大部分对中职学校的实习也不满意，即对中职学校不满意的学生中，大部分对中职学校学习和实习都不满意。这表示，样本学生在中职学校学习和企业实习的体验未满足他们的心理预期。

2. 中职学校满意度的质性分析

为具体了解中职学生在学期间的教育体验，分析他们对中职教育不满意的原因，本研究对部分毕业生进行了电话访谈，让学生采用主诉的方式回答"对中职学校最满意和最不满意的地方分别是什么"。通过对访谈数据进行编码、归类、分析和提炼，发现，中职学生对学校满意或不满意的关注点主要集中在学校环境、校园文化、课程教学、教师素质、实习和同辈群体等六个方面。表7-1是对访谈结果的整理。

从表7-1可以看出，中职学生谈论最多的是教师、校内课程和企业实习。教师有责任心、爱心会改善学生的教育体验，学校管理松散、没有学到实质性内容和实习质量低是学生教育体验差的重要原因。有58人直接提及学校管理问题，其中46人最不满意的地方是"管理松散，学生教师随心所欲",虽然学生用语不同,但表达了相同的意思,"松""松散""松懈"是出现频率最高的用语,充分显示中职学校教学管理秩序较差。余下的12人最满意的是"学校管理严格",由此可知,学生对有序的学校管理心向往之,期望中职学校实行规范的管理制度,以使自己知识和技能有所提升。

表 7-1　　　　　　　　与学校满意度有关的关键词列表

建立类属	次级编码	满意对应词	不满意对应词
学校环境	教学设施	设施齐全	设备陈旧
	食堂伙食	—	餐厅饭菜难吃;伙食差;餐厅很不卫生
	宿舍环境	—	住宿条件差;宿舍环境不好
	校园环境	整洁、干净;校园环境很好	校园面积小;校园破旧;操场小;体育器材不完善
	助学金	—	政府发的补助都被扣押
校园文化	校风	半军事化管理、管理严格	管理松懈;管理太过放松、太过随意;学校太乱了;学校可乱可杂
	学风	学习氛围好	没有学习氛围;玩的时间太多、感受不到学习的乐趣
	活动	社团比较丰富,活动比较多	社团比较少,感兴趣的比较少;社团活动太少
课程教学	文化课	—	文化课欠缺;文化课有待加强
	专业课	专业课很好;学了一点专业性的知识;课程分配合理	教材老旧;不贴合实际;学的专业性知识太少了;学的东西用处不大、没有学到实质性东西;教的内容比较杂、学不精;课程没什么意思;专业课教师都走了;一个老师带好几门课
	实践课	—	缺乏实际操作;实践太少;学到的技术实际用处不大

续表

建立类属	次级编码	满意对应词	不满意对应词
教师素质	责任心	教师负责、老师和善	骂人、打人、踢人；老师讲课随心所欲；教师懒散；敷衍学生
	爱心	班主任比较好、老师特别好、注重与学生沟通、班主任关心同学、老师对学生体贴、老师对学生比较照顾	教师态度很差
	教师水平	专业课老师教的非常好、教师教学有趣、老师专业技能比较OK	专业课老师技术不够；不说普通话；照资料读；教课讲不到有用的东西
实习情况	实习经历	有实习机会	打酱油的活儿，浪费时间
	实习质量	—	不对口、工资低、学的知识用不上
同辈群体	同辈互动	同学氛围好、同学之间关系处的比较好	—
	同伴行为	—	没人学习，上课随心所欲

此外，学校招生时对学校教学和学生发展前景的描述"夸大其词"，致使中职学生对未来期待甚高，而实际实习岗位、工作岗位与学校承诺之间的差距，让学生产生"上当受骗"的感觉。

> 学校找的实习工作不是很好，夸大其词，学到的知识用不到，只是做个普通的员工，没有技术含量。[1]
>
> 最开始说的怪好，他们说这个专业非常好，前途高，出来之后虽然是冷门，工资却能拿到八九千，实际工作后发现学的专业用不上，找不到好工作；实习工作直接安排进厂，工资低还跟原来专业不一样，上了学跟白上一样。[2]

---

[1] 访谈编码：5250120108。
[2] 访谈编码：5310120105。

(三) 出口处：教育回报未契合中职教育的本质定位

中职学生大部分来自家庭资本相对薄弱的农村，父母希望子女通过接受教育实现阶层的向上流动，家长常用的词是"混得好些""吃公家的饭""找到体面的工作"等。中职教育面向人人，且实行免费教育政策，让初中毕业生或同等学力人员"有学上""上得起"。但如果只满足于让学生上得起学，却未能使毕业生获得进入社会更高阶层或者走进高校的学业基础，最终还会带来学习者的不满。

中职学生的家长（87%在农村）并不十分清楚职业教育与一般意义上的教育有什么区别。因此，送孩子读书大都是希望能通过教育实现阶层流动，但这个期望本身是难以实现的[1]，本书的数据也证实了这一点。依据李春玲提出的阶级分化标准将职业分为中上层、中下层和底层[2]，无论是从父代和子代的职业比较看，还是从中职毕业生初职和现职工作对比看，父代及其子女在阶层结构中的位置基本保持不变，始终在中下层。功能主义的分层理论认为，学校教育通过培养学生的认知技能和职业技能促进社会流动，该理论的研究者将教育看作是社会流动机制，处于劣势位置的阶层渴望通过教育改变子女命运，从而跳出自身的劣势阶层位置，获得较好的社会地位。[3] 从总体看，中职教育在一定程度上促成了短程流动，相对于初中毕业后直接进入劳动力市场的学生，"中职毕业生再深造的机会比其他没有技术的人好很多，起码掌握一点技术"[4]。但是，中职教育促进阶层流动的作用毕竟有限，虽然在处境不利群体内部获得了一定优势，但并不能成为其地位获得的重要途径。

从人性的角度出发，任何阶层的人都期望通过教育实现阶层提升，中职教育未能满足家长对孩子的阶层流动期望，影响了家长和学生选择中职教育的积极性，但这一现实并不是由中职教育直接带来的。因为，

---

[1] 卢洁莹、马庆发：《可能与不能：社会分层对职业教育发展影响的一个悖论》，《教育发展研究》2007年第1期，第50页。
[2] 李春玲：《比较视野下的中产阶级形成》，社会科学文献出版社2010年版，第24页。
[3] 刘精明：《国家、社会阶层与教育：教育获得的社会学研究》，中国人民大学出版社2005年版，第7页。
[4] 访谈编码：5110110116。

中职教育将人才培养目标定位于技术技能人才，其主要价值在于提升学生的职业技能，帮助学生更好地就业。如果通过接受中职教育，学生获得了就业必备的职业技能，尽管不能提升阶层，家长和学生也会认可中职教育的意义。但现实是，中职学生毕业后从事的工作要么不需要技能，这与劳动力市场的就业准入制度有关；要么学非所用，这主要是由中职学生的学业不精、技艺不专导致的，与中职教育的培养质量直接相关，这也是造成家长不满意中职教育的主要方面。

未能实现阶层流动和未能获得就业必备技能共同挑战了中职教育的存在价值，并导致了读书无用论思想的盛行和中职教育的高流失率。人们往往用收入来判别"读书是否有用"，并对是否就读做出选择。根据对样本毕业生的调查，中职毕业生的就业存在工资收入低、工作稳定性差、职业发展空间有限等问题，劳动力市场的低回报无疑会挫伤学生就读职业教育的积极性，给个人和家庭带来"读中职无用"的错觉，也导致中职教育流失率居高不下。近几年，"读书无用论"再次掀起，"寒门学者读书有用吗"再次引发热议，农民收入提高和中职免学费的情况下，农村学生辍学率不降反增的吊诡现象，反映了人们对中职教育人才培养质量的质疑。虽然这些问题的产生与农村家庭可行能力贫困和整体性精神贫困有关[①]，也受社会经济文化因素影响，但中职教育人才培养质量不高无疑要担负起主要责任。人力资本是一个内生变量，人力资本投资决定人力资本，而人力资本投资又取决于人们投资的意愿和能力。中职教育的免费政策，使人们具有了投资的能力，但人们对中职教育人才培养质量不满意，就不会有投资中职教育的积极性。中职教育如不能提升学习者的人力资本，低人力资本的毕业生只能低质量就业，导致非均衡性低工资，一方面遏制消费；另一方面劳动者较低的人力资本也无法支撑起高级形态的产业，跟不上产业转型升级的需要，制约新产业的发展，使中国面临中等收入陷阱。

---

① 柴楠、吕寿伟：《"非贫困性辍学"的贫困根源》，《当代教育科学》2017 年第 7 期，第 13 页。

第二节 中等职业教育人才培养质量状况与人才成长立交桥建设

一 人才成长立交桥建设对中职教育人才培养质量提出的要求

早在2005年,《国务院关于大力发展职业教育的决定》就提出,"建立职业教育与其他教育相互沟通和衔接的'立交桥'"[1]。2010年12月,《中等职业教育改革创新行动计划（2010—2012年）》专门提出,"构建中等职业学校学生成长发展的立交桥"[2]。2014年,《现代职业教育体系建设规划（2014—2020年）》再次强调建设人才成长立交桥的意义,并提出了人才成长"立交桥"基本框架（图7-1）和建设目标。

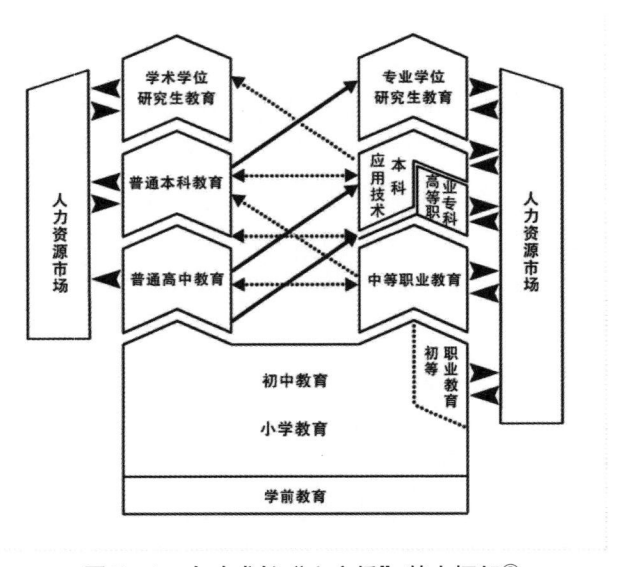

图7-1 人才成长"立交桥"基本框架[3]

---

[1] 国务院:《国务院关于大力发展职业教育的决定》, http://www.moe.gov.cn/jyb_xwfb/gzdt_gzdt/moe_1485/tnull_12730.html, 2005年10月28日。

[2] 教育部:《中等职业教育改革创新行动计划（2010—2012年）》, http://www.gov.cn/gongbao/content/2011/content_1836364.htm, 2010年11月27日。

[3] 教育部等:《现代职业教育体系建设规划（2014—2020年）》, http://www.moe.edu.cn/srcsite/A03/moe_1892/moe_630/201406/t20140623_170737.html, 2014年6月23日。

对于中职教育而言，人才成长"立交桥"的构建一方面要求中职学校培养的人才能够实现横向融通，纵向通达，即横向上中职可以和普通高中融通；纵向上中职学生"升学有能力"，毕业生能够顺利升入高等教育，继续学习深造。同时，通过接受中职教育进入劳动力市场之后，拥有自主学习能力，工作一段时间后依然可以进入中职学校或者高等院校继续学习；或者工作的同时接受在职的高等教育，实现学历和工作经验的双提升。横向融通，代表中职教育的人才培养与普通高中质量相当，各有特色。纵向贯通，表示中职学生要能够适应对口升学高校的需求，有继续学习的能力。终身学习和终身教育是应对知识社会挑战的基石，科技进步和发展要求人们具有不断学习新知识、掌握新技术、适应新环境的能力，相应地中职教育培养的人才要有持续学习的理念和能力，学会边工作边学习，不断提升个人潜能，最终实现"有业者乐业"的目标。

二 基于人才成长立交桥建设对中职人才培养质量问题的反思

（一）普职融通方面：中职学生因学业基础差，难以横向通达

根据相关政策内容，学生可通过考试在职业学校和普通学校之间转学、升学。当前，同一层次的跨类沟通即高中阶段不同类型学校之间的沟通方面，普通高中学生可转学到中职学校继续学习，中职学校非常欢迎，但中职学校学生想要转到普通高中继续学习则十分困难。一方面，中职学生的文化基础课普遍较差，很难通过普通高中的考试。基于中职学校生源困难的现实，中职学校在招生时并没有实质性的标准，无论是否参加中考均可以就读中职学校。且"考不上普高才读中职"的现实情况意味着中职学生学业基础普遍偏差，他们本身就是没有被普高"选"上的学生。这表示，不经过中职学校的教育，被"筛选"下来的学生很难再次进入普通高中。另一方面，中职学生并没有在中职学校获得满足普通高中学校要求的文化基础知识，34.8%的样本学校校长说不会给初中阶段学业成绩较差的学生安排义务教育阶段知识的补习课程；对样本学生学业数据的统计分析发现，一个学年内，只有8.9%的学生文化基础知识进步明显，20.9%的同学认为自己的数学能力不进反退。在这样的情况下，即便政策打通了中职学生转入普高的通道，但中职学生文化课

落后的事实让他们无法顺利转入普通高中，即便通过一些手段转入普通高中也可能无法跟上同班同学的学习进度。

不同层次的跨类沟通即中职学生升入普通高等院校方面，正如普通高中学生可以顺利转入中职学校一样，普高学生经过普通高考也可顺利考入高职院校。但就中职学校和普通高校的沟通而言，很少有学生能够从中职学校对口升入普通高校。2017年，河南省中职毕业生（不包括技工学校）31.9万人，河南省普通高校对口招收2.0万人，对口招收比例为6.4%。对样本毕业生追踪调查数据显示，样本学生升入普通高校比例为6.1%，与河南省比例大致相同。样本学生在学期间的调查显示，基线调查时有意对口升入普通高校的比例为25.5%，在中职学校学习一年后，学业成绩没有取得明显进步，这些学生中的70%放弃了这一想法。

（二）中高职衔接方面：中职学生因所学内容不适切，升入高校后适应不良

从图7-1可以看出，职业轨内部不同层次之间向上延伸道路比较宽阔，有意升学的中职学生可通过"单招"升入高职院校。根据收集的就业数据，升学学生中的67.3%是通过这一方式升入高职。对中职升学学生"中职学到的文化知识/专业知识/实践技能对现在的学习有帮助"的调查结果显示，34.8%的学生不同意或非常不同意中职学到的文化基础知识对大学的学习有帮助，专业知识和实践能力的这一比例则为21.0%、24.3%。也就是说，中职升学学生在中职学校获得最多的是专业知识，其次是实践能力，最后是文化基础知识。

此外，通过询问升学学生"您觉得从中职考入本学校的学生和从普通高中考入本学校的学生学业表现是否有差别？"发现，61.0%的中职学生认为有差别。进一步询问"差别在哪里？"大部分学生报告说普通高中的学生在理论知识学习方面好于中职，尤其在文化课的学习方面，中职学生普遍没有自信，认为自己"没有一个文化上的提升，文化程度达不到那个高度，学习能力尤其英语学习能力跟普高学生不是一个层次的"[①]。此外，作息习惯方面中职学生也稍差于普高学生，尤其在睡眠时间上，

---

① 访谈编码：5400111138。

高职院校中普高生源学生睡眠时间显著高于中职生源学生。由此可知，中职文化基础教育和行为习惯培养方面与普高存在较大差别，当问及"如果可以重新选择，初中毕业后是否会选择中职学校"，51.8%的学生给出了否定回答，有中职学生甚至表示"上中职一点用都没有，高中来的碾压我们，再给我一次选择的机会，一定要上普高"①。这在一定意义上表明，中职教育教学内容的不适切影响了中职生源学生在高职学校的发展。

随着科学技术的快速发展，用人单位对高层次技术技能人才的需求不断提升，对应聘者是学历要求越来越高，这要求中职教育不仅要培养职业技能，为毕业生的工作就业打下基础，还应基于终身教育理念，为毕业生的继续求学和已工作学生的再学习奠定基石。只强调技能忽视学生基础文化素质的培养，或者只强调"升学教育"忽视综合职业能力培养都不可行。一方面使人才培养质量不符合用人单位需求；另一方面也没有为毕业生的继续学习打牢根基。

（三）终身学习方面：中职学生因学习兴趣和能力较弱，毕业即脱离学习

人才成长"立交桥"倡导职业教育的终身一体，为劳动者继续学习畅通路径，为中职毕业生的"就业—再学习"建立通道。但现实与理想总有一定的差距，当前中职学生因学习兴趣不足，学习能力较弱，毕业即脱离学习，毕业生既不懂得合理利用工作之外的闲暇时间，也没有能力规划未来。

在就业调查中，通过电话访谈询问样本毕业生的生活状况，了解他们"工作之余的闲暇时间都做些什么"，593名毕业生回答了这一问题。只有9.3%的学生在闲暇时间会做一些学习性活动，如看与专业相关的书、收集工作相关资料等；近四成毕业生的闲暇时间在"玩电子游戏、看娱乐视频"中度过。由此可见，毕业生离开中职学校后继续学习的比例大幅下降。中职毕业生学历上处于底层，但却在一个前所未有的快速发展时代谋生，职业分化和新旧更替在加速，职业种类的增长在加快，

---

① 访谈编码：5100510128。

单个职业的范围在缩小，工作岗位的技术含量在不断提升，这直接导致了技能的变化，要求劳动者在掌握一定职业技能和技术的同时，学会在工作中持续学习。据美国劳工部统计，人的一生要转换 4 次到 6 次职业，这也就意味着，人们需要不断学习新的职业技能以获得与新的职位相匹配的职业能力。不断学习，才能更好地生存和发展，为社会作出贡献。如果不能在已有技术基础上获得新技术的应用能力，会丧失转岗就业能力，不利于个人的职业生涯发展。

一般而言，任何人在被问及未来规划时，总会有很多话要说。当访谈员在电话访谈中请样本学生谈谈"有什么进一步的工作或教育计划"时，只有很少一部分学生能清楚地讲明白自己的规划，大部分学生以"没想过""暂时没有""没有规划"作为回答。职业生涯规划是个人对未来职业前途的瞻望，是落实个体职业理想的规划，是在了解自己、了解职业、了解社会的基础上，制定的个人发展规划。适合自己的发展规划，会促使学生主动学习以达成目标；而对未来的迷茫则会使学生不知道如何合理利用闲暇时间，只能在无意义的活动中消磨时光、消耗生命。

样本毕业生不断从制造业滑出的事实表示，没有多少中职学生甘心当工人。但调查结果又显示，他们对未来迷茫且没有上进心。这种矛盾的结果多是因为毕业生不甘于自己的现状，却又不知如何改变，类似于列堡所分析的美国街角黑人的"当下取向"。相较于中产阶级，美国街角黑人对未来缺少计划和期待，好像现在所做的一切都是为了满足当下的欲念，对未来如何并不多做考虑，然而这种"活在当下"、放任自流的态度并非是对未来的不关心，而是他们清楚地知道自己的未来"除了希望的最终破灭和恐惧的最终实现之外，一切都是不确定的"[①]。中职毕业生清楚地知道在他们可行能力的基础上能够选择的生存机会有限，职业发展空间和地位的提高很是被动。他们缺少面向未来的职业规划，以及努力的方向和勇气，只能在自己和社会为他们构建的有限选择空间内探索。

职业教育与人的职业生涯不可分割，同步发展。在知识经济和信息时代，知识更新换代比历史任何时期更快。知识爆炸、技术革新如潮而

---

① ［美］艾略特·列堡：《泰利的街角：一项街角黑人的研究》，李文茂、邹小艳译，重庆大学出版社 2010 年版，第 31 页。

来，每个人都面临转岗就业并重新获得新的职业资格的挑战，倒逼学习方式的转型发展，终身不断地学习已成为历史的必然选择。现阶段的中职毕业生却没有认识到终身学习和继续教育的重要性，归根结底还是由于他们的学习兴趣和学习能力较弱，无法继续补充和更新知识储备和技能。

中职学校的学习状态会影响学生终身的学习兴趣、学习习惯和学习能力。基于构建终身学习"立交桥"的设想，中职教育的目标是让中职学生能够自主、自愿、自信地选择自己的发展道路，工作后依然能够有继续学习的兴趣和能力。政策制定者、学生个人和家庭寄希望于通过中职教育提升学习者的可行能力，中职教育正在这条道路上艰难前行，目前来看，还未取得理想效果。

第三节 中等职业教育人才培养质量状况与产业结构转型升级

一 产业结构转型升级对中职教育人才培养质量提出的要求

产业结构调整与升级是指产业间生产要素配置的优化，以及产业比例关系的调整变化过程。当前中国经济结构正在发生深刻变化，"产业迈向中高端水平，先进制造业加快发展，新产业新业态不断成长，服务业比重进一步上升"[①]。产业结构转型升级包括产业结构合理化和高级化两个方面，通常用产业比例关系的调整优化来反映产业结构的合理化水平，用产业间生产要素的配置优化来反映产业结构的高度。

在产业结构合理化方面，配第—克拉克定理以费歇尔（Irving Fisher）提出的三次产业分类法为基础，指出：随着人均国民收入水平的提高，就业人口首先从第一产业转向第二产业；人均国民收入水平进一步提高后，劳动力由第二产业向第三产业转移。基于三次产业GDP纵观改革开放以来我国产业结构动态变化趋势：1980年第一、二、三产业产值增加

---

① 中共中央：《中共中央关于制定国民经济和社会发展第十三个五年规划的建议》，http://www.mof.gov.cn/zhengwuxinxi/caizhengxinwen/201511/t20151104_1541505.html，2015年11月4日。

值分别为 1372、2192、982 亿元，占国民生产总值比为 30.2%、48.2%、21.6%，三次产业结构为"二、一、三"模式；1985 年，三次产业分别占比 28.4%、28.7% 和 42.9%，第三产业增加值首次超过第一产业，产业结构从"二、一、三"转变为"二、三、一"模式，此模式一直延续至 2013 年；2014 年三次产业产值占比依次为 9.2%、42.7%、48.1%，自此第三产业增加值超过第二产业，产业结构与发达国家一样，变成了"三、二、一"模式。[①] 但这只是总体而言，当前我国尚处在转型关键时期，国民经济的发展中心仍未完全放在第三产业上。

在产业结构高级化方面，通过生产要素的调整，促进产业由低级状态顺序演进到高级状态，提升产业高度，提高产品附加值，是促进产业结构高级化的关键。目前，虽然服务业在总体上已经占据中国经济主导地位，但是服务业内部既包括消费性服务业，涵盖批发和零售业、住宿和餐饮业、房地产业等劳动密集型产业；更包括生产性服务业，涵盖交通运输、仓储和邮政业，以及信息传输、软件和信息技术服务业等知识密集型产业。[②] 消费性服务业和生产性服务业内部结构升级优化是中国跨越中等收入陷阱的关键。生产性服务业的产出是消费性服务业的中间投入，消费性服务业劳动生产率的提升依赖生产性服务业生产率的提升，而生产性服务业劳动生产率的提升依赖人力资本的培育和积累。同时，现阶段我国经济仍处于发展第一产业和第二产业的阶段，尤其在中西部内陆地区，当前阶段还应继续倚重制造业内部的挖潜改造，为将来服务化的产业结构转型升级进程打下坚实的产业基础。

产业结构转型升级必然带来人才需求结构的变化，对中职教育提出了新的更高要求，要求中职教育的人才培养要符合产业需要。并且，随着产业从劳动密集型转向资本、技术密集型，要求中职教育培养的人才有完善的知识结构，能适应产业调整；有较高的技能水平，能适应产业升级；有特色的技艺，能适应区域产业需要。这样才能提高他们在未来

---

① 孟石：《我国第三产业结构和就业结构关系及增长潜力研究》，吉林大学博士学位论文，2018 年，第 30 页。
② 张建华、程文：《服务业供给侧结构性改革与跨越中等收入陷阱》，《中国社会科学》2019 年第 3 期，第 39 页。

劳动力市场上的竞争力。否则，将来不但很难找到高工资的工作，甚至劳动者工作的经济体也可能因缺乏必要的人力资本而停滞不前。[①] 中职教育以职业为媒介，与产业界关系密切，产业结构转型升级客观要求中职教育对产业结构调整与变化更加敏感，人才培养符合产业需要，以适应社会经济发展的需求。

二 基于产业结构转型升级对中职人才培养质量问题的反思

（一）中职学生通识性知识薄弱，不利于职业调整与变换

随着科技进步、社会分工发展和分工细化，产业结构变迁、职业更替速度加快，职业特定技能和行业通用技能不断更新或淘汰，但是一般技能（通用技能）却会显得越来越突出和重要。王姣娜使用中国城市劳动力市场调查数据，估计高中学历劳动力中，中职学校和普高学生的就业和工资收入差异，发现中职学生初始市场回报高于普高学生，但这种差异随着劳动力年龄增长而减小，在职业生涯中后期普高学生在就业和工资上更具优势。[②] 普高学生与中职学生相比，优势在通识教育方面。但是，根据前文分析可知，在一个学年内，超过90%的样本学生数学成绩没有取得明显进步；在学生对数学能力的自我评价方面，超过半数的样本学生认为自己的数学能力没有变化或者有所退步。对中职学校的调查数据显示，中职学校普遍对通识教育重视不足。2016年6月份对中职学校校长"最能代表中职学校质量的5个指标"的调查中，106个校长中，73个（总样本的68.9%）没有选择"文化基础知识"。也就是说，近七成校长不认为学生的文化基础知识能代表中职学校质量。进一步询问校长，"在您看来哪5项是政府部门认为最能代表中职学校质量的指标"，83.0%的校长没有选择"文化基础知识"，这表示政府部门的行为让更多的校长认为学生的文化基础知识不重要。与此相反，超过八成校长选择了"招生规模"这一指标，并且，在按重要性排序时，51.8%的校长把招生规模排在首位。

---

① Hanushek E. A., Woessmann L., "Schooling, Educational Achievement, and the Latin American Growth Puzzle", *Journal of Development Economics*, No. 2, 2012, p. 497.

② 王姣娜：《通识教育还是职业教育？》，中国社会科学院研究生院2015年版，第119页。

职业教育具有提升一般人力资本和专用人力资本的双重作用，专用人力资本即应用特定技术的能力，对应用环境有特定的要求、难以被转移。在技术进步缓慢的农业社会和工业社会早期，产业结构和劳动力市场相对稳定，职业教育只教授特定技术便可以很好地满足特定岗位需求。然而，随着技术进步加快，职业分化和新旧更替在加速，职业种类的增长在加快，单个职业的范围在缩小，工作岗位的技术含量在不断提升，劳动力市场需求会相应发生较大变化，此时不但需要劳动力具有一定的专用性知识和技能，更需要具有一定的通用性知识以适应劳动力市场的顺利调整。《2012 全民教育全球监测报告：青年与技能》把"一般技能（基本技能）"确定为所有年轻人必备的三类主要技能之一。[①] 因此，把职业教育理解为专业技能教育导致通用性劳动力的减少，不利于毕业生职业调整与变化，进而也会阻碍产业结构转型升级。

（二）中职学生专业技能水平总体不高，难以满足产业升级的技术需要

农业社会和工业社会早期，技术进步缓慢，产业发展主要依靠劳动力和资本数量，一般水平的劳动力就足以胜任岗位要求，较高的专业技能并不能对产业结构升级产生突出影响；但在工业社会中后期，技术水平不断进步推动产业结构不断向高级化演进，劳动密集型产业被知识和技术密集型产业所替代，产业发展水平的提高决定了就业质量结构，推动就业结构向知识型、技术技能型就业方向发展，需要劳动者的知识和技能水平的不断提高以实现与不断高级化的产业结构相匹配，并进一步助推产业结构升级。但现实是，中职学生接受中职教育后并没有获得较高的技术技能，近九成学生的专业成绩在一个学年内没有明显变化，根本无法满足产业升级对技术技能型人才的需求。

同时，从中职毕业生就业结构来看，在三次产业就业人员集中于消费性服务业（约1/3）；从毕业生初职和现职行业流动比较来看，从第二产业流出的毕业生主要流入第三产业的非生产性服务行业。这意味着，中职毕业生大多进入服务行业的低端产业链，于产业结构升级的影响作用较小，对我国从中上等收入国家向高收入国家的迈进带来不利影响。

---

① 联合国教科文组织：《2012 全民教育全球监测报告：青年与技能》，教育科学出版社 2013 年版，第 13 页。

(三) 中职学生所用非所学，无法带动区域特色产业发展

人力资本结构是影响产业结构转型升级的强大动力。[①] 理想状态下，中职培养的毕业生专业分布正好满足产业发展的需要，尤其是当地产业发展需求，即培养周期开始时中职教育预设的劳动力结构与培养周期结束后用人单位的实际需求劳动力结构正好匹配。从经济发展角度讲，中职教育结构为产业结构服务，就业结构是中职教育结构和产业结构匹配的过程和结果，学用匹配程度越高，越有利于经济和个人发展。实际上，中职毕业生学用匹配比例较低（初职不对口比例为48.6%，现职为63.5%），人才培养规格不符合市场需要，毕业生作为一种生产要素，没有得到合理配置和有效利用。笔者在实地调研中，一位从教多年的中职教师这样说，"学校专业设置盲目性很大，以前设有城轨专业的学校没几所，自从郑州高铁和地铁兴建以后，郑州市大部分中职学校都开设了城轨专业，前几年的毕业生还能进高铁站和地铁站从事对口工作，这几年的毕业生很大一部分已经不能从事相关工作了"[②]。中职毕业生当前的就业状况尚不能满足地方特色行业需求，带动区域特色行业发展，推动行业高级化就更无法提及。

职业教育培养的是人与产业匹配、促进产业升级与调整的技能型人才。计划经济时期，中职毕业生的就业实行统包统配的政策，学校的专业设置和人才培养都是按照指令性计划进行，人才培养与就业分配紧密结合，学生毕业后按计划统一分配至与专业对口的工作岗位就业。市场经济改变了这一情况，中职就业政策由统包统配转变为学生自主择业、灵活就业，此时要求学校专业设置要依据市场需求。现实情况是，一部分中职学校为了争夺生源，不顾自身条件，盲目设置热门专业，专业设置过于功利性和随意性，缺乏科学性，产业导向性不足，严重影响人才培养质量。此外，对"阻碍提升学生实习质量的因素"的调查结果显示，56.3%的学校管理者认为是"劳动力市场没有足够对应学生专业的工作"。实习期间市场已不能提供充足的对口岗位，毕业后的学用匹配更无

[①] 张国强等：《中国人力资本、人力资本结构与产业结构升级》，《中国人口·资源与环境》2011年第10期，第138页。

[②] 访谈编码：20190119VETt01。

从谈起。中职教育的人才培养与产业需求严重不协调,既使得学生在工作中缺乏实践能力和技术指导,严重影响就业质量,又对区域产业发展产生负向功能。同时由于人才培养与市场需求的脱节,也使得学生在工作中缺乏实践能力和技术指导,严重影响就业质量。

第四节 中等职业教育人才培养质量状况与人力资源强国建设

一 人力资源强国建设对中职教育人才培养质量提出的要求

现阶段,我国已经从人口大国转变为人力资源大国,正在努力从人力资源大国转变为人力资源强国。党的十七大提出建设人力资源强国的目标,十八大和十九大均进一步强调建设人力资源强国的战略目标。人力资源强国将人力资源理论和强国思想相融合,是中国的一个原生概念。高书国将其界定为"在人力资源开发规模、开发水平和开发质量处于领先地位的国家,具体而言,是指人力资源发展水平、发展能力、发展潜力和发展贡献方面的综合指数处于世界前20位的国家"[①]。人力资源的充分开发和有效利用是建设人力资源强国的关键,十七大报告要求"实施素质教育""优化教育结构",明确了人力资源强国建设的质量标准和结构标准。中国经济进入新常态,人力资源开发也进入优化升级的新阶段,经济发展主要靠人口素质的提升,人力资源的质量在经济发展中的作用越来越重要。

人力资源质量提升需要教育,教育是人力资源开发和人力资本积累的根本途径。职业教育具有不同于普通教育的优势,它与产业经济和职业岗位紧密对接,为经济社会发展培养技术技能人才。《国务院关于大力发展职业教育的决定》指出,"大力发展职业教育,加快人力资源开发,是落实科教兴国战略和人才强国战略……促进就业再就业的重大举措;是……把我国巨大人口压力转化为人力资源优势……的重要途径"[②]。人

---

① 高书国:《人力资源强国概念、内涵与特征分析》,《当代教育科学》2008年第5期,第3页。
② 国务院:《国务院关于大力发展职业教育的决定》,http://www.moe.gov.cn/jyb_xwfb/gzdt_gzdt/moe_1485/tnull_12730.html,2005年10月28日。

力资源强国建设要求教育开发数量充足、质量合格的人力资源,以提高人力资源发展水平、发展能力、发展潜力和发展贡献,这要求中职教育培养的人具有一定的知识、技能、劳动熟练程度,以及其他能影响人们从事生产性劳动的能力。

《人力资源蓝皮书:中国人力资源发展报告(2018)》指出,在面临就业总量压力的同时,我国就业结构性矛盾突出,主要原因是劳动者能力素质与经济社会发展需要不适应。现阶段,我国劳动者数量虽然充足,但质量还远远不够。[①] 2018 年,我国的人类发展指数(Human Development Index)为 0.75,仅仅排在全球第 86 位。[②] 职业教育作为现代教育体系的重要组成部分,理应为人力资源开发做出积极贡献,中职教育一方面要培养技术技能型人才,提高人力资源发展能力和潜力;另一方面要通过技术技能型人才将知识和技能带到生产中,转化为现实生产力,提高人力资源的贡献水平。

二 基于人力资源强国建设对中职人才培养质量问题的反思

(一)中职学生人力资本的专用性较弱,有碍人力资源发展潜力的充分实现

职业教育与"职业"有着天然联系,从职业教育社会学观点来看,职业是"建立在相对稳固的专门化与标准化基础上的职业资格的社会组织形式"[③]。在文明社会,职业是一种分工制度,为在职业竞争中保持有利地位,职业持有者要确保其在专门领域的垄断性,而这种垄断性的获得需要专业化的知识和技能。从职业教育学的观点看,职业是个体接受教育的结果,是个体通过学习获得知识和技能,获得专门领域的职业资格。中职教育的职业属性是中职教育区别于普通教育的本质特征,中职学生通过学习专业性的知识、技能,积累专用性人力资本,从事具有专门职能的工作,服务经济社会发展,并获得相应的报酬和社会地位。

[①] 余兴安、李志更:《人力资源蓝皮书:中国人力资源发展报告(2018)》,社会科学文献出版社 2018 年版,第 29 页。

[②] 江凤娟、吴峰:《互联网红利与我国人力资源跨越式发展》,《教育研究》2018 年第 12 期,第 118 页。

[③] 姜大源:《职业教育要义》,北京师范大学出版社 2017 年版,第 18 页。

但是，如前文所述，样本中职学生在专业知识和技能的标准化测试方面，在一个学年内，只有 10.1% 的学生专业成绩进步明显，这意味着近 90% 的学生在专业知识和技能方面没有明显进步。并且，在专业知识和技能获得感方面，随着学习时间的增加，样本学生专业知识和技能获得感反而呈下降趋势。同时，顶岗实习对中职学生的专业知识技能和实践能力提升也没有明显作用。另外，对毕业生的访谈数据也显示，超过半数学生认为在中职学校和实习中获得的知识和技能对自己"基本没帮助"或"完全没帮助"。中职学生专用性人力资本不足，削弱了中国中等技术技能劳动者的发展潜力，不利于人力资源强国建设。

（二）中职学生职业责任感较差，降低人力资源发展贡献水平

职业是人们所从事的有报酬、有专门职能的工作。职业责任感就是对岗位和工作的一种态度。在某个岗位从事某种工作，就被赋予了某种职能，有责任履行相应职责。个体对自己所从事工作能够出于自身愿望和意志的要求履行义务、承担责任即职业责任感，是中职学生应该具备的一种美好品德。但实际情况却是，大部分中职毕业生频繁跳槽，职业责任感不强。

针对毕业生频繁换工作情况，对毕业生的离职原因进行了进一步调查。分析发现，因个人对工作岗位不适应、个人期望与工作实际差距较大、对薪酬及个人发展有更高要求、违反工作纪律被用人单位开除而离职的毕业生比例分别为 20.6%、22.4%、29.1%、0.8%，除以上原因外，因无聊、天冷/热、离家远、不自由、时间长了厌恶、回家过年等其他理由而离职的有 27.1%。笔者曾到河南郑州和上海等地区某大型企业调研，工厂门口每天进出人流很是可观，每天入职人数和离职人数均有很多。企业人事方面的负责人提到，"这些员工说走就走，没有一点职业操守，给企业的生产、经营带来很多不便"①。

合理的人才流动可以提高人力资源空间上的配置效率，优化组合，以取得最大效益。并且，人才流动的过程中也可以提高人力资源的整体素质。从理论上讲，人才流动是人力资源开发的一种重要形式。但是中

---

① 笔者对中职学校负责学生实习的教师进行访谈时，该教师转述与其对接的企业负责人的话。

职毕业生频繁流动对自身专用性人力资本积累和企业专用性人力资本投资都会带来不利影响,人力资源发挥作用的结果更会受到影响。王磊在以职业教育为工具变量测算中国 2004—2007 年 31 个省市的经济增长时,发现职业教育对经济增长的平均贡献为 0.23%,低于教育对经济增长的贡献率 7.54%。[①] 我们计算了 2002 年前后各 15 年中职教育对经济发展的贡献,发现 2002—2016 年中职对经济增长的贡献率为 2.61%,虽然比 1988—2002 年的贡献率高(1.82%),但低于同一阶段中普高的贡献率(3.98%)。[②] 这说明中职教育对经济增长的贡献有待进一步发挥。

[①] 王磊:《职业教育对经济增长贡献研究——基于省际面板数据的实证研究》,《中央财经大学学报》2011 年第 8 期,第 80 页。

[②] 数据结果来源于作者尚未发表文章。

第八章　中职教育人才培养质量提升策略

根据前文的循证研究可知，中职教育在人才培养基础、过程、结果各环节均存在突出的质量问题，并有其深刻的多方面原因。这些问题不仅制约了中职教育与中职学生的多方面发展，而且对于办人民满意的教育，构建人才成长立交桥、产业结构转型升级、建设人力资源强国等国家重大发展战略也产生了不同程度的影响和阻碍。因此，为促进中职教育健康发展，并充分发挥中职教育促进经济社会发展的功能和价值，需要依据循证研究结果，以培养过程为着力点，优化生源和结果，对中职教育人才培养质量问题进行综合治理。图8-1是基于前文的循证与分析，提出的中职教育人才培养质量问题综合治理模型。如图8-1所示，尽管中职教育人才培养质量问题在不同环节有其不同的表现特征及形成原因，但问题之间的内在关联却不容忽视。培养准备阶段的生源问题反映着培养过程和人才输出的问题，而培养结果质量问题又根源于生源输入和培养过程的问题。因此，中职教育人才培养质量问题的综合治理必须全程贯通，首尾相照。

第一节　让新生源看到升学希望，认同就业优势

生源质量差是中职教育人才培养质量不高的一个重要体现，也是制约人才培养质量提高的一个重要因素。在社会心理中，中职教育往往被打上"次等教育"的印记，中职学生往往被刻板印象为"学业失败者"，中职培养的毕业生在劳动力市场和教育市场都处于弱势地位，是中职教

第八章 中职教育人才培养质量提升策略 | 249

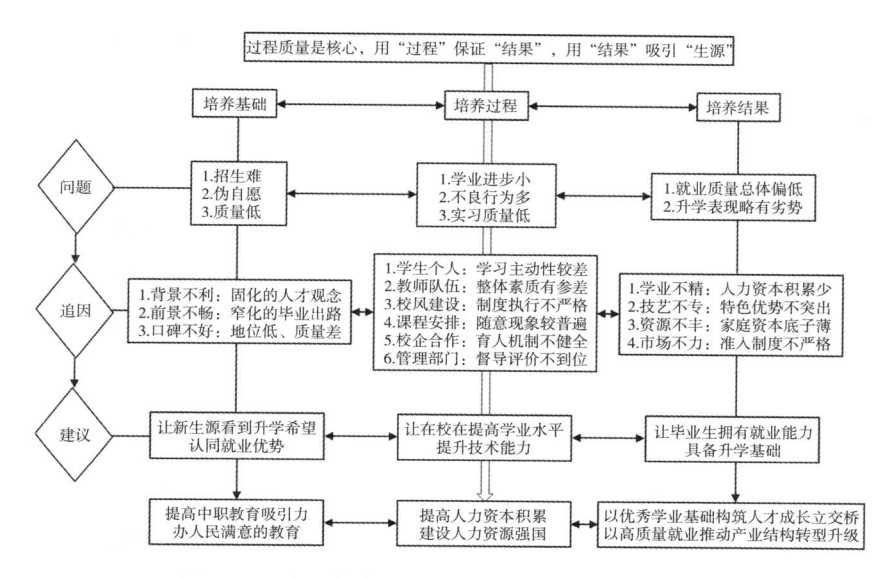

```
过程质量是核心，用"过程"保证"结果"，用"结果"吸引"生源"

         培养基础 ←→ 培养过程 ←→ 培养结果

问题   1.招生难          1.学业进步小        1.就业质量总体偏低
       2.伪自愿          2.不良行为多        2.升学表现略有劣势
       3.质量低          3.实习质量低

追因   1.背景不利：固化的人才观念    1.学生个人：学习主动性较差    1.学业不精：人力资本积累少
       2.前景不畅：窄化的毕业出路    2.教师队伍：整体素质有参差    2.技艺不专：特色优势不突出
       3.口碑不好：地位低、质量差    3.校风建设：制度执行不严格    3.资源不丰：家庭资本底子薄
                                  4.课程安排：随意现象较普遍    4.市场不力：准入制度不严格
                                  5.校企合作：育人机制不健全
                                  6.管理部门：督导评价不到位

建议   让新生源看到升学希望         让在校生提高学业水平         让毕业生拥有就业能力
       认同就业优势                 提升技术能力                 具备升学基础

       提高中职教育吸引力           提高人力资本积累             以优秀学业基础构筑人才成长立交桥
       办人民满意的教育             建设人力资源强国             以高质量就业推动产业结构转型升级
```

图 8-1 中职教育人才培养质量问题综合治理模型

育无法吸引优质生源的主要原因。中职教育人才培养质量现状首先要从改善生源质量做起，让新生源看到升学希望，认同中职教育的就业优势，才能改善中职教育的生源质量。具体来说，需要从以下方面努力。

一 提高技能型人才社会地位，用技能学习优势吸引优质生源

技能型人才的社会地位，影响其相关的职业声望，进而影响高中生想成为技术工人的热情。当人们谈及德国、澳大利亚的职业教育吸引力如何强时，必然会提及技能型人才在两国中的较高的社会地位。只有认可技能型人才的价值，并通过相应的制度保障他们在劳动就业中的价值和地位，才能吸引更多的学生愿意学习成长为技能型人才。

实际上，1985 年，《中共中央关于教育体制改革的决定》就已明确了技能型人才的价值，指出社会发展不仅需要高级科学技术专家，而且需要一批接受过职业教育的初、中级技术人员，没有技术人员，先进的科学技术和设备根本无法转变为现实生产力。[1] 但是这份文件以及之后的一

---

[1] 《中共中央关于教育体制改革的决定》，http://www.moe.gov.cn/jyb_sjzl/moe_177/tnull_2482.html，1985 年 5 月 27 日。

系列文件把高级科学技术人员当作"专家",却没有把技能型人才真正当作"人才"。21 世纪初,技能型人才短缺成为产业转型升级的主要挑战,国家深刻意识到技能人才培养的重要性,2003 年,《关于进一步加强人才工作的决定》指出,"只要具有一定的知识和技能,能够进行创造性劳动……德才兼备……都是党和国家需要的人才"[1]。此后,政府陆续出台了一系列政策确立技能型人才的价值。

进入新时代,习近平总书记曾强调,"营造人人皆可成才、人人尽展其才的良好环境"[2],提高技术技能型人才的社会经济及职业地位,对技能型人才价值确立和地位提升有重大作用。但是,人才观念的进一步深化还需要在加大宣传力度的同时,加快构建公平、统一、规范的社会保障政策,提高技能型人才的福利待遇,消除编制带来的收入和福利保障差异,以岗定酬,让学生和家长看到技能型人才的价值,并逐步消除对中职教育的误解和偏见。同时,要切实提高中职教育质量,让中职学生经过三年的理论学习和顶岗实践,真正能成为学有专长的技能型人才,这是提高中职教育吸引力的根本所在。

二 做实人才成长"立交桥",用多元成长路径吸引优质生源

构建完善的职业教育体系一直是我国职业教育追求的核心目标,而搭建人才成长"立交桥"是现代职业教育体系建设的核心任务。虽然中职学生的升学渠道从未关闭,但 2014 年之前,中职学生升入高校的名额有限,中职教育的"终结性"特征大于"过渡性"。接受高等教育一直被视为寒门子弟置换身份、向上流动的唯一途径,中职教育升学管道的狭窄影响了人们选择的积极性,中职学校的吸引力也大打折扣,慢慢变成了学生"不愿念"的"次等"教育。扩大中职教育的升学管道,做实人才成长"立交桥"无疑会吸引更多生源。

当前,职业教育"立交桥"虽然已经打通,但还面临着"通而不畅"

---

[1] 中共中央国务院:《中共中央国务院关于进一步加强人才工作的决定》,http://www.gov.cn/test/2005-07/01/content_11547.htm,2003 年 12 月 26 日。

[2] 习近平:《习总书记谈职业教育:人人皆可成才、人人尽展其才》,http://www.moe.gov.cn/jyb_xwfb/xw_zt/moe_357/jyzt_2017nztzl/2017_zt11/17zt11_xjpjysx/201710/t20171016_316450.html,2017 年 10 月 16 日。

的问题,以及中职生源学生在高职院校适应不良问题。为破解这些问题,一方面,中职学校要从培养单一技能转向培养综合职业能力。2014年,国务院印发的文件中要求,职业教育要"在保障学生技术技能培养质量的基础上,加强文化基础教育"①。2016年,《职业学校学生实习管理规定》(以下简称《规定》)出台,"增加学生社会责任感、创新精神和实践能力"② 是《规定》的主要目的之一。从中,可以看出政策制定者认为学生应该学习提高就业能力和工作能力的职业技能;鼓励学生学习数学、语文等一般技能,这些技能帮助学生适应不断变化的劳动力市场;学生应该培养积极的态度和行为,这些态度和行为与个人成功、社会发展有关。所以,基于现实需要和政策要求,中职教育要通过对学生进行职前学校教育,培养和形成学生的岗位定向能力、行业通用能力,同时使学生具有内涵式生长能力,即责任意识、吃苦耐劳品质、终身学习精神等,丰富和提高其综合职业能力。

另一方面,要加强顶层设计,构建支撑职业教育体系发展的资格框架制度,完善学历证书和职业技能等级证书互通标准。第三,建立职业教育内部衔接机制,实现中高职自然过渡。打破原有的中高职校际对接的"路径依赖",着重在中高职有机衔接;在专业标准、系统课程、学籍管理、实训安排、教学改革等方面系统设计、衔接贯通。同时还要消除中职学生和普通高中在生源、发展机会等方面的差距,打通普高和中职的学籍,不仅实现中职学生在职业系统内部的升学,而且还实现了普通高中教育和中职教育的融通,吸引普通高中学生到中职学校。

三 改革高中考试招生制度,拓宽优质生源就读中职的渠道

普通高中和中职学校都是高中阶段教育的重要组成部分,当前普高和中职的招生以中考分数为划分依据,分数线以上可以选择普高,分数线以下只能选择高价读普高、中职或辍学。以中考分数为招生选拔的唯

---

① 国务院:《国务院关于加快发展现代职业教育的决定》,http://www.moe.gov.cn/jyb_xxgk/moe_1777/moe_1778/201406/t20140622_170691.html,2014年5月2日。
② 教育部等:《职业学校学生实习管理规定》,http://www.moe.gov.cn/srcsite/A07/moe_950/201604/t20160426_240252.html,2016年4月11日。

一标准，强化了基础教育领域的"唯分数"评价，也导致了中职教育的"次等教育"定位和生源质量不佳的困境。改革高中考试招生制度，扩大高中自主招生范围，弱化中考竞争选拔作用，对基础教育的深度改革，提高中职教育在人们心中的地位，从而改善中职教育生源质量有重要作用。

具体来说，一是建立普高和中职学校统一招生平台，实行普高和中职同时招生，而非先保证普高生源后满足中职学校需要；二是制定特色化的招生标准，扩大优质普通高中和中职学校自主招生比例。特色化招生标准要以多样化的高中学校建设为基础，只有确保高中阶段学校多样化特色化发展，才能让高中学校依据自身办学定位和人才培养目标招录学生，让合适的初中毕业生去往适合学生个人发展的学校。

第二节　让在校生提高学业水平，提升技术能力

《2018年世界发展报告》指出，仅提供教育服务不足以实现教育愿景，学习和技能习得才是教育投资的切实收益，才是真正地积累人力资本，没有实现学习的中职教育是对资源和人力潜能的极大浪费，这不但是一个严重的问题，更是一种不公平的现象。[1] 未能实现真正学习，未能获得知识和技能，将使中职学校陷入贫困和被排斥的泥沼中难以自拔。为了让学生在未来经济社会发展中具有竞争力，中职教育应该在人才培养过程中激励学生勤学上进、提高教师队伍素质、抓好育人环节、深化校企产教融合、加强质量监督管理，以提高学生的学业水平和技术能力，促使学生实现真正的学习，为学生在未来迈入社会后的适应能力、终身学习能力奠定坚实的基础。

一　激励学生勤学上进

（一）变革学习方式，增强学习需要和学习获得

从人本性考虑，学习作为一种获得，目的是"相对持久地获得一种

---

[1] 世界银行：《2018年世界发展报告：学习　实现教育的愿景》，胡光宇、赵冰译，清华大学出版社2019年版。

能力或者能力的改变"①。让中职学生学会学习是学会获得一种能力或者对已有能力的改变，能够在未来持续变化的职业情境与生活情境中，独立且负责任的行动，并不是让学生成为某一领域的专家学者。所以中职学校需要通过变革学习方式，提高学生自主学习能力，让学生学会学习，增强学习满足感。

具体来讲，第一，要让学生对"术业有专攻"有正确的自我认识，明确中职学生和普高学生相比的优势与劣势，认识到中职学生的能力和潜能，以此端正中职学生的学习态度，明确学生个体的学习要求和学习需求。第二，营造良好的课堂氛围，建立良好的师生关系，改变传统的以教师为主体的教学方式和方法，代之以在教师指导下学生自主学习和独立学习，让学生通过自主学习、合作学习、探究学习等方式，主动发现、探索知识，并建构自己的知识观，最大限度激发学生学习的积极性，以此培养学习兴趣和学习能力，实现真正地"学习"。第三，慎用批评，教师要具有"人人有才、人无全才、扬长避短、个个成才"的学生观，引导学生形成"天生我材必有用"的信念和"兴趣可以培养、性格可以调试、能力可以提高"的学习观，对学生的学习获得多给予鼓励与肯定，激发学生的学习自信，以此养成学生积极的学习态度，态度决定一切，积极的学习态度是培养学生自主学习能力的关键。

（二）强化专业认同，培养专业学习兴趣和职业责任感

中职教育以促进就业为导向，学习者进入中职学校意味着已经进入职业准备阶段。然而，对于刚进入中职学校的学生而言，他们并不是按照自己的个性特点、兴趣喜好选择的专业，大多是在迷茫而又不甚了解的情况下随机或者从众选择的专业。教师的宣扬和详细讲解，可以让学生充分了解所选专业本身、专业就业前景以及未来的市场人才需求。只有了解专业、了解市场、了解自己，才能形成正确的职业价值取向，认同自己的专业，认同与专业相关的职业，才能勤学上进，也才有兴趣深入学习专业知识，形成与专业相对应的职业责任感。

鄙薄技术技能人才是中国传统惯习影响的结果，在这样的压力背景

---

① 姜大源：《职业教育要义》，北京师范大学出版社 2017 年版，第 56 页。

下,怎样引导他们在既成事实下努力拼搏向上,实现自己的职业理想,激励学生勤奋学习、爱岗敬业,是中职学校必须承担的责任。中职学校应着力于以下方面:第一,切实推进职业生涯教育,把职业生涯教育融入专业教学中,将知识、技能学习和学生未来的生活、工作相结合,为学生适应社会提供帮助。一方面中职学校可以利用校园文化和专业教学引导学生热爱所学专业,在实践教学环节,让学生真实感受到工作岗位。另一方面教师帮助学生分析自身发展条件,注重挖掘学生个体优势和长处,让其知道自己的闪光点,相信人人皆可成才,鼓励他们找到自身素质与职业要求的素质之间的差距,通过在学期间的努力学习,弥补差距,最终在自己的专业领域内尽展其才。第二,进行专业思想的宣讲。宣传专业思想可以让学生了解自己学习的专业,了解是认同的前提。专业思想的宣讲可通过多种形式,例如,在专业课教学上,讲解知识的同时,让学生了解更多与专业相关的职业岗位情况。大部分学生选专业的时候对所选择的专业并没有一个很好的认识,需要在接受专业教育的过程中对专业以及将来要从事的职业进一步了解,这个过程需要学校的引导,指引学生主动适应专业、适应未来的职业,让学生知道只有不断学习,才能更好地发展,学历不等于能力,只有扩展自己的能力,才能选择自己想选择的。

(三)严格管理规范,提高同辈群体自律水平和学习自觉性

有效的管理是成功的一半。失范的课堂行为和无效的时间安排阻碍学生发展,而学生积极参与学习则对认知和非认知能力提升有显著的正向作用。严格课堂管理和实习实训管理,可以提高中职学生同辈群体自律性和学习的自觉参与性,进而提高学生个体的学习进取心。

严格管理规范,要抓好课堂管理,提高课堂教学质量。一是要对课堂教学进行统一部署和要求,通过优化教师的教风塑造学风。二是日常检查、不定时巡查和听评课结合。建立课堂教学督导组,每天进行日常检查,发现老师迟到、早退、讲课敷衍、课堂秩序混乱等问题,及时反馈,对老师和班主任问责;对老师的课堂教学不定时巡查,巡查不是"瞅一眼就过",而是实地听老师讲课,观察学生课堂表现,对老师教学的实际效果进行评定。三是奖罚分明。对教学认真,成效突出,课堂秩

序良好的班级和考试进行物质和精神上的奖励；对讲课敷衍，课堂秩序混乱的班级和相关老师通报批评，责令改过。

严格管理规范，要正确看待准军事化管理。准军事化管理是以军队封闭式的管理模式为参照，对中职学生实施接近于军人规范和标准的一种管理模式，具有封闭性、重管理和外铄性三个特点。它明确规定了学生学习、生活、娱乐等活动的时间和空间，有严格的请销假、监察制度，要求学生按照一定的规范去学习和生活并制定与之对应的考核制度。需要说明的是，准军事化管理是否能够提高人才培养质量，专家学者观点差异较大。本研究对中职样本毕业生的访谈结果显示，接受准军事化管理的学生对中职学校的满意度高于未实行军事化管理学校的学生，但也有学生认为准军事化管理的方式，完全剥夺了学生的自由，反而会加重学生的逆反心理。所以，中职学校应正确看待准军事化管理，从学生的根本利益出发，真正做到"以学生为本"，在"以人为本"的前提下实行准军事化管理，而不是一味强调纪律和规范，把军事化管理作为育人的手段和工具，而非目的，把军事化管理融入职业道德教育、文化素养教育中，逐步引导、培养学生自我管理意识，提高学生自律水平。

二 提高教师队伍素质

教师是传道授业解惑之人，是学生的发现者、培养者，是教育的实施者、落实者。百年大计，教育为本，教育大计，教师为先。教师对学生认知能力的提升，优秀思想品质的养成具有重要作用，教师的教学行为直接影响学生认知和非认知发展。教师队伍的整体素质是影响人才培养质量的重要因素，在美国，一个学年内，相对于资质不足教师所教学生的学习速度，优秀教师所教学生学习速度是其3倍[1]，可以说中职学校的教师质量决定了中国未来工人的质量。规范教师准入制度，建立与学生发展相关的教师绩效考核机制是提高教师队伍素质的关键。

（一）规范教师准入制度

2011年，《关于实施职业院校教师素质提高计划的意见》规定，实施

---

[1] Rockoff J E, "The Impact of Individual Teachers on Student Achievement: Evidence from Panel Data," *American Economic Review*, No. 2, 2004, p. 247.

中职学校引进兼职教师项目。兼职教师的引进本意是为优化教师队伍结构，提高中职学校教学水平，该文件要求兼职教师应"具有中级以上专业技术职务或高级工以上职业资格，或者是在本行业享有较高声誉、具有丰富实践经验和特殊技能的'能工巧匠'"①。但现实与理想存在差距，本研究调查结果显示，外聘教师比例高的学校对学生社会性、学习满意度等非认知发展因素都有消极影响。教学与工作有本质差异，教学要注重学生学习能力和适应社会能力的培养，不对兼职教师进行教学技能培训，只要专业技能水平高就可以当老师，当下可能会提高学生的实操水平，但从长远来看，这种做法是对学生未来的不负责。

2012年，《关于进一步完善职业教育教师培养培训制度的意见》对中职教师的职前培养和职后培训做了要求。2014年，《中等职业学校教师专业标准（实行）》要求中职教师坚持师德为先、学生为本、能力为重、终身学习的基本理念，并对教师的各项能力做了规定。但在实际执行过程中，并没有达到预期效果，"双师型"教师比例对学生学业能力的增进并没有任何影响，这跟中职教师大都来自高校毕业生，基本没有企业实践经验，外聘教师又缺乏教学技能有关，对中职学生综合职业能力的培养带来不利影响。

只有规范中职教师的准入制度，才能真正提高教师素质，促进学生发展。规范中职教师的准入制度首先要设立专门负责中职教师教育的机构，该机构具有以下职责：一是评估和监督职教师资的培养过程和结果；二是确保所有准职教老师既有教育教学实践，又有行业企业工作经历；三是制定中职教师的考核标准，通过考核才能获得中职教师资格证。其次要建立中职学校教师准入评判标准，对已入职教师的资格（包括聘请的兼职教师）依据标准进行评判，督促学校按标准执行。最后，政府管理部门要加强监管与督导的力度，避免学校的违规操作。

（二）建立与学生发展相关的教师绩效考核机制

当前，中职学生对专业课教师、实习指导老师的满意度较低。部分

---

① 教育部、财政部：《关于实施职业院校教师素质提高计划的意见》，http://old.moe.gov.cn//publicfiles/business/htmlfiles/moe/moe_960/201112/xxgk_128045.html，2011年11月8日。

毕业生反映，中职学校的一些教师存在授课敷衍、与学生沟通少、对实习学生的指导不到位等问题。采用主诉的方式，对校长的调查结果显示，94.3%的校长认为"与教师激励挂钩的定期评估有助于提高学生的学业成绩"。但是，66.0%的校长认为教师队伍是最难以改变的因素之一。建立与学生发展相关联的教师绩效考核，可以激励中职学校教师重视教学行为，进而提高教学质量，达到促进学生学业发展的目的。

中职学生的智力特征与普通高中不同，他们在形象思维占优势，逻辑思维处于劣势，他们在进入中职学校时还没有养成良好的学习习惯，主要依赖教师督促和监管。但中职学校教师往往以教师为中心，以书本知识和核心，一部分教师在上课时自讲自话，并不关心学生学与不学。建立与学生发展相关联的教师绩效考核，将文化课和专业课教学质量作为考核教师工作绩效的重要内容，一方面，可以激励教师针对中职学生的学业基础和学习特点进行教学设计，提高教学质量；另一方面，针对教学质量不达标者进行一定的处罚，也可以迫使教师不得不关注学生的学习情况，对促进学生学业发展甚有助益。

三 抓好学校育人环节

中职学校育人环节主要包括培养目标、培养内容、培养条件等方面。培养目标是中职学校育人的出发点和归属，决定了中职教育人才培养的基本方向；培养内容是实现育人目标的载体，培养内容涵盖了专业教学和公共基础课教学等因素；培养条件是育人的前提和基础，主要包括基础设施建设和校园文化建设。

（一）明确人才培养的目标定位，把握中职教育未来发展方向

人才培养过程始于确立目标，终于目标达成、满足需要，人才培养目标定位是否准确决定了人才培养方向是否正确，培养人才的知识、技能、情感和价值观等方面的标准是否符合个人和社会需求。在反思中职教育人才培养质量问题的基础上，结合职业教育特色，本研究认为中职教育人才培养目标应进行如下定位。

1. 坚持中职教育是高中阶段的一种类型教育定位

首先，中职教育是与普通高中教育是同一个层次、同等地位的教育，

是为满足不同智力类型学生的学习提供的一类教育。作为区别于普通高中教育的一种类型教育，职业人的职业性教育是中职教育的核心。职业性教育与技术性教育有本质区别，职业性教育不仅包含"技能和技术"等作为物质生产的经济行为，还包括人格发展等丰富的精神性追求。其次，中职教育是职业教育这种类型教育的一个阶段，并非全部。当前越来越多的中职毕业生选择升学，这要求中职学校不仅要有职业性教育，还要有文化素养教育。即使中职学生毕业后不升学，直接进入劳动力市场工作，未来也面临着技术技能水平和理论水平进一步提高的问题。教育部2019年印发的《中等职业学校公共基础课程方案》和2020年发布的中等职业学校数学、信息技术、物力、化学、体育与健康等5门课程课程标准，再一次强调了公共基础课的作用，强调了培养学生文化素养的重要性。

2. 明确中职教育的就业和发展定位

职业教育的"职业性"决定了中职教育要培养技术技能人才，促进就业。国务院也在相关政策文件中强调，职业教育要以促进就业为导向。这都表示，中职教育促进毕业生就业的根本目标始终如一。无论是从满足学生和家长现实需求考虑，还是从满足国家和社会需求的角度出发，或者从满足职业教育生存发展的现实着眼，中职教育都必须始终坚持"促进就业"的原则。就业是总目标，但是不代表中职学生毕业后立刻就业，中职学生可能是一毕业就进入劳动力市场，也可能是经过三年或四年的继续深造，专科或本科毕业后再进入劳动力市场。中职教育肯定要为学生将来就业做准备，这个就业定位不能改变，但同时，要考虑到学生就业后的发展。实践中，部分中职学校依然将人才培养目标定位于专门人才，将职业教育理解为手工操作的心智训练。中职教育要促进就业，强调专业要对接职业岗位，重视"技术与技能"无可厚非。但是经济社会飞速发展，职业岗位所需要的技术、技能不是一成不变，而是不断变化的。并且，教育相较于经济社会发展本身存在一定程度的滞后性，即使是与经济发展密切相连的职业教育也不例外。在这种情况下，如果过分强调对接职业岗位，只看中初次就业率，学生难以适应未来社会变化，职业发展也将难以持续。

3. 突出中职教育促进学生身心成长的定位

中职教育的人才培养要分清目的和手段，教育活动的最终目的还是培养人，例如，日本的职业培训即便定位于工具性也十分注重劳动者非认知技能的培养。[①] 中职教育兼具教育性和职业性（经济性）两种功能，这决定了中职教育要促进人的全面发展，致力于培养兼有岗位技术能力和通识学术能力的健全发展的个体，实现"知识与技术上的求真、伦理上的求善、技艺上的求美的完美职业人格的达成"[②]。普通教育界虽然很早就提出反对"物化"的教育，但源于实用主义的职业教育建立在"物本主义"基础之上，主张追求工具主义价值理性。虽然职业教育界已经开始探讨从经济性取向转向追寻人的长远发展[③]，但这并非一蹴而就。我国的中职教育作为一种类型教育，不仅要教会学生技术和技能，为学生的初次就业做准备，更要注重培养学生的非认知技能，为职业发展做准备。当前的中职教育受职业教育工具理性的影响，过于强调经济价值导向，难以顾及学生全面发展需要，忽视人格特质等非认知能力的培养，没有均衡提升学生各方面的优秀品质。非认知能力不仅能影响个体技能水平，更对劳动力市场的工作表现、教育场域的学业表现有很强的解释力。[④] 为了学习者职业发展的可持续性，职业教育培养目标不仅要定位于理论知识的进步，专业技能的提升，更要重视学习者解决现场突发问题的应变能力、职业责任心、团队协作能力、沟通交流能力等非认知技能的提升。只有这样，才能够让学生在"双创""中国制造2025""一带一路"等国家战略中找到自己的职业生涯发展之路。

（二）完善中职教育专业教学标准，督导专业教学标准的实施

专业教学标准是现代职业教育教学改革的基础。《中等职业学校专业

[①] 陆素菊、寺田盛纪：《经济性与教育性之间：职业教育的基本定位与未来走向——陆素菊与寺田盛纪关于职业教育发展中日比较的对话》，《华东师范大学学报》（教育科学版）2019年第2期，第151页。

[②] 陈鹏：《澄明与借鉴——人本主义视角的美国职业教育研究》，中国社会科学出版社2016年版，第129页。

[③] 张弛：《关注人的生存、生长与生成：现代职业教育目的解析》，《中国职业技术教育》2012年第36期，第26页。

[④] Heckman J. J., "Integrating Personality Psychology into Economics", *Nber Working Papers*, No. 3, 2011, p. 1.

目录（2010 年修订）》共包括 19 个专业类，321 个专业，920 个专业（技能）方向。2012 年教育部启动了中职专业教学标准制订工作，2014 年 4 月 30 日，教育部公布了涉及 14 个专业类、95 个具体专业的《中等职业学校专业教学标准（试行）》目录；2014 年 12 月 22 日，又公布了第二批专业教学标准目录，涉及 16 个专业类 135 个专业。2016 年，教育部又启动了 15 个中高职衔接教学标准开发试点工作。从总量看，距离 321 个专业 920 个专业方向的教学标准还任重道远，中职学校专业教学标准的制定还需进一步完善。就调研的样本专业而言，信息技术类有 18 个专业，目前已公布 17 个专业教学标准；加工制造类有 34 个专业，已公布 29 个专业的教学标准，专业教学标准有待进一步完善。

对于已经发布教学标准的专业，需要教育管理部门和中职学校自身对标准实施情况进行有效监督。在本研究的样本专业中，计算机应用专业是中职学校开设最多的一个专业，涉及办公自动化技术、计算机专业排版、计算机信息管理和计算机设备维护与营销 4 个专业（技能）方向。这四个专业方向的教学标准虽然都已制定，但是调查数据显示，专业教学标准的实施并不规范。计算机应用专业教学标准中要求数学课为 192 学时，专业核心课有 9 门，专业（技能）方向课 3 门。实际上，超过一半的学生没有开够数学课，甚至有超过 1/10 的学校没有数学课；专业课门数和课时量学校间差异也较大，并没有按照标准实施。标准需要通过实施才能达到预期目标，为了提高中职学校的人才培养质量，可将专业教学标准实施情况作为评价体系的一部分，纳入中职教育质量年度报告，由教育管理部门委托第三方对学校质量年度报告内容进行随机抽查，对不合格或报告不属实的学校给予一定的惩罚。

此外，教育系统近年来虽然加强了国家专业教学标准建设，但目前来看，专业教学标准建设内容还没有与过去的人才培养方案和教学大纲框架彻底剥脱，也尚未建立与这些标准相配套的认证体系，因此在职业能力的训练中难以发挥实质性作用。好的方面是，2019 年《国家职业教育改革方案》提出了要进一步完善教育教学相关标准，体系完备以后，督促实施就是重中之重。

（三）重视学生基本素质教育，开足开好文化课

2020 年 1 月，教育部发布了中职职业学校数学等 5 门课程标准。中

职学校公共基础课程标准的出台意味着公共基础知识对于中职人才培养的重要性，学校管理者和教育者要从思想上认识到基本素养教育的重要性。在学校教育中，思想品德是方向和灵魂，文化知识是基础，职业技能是本质和特征，三者缺一不可。

文化基础课程着眼于学生全面文化素质的形成，中职学校要在课程设置上开足开好文化课。当前无论是现代职业教育体系的构建，还是中职学生职业生涯发展，都要求中职教育赋予学生就业能力和接受更高层次教育的能力。因此，强化中职学生文化基础知识的学习，让学生掌握必要的文化基础知识显得尤为重要。现实中，中职学校往往将文化课程看作一种可有可无、无关紧要的角色，少开甚至不开文化基础课程。"学如弓弩，才如箭镞"①，即必须有深厚的学养和积淀，才华之箭才能射的既准又远。文化基础课程的缺失，必将导致中职学生知识结构的不完整，于学生整个职业生涯发展带来不利影响。学校管理者一方面应按照政策要求，开足语文、数学、英语等文化基础课的课时量。另一方面将文化素养融入文化课程、专业理论课程、实践课程中，重视课堂管理和课堂教学效果。

此外，教育评价对评估对象有引导作用，推动中职学校重视学生的基本文化素养教育要求教育管理部门强化文化素养评价。当前，中职学校对文化基础知识的不重视与教育管理部门对中职学校的考核评价中没有突出文化素养重要性关系密切。教育管理部门应把文化素养的提升状况纳入评价体系，要求中职学校不仅要提供"文化课合格率"情况，还要提供文化基础知识增进情况。从教育管理部门的重视推动中职学校对学生文化素养的重视，把学生的文化素养囊括进学校对学生的评价中。

（四）加强基础设施建设与管理，提高利用效率

基础设施对提升中职教育人才培养过程质量具有重要作用。中职毕业生高就业率的背后隐藏着一些重要问题需要解决，如部分工作岗位技术含量低、所学与所用不匹配等，学生就业靠"体能"而不是"技能"。这些问题的根源在于中职毕业生没有获得应有的一般技能和专业技能，

---

① 袁枚：《诗品·尚识》，https：//www.gushiwen.cn/GuShiWen_ eb4d29acce.aspx，2019年7月7日。

教学仪器设备和实习实训条件没有满足培养合格毕业生的需要。实习实训设备或是过于陈旧，或是没有得到充分利用。HLM 回归结果显示，生均教学仪器设备值高可以显著促进学生学业发展，生均实训设备价值却对学生学业有消极影响。这说明实训设备没有发挥应有的作用，应加强设备使用的监督和管理。

实训教学是中职教育的关键环节，实训基地为学生专业技能提升提供物质保障。课后实训基地如机房开放本是为了方便学生课后能够继续利用设备实际操作提高技能水平，但实地调研发现，由于课后学校对学生在机房的行为属于监督和管理，更多的学生在机房停留是为了打游戏、看视频，而非进行专业技能的实践和联系。在学生自律能力较差时，需要学校加强管理，利用他律的方法，监督学生学习，真正让实训基地成为提高学生专业技能的地方。第一，实行课后实训基地打卡制度，强化实训设备的使用管理，对每名学生限时开放，如需延时则须提交使用说明，提高实训设备的使用效率。第二，专人管理实训设备，对实训设备的使用加强监管，不定时巡查。另外，中职教育是高成本教育，教学设施与实训设备是中职学校的特色资源，但设备投资是无底洞，学校设备补充的速度永远赶不上企业技术革新的速度。因此，学校设备应重点满足学习基本生产原理与操作规程的需要，不可盲目攀高追新；同时，中职学校要重点依托校企合作，使学生接触并学习最新技术。

将本书的调查数据与《中等职业学校设置标准（2010）》进行比较，结果发现中职学校的办学条件均值已经超过国家办学标准，但是中职学校之间资源配置严重不均衡。针对这种情况要求政府部门发挥作用，整合办学资源，实现均衡发展。中职学校教育资源不均衡格局严重影响中职学校和中职学生发展，应基于区域人口科学规划中职学校的布局，并采取有效措施进行结构调整和资源整合，使所有中职学生都能享受到最优质的办学条件。对于薄弱地区，要加大投入，办好"一县一校"；对于中职教育设校较多的地区，要进行资源重组，大胆取缔薄弱学校。样本学校中乡镇学校与市区学校差距明显，因此政府要加大对经济贫困地区的转移支付，以促进中职教育资源均衡配置。

（五）加强校园文化建设，提升规章制度执行的质量

校园文化是一种无形的教育力量，对学生发展起着潜力默化的作用。

《职业院校管理水平提升行动计划（2015—2018 年）》要求，职业院校实行学校文化育人创新行动，充分发挥学校文化育人功能。① 中职样本学生同辈群体不良行为发生率高达 68.1%，不良班级行为尤为常见，而同辈群体的不良行为对学生本人毅力品质、尽责心、中职学校学习的满意度都有显著负向影响。可见当前的中职校园文化没有发挥到应有的育人功能，中职学校需要施行以文化育人的创新行动，充分发挥校园环境育人的作用。

首先，根据学校办学宗旨和人才培养目标，结合学校专业特色建设人文环境，使学校的一草一物、一花一木、亭台湖泊、每个标志和标语都体现学校专业特色和办学宗旨，充分体现人文环境的整体性、和谐性和教育性。

其次，重视校风建设，彰显学校特色和专业特点，将全校师生的价值观融合提升为学校理念。学生入学伊始就能感受到中职学校独具匠心的教育理念，学校把这种理念贯彻到学生日常生活和学习当中，营造专业技能和通识教育并重的学习氛围，让学生深入理解学校办学宗旨和培养目标，进而认同中职学校的教育，提升中职学生对学校学习的满意度。

再次，基于"互联网+"建设线上校园文化。如今中职学校的学生都是"00 后"，是随着互联网和移动通信的迅猛发展而成长起来的一代人，对网络的接受能力和使用程度很高，互联网和电子设备已经成为学生生活和学习不可或缺的一部分，深刻影响着他们的生活和学习方式。中职学校要利用网络的便利和"深入人心"，建设校园网络文化，创业独具特色的学校网站，注重突出专业特色。让各专业师生设计本专业的网页，不仅可以让学生深入了解专业，增加专业认同感，更会让学生获得成就感，对于计算机专业的学生而言，通过网页的创建、维护，还能提高专业技能。

最后，严格落实规章制度，充分发挥校园文化的隐性教育功能，这一方面要求学校对学生、教师失范行为严肃处理，一经发现，绝不姑息；另一方面最为关键的是，让学生和教师理解、认同并自愿遵守学校的规

---

① 教育部：《职业院校管理水平提升行动计划（2015—2018 年）》，http://www.moe.gov.cn/srcsite/A07/moe_950/201509/t20150917_208794.html，2015 年 8 月 28 日。

章制度,把外在的规范转化为中职学生自律的行为,从单向度接受和被动服从转向"基于参与、因为理解、出于认同、自愿遵从"[1]。

四 深化校企产教融合

高质量的社会实践、实习实训是提高中职人才培养质量的关键环节,但目前政府、行业企业、中职学校尚未形成长效的合作机制,校企合作层次低,顶岗实习也未充分发挥作用。有效推进产教融合,培养技术技能型人才,可致力于以下实施路径(图8-2)。

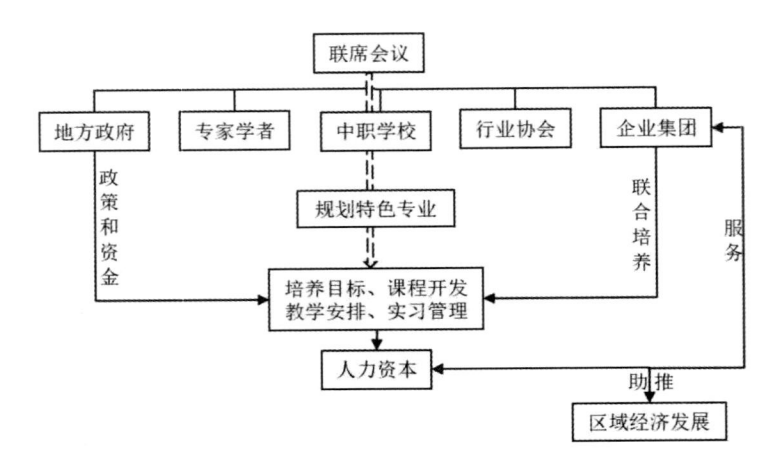

图 8-2 产教融合

(一)以产业为导向办特色专业,中职教育与区域经济联动发展

2017 年,国务院办公厅下发文件要求,"推动学科专业建设与产业转型升级相适应"[2],依据市场供求比例和就业质量调整学校专业设置。职业在产业结构的变化趋势是:劳动者首先从第一产业流向第二产业,然后又从第一、第二产业流向第三产业。这就要求中职学校进行专业设置时,充分考虑产业发展趋势,根据产业结构调整升级的需求,适应现代

---

[1] 朱德全:《职业教育统筹发展论》,科学出版社 2016 年版,第 154 页。
[2] 国务院办公厅:《国务院办公厅关于深化产教融合的若干意见》,http://www.moe.gov.cn/jyb_xxgk/moe_1777/moe_1778/201712/t20171219_321953.html,2017 年 12 月 5 日。

职业岗位发展变化，不断集权学科专业建设，培养特色专业，提升优势专业，增设新兴专业，逐步形成优势突出的学科专业群。

特色专业的规划应依托本地区经济产业结构特点，由政府、学校、行业、企业和专家学者等共同参与的联席会议决定。中职学校要在本地政府支持下参与本市、县的产业发展规划，整合行业协会、专家学者、企业集团等各种资源，规划本校的特色专业。特色专业既要满足本区域经济产业发展需要，也要符合跨区域经济产业发展要求。这样培养的人才既能作用于地方经济，又能留有余力进行跨区域服务。中职教育是区域特征极强的教育类型，所以中职教育人才培养首先要服务于本区域行业发展需求，设置具有地方经济特色的专业，为区域经济增长提高人才支撑。基于互利、合作的理念，建立中职教育与区域经济联动发展的高度耦合机制，打破单一的匹配合作模式，这样既有利于中职毕业生的对口就业，也为区域特色产业和中职教育的可持续发展加油助力，实现互利共赢。中职教育人才培养还要具备在跨区域服务中成长的特点，所以，特色专业应体现"岗位群"思想，能够向临近专业辐射，满足不同职业的需求，既为中职教育发展留有生长空间，也为毕业生的流动提供渠道。基于这样的标准设置的特色专业无论对地方政府、中职学校，还是区域经济实体企业都十分有利。

（二）校企深度合作，中职学校与企业共生发展

校企合作是中职教育与企业"无缝对接"的最有效形式。但是，时至今日，中职教育领域校企仍缺乏实质性合作，从专业设置、人才培养方案制定到课程讲授、实习实训等各个环节，企业都处于被动地位，且积极性较弱。这必然导致学校人才培养与企业实际需求错位，也是毕业生就业困难或就业质量较低、企业对中职教育人才培养输出质量满意度低的重要原因。学校是非营利性组织，企业不同于学校，它以营利为目的，如果和中职学校合作无利可图，企业自然没有积极性。提高企业积极性，实现校企深度合作，可从以下几个方面做起。

首先，建立校企利益协调机制，责任共担，利益共享。《关于深化产教融合的若干意见》明确指出，"构建校企利益共同体，形成稳定互惠的

合作机制"①。校企合作中学校的利益主要是人才培养（实习）、学生就业、获得捐赠（设备）、提升教师实践能力和学校知名度、项目申报、科研成果转化、合作产出经济价值等。企业的利益主要是人才储备、项目申报、科研成果转化、企业知名度、合作产出经济价值等方面。双方的共同利益在校企双方利益的重叠处，即人才培养、项目申报、科研成果转化、合作产出经济价值。校企双方正确认识各自利益，注重构建双赢的利益驱动机制，责任共担，利益共享，才能保证校企合作的持久和深入。构建校企利益协调合作机制要做到：第一，强化企业主体参与作用，企业参与人才需求预测、专业开发、教学计划制定、课程开发、人才培养质量评价等环节，让企业感受到人才培养的主体责任；第二，中职学校主动邀请企业参与人才培养的各个环节，在立足学生全面发展的基础上，把"为企业服务"的理念融入人才培养目标中，成为中职学校的应然追求之一；第三，构建项目型合作平台，校企合作申报国家项目、省级课题，在项目实施过程中深度交流。企业尤其是地方核心企业在资金、技术、人力等方面具有投资中职教育的优势，利用合作项目把学校与工厂、课堂与车间、教师与工程师、学生与学徒、作业与产品全面融合，校企真正变成利益共同体，才能形成长期稳定的合作机制。

  其次，政府为校企合作提供政策、资金等方面的支持。英国政府规定，企业接受学生实习，与学校联合培养学生，可减免企业的教育税；加拿大也通过退税政策鼓励校企合作。由国外的经验可知，政府通过制定政策来协调和支持校企合作，对校企合作育人模式的发展有重要作用。当前我国校企合作中涉及的学生安全、成果分配、学生待遇等方面的立法还不够健全，各级政府在财务、奖惩、税收、考核等方面尚未制定配套的支持校企合作的倾斜政策和鼓励性措施。与普通高中相比，中职学校开展校企合作既增加了工作量，又增加了成本，中职学校需要安排专人或成立专门机构负责联系用人单位、组织学生面试等，还需要安排专人负责驻场管理并指导学生实习。对企业来说，实习生兼有"学

---

① 国务院办公厅：《国务院办公厅关于深化产教融合的若干意见》，http：//www.moe.gov.cn/jyb_ xxgk/moe_ 1777/moe_ 1778/201712/t20171219_ 321953.html，2017年12月5日。

生"和"员工"两重属性，企业负有教导的责任和义务，耽误其正常生产。所以，如果中职学校没有专项资金支持，企业无利可图，校企合作很难高质量运行。政府是办好中职教育的第一责任人，校企深度合作需要政府尽快健全推动校企合作的政策法规，运用行政、经济、法律等手段建立各种激励和约束机制，支持、规范和管理企业参与中职教育人才培养。

五 加强质量监督管理

一个良好的人才培养过程监管机制是提高中职教育人才培养质量的制度保障，任何好的政策、法律如果没有好的监管机制支撑，实际执行过程中很容易走偏。笔者于2019年10月在6所样本学校的访谈结果发现，学校没有量化的很规范的考评体系，受访的校长表示，"学校自己组织，自行考评，一般就是开学初教案检查，中间对学生作业检查、学期末学生给教师的评价，每一项都有记录，但是没有对所有老师进行量化考核，学生评价就是参与各种考试、作业打分、考试成绩等"[1]。监管影响评价，评价影响质量，加强人才培养过程中内部和外部质量监控体系建设，是培养质量的重要举措。

（一）完善中职教育内部监管体系建设

中职教育内部监管体系是指中职学校为提升人才培养质量在学校内部实施的一系列监督、管理制度规范和措施。中职学校内部监管应该建立专门的内部监管机构，以中职教育政策与法规为监管依据，对人才培养过程的各个环节是否按照预定计划发展、是否向预定目标靠近，学校资源配置是否合理，学生、家长和行业企业是否满意等进行监控。中职学校根据监管内容自评价其人才培养质量，主要目的是发现自身存在的问题和不足，提出和完善人才培养质量提升措施，并及时落实。

近年来，实施的教育质量年度报告制度是促进中职学校进行诊断改进，提高人才培养质量的重要举措，质量年度报告制度本身也对中职学校内部监控体系建设提出了要求。中职学校应根据政策文件要求，结合

---

[1] 访谈编码：20191029VETp02。

本校实际，评估学生表现、教师教学效能、校企合作、课程设置、办学资源等方面，并出具自我评估报告，报告内容应包括过去几年取得的成绩，现存的问题，未来的改进建议等内容。学校的自评报告本身是一个学校基于数据分析制定的管理和整改措施，是对自身人才培养质量和未来发展思路的综合评估。

（二）强化中职教育外部监管体系建设

国家和地方肩负中职教育人才培养质量监管的主要责任，内部监控是中职学校的自省过程，学校内部监管和外部监管相结合，有利于保证监控结果的可靠性、合法性和认可度，并推动人才培养质量提升目标的最终实现。教育行政部门和相关部门、行业企业、其他社会组织等中职教育人才培养质量利益相关主体是外部人才培养质量监管主体，中职教育外部监管体系包括一系列为提升人才培养质量而制定的政策、法规和规范，各利益相关主体通过对中职人才培养质量状况的定时监督评估，激励中职学校不断提升人才培养质量。具体来说，有以下几点。

1. 建立以专家评估、行业认证、学生及家长满意相结合的评价模式

当前推进职业教育体系管、办、评分离和教育治理现代化背景下，政府应积极支持各类办学主体通过多种形式参与举办职业教育，强调中职教育人才培养质量利益相关主体共同参与中职教育公共事务管理并承担责任。办学主体多元化和"多元共治"思想，意味着政府的唯一主体地位需要改变，人才培养质量评价主体将逐步走向多元化。

支持第三方评价首先需要明确的问题是，谁是第三方？中职教育人才培养质量涉及政府部门、中职学校管理者、教师、学生及家长、行业企业等多个利益相关主体，根据政策文本和第三方评价相关概念可知，第三方主要是相对于政府和中职学校而言的。政府本身是中职教育的主要举办者和监督者，中职学校是中职教育的直接运行者，让中职教育举办者评判其人才培养质量，难免有"不客观"之嫌，实施管办评分离，在政府和中职学校之外引入新的利益主体，更能确保人才培养质量评价的客观、有效。

第三方应该纳入哪些利益主体？中职教育以促进就业为导向，中职

学生毕业后的主要去向是企业单位,中职毕业生所具有的知识和技能与企业所需人才的契合程度是中职教育人才培养质量高低的重要体现,因此,中职教育人才培养质量评价离不开企业的有效参与。行业协会是连接政府和企业的纽带和桥梁,代表本行业全体企业的共同利益,协会成员由本行业各企业经营代表组成,通过行业规则对行业内各个企业权责进行协调、平衡。行业协会对整个行业的强大影响力非单个企业可比,行业协会提出的"风向标"导向的总体人才诉求对中职人才培养质量有至关重要的影响。[①] 从当前的职业教育政策文本来看,国家正倡导逐步建立和完善职业教育人才培养质量行业评价制度,建立起以行业企业为主导的职业教育第三方评价机制。[②] 行业协会势必会在中职教育人才培养质量评价中占据重要地位。专业的研究团队相对于其他主体而言,在评价方法、流程和结果分析方面更具专业性,而且从国际经验看,很多国家教育系统都会委托专业的研究团队对其人才培养质量进行评价。学生和家长是中职教育的投资者和消费者,是中职教育教学活动的直接参与者,也是最了解中职教育质量状况的人,中职教育人才培养质量高低直接关涉他们的利益,学生和家长的满意度可以反映中职教育人才培养质量。所以,学生及家长也理应成为第三方评价主体之一。总之,中职教育人才培养质量评价应在政府和学校之外引入第三方,建立以专家评估、行业认证、学生及家长满意相结合的联合评价模式,各方在利益博弈中达成合作共赢,共同促进中职教育人才培养质量提升。

2. 构建以学生发展水平为核心指标的中职质量评价体系

当前我国中职教育正在由条件性评价转向内涵性评价,但在具体评价指标制定中,涉及学生发展的内涵性评价指标依然较为薄弱。调查数据显示,中职样本学校校长对政府评价指标的重要程度排序中,排在前几位是生均建筑面积、生均教学仪器设备价值等资源投入性指标;排在中间的是学生报到率、学生毕业率、学生初次就业率等数量性评价指标;

---

① 李桂荣:《中等职业教育发展评价研究》,科学出版社2017年版,第75页。
② 教育部:《教育部关于充分发挥行业指导作用 推进职业教育改革发展的意见》,http://old.moe.gov.cn//publicfiles/business/htmlfiles/moe/s7055/201407/xxgk_171567.html,2011年6月23日。

而对于培养学生素质技能指标的学生高职高专升学率、文化课、专业课成绩则相对靠后。根据前文的分析也发现，无论是学生的认知能力还是非认知能力，中职学校资源都没有起到明显的提升作用。这种"重量不重质"的评价模式是造成投入与学生发展不相匹配的重要原因之一。在这种情况下，迫切需要构建以学生发展水平为核心指标的中职质量评价体系，把关注"办学条件"引入关注"学生发展"上来。

教育产出是衡量教育质量的关键要素，教育的直接产出是学生在学期间知识、技能、态度、品行等认知和非认知能力增进程度。中职学校有学校和企业两个学习场所，所以对中职学生在学期间发展水平的评估至少也要包括两个方面：一是学生在校发展水平评估，涵盖认知和非认知能力发展情况；其中，认知能力包括客观测试的文化基础知识和专业能力发展增进程度；非认知能力包括毅力品质、尽责心、自我效能感等优良品质得分，知识和技能获得感，学习满意度和实习满意度，不良行为发生率等；此外，流失率、同伴不良行为发生率等群体性指标也应包含在学生发展水平内。二是学生到企业的实习情况，包括顶岗实习年龄、实习岗位特征、实习权益保障、指导教师制度等。教育的间接产出一般是指学生毕业后进入劳动力市场对经济社会发展和个人发展的影响，即就业质量，如前文所述，就业质量涵盖就业去向、岗位特征、经济收入、个人发展空间、工作满意度和工作稳定性六个方面。随着职业教育人才成长立交桥的构建和完善，升学也已成为中职毕业生的一个重要选择，中职教育的间接产出还应包括升学率、中职学生在高等院校的认知和非认知发展与普高生源的差异。有基于此，学生在学期间的学业发展质量和毕业后发展质量理应成为教育产出的核心内容，构建以学生发展水平为核心指标的中职质量评价体系，把教育市场中有关学生的知识与技能、品质与表现、态度与情感等学业发展质量指标，以及劳动力市场中就业质量指标纳入评价体系当中，真正做到把一切资源用到培养学生上，促进中职教育人才培养质量的提升。

3. 开发"文化素质+职业技能"的专业化评价工具

教育质量评价是一项专业、复杂、系统的工作，必须依靠专业化的测评工具来完成。2014年，国务院出台文件提出，健全高等教育招生中

"文化素质+职业技能"的考试招生办法；2019年，又再次强调了"文化素质+职业技能"[①]。因此，本研究认为应开发标准化的"文化素质+职业技能"测试卷测量学生的认知发展情况，引用国际通用的量表对学生非认知能力进行测评，同时，对学生学习、生活、升学、工作情况，家长对中职学校的评价情况，以及用人单位和高校对学生的评价情况等设计并进行问卷调查，测评中职教育的人民满意度和社会满意度，以促进中职学生全面发展。

具体来说，学生客观测评成绩建议交由第三方专家团队，开发一定区域范围内可用的标准化测试卷，对学生的认知能力进行测评。一定区域内通用的测评工具，不仅可以据此了解某一所中职学校的人才培养情况，还可以通过纵向数据比对，判断这所学校人才培养质量动态提升状况。同时，还能够与区域内其他中职学校的人才培养质量比对。非认知发展方面，使用国际权威量表测量学生毅力品质、责任心、自我效能感、情绪管理等非认知能力发展情况。同时，依据学生发展理论，对学校的管理状况、教师发展状况、学生学习与生活状况、学生实习状况等以调查问卷的形式收集相应数据。中职学生学业和就业都是人才培养质量的重要体现，因此，除了对学生在校学期情况进行调查外，还要对毕业生的就业质量给予足够关注。通过毕业生就业质量追踪调查，关注学生的就业能力是否得到发展。作为中职毕业生接纳方的企业和高职院校对中职学生的满意度也应纳入评价指标体系。只有这样，才能多方面反映中职教育人才培养质量。

(三) 建立人才培养质量预测预警机制

建立人才培养质量预测预警机制，对连续、多次不达标的中职学校实施退出处理，严格的问责机制对于中职教育人才培养质量的提升会有明显效果。美国的职业教育即是在《帕金斯法案Ⅳ》框架下实行州和地方两级问责以保障人才培养质量，针对在同一核心指标连续三年未达到规定的州，教育部将有权收回该州所得的部分或者全部资助；英国针对不合格的职业院校给予不给相应拨款，并取消其未来享受政府拨款的资

---

① 国务院：《国务院关于印发国家职业教育改革实施方案的通知》，http://www.gov.cn/zhengce/content/201902/13/content_5365341.htm，2019年2月13日。

格的处罚，直到不合格院校改进到合格为止。① 这种情况下，职业院校为得到政府投入，都会想方设法改进教学和管理，不断提高人才培养质量。所以，建立中职教育人才培养质量预测预警机制，倒逼中职学校教育改革，中职学校为取得生存权，必须做出实质性的持续改进，对其人才培养质量的提升有重大意义。

人才培养质量预测预警要根据人才培养过程的监测数据和监测指标，对数据进行深度分析和解读，预判中职教育人才培养质量发展趋势，一旦数据波动达到或超过预警值，相关部门就会向相应的中职学校发出预警信息，要求中职学校查找问题和原因，并在规定时间内整改。中职教育人才培养监测是利用现代信息技术持续收集人才培养过程中的有关数据，通过对相关数据的处理、分析，客观呈现教育样态，对运行状态是否按照预定计划发展、是否向预定目标靠近等进行监控，"为多元主体价值判断和科学决策提供客观依据"②。人才培养质量监测使用的数据是大数据，在"互联网+"和构建大数据系统的时代背景下，可以教育信息化带动职业教育现代化，利用互联网技术建立覆盖全国的中职教育人才培养质量数据信息。

信息收集的前提是完善的信息公开制度。当前中职学校公布的教育年度质量报告由各中职学校自行编制，从现有中职学校公开的信息来看，大部分学校都是泛泛而谈，不能客观、真实、全面反映各个学校人才培养状况。为了推动中职学校信息进一步公开、透明，教育主管部门一要在现有文件基础上扩大信息公开范围，细化公开内容，并监督中职学校按照文件规定及时公开相关信息；二要完善信息公开平台建设，开发信息收集工具，让学生、家长、中职学校教师、企业和学校相关人员自行登录、填写相关内容；三要加强公开信息的抽查和监督力度。

信息的发布是人才培养质量监测的第一步，发布监测报告是人才培养质量预测预警机制的重点。以教育质量年度报告和其他数据来源为基础，形成人才培养质量监测指标，确保全国所有地区中职学校人才培养

---

① 王春燕：《国际视野下我国现代职业教育质量评价与保障》，人民邮电出版社2017年版，第111页。
② 田恩舜等：《专业学位研究生教育质量监管体系建设策略》，《学位与研究生教育》2018年第7期，第38页。

质量可比，并做好数据分析与解读，发布监测报告，使中职教育人才培养质量利益相关群体实时了解中职教育的真实情况。监测报告的形成首先需要教育主管部门聘请相关专业人员，引入信息技术，构建适当模型、算法和工具，借助计算机的运算功能、数据收集与加工能力，对已发布信息进行处理和分析。要全面、深入分析数据，展示各个指标的现状、趋势、对比分析。同时，在结果呈现上，最好以"图表＋专栏"的形式，直观地展现数据信息，使社会各界更好地了解中职教育人才培养状况。

除了中职学校自行发布信息，专门机构对数据进行分析与解读并出具监测报告之外，最重要的一环是由教育部牵头组建第三方评估团队对所公布的信息进行监督、检查与实地考察。评估团队一是对中职学校的公开信息进行抽查；二是实地考察，访谈中职学校学生、教职工、上级管理部门相关人员，进入课堂听课，查看教学资源，了解校园文化、专业设置、社会贡献、校企合作情况，以及中职学校自我评估过程；三是给出评估报告，并对评估情况进行通报。根据第三方团队给出了评估报告，由教育部等相关部门对所有报告进行深入分析，对于人才培养质量未达标的中职学校，责令整改，并及时检查改进情况，中职学校要将改进结果公诸于众；连续三年在同一个指标出现问题的学校，教育行政部门要对中职学校和上级管理部门问责，少给或不给拨款，并取消其未来享受政府拨款的资格，直至该学校人才培养质量通过评估。

第三节 让毕业生拥有就业能力，具备升学基础

中职学生期望通过中职学校教育实现个人素质的全面增进，以顺利就业或升学。中职教育人才培养质量涵盖培养基础、培养过程、培养结果各环节，人才培养过程受生源输入影响，同时又直接决定培养结果。提高人才培养过程质量，有助于中职学生在人才培养完成时有更好的表现，进而可以反作用于生源质量，实现良性循环。在培养结果上让中职毕业生拥有就业能力，具备升学基础，取决于培养过程质量，又影响中职教育入口处学生和家长的教育选择，是人才培养质量实现良性循环的重要环节。具体来说，可从以下三方面努力。

一　培育工匠精神，重塑中职学生形象

十九大报告提出要弘扬工匠精神。2019 年，《国家职业教育改革实施方案》（以下简称《方案》）要求，培育和传承工匠精神。"工匠精神"是职业教育的精神所在，是技术技能人才的立身之本，弘扬工匠精神是经济社会发展的现实需要，是个人职业发展的必备素养。"工匠"简单来说就是德技双馨的人才，从语词顺序来看，"德"在"技"先，技能的培养固然重要，但"匠心"的培育更应该是中职教育人才培养的重点，对学生而言起到价值引领的作用。工匠精神是一种职业精神，涵盖了敬业、精业、专注、创新等精神理念，是劳动者职业道德、能力和品质的集中体现。[①] 职业精神代表了人的质量，而人的质量决定产品的质量，产品的质量关乎"中国制造"的口碑和品牌。可以说，技能型人才工匠精神的培养关乎中国人力资源强国、制造强国的实现。

恪尽职业操守，崇尚精益求精是工匠精神的集中体现。恪尽职业操守是指坚守本业，精益求精是在敬业的基础上精业，不断改良产品和服务质量，追求极致。敬业是对职业的尊敬，敬业的人珍惜、热爱、认同自己的职业。从自我实现的角度看，敬业是劳动者对自我价值的肯定。"我将无我，不负人民"是习近平敬业观的生动写照，敬业思想是中国优秀传统文化的重要组成部分。[②] 作为中职学生，践行工匠精神，即在本职岗位上脚踏实地、严谨、认真、专注打造本行业优质产品和服务，推动中国走向制造强国、质量强国。我国正从制造大国、中国制造向制造强国、中国创造转型，制造业在我国占很大比重，且中国经济发展以实体经济为主，实体企业的发展壮大和制造强国的实现需要工匠精神的支撑。从当前中职毕业生频繁跳槽，同时由制造业滑出的现实情况可知，中职教育人才培养还存在一些问题，如重技术而轻"匠心"。工匠精神是职业教育人才培养的关键内容和核心价值体现，中职学校人才培养需要打破

---

① 李慧萍：《技术技能人才工匠精神培育研究——理论内涵、逻辑框架与实践路径》，《中国职业技术教育》2019 年第 13 期，第 43 页。
② 罗晓婷：《"我将无我，不负人民"：习近平的敬业观及其力行》，《陕西师范大学学报》（哲学社会科学版）2019 年第 3 期，第 65 页。

固化的思维与方式，以培育"工匠精神"为根本指向，从培养技能型人才转向培养具有工匠精神的高素质技术技能人才。

在培育工匠精神的具体措施方面，一方面，加强顶层设计。《方案》指出，要将职业教育摆在更加突出位置，并为培养高素质技术技能人才提出了一系列职业教育改革发展方案，如提高技能人才待遇，开展"大国工匠进校园"等活动，以培育和传承工具精神。各级地方政府应该在《方案》的引领下，出台具体的政策，落实《方案》，制定行动规划，指引职业学校做好培育工匠精神的工作，形成完整的工匠精神培育体系。另一方面，依托自媒体弘扬工匠文化。随着互联网的普及，自媒体迅速发展，人们不再从电视、报纸等传统媒体渠道获取信息，而是从以微博、微信为自媒体主体的网络中获取信息。中职学生大部分年龄在15—18岁，93％的学生拥有自己的手机，且每天1/4的时间都在使用手机或电脑等电子设备，受自媒体信息影响较大。所以，依托自媒体弘扬工匠文化有较高的效率，在工匠文化的侵染下，对中职学生优秀职业观的确立有潜移默化的作用。同时，在社会上传播"崇德精技"的工匠文化，为工匠精神的传播营造良好的社会环境，助力中职学生工匠精神的培育。最后，以课程、实践等教学平台为支撑，以"崇德"和"精技"为培育内容进行教学改革。在一批符合要求的中职教师队伍带领下，将职业道德、敬业、精业等工匠精神蕴含的因素纳入教材中，利用先进的教学手段，培育学生的"匠心"；顶岗实习是中职教育的重要组成部分，校企双方要鼎力合作，在真实的工作环境中培育学生的"匠技"。

二 严格就业准入准度，提高中职学历价值

就业准入制度是国家规定的实行就业准入的职业，从事该职业的劳动者必须取得相应的职业资格证书的制度。就业准入制度要求用人单位在招录员工时，必须从拥有职业资格证书的人员中录用。由此可见，就业准入制度一方面规范了劳动力市场用人制度，另一方面促使拥有职业资格证书的人充分就业，它将劳动人事制度、就业和职业教育联系在一起，稳固了职业教育地位，使接受职业教育的人在劳动力市场上无法取代。早在1985年，《中共中央关于教育体制改革的决定》指出，实行"先培训，后就业"的原则，各单位的招工必须从各种职业技术学校毕业生中择优录用。"先培训，后就业"的就业准入制度旨在保障中职毕业生的基本利益，促进中职学校发展和毕业生就业。但由于这一制度本身的缺陷、政策执行机构缺乏沟通与协调、政策监督机制缺失，实际执行不力，也让中职教育的优势丧失殆尽，让中职毕业生在劳动力市场上的生存样态不佳。例如，企业为了降低用人成本，在招收员工的过程中考虑更多的是劳动力价格，更愿意雇用没有职业资格证书的廉价劳动力，而非中职毕业生，从而导致现有劳动力结构不佳和中职毕业生就业问题的出现。

因而，严格就业准入制度，要求企业根据就业准入标准，从取得相应学历或职业资格的人员中录用，才能凸显中职教育作用，提升技能型人才的社会地位，引导社会正确认识中职教育，逐渐消除对中职教育的偏见，进而提高中职毕业生的就业质量。具体来说，严格就业准入制度一是设置完善的就业准入，让用人单位明确知道哪些职业是有就业准入标准的，必须严格执行；二是建立必要的监督机制，就业准入制度的执行要吸取已有经验教训，严格执行持证上岗制度，对违反该制度招录无证人员的企业给予相应的处罚；三是加强就业准入政策和立法研究，以职业准入规定为依据进行职业立法，明确就业准入规定、薪酬福利制度，以扩大相关职业就业准入的影响力，确保持证人员福利待遇。

此外，就业准入制度和职业资格证书制度天然联系在一起，就业准入制度顺利执行的前提是职业资格证书具有代表性和说服力，能够体现持证者的文化素质和职业技能水平。并且，职业资格证书要能够覆盖不同行业和工种，使所有行业的主要职业都有明确的任职标准。所以，严格执行就业准入制度的同时要建立完善的职业资格证书体系，以确保就业准入制度的执行。

三 构筑就业服务体系，多维助力充分就业

十九大报告提出，"实现更高质量和更充分就业"[①]。当前中职毕业生就业质量问题的核心是中职学校人才培养滞后致使毕业生人力资本积累

---

① 习近平：《决胜全面建成小康社会，夺取新时代中国特色社会主义伟大胜利——在中国共产党第十九次全国代表大会上的报告》，人民出版社 2017 年版。

不能满足市场需要，就业服务体系不完善以致学生不能实现人职匹配下的充分就业。样本学校中，虽然94.8%有专人服务毕业生，98.3%会给毕业生提供就业辅导服务，91.4%给毕业生提供升学辅导服务，但是就业指导的时效性和针对性不够，就业指导处的老师往往靠经验和主观意志开展工作，内容和手段单一，只负责介绍基本知识、发布就业信息。升学作为中职毕业生的一个重要出口，约1/10的学校并不给学生提供升学辅导服务。同时，还有部分学校没有安排专业人员服务毕业生，这表示部分学校即便有就业指导服务，但是负责就业指导服务的教师队伍专业性不强，学生遇到就业问题时不能得到专业性辅导。这样的形势下，构筑完善的就业服务体系势在必行。

首先，完善就业服务功能。就业服务不仅是为毕业生的初次就业提供就业指导，而且要为中职学生提供职业规划服务，为毕业后直接进入劳动力市场的学生提供求职技巧培训、再就业咨询、职业介绍服务。同时，创业型经济背景下，创业日渐成为经济活动的重要内容。职业教育肩负着促进就业创业的重要职责，因此，为创业者提供服务也是就业服务的重要功能，具体来说，包括为创业者提供创业指导、政策咨询、融资服务等。当前中职学校将就业服务仅仅窄化为开设就业指导课程，发布就业信息，而且就业指导课程多是"照本宣科"，理论性较强，实用性较弱，对实际就业和个人职业规划制定帮助较少。完善的、全程的、多元的就业服务功能是完善就业服务体系的基础，随着经济社会的飞速发展，新经济形态的不断涌现，中职学校就业服务理应随之扩展，帮助学生适应新变化，实现充分就业。

其次，构建就业信息综合服务平台。大数据时代，建设就业信息综合服务平台，既可以即时收集国家就业政策、企事业单位招聘信息、高校招生信息，又可以实现就业信息快速、大范围传播。从学生的就业渠道可知，直接就业方面，大部分毕业生是通过学生自己上网查询、学校介绍、家人或亲戚等渠道获得第一份工作；在升学方面，从访谈中得知，学生一般是通过班主任、课任教师的介绍填报高等院校和专业，本人对学校和专业的具体情况了解较少。这说明了中职学校就业/升学辅导不到位，学生对就业信息的获得不顺畅，也比较零散，耗费较多精力且可能得到的不是最有效的信息。因此，构建就业信息综合服务平台十分必要。就业信息综合服务平台，主要有学校网站、微博和微信公众号等新媒体平台，内容可包括就业理念引导、就业技能指导、就业岗位分类、就业信息推送、就业动态调查等五个部分。就业理念方面主要是推送当前就业政策、就业成功案例、求职意向和职场形势分析等信息；就业技能指导方面要分年级、专业实行分层分类指导，一年级以专业介绍为主；二年级以职业规划设计为主；三年级重点发布应聘/升学指导信息。就业岗位分类方面应借助当前行业分类和职业分类标准，引入职业能力、岗位胜任力测评系统，学生可依据个人兴趣专长和测评结果作为职业选择依据。就业信息推送方面，可根据不同学生需求推送不同的就业信息。就业动态调查，即毕业生就业详细情况，通过电子问卷形式收集毕业生就业信息。

最后，建立就业追踪反馈机制。就业追踪与反馈一方面可以为毕业生的再次就业提供指导与帮助，另一方面可以为在校学生就业指导的优化和完善，乃至中职学校专业设置的调整提供证据，助推中职教育可持续发展以及中职学生职业生涯发展。根据实地调查数据，从是否对毕业生追踪来看，7.8%的学校不会追踪毕业生就业状况；从追踪形式来看，以电话回访和 QQ 群交流为主，召开校友会为辅；从追踪的内容看，主要包括就业率、升学率、工资和工作性质；从追踪的持续时间看，84.4%的学校追踪 1—3 年。由此可知，中职学校缺乏完善的毕业生信息追踪与有效反馈机制，中职学校应该依托就业信息综合服务平台，综合利用电子问卷、电话回访、QQ 群、校友会等方式，进行 3—10 年的就业信息追踪，利用平台信息和就业追踪调查结果，从企业需求、个人就业质量、行业发展趋势，以及中职学生在高校发展情况、高校需求等多个维度反馈就业状况，将就业和在学期间的人才培养相结合，以就业结果回应中职教育培养过程和效果，实现入口—过程—出口的联动发展。

参考文献

一 经典文献

习近平：《决胜全面建成小康社会，夺取新时代中国特色社会主义伟大胜利——在中国共产党第十九次全国代表大会上的报告》，人民出版社2017年版。

马克思、恩格斯：《马克思恩格斯全集》（第21卷），人民出版社1965年版。

马克思、恩格斯：《马克思恩格斯全集》（第23卷），人民出版社1972年版。

二 中文文献

（一）著作

2012中国中等职业学校学生发展与就业报告编写组编：《中国中等职业学校学生发展与就业报告（2012）》，外语教学与研究出版社2013年版。

曹晔：《中国中等职业教育》，南开大学出版社2016年版。

陈工孟：《中国职业教育年鉴（2017）》，经济管理出版社2017年版。

陈进等：《循证教育研究与实践》，学苑出版社2013年版。

陈乐乐：《中等职业教育三十年探究》，人民日报出版社2006年版。

陈向明：《质的研究方法与社会科学研究》，教育科学出版社2000年版。

从立新、章燕：《澳大利亚课程标准》，人民教育出版社2005年版。

崔允漷等：《基于标准的学生学业成就评价》，华东师范大学出版社2008年版。

冯建力等：《就业教育基础》，科学出版社2005年版。

顾明远：《教育大辞典》（第一卷），上海教育出版社1990年版。

国泰安职业教育与产业发展研究院：《中国职业教育年鉴2016》，经济管理出版社2016年版。

贺国庆：《外国职业教育史》（上、下卷），人民教育出版社2014年版。

洪良：《从学生行为透析中职生思想道德素质较低的根源》，中国职业技术教育学会德育工作委员会，《全国德育教学研究会2011年年会论文集》

黄敬宝：《就业能力与大学生就业——人力资本理论的视角》，经济管理出版社2008年版。

黄尧：《职业教育学——原理与应用》，高等教育出版社2009年版。

霍雄飞：《中国现代职业教育发展之政府战略研究》，南京大学出版社2016年版。

姜大源：《当代德国职业教育主流思想研究：理论、实践与创新》，清华大学出版社2007年版。

姜大源：《职业教育学研究新论》，教育科学出版社2007年版。

姜大源：《职业教育要义》，北京师范大学出版社2017年版。

蒋腊芳、宋敏主编：《质量管理学》，武汉理工大学出版社2011年版。

蒋旋新：《中国特色职业教育体系论纲》，北京知识产权出版社2017年版。

蒋逸民：《社会科学方法论》，重庆大学出版社2016年版。

教育部高等教育司：《普通高等学校经济学、工商管理类本科人才社会需求和培养现状调研报告》，中国人民大学出版社2005年版。

靳希斌：《教育经济学》，人民教育出版社1997年版。

靳希斌：《人力资本学说与教育经济学新进展》，教育科学出版社2010年版。

匡瑛：《比较高等职业教育：发展与变革》，华东师范大学出版社2006年版。

赖德胜：《中国劳动力市场报告——包容性增长北京下的就业质量》，北京师范大学出版社2011年版。

李宝元：《人力资本与经济发展》，北京师范大学出版社2000年版。

李春玲：《比较视野下的中产阶级形成》，北京社会科学文献出版社2010

年版。

李桂荣：《中等职业教育发展评价研究》，北京科学出版社 2017 年版。

李亚东：《中等职业教育评估指标模块化设计》，北京高等教育出版社 2012 年版。

李延平：《职业教育公平问题研究》，教育科学出版社 2009 年版。

李幼平：《循证医学》，高等教育出版社 2009 年版。

联合国教科文组织：《2012 全民教育全球监测报告：青年与技能》，教育科学出版社 2013 年版。

联合国教科文组织：《消除不平等：治理缘何重要——2009 年全民教育全球监测报告》，中国对外翻译出版公司 2009 年版。

刘精明：《国家、社会阶层与教育：教育获得的社会学研究》，中国人民大学出版社 2005 年版。

刘铭：《当代教学管理引论》，教育科学出版社 1997 年版。

刘晓欢：《职业教育质量研究专论》，天津大学出版社 2013 年版。

刘英杰：《中国教育大事典》，浙江教育出版社 1993 年版。

马晓强：《增值评价：学校评价的新视角》，北京师范大学出版社 2012 年版。

马振华：《我国技能型人力资本的形成与积累》，中国物资出版社 2009 年版。

彭薇：《就业概论》，北京经济管理出版社 2002 年版。

祁占勇：《职业教育政策研究》，教育科学出版社 2018 年版。

曲恒昌、曾晓东：《西方教育经济学研究》，北京师范大学出版社 2000 年版。

施良方：《课程理论》，教育科学出版社 1996 年版。

石伟平：《比较职业技术教育》，华东师范大学出版社 2001 年版。

舒尔茨：《教育的经济价值》，吉林人民出版社 1982 年版。

苏丽锋：《中国转型时期就业质量研究》，社会科学文献出版社 2015 年版。

童玉芬：《就业原理》，中国劳动社会保障出版社 2011 年版。

王春燕：《国际视野下我国现代职业教育质量评价与保障》，人民邮电出版社 2017 年版。

王济川等：《多层统计分析模型：方法与应用》，高等教育出版社 2008 年版。

王继平：《中国教育改革大系 – 职业教育卷》，湖北教育出版社 2016 年版。

王扬南、刘宝民：《中国中等职业教育质量年度报告（2018）》，高等教育出版社 2018 年版。

项秉健等：《2012—2013 年上海市中等职业学校学生发展报告》，上海教育出版社 2015 年版。

徐国庆：《从分类到分等——职业教育改革发展之路》，华东师范大学出版社 2018 年版。

许正中：《中国现代职业教育理论体系研究》，人民出版社 2013 年版。

薛在兴：《打开大学生就业之门的钥匙——社会资本、人力资本与大学生就业》，中国社会科学出版社 2011 年版。

闫志利：《中职教育质量：评价与保障》，中国社会科学出版社 2017 年版。

杨国荣：《实证主义与中国近代哲学（修订版）》，华东师范大学出版社 2018 年版。

愈启定、和震：《中国职业教育发展史》，高等教育出版社 2012 年版。

袁益民：《教育质量的保障与评估》，江苏大学出版社 2015 年版。

张海水：《中国中等职业教育转型发展研究》，上海科技教学出版社 2016 年版。

赵中立、许良英：《纪念爱因斯坦译文集》，上海科学技术出版社 1979 年版。

中国认证人员国家注册委员会：《ISO 9000 族标准》，天津社会科学院出版社 2001 年版。

周正：《谁念职校——个体选择中等职业教育问题研究》，教育科学出版社 2009 年版。

朱德全：《职业教育统筹发展论》，北京科学出版社 2016 年版。

朱之洲、蔡文兰：《失序与重建——社会转型中等职业教育秩序研究》，浙江大学出版社 2015 年版。

邹恩润：《职业教育研究》，商务印书馆 1931 年版。

［古希腊］柏拉图：《理想国》，商务印书馆 1986 年版。

　　（二）译著

［奥］茨达齐尔：《教育人类学原理》，李其龙译，上海教育出版社 2001 年版。

［法］皮埃尔·布迪厄：《文化再制与社会再制》，厉以贤译，台湾五南图书出版公司 1992 年版。

［古希腊］亚里士多德：《亚里士多德选集》（政治学卷），颜一、秦典华译，北京中国人民大学出版社 1999 年版。

［美］E. 科恩：《教育经济学》，王玉崑等译，华东师范大学出版社 1989 年版。

［美］阿巴斯·塔沙克里、查尔斯·特德莱《混合方法论：定性方法和定量方法的结合》，唐海华译，重庆大学出版社 2010 年版。

［美］艾略特·列堡：《泰利的街角：一项街角黑人的研究》，李文茂、邹小艳译，重庆大学出版社 2010 年版。

［美］伯克·约翰逊、拉里·克里斯滕森：《教育研究：定量、定性和混合方法》，马健生等译，重庆大学出版社 2015 年版。

［美］加里·贝克尔：《人力资本》，陈耿宣等译，机械工业出版社 2016 年版。

［美］西奥多·舒尔茨：《论人力资本投资》，吴珠华等译，北京经济学院出版社 1990 年版。

［美］约翰·S. 布鲁贝克：《高等教育哲学》，王承绪等译，浙江教育出版社 1998 年版。

舒尔茨：《论人力资本投资》，吴珠华等译，北京经济学院出版社 1990 年版。

　　（三）论文

班建武：《"新"劳动教育的内涵特征与实践路径》，《教育研究》2019 年第 1 期。

鲍威：《未完成的转型——普及化阶段首都高等教育的人才培养与学生发

展》，《北京大学教育评论》2010年第1期。

本刊评论员：《关注中职毕业生高就业率背后的就业质量问题》，《教育发展研究》2010年第11期。

曹华：《"一带一路"背景下中职生职业素养培养研究》，《湖州师范学院学报》2017年第5期。

曹茂甲：《经济体制变革过程中我国中职招生就业制度的演变》，《职教论坛》2011年第3期。

曹晔：《新形势下我国中等职业教育功能定位与推进策略》，《教育发展研究》2016年第Z1期。

柴楠、吕寿伟：《"非贫困性辍学"的贫困根源》，《当代教育科学》2017年第7期。

陈成文、谭日辉《社会资本与大学生就业关系研究》，《高等教育研究》2004年第4期。

陈欢：《高校毕业生就业质量评价体系构建》，《现代教育管理》2012年第12期。

陈吉胜、胡红梅《建立高校毕业生就业质量的科学评价体系》，《继续教育研究》2015年第6期。

陈嵩：《企业需要什么样的中职人才——对上海及周边地区百家企业的调查与分析》，《教育发展研究》2001年第10期。

陈嵩：《上海中职毕业生就业现状及对策研究》，《教育发展研究》2007年第21期。

陈维、刘国艳：《农村留守中职生学业自我概念与应对方式的关系：学业韧性的中介作用》，《中国特殊教育》2016年第5期。

陈禧鸿：《中等职业学校学生心理健康状况调查与分析》，《职业技术教育》2005年第29期。

陈银姆：《中等职业学校实施创业教育的思考》，《教育发展研究》2001年第5期。

陈竹韵、陶宇：《大数据背景下澳大利亚职业教育质量保障体系的启示》，《黑龙江高教研究》2017年第8期。

程凤春：《教育质量特性的表现形式和内容——教育质量内涵新解》，《中国教育政策评论》2010 年第 0 期。

程宏：《中职生心理健康现状调查分析及对策》，《中国职业技术教育》2011 年第 34 期。

池丽萍、王耘：《婚姻冲突与儿童问题行为关系研究的理论进展》，《心理科学进展》2002 年第 4 期。

丁建石：《第三方参与职业教育质量评价的现状、问题及法律政策建议》，《教育与职业》2017 年第 20 期，

丁文利：《英国职业教育质量保障体系及其对我国的启示》，《教育与职业》2014 年第 20 期。

丁小浩、李莹：《中国城镇中等职业教育就业状况分析》，《教育科学》2008 年第 4 期。

杜桂英、岳昌君：《高校毕业生就业机会的影响因素研究》，《中国高教研究》2010 年第 11 期。

方绪军等：《中职专业建设与就业创业平台融合现状的调查研究》，《中国职业技术教育》2018 年第 32 期。

方艳娇、苏丽丽：《青少年学生的同伴群体交往及其影响》，《沈阳教育学院学报》2010 年第 3 期。

冯建军：《论教育质量及教育质量均衡》，《教育研究与实验》2011 年第 6 期。

冯子才：《大学生就业与学业刍议》，《西南科技大学学报》（哲学社会科学版），2003 年第 4 期。

高红梅等：《辽宁省中等职业教育质量保障体系建设情况调研报告》，《现代教育管理》2009 年第 10 期。

高山艳：《职业教育质量评价指标的争议与追问》，《职教论坛》2014 年第 1 期。

高书国：《人力资源强国概念、内涵与特征分析》，《当代教育科学》2008 年第 5 期。

高文武：《美国 NSSE 全国大学生学习投入性调查的概述及对我国本科教学评估的启示》，《科学教育》2012 年第 2 期。

高耀、刘志民：《人力资本、家庭资本与大学生就业认知——基于江苏省

20 所高校的经验研究》,《中国人民大学教育学刊》2012 年第 2 期。

葛道凯:《从矛盾变化看新时代教育改革发展的基本走向》,《教育研究》2018 年第 12 期。

龚欣、李贞义:《学前教育经历对初中生非认知能力的影响:基于 CEPS 的实证研究》,《教育与经济》2018 年第 4 期。

共青团中山市委课题组:《青年就业创业特点与青年工作对策——以中山市中职(技工)青年调研为例》,《中国青年研究》2016 年第 12 期。

郭成等:《学业自我概念及其与学业成绩关系的研究述评》,《心理科学》2006 年第 1 期。

郭新华、于骁玥:《我国中等职业教育对经济增长的贡献:1985—2007》,《科学经济社会》2010 年第 3 期。

韩春光、许艳丽:《高职学生就业质量因素影响调查分析——基于北京地区数据》,《中国职业技术教育》2018 年第 33 期。

何玉宏、徐燕秋:《试论高职院校的办学定位》,《职教论坛》2005 年第 19 期。

和震:《论现代职业教育的内涵与特征》,《中国高教研究》2008 年第 10 期。

和震:《我国职业教育政策三十年回顾》,《教育发展研究》2009 年第 3 期。

和震、谢珍珍:《就业不是职业教育的终点:职业教育的经济决定论驳析》,《中国高教研究》2018 年第 10 期。

胡立:《高等职业教育就业质量生态系统的平衡》,《大学教育科学》2016 年第 2 期。

黄敬宝:《寒门能否出贵子?——基于人力资本对大学生就业质量作用的分析》,《青年研究》2015 年第 5 期。

黄敬宝:《人力资本、社会资本对大学生就业质量的影响》,《北京社会科学》2012 年第 3 期。

江凤娟、吴峰:《互联网红利与我国人力资源跨越式发展》,《教育研究》2018 年第 12 期。

姜大源:《关于加固中等职业教育基础地位的思考(全文导读)》,《中国职业技术教育》2017 年第 9 期。

姜大源：《现代职业教育体系构建的理性追问》，《教育研究》2011 年第 11 期。

姜大源：《职业教育：技术与技能辨》，《中国职业技术教育》2008 年第 34 期。

姜大源等：《"中等职业教育发展问题"专家笔谈（一）》，《中国职业技术教育》2018 年第 25 期。

姜进：《论高等职业教育质量观的转变》，《中国高教研究》2011 年第 6 期。

蒋乃平：《文化课应该让中职生"学得会"——来自一线的报告之一》，《中国职业技术教育》2008 年第 14 期。

瞿连贵、石伟平：《大力发展中等职业教育：西部地区普及高中阶段教育的战略选择》，《中国教育学刊》2019 年第 4 期。

克里斯汀·仁、李康：《学生发展理论在学生事务管理中的应用——美国学生发展理论简介》，《高等教育研究》2008 年第 3 期。

黎援朝、彭嫦：《产教结合是培养技能人才的有效途径》，《教育与职业》2004 年第 11 期。

李春华：《文化的"化人"与思政的"育人"》，《马克思主义研究》2012 年第 9 期。

李桂荣、李向辉：《中职学生学业成绩影响因素分析—基于河南省的经验研究》，《教育经济评论》2016 年第 2 期。

李桂荣等：《中职教育供给侧存在的问题及改革思路》，《教育发展研究》2017 年第 3 期。

李桂荣等：《中职示范学校育人质量的抽样调查与试点评估》，《教育与经济》2016 年第 1 期。

李慧萍：《技术技能人才工匠精神培育研究——理论内涵、逻辑框架与实践路径》，《中国职业技术教育》2019 年第 13 期。

李军：《追寻人的价值：当代中国职业教育的哲学反思》，《河北大学成人教育学院学报》2009 年第 4 期。

李梦卿、安培：《卓越中职教师培养的基本认知、价值追求与实施路径》，

《教育发展研究》2015 年第 17 期。

李倩：《改革开放以来我国职业教育政策：发展历程、变迁逻辑及未来展望》，《继续教育研究》2018 年第 11 期。

李炜、岳昌君：《2007 年高校毕业生就业影响因素分析》，《清华大学教育研究》2009 年第 1 期。

李莹、丁小浩：《中等职业教育毕业生待业时间的生存分析》，《教育与经济》2008 年第 2 期。

林向英等：《中等职业学校学生问题行为现状调查与分析》，《口国特殊教育》2005 年第 7 期。

刘海燕：《美国高等教育增值评价模式的兴起与应用》，《高等教育研究》2012 年第 5 期。

刘虎：《比较视野中的职业教育质量观：历史审视与现实反思》，《职教论坛》2014 年第 1 期。

刘素华：《就业质量：概念、内容及其对就业数量的影响》，《人口与计划生育》2005 年第 7 期。

刘晓玲、庄西真：《注重基础、选择多元——职业教育人才培养质量评价的探索与实践》，《中国职业技术教育》2017 年第 35 期。

刘新华、杨艳：《家庭社会资本与大学生差序就业——关于家庭社会资本对大学生就业质量影响的研究》，《教育学术月刊》2013 年第 5 期。

刘志兵、黄榕：《中职生道德素质现状分析及对策——基于对江西电子信息工程学校学生的调查》，《中国教育学刊》2013 年第 S1 期。

卢家楣等：《我国中等职业学校青少年学生情感素质的现状》，《心理科学》2011 年第 6 期。

卢敏、冯胜清：《中职生职业素养的培养》，《当代职业教育》2016 年第 8 期。

卢同庆等：《家庭资本对城乡家庭教育的影响分析》，《教育理论与实践》2019 年第 7 期。

陆素菊、寺田盛纪：《在经济性与教育性之间：职业教育的基本定位与未来走向——陆素菊与寺田盛纪关于职业教育发展中日比较的对话》，《华东师范大学学报（教育科学版）》2019 年第 2 期。

吕谋笃：《组织效率为何低？》，《当代经理人》2008 年第 1 期。

罗鸣春、邓梅：《中等职业学校学生心理健康状况调查》，《中国心理卫生杂志》2006 年第 7 期。

罗晓婷：《"我将无我，不负人民"：习近平的敬业观及其力行》，《陕西师范大学学报》（哲学社会科学版）2019 年第 3 期。

马冬卉、陈敏：《美国高校学生发展理论及相关问题探讨》，《现代教育科学》2007 年第 5 期。

马蕾迪等：《生态学视阈下影响高中生学习参与的因素探析》，《教育理论与实践》2018 年第 17 期。

马莉萍、丁小浩：《高校毕业生求职中人力资本与社会关系作用感知的研究》，《清华大学教育研究》2010 年第 1 期。

马庆发：《提升就业质量：职业教育发展的新视角》，《教育与职业》2004 年第 12 期。

孟庆国：《论高技能人才师资培养》，《职业技术教育（教科版）》2004 年第 31 期。

孟万金：《论积极心理健康教育》，《教育研究》2008 年第 5 期。

闵清等：《中职生职业素养培养体系的构建与实施》，《职教论坛》2011 年第 6 期。

闵维方等：《2005 年高校毕业生就业状况的调查分析》，《高等教育研究》2006 年第 1 期。

聂衍刚等：《中职学生自我意识与诚信态度的关系》，《教育研究与实验》2011 年第 1 期。

聂永成、董泽芳：《新建本科院校办学定位趋同的理性分析——基于对 91 所新建本科院校转型现状的实证调查》，《湖北社会科学》2016 年第 12 期。

欧阳河：《试论职业教育的概念和内涵》，《教育与职业》2003 年第 1 期。

戚亚慧、韦雪艳：《不同学业成绩中职生学业自我效能感、希望特质和心理韧性的关系分析》，《职业技术教育》2016 年第 14 期。

戚业国、陈玉琨：《论教育质量观与素质教育》，《中国教育学刊》1997 年第 13 期。

亓俊国、庞学光：《对职业教育"以就业为导向"的实践反思与价值审视》，《中国行政管理》2010年第8期。

钱洪良：《论循证视角下的证据科学》，《证据科学》2013年第5期。

钱平：《对中职学生厌学行为的调查分析与对策研究》，《中国职业技术教育》2009年第2期。

邱小健：《构建促进教育公平的中等职业教育财政体制》，《教育科学》2010年第2期。

冉云芳、石伟平：《企业参与职业院校实习是否获利？——基于109家企业的实证分析》，《华东师范大学学报》（教育科学版）2020年第1期。

申文缙、周志刚：《德国职业教育质量指标体系及启示》，《外国教育研究》2015年第6期。

沈有禄：《谁上职校？为什么上职校？有何差异？》，《教育学术月刊》2016年第7期。

沈有禄：《职业学校联合中小学开展劳动和职业启蒙教育：天时、地利、人和》，《中国职业技术教育》2019年第7期。

盛卫燕、胡秋阳：《认知能力、非认知能力与技能溢价——基于CFPS2010－2016年微观数据的实证研究》，《上海经济研究》2019年第4期。

石伟平、郝天聪：《产教深度融合 校企双元育人——〈国家职业教育改革实施方案〉解读》，《中国职业技术教育》2019年第7期。

石伟平、郝天聪：《新时代我国中等职业教育发展若干核心问题的再思考》，《教育发展研究》2018年第19期。

石伟平、徐国庆：《以就业为导向的中等职业教育教学改革理论探索》，《中国职业技术教育》2008年第11期。

石鑫炯：《农业职业学校招生滑坡原因探析及对策思考》，《中国农业教育》2001年第2期。

宋开永：《中等职业学校学生信息素养现状分析及培养策略》，《中国电化教育》2009年第6期。

苏丽锋等：《初中后教育选择意愿及影响因素研究——普高、中职还是不再读书？》，《华中师范大学学报》（人文社会科学版）2017年第5期。

苏丽锋等：《高中阶段教育选择影响因素研究——基于高中与中职在校学生的调查分析》，《清华大学教育研究》2016年第4期。

苏兆斌、孔微巍：《职业教育培训与就业质量关联性实证研究》，《中国职业技术教育》2015年第33期。

隋海梅、宋映泉：《留守经历影响中职学生的考学行为、辍学行为和升学意愿吗——基于浙江、陕西两省的跟踪数据》，《北京大学教育评论》2014年第3期。

汤广全、赵清良：《试论教育价值视野下的职业教育》，《教育学术月刊》2009年第10期。

陶红、高先燕：《中职校园文化与企业文化对接的原则与途径》，《职教论坛》2012年第33期。

田恩舜等：《专业学位研究生教育质量监管体系建设策略》，《学位与研究生教育》2018年第7期。

田媛等：《网络社会支持对中职生生活满意度的影响：公正世界信念和感恩的中介作用》，《心理与行为研究》2017年第2期。

汪冰冰：《有限的选择空间与想象的未来——对农村青少年做学徒的话语分析》，《中国青年研究》2018年第12期。

汪江胜：《中职生学习倦怠心理原因及其对策》，《继续教育研究》2009年第7期。

汪歙萍：《2010年上海高校和中职校毕业生就业与人才培养研究报告》，《教育发展研究》2011年第5期。

王福贵：《中职教育重在扬长教育》，《教育发展研究》2004年第12期。

王红瑞：《中职生人格特点、自尊水平及其与学业行为的关系研究》，《中国健康心理学杂志》2011年第8期。

王军红、周志刚：《论职业教育质量的内涵及表达》，《天津大学学报》（社会科学版）2013年第5期。

王磊：《职业教育对经济增长贡献研究——基于省际面板数据的实证研究》，《中央财经大学学报》2011年第8期。

王玲凤：《中职生的心理健康状况和亲子关系》，《中国心理卫生杂志》2006年第7期。

王敏勤：《由能力本位向素质本位转变》，《教育研究》2002年第5期。

王伟华：《网络环境对中职生思想道德素质影响研究——基于珠三角地区中职校的调查报告》，《职教通讯》2016年第1期。

王伟华等：《家庭资本对农村中专生职业教育选择影响研究——基于河南省某农业县的调查》，《职业技术教育》2013年第31期。

王文彬、易雪玲：《中高职衔接培养人才的效果与问题研究——来自中山职业技术学院的实证调研》，《职教论坛》2017年第21期。

王显芳、李旭琬：《英国大学工作本位学习的探索及启示》，《北京教育（高教）》2018年第11期。

王亚军、郭义：《最佳证据医学教育对中医教育研究的启示》，《西北医学教育》2016年第5期。

王瑶：《新时期中职生心理健康教育模式探究》，《学术论坛》2013年第2期。

王莹莹：《中国劳动力空间集聚的就业效应——基于个体就业质量的视角》，《人口与经济》2018年第4期。

魏宏聚：《教育质量观的内涵、演进与启示》，《教育研究与评论》（中学教育教学）2010年第7期。

魏立萍、肖利宏：《中等职业教育与普通高中失业者失业持续时间和再就业机会的差异分析》，《教育与经济》2008年第1期。

吴凡：《面向2030的教育质量：核心理念与保障模式——基于联合国教科文组织等政策报告的文本分析》，《教育研究》2018年第1期。

吴妮妮、姚梅林：《中职生家长投入与子女学业投入的关系：教养风格的调节作用》，《心理科学》2013年第4期。

吴雪萍：《构建职业教育质量保障体系的国际经验及其启示》，《教育发展研究》2014年第7期。

肖凤翔、饶红涛：《职业教育质量发展观的核心：以人为本与可持续发展》，《中国职业技术教育》2015年第6期。

谢平楼：《我国企业技能人才资源短缺的成因及对策分析》，《中国培训》2004年第10期。

邢晖等：《"中等职业教育发展问题"专家笔谈（二）》，《中国职业技术教育》2018年第28期。

邢悦、马莹：《多元主体定位下的现代职业教育质量保障体系构建》，《现代教育管理》2017年第9期。

徐鸿洲、何春梅：《中职教育质量提升的制约因素及对策研究》，《中国职业技术教育》2017年第27期。

徐金寿、赵凌：《招生问题：高职教育发展的窘境与出路》，《教育探索》2011年第28期。

徐文彬、彭亮：《循证教育的方法论考察》，《教育研究与实验》2014年第4期。

徐晓雯等：《高校毕业生学用匹配状况的影响因素及起薪效应》，《教育学术月刊》2018年第6期。

徐元俊：《试论职业教育质量观》，《邢台职业技术学院学报》2004年第2期。

许多多：《大学如何改变寒门学子命运：家庭贫困、非认知能力和初职收入》，《社会》2017年第4期。

许援竺：《中职学校职业道德教育问题与对策研究》，《职业技术教育》2006年第8期。

薛在兴：《社会资本对大学生就业质量的影响——基于北京市14所高校的一项实证研究》，《青年研究》2014年第3期。

严东强：《高等职业教育质量观探析》，《吉林工程技术师范学院学报》2009年第8期。

燕国材：《关于非智力因素的几个问题》，《上海师范大学学报》（哲学社会科学版）1988年第4期。

杨大伟：《中职学生学习能力评价体系实证研究》，《职教论坛》2012年第18期。

杨建民等：《陕西纺织类中职人才培养质量调查研究》，《职业技术教育》2009年第35期。

杨思帆、王致强：《人力资本大国如何实现——印度技术技能型人才培养政策解析》，《湖南师范大学教育科学学报》2018年第6期。

杨应红：《浅谈中职学校的精神文化建设》，《普洱学院学报》2013年第

2 期。

杨中超、岳昌君：《学历、专业对高校毕业生初职社会经济地位的影响研究——基于全国高校毕业生调查数据的实证分析》，《教育研究》2016 年第 10 期。

易红梅、张林秀：《中职学校专业技能教育质量的试点评估与改进构想》，《教育发展研究》2016 年第 5 期。

于凤杰等：《城乡普高生与中职生对未来的规划和态度》，《心理发展与教育》2010 年第 2 期。

于洪娇：《学生选择中职学校原因的实证研究》，《职业技术教育》2010 年第 22 期。

余逸君：《新阅读时代中职生阅读现状分析及干预措施》，《科技情报开发与经济》2012 年第 15 期。

俞国良、董妍：《学业情绪研究及其对学生发展的意义》，《教育研究》2005 年第 10 期。

俞可等：《循证：欧盟教育实证研究新趋向》，《华东师范大学学报》（教育科学版）2017 年第 3 期。

袁振国：《教育质量的国家观念》，《中国教育学刊》2016 年第 9 期。

岳昌君：《高校毕业生就业状况的城乡差异研究》，《清华大学教育研究》2018 年第 2 期。

岳昌君：《中国高校毕业生就业满意度的影响因素分析》，《北京大学教育评论》2013 年第 2 期。

岳昌君、白一平：《2017 年全国高校毕业生就业状况实证研究》，《华东师范大学学报》（教育科学版）2018 年第 5 期。

岳昌君、丁小浩：《影响高校毕业生就业的因素分析》，《国家教育行政学院学报》2004 年第 2 期。

曾建中：《企业人力资本分类计量模型探讨》，《统计与决策》2010 年第 3 期。

曾庆玉等：《家长投入及其影响子女学业成就的机制探析》，《北京师范大学学报》2010 年第 6 期。

曾湘泉、王辉：《个人效用、教育因素和岗位特征——基于我国中职毕业生就业质量指标体系的研究》,《学术研究》2018 年第 3 期。

张弛:《关注人的生存、生长与生成:现代职业教育目的解析》,《中国职业技术教育》2012 年第 36 期。

张冲等:《中职学生积极心理品质现状调查和教育对策》,《中国特殊教育》2012 年第 3 期。

张国强等:《中国人力资、人力资本结构与产业结构升级》,《中国人口·资源与环境》2011 年第 10 期。

张宏亮、赵学昌:《我国职业教育质量第三方评价研究综述》,《继续教育研究》2016 年第 12 期。

张建华、程文:《服务业供给侧结构性改革与跨越中等收入陷阱》,《中国社会科学》2019 年第 3 期。

张金梅等:《中职生亚健康状况调查研究》,《卫生职业教育》2013 年第 8 期。

张玲玲等:《普高生与中职生的个人未来目标和担忧》,《心理发展与教育》2008 年第 4 期。

张山:家庭资本、教育与社会流动》,《经济问题》2018 年第 12 期。

张文新:《初中学生自尊特点的初步研究》,《心理科学》1997 年第 6 期。

赵金娥:《中职生学业情绪的现状与特点研究——以山东省某中等职业学校为例》,《中国特殊教育》2014 年第 10 期。

赵晶晶:《中职学生职业准备分析与对策——基于对全国中职学校学生发展状况的调查》,《中国职业技术教育》2016 年第 33 期。

赵志群:《现代职业教育质量保障体系建设》,《中国职业技术教育》2014 年第 21 期。

赵志群:《现代职业教育质量保障体系研究:现状与展望》,《西南大学学报》(社会科学版) 2014 年第 4 期。

郑富兴:《工作德育:中职德育的理念与方法》,《四川师范大学学报》(社会科学版) 2016 年第 1 期。

中国教育科学研究院国际比较教育研究中心:《国际比较视野下的中国人力资源竞争力研究》,《教育研究》2013 年第 11 期。

周明星、陈豪好:《职业教育人才观、教学观和质量观探析》,《职教通讯》2005 年第 7 期。

周潇：《从学校到工厂：中等职业教育与农二代的社会流动》，《青年研究》2015 年第 5 期。

周颖：《高职生职业责任感培养刍议》，《经济研究导刊》2011 年第 23 期。

周正、李健：《谁在念职校——中职生现状调查与反思》，《职教论坛》2010 年第 4 期。

朱红、张宇卿：《非认知与认知发展对大学生初职月薪的影响》，《华东师范大学学报》（教育科学版）2018 年第 5 期。

朱钧陶：《大学毕业生就业质量评价体系的实证研究—以华南农业大学为例》，《高教探索》2015 年第 5 期。

朱业标：《中职学生职业认同感的调查与教育对策探讨》，《中小学心理健康教育》2017 年第 16 期。

庄伟强、刘爱军：《中等职业学校学生厌学状况调查与分析》，《中国行为医学科学》2002 年第 4 期。

范其伟：《我国城市化进程中职业教育发展研究》，博士学位论文，中国海洋大学，2014 年。

方健华：《中职学生职业核心素养评价及其标准体系建构研究》，博士学位论文，南京师范大学，2014 年。

胡博文：《非认知能力对劳动者收入的影响：机制探讨和实证分析》，博士学位论文，浙江大学，2017 年。

李向辉：《中等职业教育质量评价指标体系研究——基于学生发展的视角》，博士学位论文，河南大学，2019 年。

孟石：《我国第三产业结构和就业结构关系及增长潜力研究》，博士学位论文，吉林大学，2018 年。

王姣娜：《普通教育还是职业教育？——经济转型期中国高中阶段教育选择》，博士学位论文，中国社会科学院研究生院，2015 年。

王叶飞：《情绪智力量表中文版的信效度研究》，硕士学位论文，中南大学，2010 年。

杨同毅：《高等学校人才培养质量的生态学解析》，博士学位论文，华中科技大学，2010年。

赵莉：《研究型大学本科人才培养质量提升研究》，博士学位论文，中国矿业大学，2017年。

赵珍：《中国青年初次就业问题研究》，博士学位论文，首都经济贸易大学，2008年。

（四）其他

《坚持中国特色社会主义教育发展道路 培养德智体美劳全面发展的社会主义建设者和接班人》，http://www.moe.gov.cn/jyb_xwfb/s6052/moe_838/201809/t20180910_348145.html，2018年9月10日。

《中共中央关于教育体制改革的决定》，http://old.moe.gov.cn/publicfiles/business/htmlfiles/moe/moe_177/200407/2482.html，1985年5月27日。

《中共中央关于制定国民经济和社会发展第十三个五年规划的建议》，http://www.moe.gov.cn/jyb_xxgk/moe_1777/moe_1778/201511/t20151104_217624.html，2015年11月4日。

财政部、国家发展改革委、教育部等：《关于扩大中等职业教育免学费政策范围 进一步完善国家助学金制度的意见》，http://www.moe.gov.cn/jyb_xxgk/moe_1777/moe_1779/201210/t20121030_143848.html，2012年10月22日。

国家中长期教育改革和发展规划纲要工作小组办公室：《国家中长期教育改革和发展规划纲要（2010—2020年）》，http://www.moe.gov.cn/jyb_xwfb/s6052/moe_838/201008/t20100802_93704.html，2010年7月29日。

国务院：《国务院关于大力发展职业技术教育的决定》，http://www.moe.edu.cn/s78/A07/s8347/moe_732/tnull_816.html，1991年10月17日。

国务院：《国务院关于大力发展职业教育的决定》，http://www.moe.gov.cn/jyb_xwfb/gzdt_gzdt/moe_1485/tnull_12730.html，2005-10-28。

国务院：《国务院关于大力推进职业教育改革与发展的决定》，http://www.gov.cn/gongbao/content/2002/content_61755.htm，2002年8月

24 日。

国务院:《国务院关于加快发展现代职业教育的决定》,http://www.gov.cn/zhengce/content/2014-06/22/content_8901.htm,2014 年 5 月 2 日。

国务院:《国务院关于印发国家职业教育改革实施方案的通知》,http://www.gov.cn/zhengce/content/2019-02/13/content_5365341.htm,2019 年 1 月 24 日。

教育部、财政部、人力资源和社会保障部等:《职业学校学生实习管理规定》,http://www.moe.gov.cn/srcsite/A07/moe_950/201604/t20160426_240252.html,2016-04-11。

教育部,发展改革委,财政部等:《现代职业教育体系建设规划(2014—2020 年)》,http://www.gov.cn/gongbao/content/2014/content_2765487.htm,2014 年 6 月 16 日。

教育部:《关于学习贯彻习近平总书记重要指示和全国职业教育工作会议精神的通知》,http://www.xinhuanet.com/edu/2014-07/10/c_126733605.htm,2014 年 7 月 10 日。

教育部:《教育部办公厅关于开展中等职业教育质量年度报告工作的通知》,http://www.moe.edu.cn/srcsite/A07/s7055/201601/t20160126_228908.html,2016 年 1 月 12 日。

教育部:《教育部关于充分发挥行业指导作用 推进职业教育改革发展的意见》,http://www.moe.gov.cn/srcsite/A07/s7055/201106/t20110623_171567.html,2011 年 6 月 23 日。

教育部、财政部:《中等职业学校学生实习管理办法》,http://www.moe.gov.cn/jyb_xxgk/gk_gbgg/moe_0/moe_1443/moe_1846/tnull_28933.html,2007 年 6 月 26 日。

全国人民代表大会常务委员会:《中华人民共和国劳动法》,https://www.fadada.com/notice/detail-1502.html,1994 年 7 月 5 日。

中共中央组织部、人力资源和社会保障部:《高技能人才队伍建设中长期规划(2010—2020 年)》,http://career.nankai.edu.cn/news/content/id/20.html,2011 年 4 月 29 日。

三 英文文献

Almlund M., Duckworth A. L., Heckman J. J., et al., "Personality Psychology and Economics", *Iza Discussion Papers*, No. 3, 2011.

Astin A. W., "The Methodology of Research on College Impact, Part One", *Sociology of Education*, No. 3, 1970.

Astin A. W., *What Matters in College? Four Critical Years Revisited*, Jossey-Bass Higher and Adult Education Series, 1993.

Astin A. W., "Student Involvement: A Developmental Theory for Higher Education", *Journal of College Student Development*, No. 4, 1984.

Bandura A., *Self-efficacy*, San Francisco: John Wiley & Sons, Inc, 1994.

Barrick M. R., Mount M. K., "The Big Five Personality Dimensions and Job Performance: A Meta-analysis", *Personnel Psychology*, No. 1, 1991.

Bowles S., Gintis H., "Schooling in Capitalist America: Educational Reform and the Contradictions of Economic Life", *Journal of Human Resources*, No. 2, 1977.

Brennan J., Little B., *A Review of Work-based Learning in Higher Education*, London: Department for Education and Employment, 1996.

Brennan J., Little B., "A Review of Work Based Learning in Higher Education", *Department for Education & Employment*, 1996.

Briner R. B., Denyer D., Rousseau D. M., "Evidence-Based Management: Concept Cleanup Time?", *Academy of Management Perspectives*, No. 4, 2009.

Buhren C. G., "School-Based Evaluation: An International Perspective Volume 8 | | School Evaluation in Germany: A Means to Improve School Quality", *Advances in Program Evaluation*, 2002.

Cawley J., Heckman J. J., Vytlacil E., "Three Observations on Wages and Measured Cognitive Ability", *Labour Economics*, No. 4, 2001.

Cervai S., Cian L., Berlanga A., et al., "Assessing the Quality of the Learning Outcome in Vocational Education: the Expero Model", *Journal of*

Workplace Learning, No. 3, 2013.

Chickering A., *Education and Identity*, San Francisco: Jossey – Bass, 1969.

Coates H., "Building Quality Foundations: Indicators and Instruments to Measure the Quality of Vocational Education and Training", *Journal of Vocational Education & Training*, No. 4, 2009.

Cohen J., *Statistical Power Analysis for the Behavioral Sciences*, L. Erlbaum Associates, 1988.

Coleman J., "Social Capital in the Creation of Human Capital", *American Journal of Sociology*, No. 94, 1988.

Cunha F., Heckman J., Schennach S., "Estimating the Technology of Cognitive and Noncognitive Skill Formation", *Econometrica*, No. 3, 2010.

Davies P., "What Is Evidence – Based Education?", *British Journal of Educational Studies*, No. 2, 1999.

Dewey J., *Democracy and Education: An Introduction to the Philosophy of Education*, Free Press, 1916.

Doeringer P. B., Piore M. J., "Internal Labor Markets & Manpower Analysis", *Industrial & Labor Relations Review*, 1971.

Durland M., *The Application of Network Analysis to the Study of Differentially Effective Schools*, Baton Rouge: Unpublished Doctoral Dissertation, Louisiana State University, 1996.

Education A. C. O., Williamson E. G., "The Student Personnel Point of View", *Journal of Counseling Psychology*, No. 5, 1949.

Elliott K. M., Healy M. A., "Key Factors Influencing Student Satisfaction Related to Recruitment and Retention", *Journal of Marketing for Higher Education*, No. 4, 2001.

Eskreis – Winkler L., Duckworth A. L., Shulman E. P., et al., "The Grit Effect: Predicting Retention in the Military, the Workplace, School and Marriage", *Frontiers in Psychology*, No. 2, 2014.

Falzer P. R., "Cognitive Schema and Naturalistic Decision Making in Evidence – based Practices", *Journal of Biomedical Informatics*, No. 2, 2004.

Foster E., Stephenson J., "Work-based Learning and Universities in the U. K.: A Review of Current Practice and Trends", *Higher Education Research & Development*, No. 2, 1998.

Gary S., Becker, "Investment in Human Capital: A Theoretical Analysis", *Journal of Political Economy*, No. 5, 1962.

Ghai D., "Decent Work: Concept and Indicators", *International Labour Review*, No. 2, 2010.

Hanushek E. A., Woessmann L., Zhang L., "General Education, Vocational Education, and Labor-Market Outcomes Over the Life-Cycle", *Social Science Electronic Publishing*, No. 1, 2017.

Hanushek E. A., Woessmann L., "Schooling, Educational Achievement, and the Latin American Growth Puzzle", *Journal of Development Economics*, No. 2, 2012.

Hart J., Rogojinaru A., "The Development of National Qualifications and Quality Assurance Frame-works in the Context of the TVET Reform in Romania", *European Journal of Education*, No. 4, 2010.

Heckman J. J., Rubinstein Y., "The Importance of Noncognitive Skills: Lessons from the GED Testing Program", *American Economic Review*, No. 2, 2001.

Heckman J. J., Stixrud J., Urzua S., "The Effects of Cognitive and Noncognitive Abilities on Labor Market Outcomes and Social Behavior", *Journal of Labor Economics*, No. 3, 2006.

Heckman J. J., "Integrating Personality Psychology into Economics", *Nber Working Papers*, No. 3, 2011.

Hoeschler P., Balestra S., Backes-Gellner U., "The Development of Non-cognitive Skills in Adolescence", *EconomicsLetters*, 2018.

International Institute for Educational Planning, *External Quality Assurance: Options for Vocational Education Manages Module*, Making Basic Choice for External Quality Assurance Systems, 2012.

James C., Prashant L., Guirong L., et al., "Stereotype Threat and Educational Tracking: A Field Experi – ment in Chinese Vocational High Schools", *Sociological Research for a Dynamic World*, 2019.

Jung C., "A New Model of Vocational Education and Training in Braåžov County", *Bulletin of the Transilvania University of Brasov*, No. 56, 2014.

Kaufman R. D., *Quality Management Plus: The Continuous Improvement of Education*, Corwin Press Inc, 1993.

Kolenikov S., Angeles G., "Socioeconomic Status Measurement with Discrete Proxy Variables: is Principal Component Analysis a Rrliable Answer?", *Review of Income & Wealth*, No. 1, 2010.

Krejcie R. V., "Determining Sample Size for Research Activities", *Educational & Psychological Measurement*, No. 3, 1970.

Kuh G. D., "What We're Learning about Student Engagement from NSSE: Benchmarks for Effective Educational Practices", *Change*, No. 2, 2003.

Lam D., Schoeni R. F., "Effects of Family Background on Earnings and Returns to Schooling: Evidence from Brazil", *Papers*, No. 4, 2016.

Lambert F., "Skilling Australia for the Future? A Study of Quality Assurance in Australia's Vocational Education and Training", *Journal of Vocational Education & Training*, No. 3, 2010.

Loyalka P., Huang X., Zhang L., et al., "The Impact of Vocational Schooling on Human Capital Development in Developing Countries: Evidence from China", *The World Bank Economic Review*, No. 1, 2015.

Lucas R. E., "On the Mechanics of Economic Development", *Quantitative Macroeconomics Working Papers*, No. 1, 1999.

Lucas R. E., "Why Doesn't Capital Flow from Rich to Poor Countries?", *The American Economic Review*, No. 2, 1990.

Masson J. R., Baati M., Seyfried E., "Quality and Quality Assurance in Vocational Education and Training in the Mediterranean Countries: Lessons from the European Approach", *European Journal of Education*, No. 3, 2010.

Mayer J. D., Salovey P., "What is Emotional Intelligence", 1997.

Moss P., Tilly C., "Skills and Race in Hiring: Quantitative Findings from

Face - t - face Interviews", *Eastern Economic Journal*, 1995.

Newhouse D., Suryadarma D., "The Value of Vocational Education: High School Type and Labor Market Outcomes in Indonesia", *Social Science Electronic Publishing*, No. 2, 2011.

Okun M. A., Weir R. M., "Toward a Judgment Model of College Satisfaction", *Educational Psychology Review*, No. 1, 1990.

Parker E. L., "Factors that Contribute to A Successful Secondary Vocational Education Program in the State of Mississippi", *Dissertations & Theses - Gradworks*, 2008.

Pascarella E. T., Terenzini P. T., *How College Affects Students*, San Francisco: Jossey Bass Publishers, 2005.

Pascarella E. T., "Students' Affective Development Within the College Environment", *Journal of Higher Education*, No. 6, 1985.

Peter M. B., Otis Dudley Duncan, *The American Occupational Structure*, New York: John Wiley Press, 1967.

Raelin J. A., "A Model of Work - Based Learning", *Organization Science*, No. 6, 1997.

Rosenbaum J. E., Others A., "Youth Apprenticeship in America: Guidelines for Building an Effective System", 1992.

Rosenberg M., "Society and the Adolescent Self - image", *Princeton*, No. 2, 1965.

Rotter J. B., "Generalized Expectancies for Internal Versus External Control of Reinforcement", *Psychol Monogr*, No. 1, 1966.

Rumberger R. W., "The Impact of Surplus Schooling on Productivity and Earnings", *Journal of Human Resources*, No. 1, 1987.

Sackett D. L., Rosenberg W. M., Gray J. A., et al., "Evidence Based Medicine: What it is and What it isn't", *British Medical Journal*, No. 7023, 1996.

Sallis E., "Total Quality Management in Education", *Kogan Page Limeted*, No. 28, 1993.

Sanford N., *Developmental Status of the Entering Freshman*, N SANFORD (Ed.). American College, New York: Wiley, 1962.

Scott J., Wircenski M., *Overview of Career and Technical Education*, Homewood: American Technical Publishers, Inc, 2008.

Sehnbruch K., "From the Quantity of Employment to the Quality of Employment: An Application of Cap – ability Approach to the Case of the Chilean Labour Market", *Singapore Medical Journal*, No. 4, 2004.

Self S., Grabowski R., "Education and Long – run Development in Japan", *Journal of Asian Economics*, No. 4, 2004.

Smith A., *The Wealth of Nations*, Chicago, IL: Encyclopedia Britannica, 1952.

Solmon L. C., "The Definition and Impact of College Quality. Final Report", *Nber Working Papers*, 1973.

Solon G., "Intergenerational Income Mobility in the United States", *American Economic Review*, No. 3, 1992.

Song Y., Loyalka P., Wei J., "Determinants of Tracking Intentions, and Actual Education Choices Among Junior High School Students in Rural China", *Chinese Education & Society*, No. 4, 2013.

Tinto V., "Dropout from Higher Education: A Theoretical Synthesis of Recent Research", *Review of Educational Research*, No. 1, 1975.

Tripney J., Kenny C., Gough D., "Enabling the Use of Research Evidence Within Educational Policymaking in Europe", *European Education*, No. 1, 2014.

United Nations Educational, Scientific and Cultural Organization, "Guidelines for TVET Policy Review", Paris: UNESCO, 2013.

Vvn Bastelaer A., *Work Organization, a Dimension of Job Quality: Data from the Adhocmodule of the 2001 Labor Force Survey in the EU*, Geneva: Invited Paper Submitted by Eurostat to Joint UNECE – Eurostat – ILO Seminar on Measurement of Quality of Employment, 2002.

Walton G. M., Spencer S. J., "Latent Ability: Grades and Test Scores Systematically Underestimate the Intellectual Ability of Negatively Stereotyped

Students", *Psychological Science*, No. 9, 2009.

Williamson O. E., "The Economic Institutions of Capitalism. Firms, Markets, Relational Contracting", *Social Science Electronic Publishing*, No. 4, 1998.

Wong C. S., Law K. S., "The Effects of Leader and Follower Emotional Intelligence on Performance and Attitude: An Exploratory Study", *Leadership Quarterly*, No. 3, 2002.

Woronov T., *Class Work: Vocational Schools and China's Urban Youth*, Palo Alto: Stanford University Press, 2015.

Yao G., Zhimin L., Peng F., "The Effect of Family Capital on the Academic Performance of College Students—A Survey at 20 Higher Education Institutions in Jiangsu Province", *Chinese Education & Society*, No. 2, 2015.

Zimmerman D. J., "Regression Toward Mediocrity in Economic Stature", *American Economic Review*, No. 3, 1992.

附　　录

附录 A　教学过程与教育效果 HLM 回归结果

附录 A–1　　　　　教学过程与一般技能回归结果

	（1）	（2）	（3）	（4）	（5）	（6）	（7）
	文化知识	文化知识	文化知识	文化知识	文化知识	文化知识	文化知识
基线成绩		0.486 ***	0.486 ***	0.501 ***	0.503 ***	0.499 ***	0.496 ***
		(0.010)	(0.011)	(0.012)	(0.012)	(0.012)	(0.012)
汉族		0.011	−0.031	−0.010	−0.021	−0.013	−0.010
		(0.077)	(0.081)	(0.091)	(0.092)	(0.092)	(0.091)
农村户籍		0.063 **	0.011	0.005	0.004	0.002	0.006
		(0.029)	(0.031)	(0.037)	(0.037)	(0.037)	(0.037)
男		−0.130 ***	−0.134 ***	−0.142 ***	−0.136 ***	−0.131 ***	−0.130 ***
		(0.021)	(0.022)	(0.025)	(0.025)	(0.025)	(0.025)
参加中考		0.089 ***	0.082 ***	0.085 ***	0.086 ***	0.082 ***	0.080 ***
		(0.023)	(0.024)	(0.027)	(0.028)	(0.028)	(0.027)
上过普高		0.107 ***	0.121 ***	0.118 ***	0.116 ***	0.121 ***	0.122 ***
		(0.031)	(0.032)	(0.037)	(0.037)	(0.037)	(0.037)
工作过半年		−0.022	0.003	−0.001	0.006	0.012	0.009
		(0.032)	(0.033)	(0.039)	(0.039)	(0.039)	(0.039)
期望学历		0.005	0.005	0.008	0.009 *	0.009 *	0.009 *
		(0.004)	(0.005)	(0.005)	(0.005)	(0.005)	(0.005)
参加对口高考		0.100 ***	0.104 ***	0.107 ***	0.104 ***	0.102 ***	0.098 ***
		(0.020)	(0.021)	(0.025)	(0.025)	(0.025)	(0.025)
工作对口预期		−0.000	−0.000	−0.000	−0.000	−0.000	−0.000
		(0.000)	(0.000)	(0.000)	(0.000)	(0.000)	(0.000)

续表

	（1）文化知识	（2）文化知识	（3）文化知识	（4）文化知识	（5）文化知识	（6）文化知识	（7）文化知识
月收入预期		-0.032 (0.020)	-0.023 (0.021)	0.003 (0.024)	0.005 (0.024)	0.003 (0.024)	-0.000 (0.024)
家庭经济状况			-0.021*** (0.007)	-0.020** (0.008)	-0.019** (0.008)	-0.019** (0.008)	-0.017** (0.008)
父亲学历			-0.055** (0.027)	-0.052* (0.031)	-0.055* (0.031)	-0.056* (0.031)	-0.060* (0.031)
母亲学历			-0.051 (0.031)	-0.036 (0.037)	-0.029 (0.037)	-0.026 (0.037)	-0.022 (0.037)
父母关注学习			0.000 (0.001)	0.001 (0.001)	0.000 (0.001)	0.000 (0.001)	0.000 (0.001)
家长联系老师			-0.007 (0.019)	-0.006 (0.022)	-0.020 (0.022)	-0.024 (0.022)	-0.027 (0.022)
公办学校				-0.017 (0.120)	-0.010 (0.120)	-0.015 (0.120)	-0.008 (0.118)
示范校				-0.111 (0.106)	-0.110 (0.106)	-0.106 (0.106)	-0.109 (0.105)
学校规模				0.096* (0.052)	0.096* (0.052)	0.092* (0.052)	0.091* (0.051)
教学设备值				0.090** (0.038)	0.090** (0.038)	0.089** (0.038)	0.088** (0.038)
实训设备值				-0.117*** (0.042)	-0.116*** (0.042)	-0.114*** (0.042)	-0.109*** (0.041)
校长任职年限				-0.007* (0.004)	-0.007* (0.004)	-0.007* (0.004)	-0.007* (0.004)
双师比例				0.022 (0.182)	0.021 (0.183)	0.018 (0.182)	0.018 (0.180)
外聘教师比例				0.092 (0.191)	0.085 (0.192)	0.101 (0.191)	0.106 (0.189)
本科以上教师				-0.011 (0.206)	-0.001 (0.206)	-0.002 (0.205)	-0.002 (0.203)
专业教师比例				0.120 (0.210)	0.119 (0.210)	0.127 (0.209)	0.128 (0.207)
师生比				0.407* (0.244)	0.424* (0.245)	0.418* (0.244)	0.419* (0.242)

续表

	(1) 文化知识	(2) 文化知识	(3) 文化知识	(4) 文化知识	(5) 文化知识	(6) 文化知识	(7) 文化知识
师生聊天					-0.005 (0.003)	-0.005 * (0.003)	-0.004 (0.003)
教师关心					0.059 * (0.031)	0.057 * (0.031)	0.058 * (0.031)
联系老师					0.075 *** (0.024)	0.071 *** (0.024)	0.064 *** (0.024)
不良行为						-0.003 (0.009)	0.001 (0.009)
朋友数量						0.025 *** (0.006)	0.025 *** (0.006)
课堂玩手机							-0.036 *** (0.008)
课后写作业							0.012 * (0.007)
常数项	-0.023 (0.047)	0.104 (0.186)	0.144 (0.192)	-0.910 (0.574)	-1.034 * (0.575)	-1.106 * (0.574)	-1.079 * (0.569)
截距1	-0.719 *** (0.070)	-1.100 *** (0.074)	-1.121 *** (0.076)	-1.208 *** (0.089)	-1.207 *** (0.089)	-1.210 *** (0.089)	-1.223 *** (0.090)
截距2	-0.109 *** (0.008)	-0.247 *** (0.008)	-0.250 *** (0.008)	-0.238 *** (0.009)	-0.240 *** (0.009)	-0.242 *** (0.009)	-0.244 *** (0.009)
AIC	21415.36	18787.97	17513.33	13839.19	13724.76	13660.21	13636.52
BIC	21436.34	18885.59	17644.50	14038.90	13944.22	13892.85	13882.43

注：括号内为标准误；* $P<0.1$；** $P<0.05$；*** $P<0.01$；余同。

附录 A - 2　　　　教学过程与专业技能回归结果

	(1) 文化知识	(2) 文化知识	(3) 文化知识	(4) 文化知识	(5) 文化知识	(6) 文化知识	(7) 文化知识
基线专业成绩		0.583 *** (0.011)	0.578 *** (0.012)	0.589 *** (0.013)	0.588 *** (0.013)	0.588 *** (0.013)	0.587 *** (0.013)
汉族		0.076 (0.084)	0.037 (0.087)	0.068 (0.094)	0.064 (0.095)	0.076 (0.094)	0.079 (0.094)
农村户籍		0.110 *** (0.031)	0.074 ** (0.034)	0.079 ** (0.039)	0.080 ** (0.039)	0.074 * (0.039)	0.075 * (0.039)

续表

	（1） 文化知识	（2） 文化知识	（3） 文化知识	（4） 文化知识	（5） 文化知识	（6） 文化知识	（7） 文化知识
男		-0.095 *** (0.023)	-0.087 *** (0.024)	-0.055 ** (0.026)	-0.058 ** (0.026)	-0.049 * (0.026)	-0.048 * (0.026)
参加中考		0.047 * (0.025)	0.041 (0.026)	0.063 ** (0.028)	0.063 ** (0.028)	0.055 * (0.028)	0.053 * (0.028)
上过普高		0.037 (0.034)	0.053 (0.035)	0.053 (0.039)	0.049 (0.039)	0.057 (0.039)	0.058 (0.039)
工作过半年		-0.023 (0.035)	-0.009 (0.036)	-0.004 (0.041)	-0.006 (0.041)	-0.001 (0.041)	-0.002 (0.041)
期望学历		-0.001 (0.005)	-0.000 (0.005)	0.003 (0.005)	0.003 (0.006)	0.003 (0.005)	0.002 (0.006)
参加对口高考		0.110 *** (0.022)	0.111 *** (0.023)	0.120 *** (0.026)	0.116 *** (0.026)	0.113 *** (0.025)	0.110 *** (0.025)
工作对口预期		0.001 ** (0.000)	0.001 ** (0.000)	0.001 *** (0.000)	0.001 *** (0.000)	0.001 ** (0.000)	0.001 ** (0.000)
月收入预期		-0.040 * (0.022)	-0.026 (0.023)	-0.017 (0.025)	-0.018 (0.025)	-0.021 (0.025)	-0.023 (0.025)
家庭经济状况			-0.026 *** (0.008)	-0.034 *** (0.009)	-0.032 *** (0.009)	-0.032 *** (0.009)	-0.030 *** (0.009)
父亲学历			-0.022 (0.030)	-0.013 (0.033)	-0.015 (0.033)	-0.012 (0.033)	-0.014 (0.033)
母亲学历			-0.012 (0.034)	-0.019 (0.039)	-0.016 (0.039)	-0.017 (0.039)	-0.014 (0.039)
父母关注学习			0.000 (0.001)	0.000 (0.001)	0.000 (0.001)	-0.000 (0.001)	-0.000 (0.001)
家长联系老师			-0.075 *** (0.021)	-0.077 *** (0.023)	-0.096 *** (0.023)	-0.104 *** (0.023)	-0.106 *** (0.023)
公办学校				-0.114 (0.095)	-0.099 (0.096)	-0.108 (0.094)	-0.103 (0.093)
示范校				-0.015 (0.084)	-0.022 (0.086)	-0.019 (0.084)	-0.020 (0.083)
学校规模				0.039 (0.041)	0.041 (0.042)	0.032 (0.041)	0.030 (0.040)
教学设备值				0.010 (0.031)	0.010 (0.031)	0.009 (0.031)	0.007 (0.030)

续表

	（1）文化知识	（2）文化知识	（3）文化知识	（4）文化知识	（5）文化知识	（6）文化知识	（7）文化知识
实训设备值				-0.068**	-0.068**	-0.062*	-0.058*
				(0.033)	(0.034)	(0.033)	(0.033)
校长任职年限				-0.004	-0.003	-0.004	-0.004
				(0.003)	(0.003)	(0.003)	(0.003)
双师比例				0.026	0.019	0.013	0.013
				(0.145)	(0.147)	(0.144)	(0.142)
外聘教师比例				-0.155	-0.160	-0.124	-0.120
				(0.152)	(0.155)	(0.151)	(0.149)
本科以上教师				-0.040	-0.047	-0.034	-0.035
				(0.164)	(0.166)	(0.162)	(0.161)
专业教师比例				0.097	0.120	0.136	0.137
				(0.167)	(0.169)	(0.165)	(0.164)
师生比				-0.005	0.007	-0.012	-0.011
				(0.195)	(0.199)	(0.194)	(0.192)
师生聊天					0.001	0.001	0.001
					(0.003)	(0.003)	(0.003)
教师关心					0.085***	0.080**	0.081**
					(0.032)	(0.032)	(0.032)
联系老师					0.074***	0.070***	0.065***
					(0.025)	(0.025)	(0.025)
不良行为						0.008	0.011
						(0.009)	(0.009)
朋友数量						0.047***	0.048***
						(0.006)	(0.006)
课堂玩手机							-0.026***
							(0.009)
课后写作业							0.009
							(0.007)
常数项	0.073*	0.227	0.226	0.211	0.085	-0.039	-0.008
	(0.041)	(0.202)	(0.208)	(0.481)	(0.488)	(0.480)	(0.476)
截距1	-0.882***	-1.294***	-1.355***	-1.498***	-1.478***	-1.508***	-1.522***
	(0.074)	(0.081)	(0.085)	(0.101)	(0.101)	(0.102)	(0.103)
截距2	-0.002	-0.153***	-0.158***	-0.189***	-0.191***	-0.197***	-0.197***
	(0.008)	(0.008)	(0.008)	(0.009)	(0.009)	(0.009)	(0.009)

续表

	（1）文化知识	（2）文化知识	（3）文化知识	（4）文化知识	（5）文化知识	（6）文化知识	（7）文化知识
AIC	23088.98	20220.84	18807.00	14352.58	14238.60	14128.53	14116.52
BIC	23109.96	20318.46	18938.17	14552.29	14458.05	14361.17	14362.43

附录 A-3　　　教学过程与一般技能获得感回归结果

	（1）	（2）	（3）	（4）	（5）	（6）	（7）
	mathgain	mathgain	mathgain	mathgain	mathgain	mathgain	mathgain
汉族		-0.002	0.056	0.071	0.077	0.100	0.106
		(0.100)	(0.104)	(0.115)	(0.115)	(0.114)	(0.113)
农村户籍		0.029	0.009	0.043	0.040	0.048	0.049
		(0.038)	(0.041)	(0.048)	(0.048)	(0.048)	(0.048)
男		0.097***	0.059**	0.029	0.029	0.047	0.052*
		(0.027)	(0.028)	(0.032)	(0.032)	(0.031)	(0.031)
参加中考		0.069**	0.069**	0.047	0.043	0.039	0.038
		(0.030)	(0.030)	(0.034)	(0.034)	(0.034)	(0.034)
上过普高		-0.013	-0.012	0.001	-0.000	0.015	0.016
		(0.041)	(0.043)	(0.048)	(0.048)	(0.048)	(0.047)
工作过半年		-0.061	-0.065	-0.055	-0.059	-0.041	-0.040
		(0.042)	(0.044)	(0.050)	(0.050)	(0.050)	(0.050)
期望学历		0.011*	0.009	0.012*	0.012*	0.014**	0.013*
		(0.006)	(0.006)	(0.007)	(0.007)	(0.007)	(0.007)
参加对口高考		0.039	0.037	0.006	0.001	-0.002	-0.007
		(0.027)	(0.027)	(0.031)	(0.031)	(0.031)	(0.031)
工作对口预期		0.004***	0.003***	0.003***	0.003***	0.003***	0.003***
		(0.001)	(0.001)	(0.001)	(0.001)	(0.001)	(0.001)
月收入预期		0.104***	0.090***	0.089***	0.080***	0.072**	0.068**
		(0.027)	(0.028)	(0.031)	(0.031)	(0.031)	(0.031)
家庭经济状况			-0.019**	-0.019*	-0.016	-0.013	-0.008
			(0.009)	(0.011)	(0.011)	(0.011)	(0.011)
父亲学历			-0.041	-0.052	-0.056	-0.060	-0.063
			(0.036)	(0.040)	(0.040)	(0.040)	(0.040)
母亲学历			-0.031	-0.049	-0.040	-0.026	-0.023
			(0.042)	(0.048)	(0.048)	(0.048)	(0.047)

续表

	（1）	（2）	（3）	（4）	（5）	（6）	（7）
	mathgain	mathgain	mathgain	mathgain	mathgain	mathgain	mathgain
父母关注学习			0.002 **	0.002 **	0.002 **	0.002 *	0.002 *
			(0.001)	(0.001)	(0.001)	(0.001)	(0.001)
家长联系老师			0.286 ***	0.301 ***	0.260 ***	0.245 ***	0.243 ***
			(0.025)	(0.028)	(0.029)	(0.029)	(0.029)
公办学校				-0.082	-0.061	-0.059	-0.047
				(0.091)	(0.089)	(0.086)	(0.084)
示范校				-0.080	-0.078	-0.074	-0.079
				(0.081)	(0.079)	(0.077)	(0.075)
学校规模				-0.010	-0.009	-0.001	-0.002
				(0.040)	(0.039)	(0.037)	(0.037)
教学设备值				0.030	0.028	0.033	0.031
				(0.030)	(0.030)	(0.029)	(0.028)
实训设备值				-0.012	-0.010	-0.019	-0.014
				(0.032)	(0.032)	(0.030)	(0.030)
校长任职年限				-0.008 ***	-0.008 **	-0.008 **	-0.008 **
				(0.003)	(0.003)	(0.003)	(0.003)
双师比例				-0.089	-0.106	-0.101	-0.101
				(0.139)	(0.137)	(0.132)	(0.129)
外聘教师比例				0.175	0.155	0.135	0.138
				(0.147)	(0.144)	(0.139)	(0.136)
本科以上教师				0.073	0.067	0.056	0.048
				(0.158)	(0.155)	(0.149)	(0.146)
专业教师比例				-0.160	-0.125	-0.132	-0.128
				(0.161)	(0.158)	(0.152)	(0.149)
师生比				0.175	0.176	0.200	0.206
				(0.189)	(0.186)	(0.180)	(0.176)
师生聊天					-0.002	-0.002	-0.001
					(0.004)	(0.004)	(0.004)
教师关心					0.142 ***	0.102 ***	0.103 ***
					(0.039)	(0.039)	(0.039)
联系老师					0.201 ***	0.182 ***	0.173 ***
					(0.031)	(0.031)	(0.031)
不良行为						-0.090 ***	-0.085 ***
						(0.011)	(0.011)

续表

	(1) mathgain	(2) mathgain	(3) mathgain	(4) mathgain	(5) mathgain	(6) mathgain	(7) mathgain
朋友数量						0.020***	0.020***
						(0.007)	(0.007)
课堂玩手机							-0.034***
							(0.011)
课后写作业							0.036***
							(0.009)
常数项	3.289***	1.993***	1.988***	1.955***	1.786***	1.608***	1.592***
	(0.025)	(0.241)	(0.249)	(0.499)	(0.493)	(0.481)	(0.475)
截距1	-1.466***	-1.496***	-1.549***	-1.630***	-1.660***	-1.713***	-1.748***
	(0.089)	(0.091)	(0.096)	(0.114)	(0.116)	(0.120)	(0.123)
截距2	0.046***	0.040***	0.033***	0.028***	0.021**	0.014	0.012
	(0.008)	(0.008)	(0.008)	(0.009)	(0.009)	(0.009)	(0.009)
AIC	23789.00	23247.82	21604.59	16838.28	16653.07	16516.66	16480.27
BIC	23809.98	23338.50	21728.91	17031.41	16865.96	16742.74	16719.63

附录 A-4　　　　　　**教学过程与专业技能获得感回归结果**

	(1) 专业获得	(2) 专业获得	(3) 专业获得	(4) 专业获得	(5) 专业获得	(6) 专业获得	(7) 专业获得
汉族		-0.081	-0.052	-0.101	-0.092	-0.073	-0.070
		(0.080)	(0.084)	(0.094)	(0.094)	(0.093)	(0.093)
农村户籍		0.003	0.009	0.087**	0.091**	0.092**	0.095**
		(0.030)	(0.033)	(0.039)	(0.039)	(0.039)	(0.039)
男		0.126***	0.102***	0.070***	0.065**	0.080***	0.083***
		(0.022)	(0.023)	(0.026)	(0.026)	(0.026)	(0.026)
参加中考		0.107***	0.102***	0.095***	0.092***	0.090***	0.086***
		(0.024)	(0.025)	(0.028)	(0.028)	(0.028)	(0.028)
上过普高		-0.029	-0.027	0.027	0.021	0.038	0.038
		(0.033)	(0.034)	(0.039)	(0.039)	(0.039)	(0.039)
工作过半年		0.042	0.041	0.014	0.019	0.034	0.031
		(0.034)	(0.035)	(0.041)	(0.041)	(0.041)	(0.040)
期望学历		0.002	0.002	-0.001	-0.001	-0.001	-0.001
		(0.005)	(0.005)	(0.006)	(0.005)	(0.005)	(0.005)

续表

	（1）专业获得	（2）专业获得	（3）专业获得	（4）专业获得	（5）专业获得	（6）专业获得	（7）专业获得
参加对口高考		0.009	0.011	-0.015	-0.019	-0.024	-0.027
		(0.021)	(0.022)	(0.025)	(0.025)	(0.025)	(0.025)
工作对口预期		0.006***	0.006***	0.006***	0.005***	0.005***	0.005***
		(0.000)	(0.000)	(0.000)	(0.000)	(0.000)	(0.000)
月收入预期		0.035	0.021	0.037	0.030	0.026	0.022
		(0.022)	(0.022)	(0.025)	(0.025)	(0.025)	(0.025)
家庭经济状况			0.013*	0.017*	0.020**	0.022**	0.025***
			(0.008)	(0.009)	(0.009)	(0.009)	(0.009)
父亲学历			-0.041	-0.046	-0.039	-0.038	-0.042
			(0.029)	(0.033)	(0.033)	(0.033)	(0.033)
母亲学历			0.002	-0.022	-0.024	-0.017	-0.014
			(0.033)	(0.039)	(0.039)	(0.039)	(0.039)
父母关注学习			0.003***	0.003***	0.002***	0.002***	0.002***
			(0.001)	(0.001)	(0.001)	(0.001)	(0.001)
家长联系老师			0.144***	0.155***	0.118***	0.104***	0.102***
			(0.020)	(0.023)	(0.023)	(0.023)	(0.023)
公办学校				0.038	0.056	0.051	0.056
				(0.082)	(0.079)	(0.076)	(0.076)
示范校				-0.068	-0.072	-0.068	-0.071
				(0.073)	(0.070)	(0.067)	(0.068)
学校规模				0.004	0.003	0.004	0.003
				(0.036)	(0.034)	(0.033)	(0.033)
教学设备值				-0.029	-0.030	-0.029	-0.031
				(0.027)	(0.026)	(0.025)	(0.025)
实训设备值				0.053*	0.054*	0.050*	0.054**
				(0.029)	(0.028)	(0.027)	(0.027)
校长任职年限				0.001	0.001	0.002	0.002
				(0.003)	(0.003)	(0.003)	(0.003)
双师比例				0.037	0.023	0.024	0.026
				(0.125)	(0.121)	(0.116)	(0.117)
外聘教师比例				0.221*	0.195	0.183	0.188
				(0.132)	(0.128)	(0.122)	(0.123)
本科以上教师				-0.064	-0.079	-0.083	-0.085
				(0.142)	(0.137)	(0.131)	(0.132)

续表

	(1) 专业获得	(2) 专业获得	(3) 专业获得	(4) 专业获得	(5) 专业获得	(6) 专业获得	(7) 专业获得
专业教师比例				0.010 (0.144)	0.046 (0.140)	0.046 (0.134)	0.046 (0.135)
师生比				-0.079 (0.169)	-0.090 (0.164)	-0.095 (0.158)	-0.092 (0.159)
师生聊天					-0.000 (0.003)	-0.000 (0.003)	0.000 (0.003)
教师关心					0.205*** (0.032)	0.172*** (0.032)	0.174*** (0.032)
联系老师					0.151*** (0.025)	0.138*** (0.025)	0.131*** (0.025)
不良行为						-0.066*** (0.009)	-0.063*** (0.009)
朋友数量						0.027*** (0.006)	0.028*** (0.006)
课堂玩手机							-0.033*** (0.009)
课后写作业							0.007 (0.007)
常数项	4.102*** (0.022)	3.415*** (0.194)	3.434*** (0.201)	3.268*** (0.434)	3.079*** (0.424)	2.938*** (0.412)	2.982*** (0.414)
截距1	-1.587*** (0.087)	-1.676*** (0.092)	-1.669*** (0.094)	-1.693*** (0.109)	-1.738*** (0.112)	-1.800*** (0.116)	-1.790*** (0.115)
截距2	-0.166*** (0.008)	-0.182*** (0.008)	-0.184*** (0.008)	-0.181*** (0.009)	-0.189*** (0.009)	-0.194*** (0.009)	-0.197*** (0.009)
AIC	20386.54	19746.51	18427.79	14450.03	14267.01	14156.25	14124.65
BIC	20407.52	19837.19	18552.11	14643.16	14479.90	14382.33	14364.01

附录 A-5　　**教学过程与毅力品质回归结果**

	(1) 毅力品质	(2) 毅力品质	(3) 毅力品质	(4) 毅力品质	(5) 毅力品质	(6) 毅力品质	(7) 毅力品质
基线成绩		0.437*** (0.010)	0.435*** (0.011)	0.446*** (0.012)	0.444*** (0.012)	0.440*** (0.012)	0.436*** (0.012)

续表

	（1）毅力品质	（2）毅力品质	（3）毅力品质	（4）毅力品质	（5）毅力品质	（6）毅力品质	（7）毅力品质
汉族		-0.044 (0.082)	0.009 (0.086)	0.031 (0.093)	0.040 (0.093)	0.060 (0.092)	0.064 (0.092)
农村户籍		0.067** (0.031)	0.074** (0.034)	0.079** (0.040)	0.074* (0.040)	0.083** (0.039)	0.086** (0.039)
男		0.050** (0.023)	0.024 (0.024)	0.033 (0.026)	0.030 (0.026)	0.044* (0.026)	0.045* (0.026)
参加中考		0.072*** (0.024)	0.065*** (0.024)	0.030 (0.027)	0.025 (0.027)	0.020 (0.026)	0.022 (0.026)
上过普高		0.010 (0.034)	0.008 (0.036)	-0.017 (0.040)	-0.024 (0.040)	-0.013 (0.039)	-0.012 (0.039)
工作过半年		0.100*** (0.035)	0.096*** (0.037)	0.067 (0.042)	0.070* (0.041)	0.081** (0.041)	0.080* (0.041)
期望学历		0.018*** (0.005)	0.017*** (0.005)	0.019*** (0.006)	0.019*** (0.006)	0.019*** (0.006)	0.019*** (0.006)
参加对口高考		0.019 (0.022)	0.007 (0.022)	-0.017 (0.025)	-0.023 (0.025)	-0.025 (0.025)	-0.032 (0.025)
工作对口预期		0.004*** (0.000)	0.004*** (0.000)	0.004*** (0.000)	0.004*** (0.000)	0.004*** (0.000)	0.004*** (0.000)
月收入预期		-0.006 (0.022)	-0.013 (0.023)	-0.014 (0.026)	-0.018 (0.026)	-0.024 (0.025)	-0.027 (0.025)
家庭经济状况			-0.008 (0.008)	-0.019** (0.009)	-0.016* (0.009)	-0.015* (0.009)	-0.012 (0.009)
父亲学历			0.031 (0.030)	0.049 (0.034)	0.041 (0.033)	0.042 (0.033)	0.038 (0.033)
母亲学历			-0.015 (0.035)	-0.015 (0.040)	-0.005 (0.040)	-0.001 (0.039)	0.003 (0.039)
父母关注学习			0.002** (0.001)	0.001 (0.001)	0.001 (0.001)	0.001 (0.001)	0.001 (0.001)
家长联系老师			0.126*** (0.021)	0.112*** (0.024)	0.086*** (0.024)	0.073*** (0.024)	0.071*** (0.024)
公办学校				0.084 (0.052)	0.107** (0.050)	0.108** (0.047)	0.113** (0.046)
示范校				-0.032 (0.046)	-0.043 (0.045)	-0.038 (0.042)	-0.039 (0.042)

续表

	（1）毅力品质	（2）毅力品质	（3）毅力品质	（4）毅力品质	（5）毅力品质	（6）毅力品质	（7）毅力品质
学校规模				-0.009	-0.008	-0.005	-0.007
				(0.023)	(0.022)	(0.021)	(0.020)
教学设备值				0.033*	0.033*	0.034**	0.032*
				(0.018)	(0.017)	(0.016)	(0.016)
实训设备值				-0.011	-0.010	-0.014	-0.010
				(0.019)	(0.018)	(0.017)	(0.017)
校长任职年限				-0.000	-0.000	0.000	0.000
				(0.002)	(0.002)	(0.002)	(0.002)
双师比例				0.088	0.068	0.095	0.098
				(0.080)	(0.078)	(0.072)	(0.072)
外聘教师比例				0.145*	0.150*	0.124	0.129*
				(0.086)	(0.084)	(0.079)	(0.078)
本科以上教师				0.111	0.106	0.097	0.095
				(0.091)	(0.089)	(0.083)	(0.083)
专业教师比例				-0.154	-0.125	-0.150*	-0.151*
				(0.094)	(0.091)	(0.085)	(0.085)
师生比				0.081	0.093	0.100	0.105
				(0.112)	(0.110)	(0.104)	(0.103)
师生聊天					0.004	0.004	0.005
					(0.003)	(0.003)	(0.003)
教师关心					0.024	-0.008	-0.008
					(0.033)	(0.033)	(0.032)
联系老师					0.151***	0.138***	0.133***
					(0.026)	(0.026)	(0.026)
不良行为						-0.075***	-0.073***
						(0.009)	(0.009)
朋友数量						0.023***	0.023***
						(0.006)	(0.006)
课堂玩手机							-0.034***
							(0.009)
课后写作业							0.008
							(0.007)
常数项	-0.007	-0.575***	-0.617***	-0.975***	-1.071***	-1.213***	-1.172***
	(0.018)	(0.200)	(0.208)	(0.335)	(0.331)	(0.320)	(0.321)

续表

	(1) 毅力品质	(2) 毅力品质	(3) 毅力品质	(4) 毅力品质	(5) 毅力品质	(6) 毅力品质	(7) 毅力品质
截距1	-1.965***	-2.277***	-2.257***	-2.540***	-2.615***	-2.850***	-2.860***
	(0.114)	(0.132)	(0.134)	(0.229)	(0.255)	(0.360)	(0.363)
截距2	-0.011	-0.135***	-0.139***	-0.154***	-0.161***	-0.170***	-0.171***
	(0.008)	(0.008)	(0.008)	(0.009)	(0.009)	(0.009)	(0.009)
AIC	22795.03	20399.80	19008.83	14679.75	14509.53	14351.74	14333.31
BIC	22816.01	20497.46	19140.06	14879.54	14729.08	14584.47	14579.32

附录 A-6　　教学过程与尽责心回归结果

	(1) 尽责心	(2) 尽责心	(3) 尽责心	(4) 尽责心	(5) 尽责心	(6) 尽责心	(7) 尽责心
汉族		-0.112	-0.147	-0.229**	-0.226**	-0.209**	-0.203**
		(0.090)	(0.094)	(0.104)	(0.104)	(0.104)	(0.103)
农村户籍		0.097***	0.096**	0.147***	0.146***	0.153***	0.155***
		(0.034)	(0.038)	(0.044)	(0.044)	(0.044)	(0.044)
男		0.219***	0.196***	0.207***	0.210***	0.220***	0.221***
		(0.025)	(0.026)	(0.029)	(0.029)	(0.029)	(0.029)
参加中考		0.093***	0.085***	0.071**	0.074**	0.073**	0.075**
		(0.026)	(0.027)	(0.030)	(0.030)	(0.030)	(0.030)
上过普高		-0.003	0.000	0.019	0.006	0.017	0.019
		(0.038)	(0.039)	(0.044)	(0.044)	(0.044)	(0.044)
工作过半年		0.120***	0.126***	0.135***	0.130***	0.140***	0.139***
		(0.039)	(0.040)	(0.046)	(0.046)	(0.046)	(0.046)
期望学历		0.050***	0.046***	0.048***	0.049***	0.050***	0.049***
		(0.005)	(0.005)	(0.006)	(0.006)	(0.006)	(0.006)
参加对口高考		0.031	0.014	0.010	0.012	0.013	0.003
		(0.024)	(0.025)	(0.028)	(0.028)	(0.028)	(0.028)
工作对口预期		0.005***	0.005***	0.005***	0.005***	0.005***	0.005***
		(0.000)	(0.000)	(0.001)	(0.001)	(0.001)	(0.001)
月收入预期		0.154***	0.147***	0.150***	0.145***	0.145***	0.139***
		(0.025)	(0.025)	(0.029)	(0.029)	(0.028)	(0.028)
家庭经济状况			-0.021**	-0.019*	-0.018*	-0.016	-0.011
			(0.009)	(0.010)	(0.010)	(0.010)	(0.010)

续表

	(1)	(2)	(3)	(4)	(5)	(6)	(7)
	尽责心	尽责心	尽责心	尽责心	尽责心	尽责心	尽责心
父亲学历			0.077**	0.066*	0.058	0.057	0.052
			(0.033)	(0.037)	(0.037)	(0.037)	(0.037)
母亲学历			-0.043	-0.045	-0.037	-0.033	-0.026
			(0.038)	(0.044)	(0.044)	(0.044)	(0.044)
父母关注学习			0.001	0.002*	0.001	0.001	0.001
			(0.001)	(0.001)	(0.001)	(0.001)	(0.001)
家长联系老师			0.121***	0.122***	0.099***	0.088***	0.084***
			(0.023)	(0.026)	(0.027)	(0.027)	(0.027)
公办学校				-0.079	-0.076	-0.070	-0.059
				(0.061)	(0.061)	(0.058)	(0.058)
示范校				-0.059	-0.060	-0.062	-0.065
				(0.055)	(0.054)	(0.052)	(0.052)
学校规模				0.042	0.043	0.050*	0.048*
				(0.027)	(0.026)	(0.026)	(0.025)
教学设备值				0.000	-0.001	0.002	-0.001
				(0.021)	(0.021)	(0.020)	(0.020)
实训设备值				0.023	0.024	0.017	0.025
				(0.022)	(0.022)	(0.021)	(0.021)
校长任职年限				0.002	0.002	0.002	0.003
				(0.002)	(0.002)	(0.002)	(0.002)
双师比例				0.062	0.052	0.061	0.064
				(0.094)	(0.093)	(0.090)	(0.090)
外聘教师比例				0.043	0.030	0.001	0.007
				(0.101)	(0.100)	(0.097)	(0.096)
本科以上教师				0.185*	0.187*	0.167	0.163
				(0.108)	(0.106)	(0.103)	(0.102)
专业教师比例				-0.101	-0.091	-0.096	-0.096
				(0.110)	(0.109)	(0.105)	(0.105)
师生比				-0.008	0.002	0.011	0.019
				(0.131)	(0.130)	(0.126)	(0.126)
师生聊天					0.001	0.002	0.002
					(0.003)	(0.003)	(0.003)
教师关心					-0.039	-0.062*	-0.062*
					(0.036)	(0.037)	(0.036)

续表

	（1）尽责心	（2）尽责心	（3）尽责心	（4）尽责心	（5）尽责心	（6）尽责心	（7）尽责心
联系老师					0.147***	0.134***	0.123***
					(0.029)	(0.029)	(0.029)
不良行为						−0.067***	−0.061***
						(0.010)	(0.011)
朋友数量						0.007	0.007
						(0.007)	(0.007)
课堂玩手机							−0.050***
							(0.010)
课后写作业							0.024***
							(0.008)
常数项	−0.005	−2.451***	−2.355***	−2.888***	−2.925***	−3.058***	−3.013***
	(0.018)	(0.219)	(0.226)	(0.383)	(0.382)	(0.375)	(0.376)
截距1	−1.804***	−2.038***	−2.126***	−2.279***	−2.306***	−2.402***	−2.406***
	(0.094)	(0.127)	(0.141)	(0.183)	(0.190)	(0.216)	(0.214)
截距2	−0.013**	−0.042***	−0.047***	−0.050***	−0.053***	−0.056***	−0.059***
	(0.006)	(0.008)	(0.008)	(0.009)	(0.009)	(0.009)	(0.009)
AIC	34096.14	21888.10	20368.06	15892.96	15754.85	15668.23	15627.23
BIC	34118.33	21978.78	20492.38	16086.09	15967.74	15894.32	15866.60

附录 A-7　　教学过程与自我效能感回归结果

	（1）自我效能	（2）自我效能	（3）自我效能	（4）自我效能	（5）自我效能	（6）自我效能	（7）自我效能
汉族		0.010	−0.008	−0.014	0.022	0.029	0.031
		(0.087)	(0.091)	(0.099)	(0.100)	(0.100)	(0.100)
农村户籍		−0.092***	−0.038	0.031	0.024	0.025	0.026
		(0.033)	(0.037)	(0.043)	(0.043)	(0.043)	(0.043)
男		0.392***	0.357***	0.336***	0.332***	0.337***	0.337***
		(0.024)	(0.025)	(0.028)	(0.028)	(0.028)	(0.028)
参加中考		0.049*	0.035	0.016	0.014	0.011	0.012
		(0.025)	(0.025)	(0.028)	(0.028)	(0.028)	(0.028)
上过普高		0.051	0.017	−0.012	−0.024	−0.018	−0.017
		(0.037)	(0.038)	(0.043)	(0.043)	(0.043)	(0.043)

续表

	（1）自我效能	（2）自我效能	（3）自我效能	（4）自我效能	（5）自我效能	（6）自我效能	（7）自我效能
工作过半年		0.250***	0.233***	0.219***	0.226***	0.231***	0.230***
		(0.038)	(0.039)	(0.045)	(0.045)	(0.045)	(0.045)
期望学历		0.051***	0.048***	0.049***	0.049***	0.049***	0.048***
		(0.005)	(0.005)	(0.006)	(0.006)	(0.006)	(0.006)
参加对口高考		0.039*	0.025	0.026	0.026	0.026	0.022
		(0.023)	(0.024)	(0.027)	(0.027)	(0.026)	(0.027)
工作对口预期		0.004***	0.004***	0.004***	0.004***	0.004***	0.004***
		(0.000)	(0.000)	(0.001)	(0.001)	(0.001)	(0.001)
月收入预期		0.184***	0.177***	0.195***	0.196***	0.195***	0.192***
		(0.024)	(0.024)	(0.027)	(0.027)	(0.027)	(0.027)
家庭经济状况			0.029***	0.032***	0.030***	0.031***	0.033***
			(0.008)	(0.009)	(0.009)	(0.009)	(0.009)
父亲学历			0.076**	0.068*	0.065*	0.064*	0.062*
			(0.032)	(0.036)	(0.036)	(0.036)	(0.036)
母亲学历			0.032	0.026	0.026	0.027	0.030
			(0.037)	(0.043)	(0.043)	(0.043)	(0.043)
父母关注学习			0.002**	0.004***	0.003***	0.002***	0.002***
			(0.001)	(0.001)	(0.001)	(0.001)	(0.001)
家长联系老师			0.123***	0.129***	0.115***	0.113***	0.111***
			(0.023)	(0.025)	(0.026)	(0.026)	(0.026)
公办学校				-0.099**	-0.098**	-0.095**	-0.092**
				(0.046)	(0.045)	(0.043)	(0.043)
示范校				-0.048	-0.055	-0.057	-0.058
				(0.041)	(0.041)	(0.039)	(0.039)
学校规模				0.014	0.016	0.019	0.018
				(0.020)	(0.020)	(0.019)	(0.019)
教学设备值				-0.003	-0.002	-0.000	-0.003
				(0.017)	(0.016)	(0.016)	(0.016)
实训设备值				0.034**	0.036**	0.034**	0.037**
				(0.017)	(0.017)	(0.016)	(0.016)
校长任职年限				0.001	0.001	0.001	0.001
				(0.002)	(0.002)	(0.002)	(0.002)
双师比例				0.085	0.069	0.071	0.071
				(0.072)	(0.071)	(0.068)	(0.068)

续表

	（1）自我效能	（2）自我效能	（3）自我效能	（4）自我效能	（5）自我效能	（6）自我效能	（7）自我效能
外聘教师比例				0.099 (0.078)	0.100 (0.078)	0.084 (0.075)	0.089 (0.075)
本科以上教师				0.208** (0.082)	0.209** (0.081)	0.192** (0.079)	0.191** (0.079)
专业教师比例				-0.097 (0.085)	-0.091 (0.084)	-0.090 (0.082)	-0.091 (0.082)
师生比				-0.038 (0.104)	-0.048 (0.103)	-0.047 (0.101)	-0.043 (0.101)
师生聊天					0.010*** (0.003)	0.011*** (0.003)	0.011*** (0.003)
教师关心					0.063* (0.035)	0.070** (0.035)	0.069* (0.035)
联系老师					0.053* (0.028)	0.044 (0.028)	0.040 (0.028)
不良行为						-0.026*** (0.010)	-0.024** (0.010)
朋友数量						0.006 (0.007)	0.006 (0.007)
课堂玩手机							-0.023** (0.010)
课后写作业							0.004 (0.008)
常数项							
截距1	0.008 (0.016)	-2.732*** (0.213)	-2.707*** (0.219)	-3.260*** (0.330)	-3.297*** (0.330)	-3.353*** (0.327)	-3.303*** (0.328)
截距2	-2.029*** (0.109)	-2.311*** (0.172)	-2.506*** (0.227)	-3.358*** (0.995)	-3.531*** (1.351)	-8.241*** (2.742)	-8.789*** (2.292)
汉族	-0.008 (0.006)	-0.064*** (0.008)	-0.070*** (0.008)	-0.078*** (0.009)	-0.080*** (0.009)	-0.080*** (0.009)	-0.080*** (0.009)
AIC	34163.244	21499.552	19992.746	15524.814	15401.180	15347.669	15337.117
BIC	34185.439	21590.228	20117.061	15717.931	15614.058	15573.739	15576.465

附录 A-8　　　　　　　教学过程与学习满意度回归结果

	(1)	(2)	(3)	(4)	(5)	(6)	(7)
	学习满意	学习满意	学习满意	学习满意	学习满意	学习满意	学习满意
汉族		-0.013	0.007	-0.007	-0.010	-0.007	-0.006
		(0.046)	(0.048)	(0.053)	(0.054)	(0.054)	(0.054)
农村户籍		0.014	0.016	0.006	0.009	0.012	0.012
		(0.018)	(0.019)	(0.023)	(0.023)	(0.023)	(0.023)
男		-0.021*	-0.023*	-0.031**	-0.031**	-0.029*	-0.028*
		(0.013)	(0.013)	(0.015)	(0.015)	(0.015)	(0.015)
参加中考		-0.008	-0.004	-0.007	-0.006	-0.006	-0.007
		(0.013)	(0.014)	(0.015)	(0.016)	(0.016)	(0.016)
上过普高		-0.018	-0.013	-0.019	-0.024	-0.023	-0.023
		(0.019)	(0.020)	(0.023)	(0.023)	(0.023)	(0.023)
工作过半年		-0.061***	-0.053**	-0.072***	-0.072***	-0.069***	-0.069***
		(0.020)	(0.021)	(0.024)	(0.024)	(0.024)	(0.024)
期望学历		-0.007**	-0.007**	-0.005*	-0.005	-0.005	-0.005
		(0.003)	(0.003)	(0.003)	(0.003)	(0.003)	(0.003)
参加对口高考		-0.004	-0.001	0.004	0.006	0.008	0.007
		(0.012)	(0.013)	(0.014)	(0.014)	(0.014)	(0.014)
工作对口预期		-0.000	-0.000	0.000	0.000	-0.000	-0.000
		(0.000)	(0.000)	(0.000)	(0.000)	(0.000)	(0.000)
月收入预期		-0.012	-0.012	-0.007	-0.008	-0.009	-0.009
		(0.013)	(0.013)	(0.015)	(0.015)	(0.015)	(0.015)
家庭经济状况			0.004	0.002	0.001	0.002	0.002
			(0.004)	(0.005)	(0.005)	(0.005)	(0.005)
父亲学历			-0.013	-0.009	-0.010	-0.008	-0.008
			(0.017)	(0.019)	(0.019)	(0.019)	(0.019)
母亲学历			-0.035*	-0.055**	-0.054**	-0.057**	-0.057**
			(0.020)	(0.023)	(0.023)	(0.023)	(0.023)
父母关注学习			-0.001*	-0.001	-0.001	-0.001	-0.001
			(0.000)	(0.000)	(0.000)	(0.000)	(0.000)
家长联系老师			0.030**	0.034**	0.025*	0.023	0.023
			(0.012)	(0.013)	(0.014)	(0.014)	(0.014)
公办学校				0.018	0.020	0.024	0.024
				(0.029)	(0.029)	(0.029)	(0.029)
示范校				0.003	0.002	-0.000	-0.000
				(0.026)	(0.026)	(0.026)	(0.026)

续表

	（1）学习满意	（2）学习满意	（3）学习满意	（4）学习满意	（5）学习满意	（6）学习满意	（7）学习满意
学校规模				-0.007 (0.013)	-0.006 (0.013)	-0.004 (0.013)	-0.004 (0.013)
教学设备值				0.011 (0.010)	0.011 (0.010)	0.012 (0.010)	0.011 (0.010)
实训设备值				0.008 (0.011)	0.008 (0.011)	0.007 (0.010)	0.007 (0.010)
校长任职年限				-0.001 (0.001)	-0.000 (0.001)	-0.000 (0.001)	-0.000 (0.001)
双师比例				0.012 (0.045)	0.007 (0.045)	0.012 (0.044)	0.011 (0.044)
外聘教师比例				0.039 (0.048)	0.032 (0.048)	0.023 (0.048)	0.023 (0.048)
本科以上教师				-0.024 (0.051)	-0.028 (0.051)	-0.034 (0.051)	-0.034 (0.051)
专业教师比例				-0.001 (0.053)	0.003 (0.053)	0.000 (0.052)	0.001 (0.052)
师生比				0.032 (0.063)	0.038 (0.063)	0.042 (0.063)	0.043 (0.063)
师生聊天					0.000 (0.002)	0.000 (0.002)	0.000 (0.002)
教师关心					0.033* (0.019)	0.026 (0.019)	0.027 (0.019)
联系老师					0.031** (0.015)	0.028* (0.015)	0.027* (0.015)
不良行为						-0.018*** (0.005)	-0.017*** (0.005)
朋友数量						-0.000 (0.004)	-0.000 (0.004)
课堂玩手机							-0.002 (0.005)
课后写作业							0.002 (0.004)
常数项	0.567*** (0.008)	0.794*** (0.112)	0.770*** (0.116)	0.604*** (0.190)	0.554*** (0.190)	0.523*** (0.190)	0.528*** (0.191)

续表

	（1）	（2）	（3）	（4）	（5）	（6）	（7）
	学习满意	学习满意	学习满意	学习满意	学习满意	学习满意	学习满意
截距1	-2.937***	-2.958***	-2.897***	-3.151***	-3.168***	-3.202***	-3.201***
	(0.157)	(0.164)	(0.155)	(0.223)	(0.232)	(0.244)	(0.244)
截距2	-0.708***	-0.709***	-0.710***	-0.710***	-0.711***	-0.712***	-0.712***
	(0.008)	(0.008)	(0.008)	(0.009)	(0.009)	(0.009)	(0.009)
AIC	11535.14	11312.27	10560.43	8264.44	8202.79	8167.52	8166.61
BIC	11556.12	11402.95	10684.75	8457.56	8415.67	8393.59	8405.96

附录 B 毕业生中追访到的样本与未追访到的样本间的平衡性检验

变量	未联系上均值	联系上均值	均值差值	标准误	T 值	P 值
专业（计算机=1）	1.34	1.34	0.00	0.02	0.22	0.83
年级	0.87	0.88	-0.01	0.03	-0.33	0.74
性别（男=1）	0.73	0.79	-0.06	0.02	-4.10	0.00
户口（农村=1）	0.88	0.85	0.02	0.02	1.63	0.10
年龄（岁）	16.42	16.43	-0.01	0.07	-0.20	0.84
民族（汉族=1）	0.99	0.98	0.01	0.01	1.35	0.18
是否上过普通（是=1）	0.11	0.10	0.01	0.01	0.81	0.42
是否全日制（是=1）	0.91	0.93	-0.01	0.01	-1.08	0.28
家庭经济状况	-1.15	-1.03	-0.13	0.07	-1.78	0.08
父亲职业（底层=1）	0.83	0.86	-0.03	0.02	-1.81	0.07
母亲职业（底层=1）	0.90	0.89	0.01	0.01	0.37	0.71
父母至少一方高中毕业	0.58	0.60	-0.02	0.02	-0.96	0.34
是否示范校（是=1）	0.48	0.52	-0.04	0.02	-1.79	0.07
教学仪器设备值对数	10.36	10.42	-0.06	0.07	-0.87	0.38
校长任职年限	8.38	7.97	0.41	0.35	1.17	0.24
双师型教师比例	0.50	0.54	-0.04	0.03	-1.34	0.18
外聘教师比例	0.17	0.18	-0.01	0.01	-0.78	0.44
本科以上教师比例	0.86	0.86	-0.00	0.01	-0.05	0.96
专业教师比例	0.64	0.64	-0.01	0.03	-0.28	0.78
毅力品质标准分	-0.01	0.05	-0.06	0.05	-1.36	0.17
尽责心标准分	-0.01	0.03	-0.04	0.05	-0.90	0.37
自我效能感标准分	-0.01	0.05	-0.06	0.05	-1.29	0.20
学习满意度（满意=1）	0.56	0.58	-0.02	0.02	-0.99	0.32
实习满意度（满意=1）	0.49	0.50	-0.02	0.05	-0.31	0.76
朋友数量	4.14	4.25	-0.11	0.10	-1.19	0.24
数学成绩标准分	0.05	0.14	-0.09	0.05	-1.78	0.07
专业成绩标准分	0.07	0.14	-0.07	0.05	-1.34	0.18

附录 C 样本学生人力资本与就业质量关联分析回归结果

附录 C-1 人力资本变量对教育获得影响的回归结果

变量	（1）教育获得	（2）教育获得	（3）教育获得	（4）教育获得	（5）教育获得	（6）教育获得	（7）教育获得	（8）教育获得
数学成绩	0.729***							
	(0.129)							
专业成绩		0.523***						
		(0.126)						
数学获得感			0.384*					
			(0.213)					
专业获得感				0.088				
				(0.285)				
自我效能感					-0.085			
					(0.097)			
毅力品质						-0.135		
						(0.107)		
尽责心							-0.158	
							(0.098)	
学习满意度								0.213
								(0.211)
性别	0.060	-0.251	-0.237	-0.249	-0.204	-0.246	-0.222	-0.252
	(0.286)	(0.278)	(0.271)	(0.270)	(0.252)	(0.270)	(0.251)	(0.270)
户口	-0.463	-0.492	-0.444	-0.430	-0.359	-0.397	-0.338	-0.417
	(0.311)	(0.310)	(0.302)	(0.301)	(0.273)	(0.302)	(0.274)	(0.302)
专业	-0.196	0.309	0.055	0.064	-0.189	0.061	-0.169	0.054
	(0.264)	(0.265)	(0.251)	(0.251)	(0.232)	(0.251)	(0.232)	(0.251)
年级	0.354	-0.083	0.386	0.349	0.021	0.369	0.010	0.345
	(0.265)	(0.272)	(0.250)	(0.248)	(0.207)	(0.248)	(0.208)	(0.248)
家庭经济状况	-0.008	-0.028	-0.040	-0.036	-0.004	-0.027	0.002	-0.035
	(0.083)	(0.082)	(0.080)	(0.080)	(0.074)	(0.080)	(0.074)	(0.079)
父亲学历	0.015	0.020	0.021	0.021	0.044	0.021	0.044	0.020
	(0.046)	(0.045)	(0.045)	(0.045)	(0.041)	(0.045)	(0.041)	(0.045)

续表

变量	(1) 教育获得	(2) 教育获得	(3) 教育获得	(4) 教育获得	(5) 教育获得	(6) 教育获得	(7) 教育获得	(8) 教育获得
母亲学历	-0.005	-0.007	-0.017	-0.023	-0.027	-0.021	-0.026	-0.019
	(0.039)	(0.038)	(0.037)	(0.037)	(0.035)	(0.037)	(0.035)	(0.037)
办学性质	0.803**	0.852**	0.829**	0.878***	1.006***	0.871***	0.998***	0.868***
	(0.332)	(0.332)	(0.326)	(0.325)	(0.305)	(0.325)	(0.307)	(0.325)
是否示范校	-1.121***	-1.009***	-1.039***	-1.005***	-0.780***	-1.020***	-0.774***	-1.002***
	(0.281)	(0.271)	(0.265)	(0.263)	(0.233)	(0.263)	(0.234)	(0.263)
职业高中	-1.958*	-2.148**	-2.327**	-2.252**	-2.661***	-2.229**	-2.636**	-2.250**
	(1.050)	(1.048)	(1.044)	(1.043)	(1.026)	(1.045)	(1.026)	(1.044)
技共学校	1.094***	1.332***	1.433***	1.493***	1.593***	1.510***	1.655***	1.485***
	(0.323)	(0.309)	(0.306)	(0.303)	(0.276)	(0.303)	(0.279)	(0.303)
其他类型学校	0.479	0.853***	0.859***	0.921***	0.760***	0.938***	0.769***	0.916***
	(0.325)	(0.311)	(0.303)	(0.301)	(0.275)	(0.302)	(0.275)	(0.301)
常数	-0.803	-0.787	-0.896	-0.825	-1.067*	-0.795	-1.084*	-0.888
	(0.672)	(0.659)	(0.654)	(0.712)	(0.580)	(0.649)	(0.580)	(0.665)

附录 C-2 人力资本变量对初职起薪影响的回归结果

变量	(1) 初职起薪	(2) 初职起薪	(3) 初职起薪	(4) 初职起薪	(5) 初职起薪	(6) 初职起薪	(7) 初职起薪	(8) 初职起薪
数学成绩	0.065**							
	(0.027)							
专业成绩		0.040						
		(0.024)						
数学获得感			-0.021					
			(0.049)					
专业获得感				-0.024				
				(0.065)				
自我效能感					0.038*			
					(0.022)			
尽责心						0.042*		
						(0.023)		
毅力品质							-0.012	
							(0.023)	

续表

变量	(1)初职起薪	(2)初职起薪	(3)初职起薪	(4)初职起薪	(5)初职起薪	(6)初职起薪	(7)初职起薪	(8)初职起薪
学习满意度								-0.038 (0.046)
性别	0.018 (0.061)	-0.020 (0.060)	-0.012 (0.060)	-0.013 (0.060)	-0.038 (0.058)	-0.022 (0.058)	-0.013 (0.060)	-0.010 (0.060)
户口	0.114 (0.071)	0.105 (0.072)	0.122* (0.072)	0.123* (0.072)	0.061 (0.064)	0.048 (0.064)	0.124* (0.072)	0.119* (0.071)
专业	0.032 (0.059)	0.065 (0.059)	0.056 (0.059)	0.056 (0.059)	0.102* (0.055)	0.087 (0.055)	0.055 (0.059)	0.055 (0.059)
年级	0.104* (0.055)	0.064 (0.058)	0.092 (0.056)	0.091 (0.056)	0.071 (0.047)	0.078 (0.047)	0.097* (0.055)	0.096* (0.055)
家庭经济状况	0.005 (0.017)	0.005 (0.017)	0.005 (0.018)	0.004 (0.017)	0.007 (0.016)	0.007 (0.016)	0.005 (0.017)	0.003 (0.017)
父亲学历	0.023** (0.009)	0.023** (0.009)	0.022** (0.009)	0.023** (0.009)	0.014 (0.008)	0.014* (0.008)	0.023** (0.009)	0.023** (0.009)
母亲学历	-0.007 (0.009)	-0.009 (0.009)	-0.009 (0.009)	-0.009 (0.009)	-0.012 (0.008)	-0.012 (0.008)	-0.009 (0.009)	-0.010 (0.009)
办学性质	-0.047 (0.060)	-0.053 (0.060)	-0.049 (0.061)	-0.050 (0.061)	-0.014 (0.059)	-0.003 (0.059)	-0.051 (0.061)	-0.048 (0.061)
是否示范校	-0.045 (0.054)	-0.037 (0.054)	-0.038 (0.055)	-0.042 (0.055)	-0.045 (0.049)	-0.049 (0.049)	-0.040 (0.055)	-0.044 (0.055)
职业高中	-0.031 (0.113)	-0.048 (0.113)	-0.055 (0.115)	-0.061 (0.114)	0.071 (0.086)	0.051 (0.086)	-0.059 (0.114)	-0.066 (0.114)
技共学校	0.059 (0.087)	0.056 (0.088)	0.080 (0.089)	0.076 (0.088)	0.058 (0.082)	0.037 (0.082)	0.075 (0.088)	0.074 (0.088)
其他类型学校	0.049 (0.081)	0.067 (0.081)	0.069 (0.082)	0.065 (0.082)	0.028 (0.075)	0.016 (0.074)	0.070 (0.083)	0.061 (0.082)
东部城市	0.154*** (0.056)	0.154*** (0.056)	0.158*** (0.056)	0.156*** (0.057)	0.169*** (0.053)	0.184*** (0.053)	0.157*** (0.056)	0.158*** (0.056)
其他地区城市	0.249* (0.149)	0.272* (0.150)	0.281* (0.151)	0.275* (0.151)	0.128 (0.142)	0.126 (0.142)	0.288* (0.152)	0.282* (0.151)
国有企业	-0.108 (0.263)	-0.127 (0.265)	-0.123 (0.267)	-0.120 (0.267)	-0.125 (0.274)	-0.093 (0.274)	-0.120 (0.267)	-0.114 (0.266)
三资企业	-0.043 (0.278)	-0.074 (0.280)	-0.075 (0.282)	-0.069 (0.282)	-0.130 (0.288)	-0.104 (0.287)	-0.072 (0.282)	-0.063 (0.281)

续表

变量	(1) 初职起薪	(2) 初职起薪	(3) 初职起薪	(4) 初职起薪	(5) 初职起薪	(6) 初职起薪	(7) 初职起薪	(8) 初职起薪
民营企业	-0.071	-0.101	-0.106	-0.107	-0.126	-0.101	-0.105	-0.095
	(0.252)	(0.253)	(0.255)	(0.255)	(0.263)	(0.263)	(0.255)	(0.255)
服务工作	-0.091	-0.065	-0.082	-0.081	-0.042	-0.038	-0.085	-0.082
	(0.076)	(0.077)	(0.076)	(0.076)	(0.073)	(0.073)	(0.077)	(0.076)
生产运输工作	-0.058	-0.032	-0.043	-0.043	0.048	0.035	-0.040	-0.041
	(0.095)	(0.095)	(0.096)	(0.096)	(0.087)	(0.087)	(0.096)	(0.096)
企业规模	-0.013	-0.014	-0.016	-0.017	-0.020	-0.019	-0.017	-0.017
	(0.015)	(0.015)	(0.015)	(0.015)	(0.014)	(0.014)	(0.015)	(0.015)
每周工作时长	-0.000	-0.000	0.000	-0.000	0.001	0.002	0.000	-0.000
	(0.002)	(0.002)	(0.002)	(0.002)	(0.002)	(0.002)	(0.002)	(0.002)
新兴行业	-0.004	0.008	0.006	0.003	0.052	0.059	0.010	0.009
	(0.091)	(0.091)	(0.092)	(0.092)	(0.088)	(0.088)	(0.093)	(0.092)
住宿和餐饮业	0.060	0.035	0.048	0.049	0.142	0.124	0.050	0.052
	(0.107)	(0.108)	(0.109)	(0.109)	(0.099)	(0.099)	(0.109)	(0.108)
批发和零售业	-0.021	-0.026	-0.005	-0.006	0.073	0.069	0.001	-0.002
	(0.097)	(0.098)	(0.098)	(0.098)	(0.091)	(0.091)	(0.099)	(0.098)
科教文卫业	-0.378**	-0.384**	-0.404***	-0.408***	-0.313**	-0.308**	-0.406***	-0.404***
	(0.153)	(0.154)	(0.154)	(0.155)	(0.143)	(0.143)	(0.154)	(0.154)
建筑业	-0.174	-0.233	-0.208	-0.193	0.011	0.042	-0.195	-0.202
	(0.368)	(0.372)	(0.375)	(0.373)	(0.151)	(0.152)	(0.373)	(0.373)
其他服务业	0.025	0.007	0.013	0.011	0.021	0.017	0.015	0.019
	(0.092)	(0.093)	(0.094)	(0.094)	(0.088)	(0.088)	(0.094)	(0.094)
公共事业					0.190	0.181		
					(0.372)	(0.371)		
是否实习过	-0.070	-0.056	-0.053	-0.054	0.041	0.038	-0.055	-0.057
	(0.057)	(0.057)	(0.057)	(0.057)	(0.053)	(0.053)	(0.057)	(0.057)
常数	7.754***	7.803***	7.796***	7.823***	7.736***	7.689***	7.778***	7.809***
	(0.313)	(0.315)	(0.318)	(0.331)	(0.317)	(0.316)	(0.317)	(0.318)
R^2	0.189	0.177	0.168	0.168	0.162	0.163	0.168	0.170

附录 C-3　人力资本变量对工作岗位发展空间影响的回归结果

变量	(1) 发展空间	(2) 发展空间	(3) 发展空间	(4) 发展空间	(5) 发展空间	(6) 发展空间	(7) 发展空间	(8) 发展空间
数学成绩	-0.015							
	(0.178)							
专业成绩		0.087						
		(0.167)						
数学获得感			0.201					
			(0.349)					
专业获得感				0.018				
				(0.454)				
自我效能感					-0.005			
					(0.030)			
尽责心						-0.009		
						(0.031)		
毅力品质							0.325*	
							(0.187)	
学习满意度								-0.059
								(0.067)
性别	-0.142	-0.156	-0.137	-0.133	-0.018	-0.020	-0.032	-0.031
	(0.428)	(0.423)	(0.421)	(0.421)	(0.080)	(0.079)	(0.086)	(0.086)
户口	-0.394	-0.429	-0.418	-0.395	-0.147*	-0.146*	-0.078	-0.076
	(0.492)	(0.496)	(0.493)	(0.495)	(0.088)	(0.087)	(0.102)	(0.102)
专业	-0.523	-0.506	-0.553	-0.530	-0.073	-0.070	-0.086	-0.089
	(0.429)	(0.426)	(0.426)	(0.424)	(0.076)	(0.076)	(0.085)	(0.085)
年级	-1.128***	-1.192***	-1.061***	-1.096***	-0.214***	-0.215***	-0.211***	-0.205**
	(0.394)	(0.414)	(0.398)	(0.400)	(0.065)	(0.065)	(0.079)	(0.079)
家庭经济状况	0.300**	0.307**	0.280**	0.288**	0.040*	0.040*	0.048*	0.048*
	(0.133)	(0.134)	(0.134)	(0.133)	(0.022)	(0.022)	(0.026)	(0.026)
父亲学历	0.114*	0.114*	0.111*	0.111*	0.015	0.015	0.018	0.017
	(0.067)	(0.067)	(0.067)	(0.067)	(0.011)	(0.011)	(0.013)	(0.013)
母亲学历	0.077	0.076	0.077	0.075	0.006	0.006	0.013	0.013
	(0.063)	(0.063)	(0.063)	(0.063)	(0.011)	(0.011)	(0.013)	(0.013)
办学性质	0.561	0.538	0.577	0.584	0.130	0.127	0.124	0.131
	(0.434)	(0.436)	(0.434)	(0.435)	(0.080)	(0.081)	(0.088)	(0.088)
是否示范校	0.166	0.166	0.133	0.159	0.004	0.004	0.023	0.018
	(0.386)	(0.383)	(0.385)	(0.384)	(0.067)	(0.067)	(0.079)	(0.079)

续表

变量	(1) 发展空间	(2) 发展空间	(3) 发展空间	(4) 发展空间	(5) 发展空间	(6) 发展空间	(7) 发展空间	(8) 发展空间
职业高中	-0.421	-0.367	-0.442	-0.376	-0.139	-0.137	-0.091	-0.096
	(0.784)	(0.783)	(0.789)	(0.779)	(0.116)	(0.116)	(0.157)	(0.157)
技共学校	0.803	0.748	0.749	0.780	0.080	0.084	0.162	0.167
	(0.615)	(0.621)	(0.614)	(0.613)	(0.117)	(0.118)	(0.129)	(0.129)
其他类型学校	-0.278	-0.275	-0.307	-0.276	-0.059	-0.056	-0.060	-0.061
	(0.581)	(0.580)	(0.584)	(0.581)	(0.105)	(0.105)	(0.123)	(0.122)
东部城市	-0.664*	-0.666*	-0.679*	-0.687*	-0.088	-0.090	-0.127	-0.124
	(0.382)	(0.382)	(0.383)	(0.383)	(0.071)	(0.071)	(0.079)	(0.079)
其他地区城市	-0.016	-0.018	0.028	-0.004	0.044	0.046	-0.030	-0.024
	(1.072)	(1.074)	(1.067)	(1.076)	(0.213)	(0.213)	(0.238)	(0.237)
三资企业	0.640	0.639	0.554	0.600	0.120	0.122	0.148	0.167
	(0.972)	(0.974)	(0.980)	(0.979)	(0.178)	(0.178)	(0.187)	(0.187)
民营企业	1.142*	1.198*	1.138*	1.163*	0.238**	0.240**	0.219*	0.229*
	(0.635)	(0.640)	(0.631)	(0.632)	(0.116)	(0.116)	(0.123)	(0.124)
服务工作	-1.249**	-1.234**	-1.258**	-1.254**	-0.264***	-0.265***	-0.217**	-0.228**
	(0.553)	(0.554)	(0.556)	(0.554)	(0.098)	(0.098)	(0.109)	(0.109)
生产运输工作	-0.593	-0.597	-0.575	-0.592	-0.089	-0.087	-0.111	-0.099
	(0.697)	(0.697)	(0.700)	(0.701)	(0.119)	(0.119)	(0.137)	(0.137)
企业规模	0.047	0.056	0.036	0.046	0.004	0.004	0.006	0.005
	(0.106)	(0.107)	(0.106)	(0.106)	(0.019)	(0.019)	(0.021)	(0.021)
每周工作时长	0.024	0.025	0.027	0.027	0.003	0.003	0.004	0.004
	(0.017)	(0.017)	(0.018)	(0.018)	(0.003)	(0.003)	(0.004)	(0.004)
新兴行业	1.105	1.114*	1.098	1.097	0.237**	0.236*	0.184	0.210
	(0.674)	(0.674)	(0.677)	(0.675)	(0.120)	(0.120)	(0.132)	(0.132)
住宿和餐饮业	0.454	0.430	0.410	0.437	0.145	0.147	0.064	0.088
	(0.766)	(0.767)	(0.768)	(0.772)	(0.138)	(0.137)	(0.156)	(0.156)
批发和零售业	0.369	0.321	0.352	0.353	0.058	0.058	0.046	0.071
	(0.705)	(0.709)	(0.708)	(0.704)	(0.126)	(0.126)	(0.142)	(0.142)
科教文卫业	0.087	0.137	0.121	0.094	0.016	0.014	0.024	0.026
	(1.081)	(1.083)	(1.077)	(1.077)	(0.204)	(0.203)	(0.227)	(0.227)
建筑业					0.048	0.040	0.392	0.377
					(0.202)	(0.205)	(0.512)	(0.512)
其他服务业	0.290	0.285	0.244	0.258	0.067	0.067	0.043	0.074
	(0.686)	(0.684)	(0.689)	(0.688)	(0.124)	(0.123)	(0.138)	(0.139)

续表

变量	（1）发展空间	（2）发展空间	（3）发展空间	（4）发展空间	（5）发展空间	（6）发展空间	（7）发展空间	（8）发展空间
是否实习过	0.256 (0.415)	0.253 (0.415)	0.283 (0.416)	0.278 (0.416)	0.077 (0.076)	0.078 (0.076)	0.036 (0.085)	0.030 (0.085)
是否换工作	1.272*** (0.443)	1.267*** (0.444)	1.324*** (0.452)	1.278*** (0.443)	0.209*** (0.077)	0.209*** (0.077)	0.246*** (0.088)	0.245*** (0.088)
常数	-1.258 (1.847)	-1.285 (1.843)	-1.528 (1.862)	-1.485 (1.942)	0.332 (0.324)	0.336 (0.323)	0.261 (0.375)	0.283 (0.377)
R^2					0.200	0.200	0.227	0.227

附录 C-4　人力资本变量对学用结合程度影响的回归结果

变量	（1）学用匹配	（2）学用匹配	（3）学用匹配	（4）学用匹配	（5）学用匹配	（6）学用匹配	（7）学用匹配	（8）学用匹配
数学成绩	-0.099 (0.190)							
专业成绩		0.031 (0.166)						
数学获得感			0.623* (0.359)					
专业获得感				0.154 (0.448)				
自我效能感					0.029 (0.029)			
尽责心						0.012 (0.030)		
毅力品质							0.335* (0.189)	
学习满意度								-0.094 (0.065)
性别	-1.321*** (0.453)	-1.288*** (0.449)	-1.284*** (0.449)	-1.276*** (0.448)	-0.245*** (0.078)	-0.233*** (0.078)	-0.235*** (0.085)	-0.233*** (0.085)
户口	0.747 (0.487)	0.725 (0.491)	0.702 (0.494)	0.721 (0.489)	0.089 (0.083)	0.080 (0.083)	0.129 (0.097)	0.135 (0.097)

续表

变量	(1) 学用匹配	(2) 学用匹配	(3) 学用匹配	(4) 学用匹配	(5) 学用匹配	(6) 学用匹配	(7) 学用匹配	(8) 学用匹配
专业	0.644	0.612	0.523	0.600	0.091	0.084	0.121	0.117
	(0.411)	(0.405)	(0.411)	(0.404)	(0.074)	(0.074)	(0.084)	(0.084)
年级	0.037	0.034	0.169	0.064	0.021	0.027	-0.011	-0.003
	(0.380)	(0.395)	(0.391)	(0.388)	(0.063)	(0.063)	(0.077)	(0.077)
家庭经济状况	-0.040	-0.038	-0.060	-0.030	-0.011	-0.012	-0.008	-0.007
	(0.121)	(0.121)	(0.123)	(0.121)	(0.021)	(0.021)	(0.024)	(0.024)
父亲学历	0.054	0.054	0.058	0.054	0.002	0.003	0.008	0.010
	(0.065)	(0.065)	(0.065)	(0.065)	(0.011)	(0.011)	(0.013)	(0.013)
母亲学历	-0.001	0.002	0.010	0.002	-0.007	-0.006	-0.001	-0.001
	(0.061)	(0.061)	(0.061)	(0.061)	(0.011)	(0.011)	(0.012)	(0.012)
办学性质	0.989**	0.995**	0.930**	0.977**	0.173**	0.175**	0.170**	0.178**
	(0.446)	(0.446)	(0.452)	(0.446)	(0.078)	(0.079)	(0.086)	(0.086)
是否示范校	0.676*	0.664*	0.593	0.674*	0.102	0.100	0.129*	0.122
	(0.380)	(0.379)	(0.385)	(0.380)	(0.065)	(0.065)	(0.077)	(0.077)
职业高中	-0.132	-0.086	-0.308	-0.133	-0.059	-0.064	-0.013	-0.021
	(0.785)	(0.783)	(0.796)	(0.784)	(0.113)	(0.113)	(0.154)	(0.154)
技共学校	0.282	0.243	0.142	0.258	0.008	0.003	0.060	0.069
	(0.605)	(0.611)	(0.611)	(0.604)	(0.113)	(0.113)	(0.124)	(0.124)
其他类型学校	1.101*	1.099*	1.005	1.096*	0.109	0.102	0.175	0.174
	(0.614)	(0.613)	(0.617)	(0.613)	(0.102)	(0.102)	(0.120)	(0.120)
东部城市	-0.098	-0.100	-0.055	-0.071	-0.052	-0.046	-0.021	-0.019
	(0.384)	(0.385)	(0.388)	(0.385)	(0.069)	(0.069)	(0.078)	(0.078)
其他地区城市	1.483	1.467	1.516	1.486	0.290	0.306	0.265	0.275
	(1.255)	(1.261)	(1.237)	(1.265)	(0.209)	(0.209)	(0.233)	(0.233)
国有企业	-0.271	-0.269	0.011	-0.183	0.038	0.050	-0.034	-0.039
	(1.597)	(1.598)	(1.616)	(1.600)	(0.355)	(0.356)	(0.363)	(0.363)
三资企业	0.723	0.713	0.918	0.795	0.182	0.190	0.149	0.173
	(1.767)	(1.766)	(1.779)	(1.766)	(0.375)	(0.375)	(0.387)	(0.387)
民营企业	-0.210	-0.173	0.047	-0.107	0.015	0.023	-0.008	-0.001
	(1.517)	(1.515)	(1.529)	(1.518)	(0.341)	(0.342)	(0.347)	(0.347)
服务工作	-0.556	-0.555	-0.544	-0.562	-0.134	-0.136	-0.089	-0.108
	(0.563)	(0.564)	(0.564)	(0.562)	(0.096)	(0.097)	(0.107)	(0.107)
生产运输工作	-0.261	-0.285	-0.260	-0.306	-0.102	-0.114	-0.076	-0.056
	(0.679)	(0.676)	(0.674)	(0.676)	(0.116)	(0.116)	(0.134)	(0.134)

续表

变量	(1) 学用匹配	(2) 学用匹配	(3) 学用匹配	(4) 学用匹配	(5) 学用匹配	(6) 学用匹配	(7) 学用匹配	(8) 学用匹配
企业规模	-0.269***	-0.261**	-0.281***	-0.256**	-0.048**	-0.048**	-0.048**	-0.051**
	(0.103)	(0.104)	(0.104)	(0.103)	(0.019)	(0.019)	(0.020)	(0.020)
每周工作时长	0.001	0.001	0.000	-0.000	-0.001	-0.001	0.000	-0.001
	(0.017)	(0.018)	(0.018)	(0.018)	(0.003)	(0.003)	(0.003)	(0.004)
新兴行业	-0.253	-0.259	-0.311	-0.256	-0.102	-0.098	-0.084	-0.043
	(0.604)	(0.604)	(0.603)	(0.603)	(0.115)	(0.115)	(0.126)	(0.126)
住宿和餐饮业	-2.075**	-2.058**	-2.176***	-2.072**	-0.495***	-0.506***	-0.426***	-0.391**
	(0.808)	(0.810)	(0.814)	(0.812)	(0.134)	(0.133)	(0.151)	(0.151)
批发和零售业	-1.709**	-1.743**	-1.801***	-1.725**	-0.406***	-0.409***	-0.360***	-0.319**
	(0.688)	(0.692)	(0.696)	(0.687)	(0.121)	(0.121)	(0.138)	(0.137)
科教文卫业	0.204	0.241	0.306	0.237	-0.098	-0.107	0.026	0.023
	(1.113)	(1.108)	(1.113)	(1.110)	(0.198)	(0.198)	(0.221)	(0.221)
建筑业					-0.389*	-0.397**	-0.057	-0.085
					(0.198)	(0.201)	(0.503)	(0.504)
其他服务业	0.205	0.223	0.142	0.247	0.008	0.003	0.003	0.049
	(0.654)	(0.655)	(0.659)	(0.655)	(0.118)	(0.118)	(0.133)	(0.133)
是否实习过	0.024	0.005	0.008	-0.023	-0.016	-0.018	0.009	-0.001
	(0.415)	(0.413)	(0.418)	(0.415)	(0.074)	(0.074)	(0.084)	(0.084)
是否换工作	-0.214	-0.204	-0.090	-0.207	-0.048	-0.052	-0.027	-0.030
	(0.440)	(0.439)	(0.447)	(0.438)	(0.076)	(0.076)	(0.087)	(0.087)
常数	0.907	0.818	0.437	0.707	0.920**	0.889**	0.702	0.747*
	(2.031)	(2.023)	(2.067)	(2.127)	(0.415)	(0.416)	(0.441)	(0.442)

附录 C-5　　人力资本变量对工作稳定性影响的回归结果

变量	(1) 稳定性	(2) 稳定性	(3) 稳定性	(4) 稳定性	(5) 稳定性	(6) 稳定性	(7) 稳定性	(8) 稳定性
数学成绩	-0.655							
	(0.777)							
专业成绩		-0.000						
		(0.705)						
数学获得感			2.899*					
			(1.645)					

续表

变量	(1) 稳定性	(2) 稳定性	(3) 稳定性	(4) 稳定性	(5) 稳定性	(6) 稳定性	(7) 稳定性	(8) 稳定性
专业获得感				-2.597 (1.933)				
自我效能感					0.566 (0.638)			
尽责心						1.297* (0.668)		
毅力品质							-0.074 (0.674)	
学习满意度								-0.949 (1.366)
性别	-3.698** (1.793)	-3.406* (1.766)	-3.494** (1.758)	-3.486** (1.753)	-3.166* (1.731)	-2.808 (1.708)	-3.420* (1.761)	-3.387* (1.759)
户口	-1.319 (2.011)	-1.383 (2.030)	-1.534 (2.012)	-1.136 (2.011)	-2.292 (1.847)	-2.456 (1.826)	-1.361 (2.019)	-1.432 (2.011)
专业	1.458 (1.763)	1.250 (1.757)	1.115 (1.748)	1.301 (1.740)	2.997* (1.644)	2.511 (1.649)	1.257 (1.748)	1.213 (1.746)
年级	5.695*** (1.620)	5.764*** (1.720)	6.202*** (1.645)	5.434*** (1.659)	6.254*** (1.407)	6.423*** (1.394)	5.931*** (1.628)	5.916*** (1.624)
家庭经济状况	-0.653 (0.503)	-0.646 (0.504)	-0.776 (0.510)	-0.719 (0.505)	-0.357 (0.472)	-0.354 (0.468)	-0.709 (0.508)	-0.728 (0.507)
父亲学历	-0.128 (0.267)	-0.128 (0.267)	-0.097 (0.267)	-0.151 (0.267)	-0.288 (0.245)	-0.296 (0.243)	-0.115 (0.268)	-0.112 (0.267)
母亲学历	0.104 (0.259)	0.118 (0.260)	0.114 (0.258)	0.141 (0.259)	0.259 (0.237)	0.244 (0.235)	0.110 (0.260)	0.096 (0.259)
办学性质	-0.077 (1.770)	-0.048 (1.778)	-0.071 (1.775)	0.231 (1.771)	-0.486 (1.737)	-0.105 (1.739)	0.067 (1.775)	0.146 (1.776)
是否示范校	-0.507 (1.619)	-0.594 (1.620)	-0.841 (1.628)	-0.721 (1.612)	-2.516* (1.454)	-2.595* (1.444)	-0.623 (1.618)	-0.689 (1.619)
职业高中	0.505 (3.205)	0.790 (3.199)	0.617 (3.216)	1.043 (3.183)	1.723 (2.499)	1.355 (2.490)	1.047 (3.198)	0.887 (3.202)
技共学校	4.035 (2.719)	3.813 (2.747)	3.286 (2.741)	4.050 (2.706)	3.572 (2.609)	3.071 (2.602)	3.758 (2.710)	3.865 (2.711)
其他类型学校	1.623 (2.475)	1.555 (2.478)	1.389 (2.479)	1.511 (2.466)	-0.858 (2.271)	-1.193 (2.259)	1.630 (2.497)	1.361 (2.497)

续表

变量	(1) 稳定性	(2) 稳定性	(3) 稳定性	(4) 稳定性	(5) 稳定性	(6) 稳定性	(7) 稳定性	(8) 稳定性
东部城市	-0.380	-0.419	-0.526	-0.591	0.977	1.385	-0.567	-0.523
	(1.633)	(1.638)	(1.635)	(1.632)	(1.543)	(1.543)	(1.640)	(1.638)
其他地区城市	-1.529	-1.741	-1.401	-2.196	-4.446	-4.882	-1.616	-1.811
	(4.815)	(4.818)	(4.808)	(4.809)	(4.611)	(4.577)	(4.826)	(4.814)
国有企业	11.505	11.546	11.714	10.755	13.621*	14.468*	11.181	11.323
	(7.488)	(7.507)	(7.498)	(7.475)	(7.832)	(7.795)	(7.505)	(7.494)
三资企业	6.629	6.799	6.593	6.158	7.065	7.637	6.247	6.576
	(8.062)	(8.081)	(8.069)	(8.046)	(8.333)	(8.288)	(8.083)	(8.087)
民营企业	9.647	9.948	10.128	9.176	10.932	11.490	9.678	9.945
	(7.166)	(7.170)	(7.161)	(7.146)	(7.537)	(7.496)	(7.171)	(7.168)
服务工作	-4.300*	-4.363*	-4.295*	-4.360*	-1.553	-1.326	-4.402**	-4.429**
	(2.219)	(2.236)	(2.216)	(2.211)	(2.136)	(2.126)	(2.229)	(2.219)
生产运输工作	-5.668**	-5.821**	-5.654**	-5.502**	-2.918	-3.065	-5.718**	-5.609**
	(2.778)	(2.778)	(2.770)	(2.769)	(2.574)	(2.543)	(2.778)	(2.779)
企业规模	-0.158	-0.115	-0.178	-0.230	-0.252	-0.250	-0.132	-0.147
	(0.427)	(0.430)	(0.426)	(0.429)	(0.416)	(0.413)	(0.425)	(0.425)
每周工作时长	0.109	0.110	0.130*	0.112	0.038	0.048	0.127*	0.119
	(0.071)	(0.071)	(0.072)	(0.073)	(0.067)	(0.067)	(0.072)	(0.073)
新兴行业	3.688	3.622	3.473	3.592	2.853	3.073	3.651	3.821
	(2.596)	(2.600)	(2.595)	(2.586)	(2.545)	(2.532)	(2.615)	(2.611)
住宿和餐饮业	2.267	2.455	2.068	2.991	2.649	2.418	2.431	2.631
	(3.130)	(3.138)	(3.135)	(3.142)	(2.959)	(2.930)	(3.134)	(3.139)
批发和零售业	-0.931	-1.048	-1.319	-0.932	-2.208	-2.164	-1.059	-0.920
	(2.854)	(2.879)	(2.854)	(2.843)	(2.696)	(2.679)	(2.872)	(2.861)
科教文卫业	2.723	2.976	3.127	2.931	2.765	3.143	3.022	3.105
	(4.586)	(4.597)	(4.570)	(4.561)	(4.373)	(4.348)	(4.584)	(4.577)
建筑业	-5.926	-5.640	-4.736	-5.736	-0.608	0.645	-5.843	-5.977
	(10.406)	(10.447)	(10.441)	(10.366)	(4.363)	(4.396)	(10.414)	(10.403)
其他服务业	-0.403	-0.227	-0.701	-0.272	-0.549	-0.516	-0.378	-0.113
	(2.761)	(2.762)	(2.768)	(2.750)	(2.639)	(2.621)	(2.778)	(2.791)
是否实习过	1.626	1.564	1.799	1.738	1.651	1.462	1.710	1.658
	(1.772)	(1.774)	(1.775)	(1.769)	(1.683)	(1.675)	(1.779)	(1.777)
是否换工作	-17.91***	-17.87***	-17.64***	-17.75***	-19.65***	-19.62***	-17.86***	-17.77***
	(1.809)	(1.814)	(1.817)	(1.803)	(1.684)	(1.672)	(1.815)	(1.812)

续表

变量	(1) 稳定性	(2) 稳定性	(3) 稳定性	(4) 稳定性	(5) 稳定性	(6) 稳定性	(7) 稳定性	(8) 稳定性
常数	18.617**	18.134**	16.309*	20.896**	22.379**	21.021**	17.257*	17.845*
	(9.100)	(9.106)	(9.149)	(9.473)	(9.176)	(9.119)	(9.125)	(9.149)
R^2	0.580	0.578	0.582	0.584	0.575	0.580	0.580	0.581

附录 C-6　　人力资本变量对工作满意度影响的回归结果

变量	(1) 工作满意	(2) 工作满意	(3) 工作满意	(4) 工作满意	(5) 工作满意	(6) 工作满意	(7) 工作满意	(8) 工作满意
数学成绩	-0.263							
	(0.224)							
专业成绩		-0.263						
		(0.233)						
数学获得感			0.072					
			(0.450)					
专业获得感				-1.510**				
				(0.718)				
自我效能感					0.592***			
					(0.228)			
尽责心						0.184		
						(0.186)		
毅力品质							0.357*	
							(0.216)	
学习满意度								-0.747*
								(0.430)
性别	0.264	0.447	0.395	0.420	0.117	0.211	0.359	0.428
	(0.534)	(0.525)	(0.520)	(0.529)	(0.490)	(0.486)	(0.523)	(0.526)
户口	0.847	0.858	0.817	0.927	0.396	0.297	0.751	0.769
	(0.604)	(0.603)	(0.600)	(0.612)	(0.542)	(0.536)	(0.603)	(0.601)
专业	-0.290	-0.464	-0.392	-0.382	-0.212	-0.275	-0.359	-0.440
	(0.516)	(0.517)	(0.513)	(0.530)	(0.454)	(0.457)	(0.512)	(0.518)
年级	-0.647	-0.416	-0.602	-0.846*	-0.655	-0.596	-0.658	-0.603
	(0.491)	(0.512)	(0.490)	(0.503)	(0.402)	(0.400)	(0.486)	(0.492)

续表

变量	(1)工作满意	(2)工作满意	(3)工作满意	(4)工作满意	(5)工作满意	(6)工作满意	(7)工作满意	(8)工作满意
家庭经济状况	-0.105 (0.157)	-0.123 (0.158)	-0.100 (0.157)	-0.114 (0.159)	-0.001 (0.133)	-0.018 (0.133)	-0.120 (0.158)	-0.114 (0.158)
父亲学历	-0.026 (0.083)	-0.037 (0.083)	-0.031 (0.083)	-0.057 (0.086)	-0.042 (0.068)	-0.033 (0.067)	-0.041 (0.083)	-0.036 (0.085)
母亲学历	0.216*** (0.072)	0.230*** (0.072)	0.225*** (0.073)	0.256*** (0.075)	0.129** (0.059)	0.131** (0.059)	0.212*** (0.073)	0.220*** (0.072)
办学性质	-0.506 (0.555)	-0.474 (0.564)	-0.521 (0.561)	-0.455 (0.574)	-0.446 (0.521)	-0.397 (0.523)	-0.501 (0.556)	-0.413 (0.561)
是否示范校	0.317 (0.493)	0.242 (0.490)	0.251 (0.492)	0.131 (0.508)	0.191 (0.408)	0.148 (0.409)	0.268 (0.488)	0.164 (0.499)
职业高中	-0.320 (1.020)	-0.308 (1.019)	-0.275 (1.016)	-0.119 (1.017)	0.224 (0.703)	0.099 (0.699)	-0.328 (1.012)	-0.178 (1.032)
技共学校	0.272 (0.772)	0.361 (0.771)	0.196 (0.780)	0.447 (0.801)	-0.661 (0.635)	-0.726 (0.644)	0.127 (0.758)	0.206 (0.772)
其他类型学校	-0.260 (0.712)	-0.300 (0.710)	-0.332 (0.708)	-0.451 (0.712)	-0.543 (0.600)	-0.649 (0.598)	-0.525 (0.726)	-0.516 (0.718)
东部城市	-1.058** (0.465)	-1.025** (0.464)	-1.012** (0.465)	-1.049** (0.471)	-0.942** (0.403)	-0.880** (0.402)	-1.014** (0.462)	-1.021** (0.472)
三资企业	1.602 (1.003)	1.569 (1.005)	1.601 (1.002)	1.856* (1.031)	1.780* (0.936)	1.687* (0.928)	1.558 (1.003)	1.851* (1.040)
民营企业	1.140* (0.662)	1.037 (0.672)	1.172* (0.658)	1.054 (0.667)	1.750*** (0.603)	1.651*** (0.601)	1.178* (0.667)	1.306* (0.668)
服务工作	-0.196 (0.763)	-0.311 (0.761)	-0.163 (0.744)	-0.284 (0.760)	0.054 (0.665)	0.054 (0.662)	-0.087 (0.753)	-0.265 (0.756)
生产运输工作	-0.584 (0.943)	-0.648 (0.941)	-0.562 (0.925)	-0.441 (0.951)	-0.188 (0.751)	-0.275 (0.743)	-0.600 (0.931)	-0.540 (0.948)
企业规模	-0.066 (0.127)	-0.079 (0.129)	-0.050 (0.127)	-0.124 (0.133)	-0.041 (0.115)	-0.045 (0.115)	-0.049 (0.126)	-0.085 (0.129)
每周工作时长	-0.005 (0.023)	-0.006 (0.023)	-0.006 (0.023)	-0.016 (0.024)	0.017 (0.021)	0.020 (0.020)	-0.007 (0.023)	-0.010 (0.024)
新兴行业	-0.581 (0.924)	-0.606 (0.913)	-0.571 (0.909)	-0.557 (0.922)	-0.235 (0.802)	-0.183 (0.794)	-0.709 (0.920)	-0.538 (0.939)
住宿和餐饮业	-0.605 (1.035)	-0.413 (1.025)	-0.438 (1.032)	-0.046 (1.051)	0.277 (0.937)	0.174 (0.926)	-0.484 (1.041)	-0.361 (1.032)

续表

变量	(1) 工作满意	(2) 工作满意	(3) 工作满意	(4) 工作满意	(5) 工作满意	(6) 工作满意	(7) 工作满意	(8) 工作满意
批发和零售业	-0.994 (0.935)	-0.853 (0.934)	-0.971 (0.928)	-0.800 (0.970)	-0.974 (0.770)	-0.975 (0.764)	-1.118 (0.944)	-0.949 (0.965)
科教文卫业	-1.011 (1.418)	-1.000 (1.428)	-0.752 (1.414)	-0.768 (1.439)	-0.249 (1.327)	-0.242 (1.332)	-0.689 (1.423)	-0.782 (1.439)
其他服务业	-0.262 (0.966)	-0.162 (0.955)	-0.177 (0.949)	0.042 (0.988)	-0.190 (0.826)	-0.199 (0.818)	-0.253 (0.952)	-0.052 (0.982)
是否实习过	-0.295 (0.562)	-0.312 (0.564)	-0.375 (0.565)	-0.397 (0.580)	0.029 (0.484)	-0.027 (0.480)	-0.358 (0.567)	-0.406 (0.571)
是否换工作	0.820 (0.512)	0.895 * (0.516)	0.816 (0.511)	0.865 * (0.512)	0.424 (0.459)	0.411 (0.459)	0.921 * (0.522)	0.850 * (0.515)
常数	0.227 (2.356)	0.250 (2.347)	0.122 (2.382)	2.216 (2.598)	-0.533 (2.028)	-0.621 (2.024)	0.473 (2.338)	0.861 (2.407)

附录D 中职学生在校情况调查问卷

中职学生调查问卷

同学：

您好！我们是河南大学的研究人员，正在对我省的中职学生做一次调研。这次调研完全是出去科学研究的需要，所涉及的个人内容绝对保密。希望您不要有任何顾虑，请准确、如实、完整地填写这份调查表。衷心感谢您对本次调研工作的积极支持与配合！

祝您身体健康！学习进步！

河南大学

学校名称	
专业名称	
班级	（　）年（　）班
姓名（请填写身份证上的名字）	
班主任姓名	

一　学生个人基本情况

问题	单位/选项	答案
你的性别？	1. 男　　2. 女	
你出生的年份	年	
你出生的月份	月	
你是哪个民族的？	1. 汉族 2. 回族 3. 其他，请说明	
你的户口类型？	1. 农村户口 2. 城镇户口 3. 没有户口	
你的手机号码是多少（没有填0）？	手机号	
你妈妈的手机号码是多少（没有填0）？	手机号	
你爸爸的手机号码是多少（没有填0）？	手机号	
您的QQ号码（没有填0）？	QQ号	

续表

问题	单位/选项	答案
您的电子邮箱是（没有填0）？	号	
您是否加入了您班级的QQ群？	1 = 是 2 = 否 3 = 本班没有QQ群	
你家的联系方式是多少？	座机：第一个括号填写区号；第二个括号填写电话号码 手机：仅需填写第二个括号	（　） （　　　）

二　学生本人的求学经历

问题	单位/选项	答案
您初中学校所在省：	1 = 河南省 2 = 其他，请说明	
您初中学校所在市：	1 = 郑州市 2 = 开封市 3 = 商丘市 4 = 周口市 5 = 洛阳市 6 = 新乡市 7 = 许昌市 8 = 其他，请说明	
您初中学校的全称是什么？		
您是什么时候离开您初中学校的？	1 = 7年级上学期 2 = 7年级下学期 3 = 8年级上学期 4 = 8年级下学期 5 = 9年级上学期 7 = 9年级下学期 7 = 初中毕业之后	
您是否参加过中考？	1 = 是　　2 = 否　　跳至18题	
a. 您在哪一年参加了中考？	年	
b. 您的中考总分数是：	分（填写具体数字，不确定也请估计大概的成绩）	
c. 初中毕业时，您是怎么填报中考录取志愿表的？	1 = 没有填写录取志愿表 2 = 上中职 3 = 上普高 4 = 中职普高都有填	
上这所学校前，您是否上过普通高中？	1 = 是　　2 = 否	
上这所学校前，您是否工作超过半年？	1 = 是　　2 = 否	

三　学生在校基本信息

问题	单位/选项			答案
您是否是全日制学生？	1 = 是　　2 = 否			
您是否是 3 + 2 学生？	1 = 是　　2 = 否			
您本学期多数时间住在哪里？	1 = 家 2 = 学校宿舍 3 = 在外租房 4 = 亲戚家 5 = 其他，请说明			
本学期是否有老师介绍过本专业的培养计划？	1 = 是　　2 = 否			
本学期是否有老师介绍过每门课的教学大纲？	1 = 是　　2 = 否			
本学期是否有老师讲过课程/上课的要求？	1 = 是　　2 = 否			
本学期是否有老师和您一对一的谈过您就业和职业规划的问题？	1 = 是　　2 = 否			
请写出目前您在本班的好朋友的名字：（最少填写1人，最多填写6人）	1	2	3	
	4	5	6	
上学期，本班是否有同学考试作弊？	1 = 是　　2 = 否			
上周，您班是否有同学和老师顶嘴？	1 = 是　　2 = 否			
上周，您班是否有同学在学校喝酒？	1 = 是　　2 = 否			
上周，您班是否有同学在学校抽烟？	1 = 是　　2 = 否			
上周，您班是否有同学逃课？	1 = 是　　2 = 否			
上周，您班是否有同学抄作业？	1 = 是　　2 = 否			
上周，您班是否有同学在学校打架？	1 = 是　　2 = 否			
上周，您班是否有同学勒索别人？	1 = 是　　2 = 否			
上周，您班是否有同学欺负同学？	1 = 是　　2 = 否			
上周，您班是否有同学在学校赌钱？	1 = 是　　2 = 否			
上周，您在学校抽了几次烟？	1 = 从不 2 = 少于一天一次 3 = 一天一次 4 = 一天多次			
上周，您在学校喝了几次酒？	1 = 从不 2 = 少于一天一次 3 = 一天一次 4 = 一天多次			

四　职业规划

问题	单位/选项	答案
您是否打算在这所中职学校读到毕业？	1 = 是　　2 = 否	
您离开中职之后的第一年打算干什么？	1 = 找工作 2 = 上高职高专 3 = 上本科 4 = 自己创业 5 = 没想好	
您希望自己将来最高能达到什么样的教育程度？	1 = 初中毕 2 = 高中毕业 3 = 专科毕业 4 = 本科毕业 5 = 研究生毕业	
您是否准备参加普通高考？	1 = 是　　2 = 否	
您是否准备参加对口高考？	1 = 是　　2 = 否	
您是否打算上高职高专？	1 = 是　　2 = 否	

五　以下为一份日常时间安排表，在您现在的中职生活中，您每天平均有多少时间用在以下活动中（填周一到周五的情况，周末不算）

序号	项目	平均时间（小时）
（1）	上课的时间	（　）
（2）	课后学习和做家庭作业的时间	＋（　）
（3）	睡眠时间	＋（　）
（4）	其他（如运动、聚会、玩）	＋（　）
（5）	合计（5）=（1）+（2）+（3）+（4）	= 24

六　与家长和班主任互动情况

问题	单位/选项	答案
上个月，您跟您的家长见过几次面？	次	
上个月，您跟您的家长通几次电话？	次	
您通常与您的家长隔多长时间通一次电话？（如果每天都打，请填写"0"）	天	

续表

问题	单位/选项	答案
您与您的家长通电话时，有多大比例的电话是您主动给他们打的？	%	
上学期，您家长有几次询问过您学习的情况？	次/学期	
据您所知，您家长在上学期就您的学习问题主动和您的班主任联系过吗？	1 = 联系过 2 = 没有联系过	
上学期，您的班主任找过您个人聊天有几次？	次	
您觉得您的班主任关心您吗？	1 = 很关心　2 = 关心 3 = 不关心　4 = 很不关心	
您如果在学习和实习中遇到困难，您觉得您会主动与您的班主任联系吗？	1 = 会　2 = 不会	
您的手机上存有您班主任的电话号码吗？	1 = 存了　2 = 没存	

七　电脑和手机使用情况（注意："电脑或手机"包括手机和电脑在内的所有可以用于联网或娱乐的电子类产品，如：iPad）

问题	单位/选项	答案
上周，您一天平均有几个小时在用电脑或手机？（= a + b + c）	小时（如没有，填写0）	
玩游戏、聊天，或看视频	小时（如没有，填写0）	
学习	小时（如没有，填写0）	
其他	小时（如没有，填写0）	
上周，您一天平均在课堂上有几个小时在用电脑或手机？（= a + b + c）	小时（如没有，填写0）	
玩游戏、聊天，或看视频	小时（如没有，填写0）	
学习	小时（如没有，填写0）	
其他	小时（如没有，填写0）	

八　请您仔细阅读这些问题，然后根据您的实际情况来回答，是还是否。注意，上网指在网上玩游戏、聊天、看视频、看小说，或进行其他娱乐活动

问题	是	否
您是否着迷于网络，想到之前上网的经历是否还盼着上网？	□₁	□₂
您每次上网是否感觉需要延长上网时间才能达到满足？	□₁	□₂

续表

问题	是	否
您是否反复不成功地尝试控制、减少上网时间或停止使用网络？	□₁	□₂
当您尝试控制或停止使用网络的时候，您是否感觉不安、喜怒无常、抑郁或易怒？	□₁	□₂
您使用网络的时间是否会超过自己预定的时间？	□₁	□₂
您是否因为使用网络而危害或损失了重要的朋友关系、工作、教育或者职业机会？	□₁	□₂
您是否对家庭成员或其他人撒谎和隐瞒您对网络着迷的程度？	□₁	□₂
您是否把网络当成了一种逃避问题或释放烦躁不安情绪（如无助、内疚、焦虑、抑郁）的方式？	□₁	□₂

九　对未来就业、收入的预期

问题	单位	答案
请填写具体数字，而不是范围。若不确定请估计一下		
您从中职毕业后，您估计您第一个月的薪水会是多少钱？	元	
您从中职毕业后，您认为您在3个月之内能有多大的概率找到一份与专业相关的全职工作？	%	
您从中职毕业后，您认为您在3个月之内能有多大的概率找到任何全职工作？	%	

十　家庭基本情况

问题	单位/选项	答案
你家有摩托车吗？	1 = 有　　2 = 没有	
你家有电动车吗（电动自行车等）	1 = 有　　2 = 没有	
你家有载货或拉客的汽车吗？	1 = 有　　2 = 没有	
你家有手机吗？	1 = 有　　2 = 没有	
你家里有自来水吗？	1 = 有　　2 = 没有	
你家里有微波炉/电磁炉吗？	1 = 有　　2 = 没有	
你家里有冰箱吗？	1 = 有　　2 = 没有	
你家里有照相机吗？	1 = 有　　2 = 没有	
你家里有电脑吗？	1 = 有　　2 = 没有	
你家电脑能上网吗？	1 = 有　　2 = 没有	
你家里有空调吗？	1 = 有　　2 = 没有	

续表

问题	单位/选项	答案
你家里有洗衣机吗？	1 = 有　　2 = 没有	
你家里有抽水马桶吗？	1 = 有　　2 = 没有	
你家有热水器（包括太阳能热水器、电热水器和燃气热水器）吗？	1 = 有　　2 = 没有	

十一　学生家庭成员基本情况，这里指一起生活的直系亲属家庭成员，包括学生本人

你家有几口人？	（　）人

与本人的关系 A. 学生本人 B. 爸爸 C. 妈妈 D. 哥哥 E. 姐姐 F. 弟弟 G. 妹妹 H. 其他	年龄周岁	户口类型 A. 农村 B. 城镇 C. 没户口	最高教育程度 A = 没有读小学 B = 小学毕业 C = 初中毕业 D = 中职毕业 E = 普通高中毕业 F = 大专毕业 G = 本科毕业 H = 研究生毕业	2013年1—8月最主要的工作？ A 还没有职业 B. 在校生 C. 务农 D. 家务 E. 经商 F. 给人打工 G. 工人 H. 老师 I. 政府部门人员 J. 军人 K. 下岗 L. 其他	2013年1—8月是否住在家里？ A. 是 B. 否	健康状况 A. 良好 B. 偶尔生病 C. 长期生病 D. 残疾 E. 其他

十二　个性调查

（一）请评价下列与您个性的符合程度，并在最合适的框里打√，只能单选。

问题	一点也不像	不像	有点像	大多数像	完全像
新的计划和想法有时候会让我无法专心于现有的计划。	□₁	□₂	□₃	□₄	□₅
挫折不会使我气馁。	□₁	□₂	□₃	□₄	□₅
当我着迷在某件计划一阵子后，会失去兴趣。	□₁	□₂	□₃	□₄	□₅
我是一个努力工作的人。	□₁	□₂	□₃	□₄	□₅

续表

问题	一点也不像	不像	有点像	大多数像	完全像
我时常立下一个目标，但一阵子过后又追求别的目标。	□₁	□₂	□₃	□₄	□₅
我很难把我的注意力集中在一个要好几个月才能完成的计划上。	□₁	□₂	□₃	□₄	□₅
无论什么事情，我开了头就要完成它。	□₁	□₂	□₃	□₄	□₅
我很勤劳（我不轻言放弃）。	□₁	□₂	□₃	□₄	□₅

（二）这里有一些对于你特征的描述。请在最符合你的框框里画√，只能单选。

问题	非常不同意	有点不同意	3 = 无所谓	有点同意	非常同意
工作很周密	□₁	□₂	□₃	□₄	□₅
可能有些粗心	□₁	□₂	□₃	□₄	□₅
是个可信赖的人	□₁	□₂	□₃	□₄	□₅
倾向于缺乏条理	□₁	□₂	□₃	□₄	□₅
比较懒惰	□₁	□₂	□₃	□₄	□₅
坚持到任务完成	□₁	□₂	□₃	□₄	□₅
做事有效率	□₁	□₂	□₃	□₄	□₅
制订计划并加以贯彻	□₁	□₂	□₃	□₄	□₅
容易分心	□₁	□₂	□₃	□₄	□₅

（三）以下这些题目，您的感觉是什么？注意，每个题目只能选一项。

问题	一点也不像	不像	有点像	大多数像	完全像
如果我尽力去做的话，我总是能够解决难题的。	□₁	□₂	□₃	□₄	□₅
即使别人反对我，我仍有办法取得我所要的。	□₁	□₂	□₃	□₄	□₅
对我来说，坚持理想和达成目标是轻而易举的。	□₁	□₂	□₃	□₄	□₅
我自信能有效地应付任何突如其来的事情。	□₁	□₂	□₃	□₄	□₅
以我的才智，我定能应付意料之外的情况。	□₁	□₂	□₃	□₄	□₅
如果我付出必要的努力，我一定能解决大多数的难题。	□₁	□₂	□₃	□₄	□₅

续表

问题	一点也不像	不像	有点像	大多数像	完全像
我能冷静地面对困难，因为我可信赖自己处理问题的能力。	□₁	□₂	□₃	□₄	□₅
面对一个难题时，我通常能找到几个解决方法。	□₁	□₂	□₃	□₄	□₅
有麻烦的时候，我通常能想到一些应付的方法。	□₁	□₂	□₃	□₄	□₅
无论什么事在我身上发生，我都能够应付自如。	□₁	□₂	□₃	□₄	□₅

1. 数学和专业能力学习情况

问题	单位	答案
跟去年4月相比，你感觉你现在的数学能力怎么样？	1 = 比以前好很多　2 = 比以前好一点 3 = 没有变化　　　4 = 比以前差一点 5 = 比以前差很多	
跟去年4月相比，你感觉你现在的专业能力怎么样？	1 = 比以前好很多　2 = 比以前好一点 3 = 没有变化　　　4 = 比以前差一点 5 = 比以前差很多	
整体来说，你对于你在中职学习的成绩满意吗？	1 = 非常满意　　2 = 比较满意 3 = 比较不满意　4 = 非常不满意	

2. 以下这些问题都是关于您的实习经历，请根据您的实际情况回答这些题目

问题	选项	答案
从2013年10月到现在，您是否参加过任何实习？（不包括校内实习、勤工俭学、半工半读，兼职）	1 = 是　　2 = 否→问卷结束	
关于您最近一次参加的实习经验		
您实习的单位在哪里？	1 = 本县 2 = 本市非本县 3 = 本省非本市 4 = 外省	

续表

问题	选项	答案
您主要通过什么渠道联系实习单位?	1 = 本校安排 2 = 本人自己联系（不包括通过中介公司） 3 = 家人/亲戚联系 4 = 学校老师私人联系 5 = 同学介绍 6 = 其他学校安排 7 = 劳务中介公司安排 8 = 其他，请说明	
您实习单位的名称是什么?	1 = 富士康　　　2 = 宇通客车 3 = 中国移动　　4 = 贝塔斯曼 5 = 河南奔马集团 6 = 其他，请说明	
实习单位在接受您实习前是否要求您出示学校同意文件或其他同意证明?	1 = 是　　　2 = 否	
你是几年级开始实习的?	1 = 您入学后第一学期 2 = 第一学期之后 3 = 第二学期之后 4 = 第三学期之后 5 = 第四学期之后 6 = 第五学期之后	
您班有几个人和您一起去这个实习单位	人	
您所在的实习单位有多少员工?	人（如不确定请估计）	
在前往实习之前，是否有学校教师跟您说明实习的目的和内容?	1 = 是　　　2 = 否	
实习单位、学校、您本人是否签有三方协议?	1 = 是　　　2 = 否	
您手里是否保存有实习协议正本?	1 = 是　　　2 = 否	
您跟哪些部门缴纳了实习费（可多选）?	1 = 都没有　　2 = 学校 3 = 实习单位　　4 = 其他，请说明	
您一共缴纳了多少实习费?	元（如没有，填写0）	
进单位时，您是否接受了关于实习要求与单位制度的培训?	1 = 是　　　2 = 否	
您在实习期间所在的岗位是否与您在学校所学的专业对口?	1 = 对口　　　2 = 不对口	

续表

问题	选项	答案
您主要是通过什么形式参与实习?	1 = 学徒式 2 = 加工流水线式 3 = 其他，请在答案里说明	
您在实习单位一共实习了几个星期?	周	
实习期间，您一周工作几天?	天	
实习期间，您平均一天工作几个小时?	小时	
您在实习期间一共有多少工资?	元（如没有，填写0）	
跟其他干一样工作的正式员工相比，您的工资如何?	1 = 较高　2 = 差不多　3 = 较低	
实习工资如何发给您?	1 = 企业直接发给学生　2 = 通过学校发给学生　3 = 不知道	
同宿舍的室友是否都是同校同学?	1 = 是　　2 = 否 3 = 实习期间没有住宿	
实习期间，学校老师在实习单位驻场指导了几个星期?（如果没有，请填"0"）	周	
实习期间，学校老师总共有几次询问过您实习的情况?	次	
实习期间，学校老师是否与您的家长沟通过您实习的情况?	1 = 是　　2 = 否	
实习期间，实习单位总共有几次安排培训活动给实习生?	次	
您会推荐跟您同专业的同学去您的实习单位进行实习吗?	1 = 会　　2 = 不会	

3. 学习情况

以下表格都是关于你对你自入校以来，所有教过你的任课老师的看法，请你按照你自己的观察和感觉作出选择。（注意，每个题目只能选择一个答案，答案必须打钩：☑）

以下这些情况发生的频繁程度如何？

	题目	每节课	大部分课	个别课	从来没有
1.	老师很关注我的学习。	☐₁	☐₂	☐₃	☐₄
2.	当我需要帮助时，老师总是会给我一些额外的帮助。	☐₁	☐₂	☐₃	☐₄
3.	老师总是在学习方面帮助我。	☐₁	☐₂	☐₃	☐₄
4.	老师会一直给我讲解，直到我明白课堂内容。	☐₁	☐₂	☐₃	☐₄
5.	老师在课堂上会给我表达观点的机会。	☐₁	☐₂	☐₃	☐₄

以下这些情况发生的频繁程度如何？

	题目	每节课	大部分课	个别课	从来没有
6.	老师给我们制定了明确的学习目标。	☐₁	☐₂	☐₃	☐₄
7.	老师会让我或者其他同学有充足的时间来表达我们的想法和思路。	☐₁	☐₂	☐₃	☐₄
8.	老师会依据同学们学习能力的高低布置不同的作业。	☐₁	☐₂	☐₃	☐₄
9.	老师会布置需要至少一周才能完成的大作业。	☐₁	☐₂	☐₃	☐₄
10.	老师会让我知道我在课上的学习情况。	☐₁	☐₂	☐₃	☐₄
11.	老师会提问我们，以确认我们是否听懂了他（她）讲的内容。	☐₁	☐₂	☐₃	☐₄
12.	老师会让我们分成小组一起解题或完成一些任务。	☐₁	☐₂	☐₃	☐₄
13.	在开始讲解一堂课的新内容之前，老师会回顾上一堂课讲的内容。	☐₁	☐₂	☐₃	☐₄
14.	老师会让我们帮他（她）设计课堂上的活动或内容。	☐₁	☐₂	☐₃	☐₄
15.	老师会让我知道我在数学方面的强项和弱项分别是什么。	☐₁	☐₂	☐₃	☐₄
16.	每当有考试或作业时，老师会告诉我们他（她）对我们的期望。	☐₁	☐₂	☐₃	☐₄
17.	老师会告诉我们必须要掌握哪些东西。	☐₁	☐₂	☐₃	☐₄
18.	老师会告诉我如何才能提高我的数学能力。	☐₁	☐₂	☐₃	☐₄
19.	老师会给我们布置数学练习题。	☐₁	☐₂	☐₃	☐₄

注意："我"指您本人；"我们"指您本人所在班级的所有同学。

你在多大程度上同意以下这几种现象?

	题目	非常同意	同意	不同意	非常不同意
20.	我们老师能够让同学们都集中注意力,认真听讲。	□₁	□₂	□₃	□₄
21.	我们老师能够保持课堂井然有序。	□₁	□₂	□₃	□₄
22.	我们老师能够按时开始上课。	□₁	□₂	□₃	□₄
23.	我们老师等了很久,同学们才开始安静下来听讲。	□₁	□₂	□₃	□₄

你上周上数学课的情况

问题	单位/选项	答案
上周,你是否上过数学课?	1 = 上过; 2 = 没上过(跳至第 30 题)	
上周,数学老师布置了几次数学作业?	次(如没有,填写 0)	
上周,你交了几次数学作业?	次(如没有,填写 0)	
上周,你完成数学课的作业平均每天花了多少时间?	0 = 老师没有给我布置作业 1 = 1—15 分钟　　2 = 16—30 分钟 3 = 31—50 分钟　　4 = 60 分钟以上	
上周,数学老师批改了几次你交的数学作业?	次(如没有,填写 0)	
上周你缺过几节数学课?	0 = 没缺过　　1 = 一节 2 = 两节　　3 = 三节 4 = 四节及以上	

你上周上专业课(指所有专业课)的情况

问题	单位/选项	答案
上周,专业课老师布置了几次专业课的作业?	次(如没有,填写 0)	
上周,你交了几次专业课作业?	次(如没有,填写 0)	
上周,你完成专业课的作业平均每天花了多少时间?	0 = 老师没有给我布置作业 1 = 1—15 分钟　　2 = 16—30 分钟 3 = 31—50 分钟　　4 = 60 分钟以上	
上周,专业课老师批改了几次你交的专业课作业?	次(如没有,填写 0)	
上周你缺过几节专业课?	0 = 没缺过　　1 = 一节　　2 = 两节 3 = 三节　　4 = 四节及以上	

请根据您最近一年实训课或具体的专业实践情况，按照自己的观察和感觉在最合适的方框里面√，只能单选

问题	完全不符合	不太符合	基本符合	符合	非常符合
在实际操作阶段（实训）的学习中，我能够独立完成老师安排的实训任务。	□₁	□₂	□₃	□₄	□₅
在实训中，我能在限定的时间内完成任务。	□₁	□₂	□₃	□₄	□₅
在实际操作测试中，老师对我的评价比较高。	□₁	□₂	□₃	□₄	□₅
在实际操作中遇到问题，我能够自行解决。	□₁	□₂	□₃	□₄	□₅
我的动手能力比以前有了很大的进步。	□₁	□₂	□₃	□₄	□₅
我能够根据老师的示例完成一个新的任务。	□₁	□₂	□₃	□₄	□₅
我能把老师所教的知识运用在实际操作中。	□₁	□₂	□₃	□₄	□₅
我能较好地完成老师布置的实践任务。	□₁	□₂	□₃	□₄	□₅
我能灵活应变，能适应不同的环境或胜任不同的工作。	□₁	□₂	□₃	□₄	□₅

附录 E 中职学校调查问卷

尊敬的领导和老师：

您好！我们是河南大学的研究人员，正在对我省中职学生做一次调研。这次调研完全是出于科学研究的需要，所涉及的个人内容绝对保密。希望您不要有任何顾虑，请准确、如实、完整地填写这份调查表。衷心感谢您对本次调研工作的积极支持与配合！

祝您身体健康，工作顺利！

河南大学

学校全称			
校长姓名		校长电话	手机： 座机：
学校被访人姓名		学校被访人电话	手机： 座机：
学校被访人职位		学校被访人 QQ 号	
学校被访人电子邮件			

一 学校基本信息

问题	答案/选项
贵校的办学类型？	1 = 普通中职 2 = 成人中专 3 = 技工学校 4 = 职业高中 5 = 普通高中 6 = 其他
贵校的所有制性质？	1 = 公办 2 = 民办
贵校是否为国家示范或重点中职？	1 = 是 2 = 否
贵校直属于哪一级政府部门管理？	1 = 没有直属的上级政府管理部门 2 = 国家级 3 = 省级 4 = 市级 5 = 区县级 6 = 乡镇级及以下
政府部门中直接管理贵校的是哪一个职能部门？	1 = 教育 2 = 人力资源和社会保障 3 = 交通 4 = 卫生 5 = 其他
贵校现任校长在此岗位上已经工作多少年？	年

二　学校教师基本情况

问题	答案/选项
贵校现在总共有多少教师？	_____ 位
其中：有多少位是外聘全职教师？	_____ 位
其中：有多少位是外聘兼职教师（聘用期超过1个学期）	_____ 位
贵校正式在编的教师总人数	_____ 位
其中，有本科及以上文凭的人数	_____ 位
其中，有大专文凭的人数	_____ 位
其中，有教师资格证的人数	_____ 位
其中，双师型教师的人数	_____ 位
其中，多少位是专业课教师？	_____ 位

三　学生基本信息

问题	答案/选项
贵校在录取学生时，是否要求学生必须有中考成绩	1＝是　　2＝否
贵校录取的学生中大概有百分之多少参加过中考	_____ ％
2013年秋季录取学生的中考总成绩平均是多少分？	_____ 分
学校筛选学生最主要的根据是什么？	1＝没有录取条件 2＝学生考试成绩 3＝学生是否能交学费 4＝学生是否健康 5＝其他
针对初中毕业成绩较差的学生，学校是否安排义务教育阶段知识的补习课程？	1＝是　　2＝否
2013年6月全日制在校生人数	_____ 人
总体来说，学校是否面临招生的困难	1＝是　　2＝否
跟三年前相比，现在招生有多难？	1＝非常容易　2＝比较容易 3＝差不多　4＝比较难　5＝非常难
学校是否有专业服务学校的毕业生？	1＝是　　2＝否
贵校是否给毕业生提供就业辅导的服务？	1＝是　　2＝否
学校是否给毕业生提供升学辅导的服务？	1＝是　　2＝否

续表

问题	答案/选项
学校是否会帮毕业生安排第一份工作?	1 = 是　　2 = 否
贵校会淙淙毕业生几年?（若不追踪填写0）	_____ 年
本校怎么追踪毕业生?（可多选）	1 = 每一年电话回访　2 = 召开校友会 3 = QQ 群　4 = 电子问卷　5 = 其他
本校收集毕业生的哪些信息?	1 = 就业率　2 = 升学率　3 = 工资 4 = 工作性质　5 = 其他

四　财务收支情况

问题	答案/选项
2012 年学校教育经费收入（学校总收入）	_____ 万元
其中，政府拨款：	_____ 万元
2012 年学校经费支出（即学校总支出）	_____ 万元
a. 其中，工资福利支出：	_____ 万元
b. 其中，基本建设支出：	_____ 万元
2012 年底教学仪器设备总价值?	_____ 万元
2012 年底实训设备总价值?	_____ 万元
2012 年底学校教学用计算机台数：	_____ 台
2012 年底学校自有实训基地面积	_____ 平方米

五　学校考评体系

问题	答案/选项
贵校一般会搜集哪些学生信息用于评估教学质量（可多选）	1 = 学生书面考试成绩 2 = 学生实践考核成绩 3 = 学生比赛成绩 4 = 老师对学生的日常表现评分 5 = 学生毕业率 6 = 学生就业率 7 = 学生对于学校的满意度 8 = 学生考勤纪律 9 = 学生获得资格证书的比例 10 = 学生高职高专升学率 11 = 学生大学本科升学率 12 = 其他

续表

问题	答案/选项
政府部门是否会对贵校进行考评？	1 = 是　　2 = 否　　跳至32题
a. 该政府部门要求学校上报哪些信息？	1 = 生均建筑面积 2 = 生均教学仪器设备值 3 = 实习实训基地建设情况 4 = 学生报到率 5 = 学生毕业率 6 = 学生就业率 7 = 学生专业课考试成绩 8 = 学生文化课考试成绩 9 = 专业设置 10 = 教师学历合格率 11 = 双师型教师比例 12 = 学生获得资格证的比例 13 = 学生高职高专升学率 14 = 学生大学本科升学率 15 = 其他
b. 请按照重要性对上报信息进行排序（最重要的信息排在前面）	

六　学生需要的技能

按照您的看法，请根据一下技能、知识在学生进入劳动力市场中的重要性进行排序，1 为最重要，7 为第七重要

数学知识	排序：（　　）
语文知识	排序：（　　）
英语知识	排序：（　　）
专业技能	排序：（　　）
与人交流、合作的能力	排序：（　　）
自尊心、意志力	排序：（　　）
思想品德	排序：（　　）

七　学校利益相关者

问题	答案/选项
校长您（在工作中）最希望令哪些利益相关方满意？（从1—8，最想令其满意的排1；其次为2；以此类推；最后一位为8）	＿＿＿教育厅/教育局 ＿＿＿劳动厅/劳动局 ＿＿＿其他政府部门（请填写：＿＿＿＿） ＿＿＿行业/企业　＿＿＿家长　＿＿＿学生 ＿＿＿教师　＿＿＿其他（请说明：＿＿＿）
以下指标当中，您本人认为哪5项最能代表中职学校质量？ （请选择5项，并按照重要性进行排序，最重要的排1；其次排2；再次排3；等）	＿＿＿生均支出　＿＿＿教师队伍 ＿＿＿设备和设施　＿＿＿学生专业知识 ＿＿＿学生文化基础知识 ＿＿＿学生流失率　＿＿＿学生品行 ＿＿＿毕业生一次性就业率 ＿＿＿学生的实习情况 ＿＿＿招生规模　＿＿＿校企合作 ＿＿＿其他，请说明
以下指标当中，在您看来哪5项是政府部门认为最能代表中职学校质量的指标？ （请选择5项，并按照重要性进行排序，最重要的排1；其次排2；再次排3；等）	＿＿＿生均支出 ＿＿＿教师队伍 ＿＿＿设备和设施 ＿＿＿学生专业知识 ＿＿＿学生文化基础知识 ＿＿＿学生流失率 ＿＿＿学生品行 ＿＿＿毕业生一次性就业率 ＿＿＿学生的实习情况 ＿＿＿招生规模 ＿＿＿校企合作 ＿＿＿其他，请说明
以下指标当中，在您看来哪5项是行业认为最能代表中职学校质量的指标？ （请选择5项，并按照重要性进行排序，最重要的排1；其次排2；再次排3；等）	＿＿＿生均支出 ＿＿＿教师队伍 ＿＿＿设备和设施 ＿＿＿学生专业知识 ＿＿＿学生文化基础知识 ＿＿＿学生流失率 ＿＿＿学生品行 ＿＿＿毕业生一次性就业率 ＿＿＿学生的实习情况 ＿＿＿招生规模 ＿＿＿校企合作 ＿＿＿其他，请说明

续表

问题	答案/选项
以下指标当中，在您看来哪5项是学生家长认为最能代表中职学校质量的指标？ （请选择5项，并按照重要性进行排序，最重要的排1；其次排2；再次排3；等）	_____生均支出 _____教师队伍 _____设备和设施 _____学生专业知识 _____学生文化基础知识 _____学生流失率 _____学生品行 _____毕业生一次性就业率 _____学生的实习情况 _____招生规模 _____校企合作 _____其他，请说明
从您的角度来看，以下哪些因素是最难以改变的？ （请选择5项，并按照重要性进行排序，最容易改变的为1；最难改变的为5）	_____生均支出 _____教师队伍 _____设备和设施 _____学生专业知识 _____学生文化基础知识 _____学生流失率 _____学生品行 _____毕业生一次性就业率 _____学生的实习情况 _____招生规模 _____校企合作 _____其他，请说明

附录 F　中职班主任调查问卷

老师：您好！

　　我们是河南大学的研究人员，正在对我省中职学生做一次调研。这次调研所涉及的个人内容绝对保密。希望您不要有任何顾虑，请准确、如实、完整地填写这份调查表。衷心感谢您对本次调研工作的积极支持与配合！

　　祝您身体健康！工作顺利！

河南大学

学校名称			
被访谈人姓名		被访谈人联系电话	
被访谈人的电子邮件		被访谈人的QQ号	
您这学期作为 班主任的年级和班级	（　）年（　）班　（　）专业		

一　您的收入与职业规划

问题	答案/选项
您上学期在这所学校当教师每月的收入是多少？（包括基本工资、津贴等收入）	（　）元/月
您需要承担招生的任务吗？	1 = 需要　　2 = 不需要
平均而言，您上学年大概有多大比例的精力是用在完成招生任务上（如果没有，请填"0"）？	（　）%

二　2014—2015 学年第一学期（2014 年下半年）学生上课时间安排

问题	答案/选项
您班学生一周数学课的课时总数是？	（　）节
您班学生一周其他文化课（不包括数学）的课时总数是？	（　）节
您班学生一周有几门专业课？	（　）门
您班学生所有专业课一周的课时总数是？	（　）节

附录 G 中职毕业生电话访谈提纲

附录 G-1 中职毕业生直接就业定量电话访谈提纲

一 个人基本情况

问题	答案/选项
您好，请问您是《学生姓名》吗？	1 = 是→跳至第 3 题 2 = 不是→询问是否认识，不认识的话结束访谈，认识的话请他帮助
我是河南大学研究人员，2013—2016 年到咱们学校做过问卷调研时，当时您参加了我们的问卷调研，您还有印象吗？	1 = 记得 2 = 不记得→说明具体情况，何时调研，详见学生信息
我们现在正在做一项追踪研究，想通过电话问您几个问题，回答完问题之后我们会给您充 20 元话费作为感谢，您看可以吗？ （如果学生有疑虑，可说：您的回答不会对你个人产生任何影响，而且我们也不会将你的信息提供给任何个人和机构，只是为研究使用；您的回答将帮助我们共同提高整个中职的教育质量）	1 = 可以 2 = 不行→尽量说服
你离开中职学校的时间？	_____年_____月
现状	
您现在住在哪里？	_____省_____市（县）
您现在是工作还是正在上学	1 = 上学→ 转升学提纲 2 = 工作 3. 其他_____
您现在没有工作的原因是？ （假如第 6 题选择 3）	1 = 中职毕业后找不到工作 2 = 正处在过渡期（辞去了以前的工作，还没有再开始新的工作） 3 = 我不想或不需要工作 4 = 产假或陪产假 5 = 其他家庭责任（不包括产假/陪产假） 6 = 其他_____

您的工作经历，以下问题是关于您离开中职学校以来的（全职/兼职）工作经历：

续表

问题	答案/选项
一共申请了多少份工作？请估计一个数值	份
其中，多少份与您专业相关？	份
您收到多少份工作录用通知	份
您收到多少份与您专业相关的工作录用通知？	份
您入职了多少份工作？	份
其中，您入职了多少份与您的专业相关的工作？	份
以下是关于您的第一份工作（不包括实习或者临时暑假工）	
您毕业后第一份工作的起薪是多少？	元
您什么时候开始第一份工作？	_____年_____月
您什么时候结束第一份工作？未结束转33题	_____年_____月
您第一份工作的地点在哪里？	_____省_____市
您第一份工作单位名称是什么？	单位全名（　　　　　）
您第一份工作单位性质？	1 = 国家机关 2 = 事业单位 3 = 国有及国有控股企业 4 = 港澳台商及外资投资企业 5 = 集体企业 6 = 民营企业 7 = 股份有限公司 8 = 其他_____
您第一份工作单位行业？	1 = 电子通信生产行业 2 = 电子商务 3 = 服装纺织行业 4 = 住宿和餐饮业 5 = 批发和零售业 6 = 其他_____
您第一份工作岗位性质？	1 = 行政管理工作（包括党政机关、实业单位、群众团体行政管理工作）； 2 = 企业管理工作（经理、部门经理等）； 3 = 专业技术工作（工程师、会计师、教师、医生、律师、编辑、记者等） 4 = 技术辅助工作（技术员、教辅人员、护士、秘书、会计、出纳、文秘等）；

续表

问题	答案/选项
您第一份工作岗位性质？	5 = 服务工作（保安、餐饮服务、销售服务、市场营销等）； 6 = 一线生产工人； 7 = 一线农（林、渔、牧）民 8 = 其他岗位_____
您在第一份工作中主要做哪些工作（描述您在工作中的所有角色/职位）	
您第一份工作单位有多少名员工？	1 = 10 人或以下； 2 = 11—24 名 3 = 25—99 名 4 = 100— 499 名 5 = 500—999 名 6 = 1000—4999 名 7 = 5000—24999 名 8 = 25000 多名
您第一份工作中每周工作多少小时？	小时
在第一份工作中，您每月的税后工资总额是多少？	1 = 1500 以下 2 = 1500—2500 3 = 2500—2999 4 = 3000—3499 5 = 3500—3999 6 = 4000—4499 7 = 4500—4999 8 = 5000—5499 9 = 5500—5999 10 = 6000—6999 11. 7000 及以上
您第一份工作与您的专业相关吗？	1 = 完全相关 2 = 部分相关 3 = 基本不相关 4 = 绝不相关
您的第一份工作是通过什么渠道找寻的？	1 = 学校介绍 2 = 本人自己联系； 3 = 家人/亲戚联系； 4 = 学校老师私人联系； 5 = 同学介绍 6 = 劳务中介公司； 7 = 其他，请说明_____

续表

问题	答案/选项
您离开第一份工作的原因是？	1 = 个人对工作岗位不适应 2 = 个人期望与工作实际差距较大 3 = 违反工作纪律被用人单位淘汰 4 = 在积累一定工作经验和人脉关系后，对薪酬水平、工作环境、职业发展等有了更高的要求 5 = 其他，请注明_____
您在中职学到的知识对您第一份工作有帮助吗？	1 = 非常有帮助　　2 = 有帮助 3 = 基本没帮助　　4 = 完全没帮助
您在中职学校上学期间，是否参加过实习？	1 = 是　2 = 否→跳至32题
从实习中获得的知识和技能对您第一份工作有帮助	1 = 非常有帮助　　2 = 有帮助 3 = 基本没帮助　　4 = 完全没帮助
以下是关于您当前的工作	
您什么时候开始当前的工作	_____年_____月
您当前工作的地点在哪里？	_____省_____市
您当前工作单位名称是什么？	单位全名（　　　　　　）
您当前工作单位性质？	1 = 国家机关 2 = 事业单位 3 = 国有及国有控股企业 4 = 港澳台商及外资投资企业 5 = 集体企业 6 = 民营企业 7 = 股份有限公司 8 = 其他_____
您当前工作单位行业？	1 = 电子通信生产行业 2 = 电子商务 3 = 服装纺织行业 4 = 住宿和餐饮业 5 = 批发和零售业 6 = 其他_____
您在当前工作中做哪些工作（描述您在工作中的所有角色/职位）	

续表

问题	答案/选项
您当前工作岗位性质？	1 = 行政管理工作（包括党政机关、实业单位、群众团体行政管理工作）； 2 = 企业管理工作（经理、部门经理等）； 3 = 专业技术工作（工程师、会计师、教师、医生、律师、编辑、记者等）； 4 = 技术辅助工作（技术员、教辅人员、护士、秘书、会计、出纳、文秘等）； 5 = 服务工作（保安、餐饮服务、销售服务、市场营销等）； 6 = 一线生产工人； 7 = 一线农（林、渔、牧）民 8 = 其他岗位_____
您当前工作单位有多少名员工？	1 = 10 人或以下　2 = 11 – 24 名 3 = 25 – 99 名　4 = 100 – 499 名 5 = 500 – 999 名　6 = 1000 – 4999 名 7 = 5000 – 24999 名　8 = 25000 多名
您当前工作中每周工作多少小时？	小时
在当前工作中，您每月的税后工资总额是多少？	1 = 1500 以下　2 = 1500 – 2500 3 = 2500 – 2999　4 = 3000 – 3499 5 = 3500 – 3999　6 = 4000 – 4499 7 = 4500 – 4999　8 = 5000 – 5499 9 = 5500 – 5999　10 = 6000 – 6999 11. 7000 及以上
您估计 2024 年（12—13 级学生）/2025 年（14 级学生）您一个月的薪水是多少？	元
您当前工作与您的专业相关吗？	1 = 完全相关　2 = 部分相关 3 = 基本不相关　4 = 绝不相关
您当前工作是通过什么渠道找寻的？	1 = 学校介绍 2 = 本人自己联系； 3 = 家人/亲戚联系； 4 = 学校老师私人联系； 5 = 同学介绍； 6 = 劳务中介公司； 7 = 其他，请说明_____

续表

问题	答案/选项
您会把当前工作单位推荐给同专业的同学吗？	1 = 会　　2 = 不会
您在中职学到的知识对您当前的工作有帮助。	1 = 非常有帮助　　2 = 有帮助 3 = 基本没帮助　　4 = 完全没帮助
从实习中获得的知识和技能对您当前工作有帮助吗？	1 = 非常有帮助　　2 = 有帮助 3 = 基本没帮助　　4 = 完全没帮助
您对当前的工作是否满意	1 = 非常满意　2 = 基本满意 3 = 不太满意　4 = 很不满意
您觉得当前工作的岗位发展空间怎么样？	1 = 非常大　2 = 比较大 3 = 不好说　4 = 比较小　5 = 非常小
您的家庭社会关系如何？	1 = 非常广泛　2 = 比较广泛 3 = 一般　4 = 比较少　5 = 非常少

二　个人生活信息

问题	选项/单位
您工作外的闲暇时间主要用来做什么？	1 = 玩电子游戏或者看娱乐视频 2 = 看与工作/学习有关的书籍 3 = 出去玩（聚会逛街等） 4 = 其他，请说明_____
平均来说，每天 24 小时您有多少小时的睡眠？	小时
中职学校的同班同学中，您依旧保持联系的有几位？	位
平均来说，您与您在中职学校的老师联系频次是？	1 = 从不联系　　2 = 每年一次 3 = 每半年一次　4 = 每季度一次 5 = 每月一次　　6 每周一次
平均来说，您每周有多少次 30 分钟及以上的身体锻炼？	次
平均来说，您每周吸多少支烟？	支
平均来说，您喝酒的频次？	0 = 从不 1 = 至少每天一次 2 = 至少一周四次 3 = 大约一周一次 4 = 一月一次 5 = 一年几次

附录 G-2　中职毕业生间接就业（升学）定量电话访谈提纲

问题	单位/选项	答案
您就读的学校名称	_____大学/学院	
您就读的学校专业	_____专业	
您什么时候考入现在的学校？	_____年_____月	
您什么时候从现在的学校毕业的？	_____年_____月	
您是通过什么方式考入现在的学校？	1 = 普通高考 2 = 对口高考 3 = 单招 4 = "3+2" 5 = 其他，请在答案里说明	
您选择继续求学而不是直接工作的原因是？	1 = 我觉得中职毕业后找不到好工作 2 = 没有找到中意的工作 3 = 我期望获得更高的学历 4 = 其他，请说明_____	
您离开现在学校之后的第一年打算干什么	1 = 找工作　　2 = 继续深造 3 = 自己创业　4 = 没想好 5 = 其他，请说明	
您希望自己将来最高能够达到什么样的教育程度？	1 = 专科毕业　　2 = 本科毕业 3 = 硕士研究生毕业 4 = 博士研究生毕业	
我觉得在中职数学课上学到的知识对现在的学习有帮助	1 = 非常同意　2 = 比较同意 3 = 不同意　　4 = 非常不同意	
我觉得在中职专业课上学习到的知识对现在的学习有帮助	1 = 非常同意　2 = 比较同意 3 = 不同意　　4 = 非常不同意	
我觉得在中职学习到的实践技能对现在的学习有帮助	1 = 非常同意　2 = 比较同意 3 = 不同意　　4 = 非常不同意	
您上一学年的文化课成绩，在班里处于？	1 = 班里成绩最好的1/3 2 = 班里成绩中等的1/3 3 = 班里成绩最差的1/3	
您上一学年的专业课成绩，在班里处于？	1 = 班里成绩最好的1/3 2 = 班里成绩中等的1/3 3 = 班里成绩最差的1/3	

续表

问题	单位/选项	答案
您的同班同学主要是通过什么方式考入您所在的学校？	1 = 普通高考　　2 = 对口高考 3 = 单招　　　　4 = "3 + 2" 5 = 其他，请在答案列说明	
您的同班同学毕业于？	1 = 普通高中　　2 = 中职学校 3 = 其他，请说明	
您觉得从中职考入大学的学生和从普通高中考入大学的学生有差别吗？	1 = 差别很大　　2 = 有一点差别 3 = 没有差别	
在哪些方面有差别？（自由回答）	例如：1 = 理论知识的学习？ 2 = 专业课学习？ 3 = 实践操作？ 4 = 行为表现？ 5 = 心理品质？	

附录 G-3　中职毕业生标准化开放式电话访谈提纲

问题	选项/单位
您对当前中职毕业生就业质量有什么看法（或者说：您觉得当前中职毕业生的就业质量怎么样）	自由回答
您对目前中职学校教育（质量）有什么看法？	自由回答
您认为中职学校毕业生毕业时，应该具备哪些方面的素质和能力？（实际情况如何）	自由回答
中职上学期间，哪些科目和课外活动对您来说很有趣	自由回答
您对中职学校满意和不满意的地方分别是什么？	自由回答
您将来想做什么，即您有什么进一步的工作或教育计划？	自由回答
您认为中职学校教育，提高了您哪些方面的能力？	自由回答
您认为中职学校教育，对您解决问题的能力有帮助吗？能否举例说明一下	自由回答
您是否觉得在心理上更能承受挫折和压力？这跟中职教育有什么样的关系？	自由回答

附录 H 高职学生调查问卷

学生调查问卷

同学：

你好！我们是河南大学的研究人员，正在对我省的高职学生做一次调研。这次调研完全是出于科学研究的需要，所涉及的个人内容绝对保密。希望你不要有任何顾虑，请准确、如实、完整地填写这份调查表。衷心感谢你对本次调研工作的积极支持与配合！

祝你身体健康！学习进步！

河南大学

学校名称	
专业名称	
班级	（　）年（　）班
姓名（身份证上的名字）	

一　个人基本情况表

问题	单位/选项	答案
你是哪个民族的？	1. 汉族　2. 回族 3. 其他，请说明	
你的户口类型？	1. 农村户口　2. 城镇户口 3. 没有户口	
你的性别是？	1 = 男　　2 = 女	
你的出生年月是？	＿＿＿年＿＿＿月	
你的政治面貌是？	1 = 中共党员　2 = 共青团员 3 = 群众　　　4 = 其他	

二　学生本人的求学经历

问题	单位/选项	答案
你在高中阶段就读于何种类型的学校？	1 = 普通高中，跳至 10 题 2 = 中职学校　3 = 其他，请说明	
你在中职学校就读的专业是？		

续表

问题	单位/选项	答案
你是通过什么方式考入现在的学校？	1＝普通高考　2＝对口高考 3＝单招　　　4＝"3＋2" 5＝其他，请在答案里说明	
如果可以重新选择，初中毕业后你会选择去中职学校吗？	1＝会　　2＝不会	

三　学生在学校的基本信息

问题	单位/选项	答案
上学期，本班是否有同学考试作弊？	1＝是　　2＝否	
上周，你班是否有同学和老师顶嘴？	1＝是　　2＝否	
上周，你班是否有同学在学校喝酒？	1＝是　　2＝否	
上周，你班是否有同学在学校抽烟？	1＝是　　2＝否	
上周，你班是否有同学逃课？	1＝是　　2＝否	
上周，你班是否有同学抄作业？	1＝是　　2＝否	
上周，你班是否有同学在学校打架？	1＝是　　2＝否	
上周，你班是否有同学勒索别人？	1＝是　　2＝否	
上周，你班是否有同学欺负同学？	1＝是　　2＝否	
上周，你班是否有同学在学校赌钱？	1＝是　　2＝否	
上周，你在学校抽了几次烟？	1＝从不 2＝少于一天一次 3＝一天一次 4＝一天多次	
上周，你在学校喝了几次酒？	1＝从不 2＝少于一天一次 3＝一天一次 4＝一天多次	
上周，你一天平均在课堂上有几个小时在用电脑或手机？（＝a＋b＋c）	小时（如没有，填写0）	
其中，玩游戏、聊天，或看视频时间	小时（如没有，填写0）	
其中，学习时间	小时（如没有，填写0）	
其中，做其他事情时间	小时（如没有，填写0）	
上周的公共课，你缺过几节课？	0＝没缺过　1＝一节　　2＝两节 3＝三节　　4＝四节及以上 5＝上周没有公共课	

续表

问题	单位/选项	答案
上周的专业课，你缺过几节课？	0 = 没缺过　1 = 一节　　2 = 两节 3 = 三节　　4 = 四节及以上 5 = 上周没有专业课	
你在大学期间是否担任过学生干部？	1 = 是　　　2 = 否	
你有哪些职业资格证书？（计算机，英语等）	请具体说明，没有则填 0	
你的专业成绩排名是？	1 = 前 25%　　　2 = 25% —50% 3 = 50% —75%　4 = 后 25%	
你对你在高职的学习成绩满意吗？	1 = 非常满意　2 = 基本满意 3 = 不满意　　4 = 非常不满意	
你对你现在的学校生活满意吗？	1 = 非常满意　2 = 基本满意 3 = 不满意　　4 = 非常不满意	
你觉得学校老师关心你吗？	1 = 很关心　　2 = 关心 3 = 不关心　　4 = 很不关心	
如果在学习或实习中遇到困难，你首先想到的求助对象是谁？	1 = 辅导员　　2 = 课任老师 3 = 同班同学　4 = 家人 5 = 其他，请说明	
在本班，你最好的朋友有几个	取值范围：0 – 6	

四　职业规划

问题	单位/选项	答案
你离开本学校之后的第一年打算干什么	1 = 找工作　　2 = 上本科 3 = 自己创业　4 = 没想好	
你希望自己将来最高能够达到什么样的教育程度？	1 = 专科毕业　2 = 本科毕业 3 = 硕士毕业　4 = 博士毕业	
你是否准备参加专升本考试	1 = 是　　　　2 = 否	

五　以下为一份日常时间安排表，在你现在的生活中，你每天平均有多少时间用在以下活动中（填周一到周五的情况，周末不算）

序号	项目	平均时间（小时）
（1）	上课的时间	（　　）
（2）	课后学习和做家庭作业的时间	+ （　　）
（3）	睡眠时间	+ （　　）

续表

序号	项目	平均时间（小时）
（4）	其他（如运动、聚会、玩）	+（ ）
（5）	合计（5）=（1）+（2）+（3）+（4）	=24

六　个性调查

（一）请评价下列与你个性的符合程度，并在最合适的方框里打√，只能单选

问题	一点也不像	不像	有点像	大多数像	完全像
新的计划和想法有时候会让我无法专心于现有的计划。	□₁	□₂	□₃	□₄	□₅
挫折不会使我气馁。	□₁	□₂	□₃	□₄	□₅
当我着迷在某件计划一阵子后，会失去兴趣。	□₁	□₂	□₃	□₄	□₅
我是一个努力工作的人。	□₁	□₂	□₃	□₄	□₅
我时常立下一个目标，但一阵子过后又改追求别的目标。	□₁	□₂	□₃	□₄	□₅
我很难把我的注意力集中在一个要好几个月才能完成的计划上。	□₁	□₂	□₃	□₄	□₅
无论什么事情，我开了头就要完成它。	□₁	□₂	□₃	□₄	□₅
我很勤劳（我不轻言放弃）。	□₁	□₂	□₃	□₄	□₅

（二）请评价下列与你想法的符合程度，并在最合适的方框里面√，只能单选

问题	完全不符合	有点符合	多数符合	完全符合
如果我尽力去做的话，我总是能够解决难题。	□₁	□₂	□₃	□₄
即使别人反对我，我仍有办法取得我所要的。	□₁	□₂	□₃	□₄
对我来说，坚持理想和达成目标是轻而易举的。	□₁	□₂	□₃	□₄
我自信能有效地应付任何突如其来的事情。	□₁	□₂	□₃	□₄
以我的才智，我定能应付意料之外的情况。	□₁	□₂	□₃	□₄
如果我付出必要的努力，我一定能解决大多数大家难题。	□₁	□₂	□₃	□₄

续表

问题	完全不符合	有点符合	多数符合	完全符合
我能冷静地面对困难，因为我可信赖自己处理问题的能力。	□₁	□₂	□₃	□₄
面对一个难题时，我通常能找到几个解决方法。	□₁	□₂	□₃	□₄
有麻烦的时候，我通常能想到一些应付的方法。	□₁	□₂	□₃	□₄
无论什么事在我身上发生，我都能够应付自如。	□₁	□₂	□₃	□₄

（三）这里有一些对于你特征的描述，请在最符合你的方框里面√，只能单选

问题	非常不同意	有点不同意	无所谓	有点同意	非常同意
工作很周密。	□₁	□₂	□₃	□₄	□₅
可能有些粗心。	□₁	□₂	□₃	□₄	□₅
是个可信赖的人。	□₁	□₂	□₃	□₄	□₅
倾向于缺乏条理。	□₁	□₂	□₃	□₄	□₅
比较懒惰。	□₁	□₂	□₃	□₄	□₅
坚持到任务完成。	□₁	□₂	□₃	□₄	□₅
做事有效率。	□₁	□₂	□₃	□₄	□₅
制订计划并加以贯彻。	□₁	□₂	□₃	□₄	□₅
容易分心。	□₁	□₂	□₃	□₄	□₅

（四）这里有一些对于你特征的描述，请在最符合你的方框里面√，只能单选

问题	非常不赞同	稍许不赞同	不赞同	居中	稍许赞同	赞同	非常赞同
大多数时候我很清楚当时自己为什么有那种特定的感受。	□₁	□₂	□₃	□₄	□₅	□₆	□₇
我是个能够自我激励的人。	□₁	□₂	□₃	□₄	□₅	□₆	□₇
我真正明白自己的感受。	□₁	□₂	□₃	□₄	□₅	□₆	□₇
我非常善于控制自己的情绪。	□₁	□₂	□₃	□₄	□₅	□₆	□₇
我总是能从我朋友的行为中了解到他们的情绪。	□₁	□₂	□₃	□₄	□₅	□₆	□₇
我能很好地控制我自己的情绪。	□₁	□₂	□₃	□₄	□₅	□₆	□₇

续表

问题	非常不赞同	稍许不赞同	不赞同	居中	稍许赞同	赞同	非常赞同
我总是鼓励自己尽最大的努力去做事情。	□₁	□₂	□₃	□₄	□₅	□₆	□₇
我对自己周围人的情绪很了解。	□₁	□₂	□₃	□₄	□₅	□₆	□₇
我总是为自己设定目标然后尽自己最大的努力去完成它们。	□₁	□₂	□₃	□₄	□₅	□₆	□₇
我总是告诉自己我是个有能力的人。	□₁	□₂	□₃	□₄	□₅	□₆	□₇
我对自己的情绪非常了解。	□₁	□₂	□₃	□₄	□₅	□₆	□₇
我对别人的情绪和感受敏感	□₁	□₂	□₃	□₄	□₅	□₆	□₇
我能控制好自己的脾气并且理智地处理问题。	□₁	□₂	□₃	□₄	□₅	□₆	□₇
我总是知道自己是否快乐。	□₁	□₂	□₃	□₄	□₅	□₆	□₇
当我生气的时候我总是能很快地平静下来。	□₁	□₂	□₃	□₄	□₅	□₆	□₇
我是个善于观察别人情绪的人。	□₁	□₂	□₃	□₄	□₅	□₆	□₇

七　请根据你最近一年实训课或具体的专业实践情况，按照自己的观察和感觉在最合适的方框里面√，只能单选

问题	完全不符合	不太符合	基本符合	符合	非常符合
在实际操作阶段（实训）的学习中，我能够独立完成老师安排的实训任务。	□₁	□₂	□₃	□₄	□₅
在实训中，我能在限定的时间内完成任务。	□₁	□₂	□₃	□₄	□₅
在实际操作测试中，老师对我的评价比较高。	□₁	□₂	□₃	□₄	□₅
在实际操作中遇到问题，我能够自行解决。	□₁	□₂	□₃	□₄	□₅
我的动手能力比以前有了很大的进步。	□₁	□₂	□₃	□₄	□₅
我能够根据老师的示例完成一个新的任务。	□₁	□₂	□₃	□₄	□₅
我能把老师所教的知识运用在实际操作中。	□₁	□₂	□₃	□₄	□₅
我能较好地完成老师布置的实践任务。	□₁	□₂	□₃	□₄	□₅
我能灵活应变，能适应不同的环境或胜任不同的工作。	□₁	□₂	□₃	□₄	□₅

八 近一年来，请根据实际情况回答你在日常生活中行为和想法，在最合适的方框里面√，只能单选

问题	完全不符合	不太符合	基本符合	符合	非常符合
我认为国家发展与个人的成长成才息息相关。	□₁	□₂	□₃	□₄	□₅
如果国家被外敌侵略，我愿意报名参军。	□₁	□₂	□₃	□₄	□₅
我愿意为班级做些事情。	□₁	□₂	□₃	□₄	□₅
我在集体中不太计较个人的利益与得失。	□₁	□₂	□₃	□₄	□₅
在公共场所，我不会大声说笑。	□₁	□₂	□₃	□₄	□₅
外出时，我遵守交通规则。	□₁	□₂	□₃	□₄	□₅
我不会随便丢垃圾。	□₁	□₂	□₃	□₄	□₅
我很反感使用不文明语言。	□₁	□₂	□₃	□₄	□₅
在公交上，碰到老弱病残者我主动让座。	□₁	□₂	□₃	□₄	□₅
看到同学有困难，我会主动帮助他们。	□₁	□₂	□₃	□₄	□₅
我从不参与打架斗殴。	□₁	□₂	□₃	□₄	□₅
我有很好的生活习惯。	□₁	□₂	□₃	□₄	□₅
我认为人人平等都应该受到尊重。	□₁	□₂	□₃	□₄	□₅
我能按时归还借来的钱和物。	□₁	□₂	□₃	□₄	□₅
考试时我从不作弊。	□₁	□₂	□₃	□₄	□₅

九 就业期望

问题	选项/单位	答案
你过去一年里，是否参加过实习？	1 = 是 2 = 否	
你觉得你所学专业的就业形势如何？	1 = 非常严峻 2 = 放低要求还是较好就业的 3 = 对口性强，就业形势较好 4 = 很好 5 = 不知道，没有了解过	
你预计毕业后第一份工作与所学专业对口情况如何？	1 = 完全对口 2 = 比较对口 3 = 基本不对口 4 = 完全	
你预期在哪个地区就业？	1 = 河南 2 = 东部 3 = 中部其他城市 4 = 西部	

续表

问题	选项/单位	答案
你对具体就业地区更倾向于?	1 = 省会城市或直辖市 2 = 地级市 3 = 县级市或县城 4 = 乡镇 5 = 农村	
你预期在哪种性质企业工作?	1 = 党政机关/事业单位 2 = 国有企业 3 = 合资企业 4 = 私营企业	
你倾向到哪种规模的企业工作?	1 = 10 人或以下 2 = 11—24 人 3 = 25—99 人 4 = 100—499 人 5 = 500—999 人 6 = 1000—4999 人 7 = 5000—24999 人 8 = 25000 多人	
你预计毕业后第一份工作的起薪是多少?	1 = 2000 元及以下 2 = 2000—3000 元 3 = 3000—4000 元 4 = 4000—5000 5 = 5000—6000 元 6 = 6000 元以上	
你毕业后预计会进入哪个行业工作?	1 = 制造业 2 = 软件和信息技术服务业 3 = 住宿和餐饮业 4 = 批发和零售业 5 = 商务服务业 6 = 交通运输业 7 = 房地产业 8 = 其他，请说明	
你预计毕业后从事什么职业?	1 = 党政机关、企事业单位负责人 2 = 专业技术人员 3 = 办事人员 4 = 生产运输人员 5 = 服务性工作人员 6 = 商业工作人员 7 = 农村牧副渔劳动者 8 = 不便分类的其他劳动者	